公共资源交易千问

安徽海量科技咨询有限责任公司　组编

机械工业出版社
CHINA MACHINE PRESS

本书内容为公共资源交易问题解答，包括公共资源交易公共知识、电子招标投标、公共资源交易平台、工程建设招标投标、机电产品国际招标投标、政府采购、产权及土地交易等，共4部分10章1332问，书中采取一问一答的形式，并附有案例和重点问题剖析等。全书依据我国现行公共资源交易政策法规，结合行业实际，以交易活动的先后次序为主线索，针对公共资源交易活动中的重点、热点和难点问题进行解答和剖析。

本书可供招标人、采购人、投资人、投标人、供应商、代理机构、咨询单位使用，也可供政府管理部门、交易中心、高等院校、行业协会等单位人员使用。

图书在版编目（CIP）数据

公共资源交易千问/安徽海量科技咨询有限责任公司组编.—北京：机械工业出版社，2022.12

ISBN 978-7-111-72046-1

Ⅰ.①公… Ⅱ.①安… Ⅲ.①政府采购制度—中国—问题解答 Ⅳ.①F812.2-44

中国版本图书馆CIP数据核字（2022）第215865号

机械工业出版社（北京市百万庄大街22号　邮政编码100037）
策划编辑：闫云霞　　　　　　责任编辑：闫云霞　张大勇
责任校对：张亚楠　张　征　封面设计：马若濛
责任印制：刘　媛
涿州市京南印刷厂印刷
2023年1月第1版第1次印刷
184mm×260mm·24印张·492千字
标准书号：ISBN 978-7-111-72046-1
定价：98.00元

电话服务　　　　　　　　网络服务
客服电话：010-88361066　　机　工　官　网：www.cmpbook.com
　　　　　010-88379833　　机　工　官　博：weibo.com/cmp1952
　　　　　010-68326294　　金　书　网：www.golden-book.com
封底无防伪标均为盗版　机工教育服务网：www.cmpedu.com

《公共资源交易千问》编委会

主　　任：何　平
副 主 任：郝宗祥　张晓燕
委　　员：邱　尚　吴大江　徐　宁　凌　云　范　智
　　　　　胡旭辉
主　　编：杨　光　刘　辉
编著者（排名不分先后）：
　　　　　郝宗祥　张晓燕　何　平　邱　尚　吴大江
　　　　　刘　辉　徐　宁　杨　光　凌　云　范　智
　　　　　胡旭辉　肖新光　宁成涛　孙国芳　王玉涵
　　　　　郑　中　杨旻紫　许　嫚　罗张福　苏　奎
　　　　　钱　伟　张　昂

[前　言]

公共资源交易是工程建设项目招标投标、政府采购、国有土地使用权出让、产权交易以及其他事项的集中交易，在我国经济发展中有着十分重要的作用，它是处理政府与市场关系的一个重要环节，有利于打破市场条块，实现生产要素自由流动，规范运行秩序，引导市场主体有序竞争，同时可以减少行政权力对微观经济的运行干预，促进市场专业化建设，从而推动社会主义市场经济体制不断完善。为帮助广大读者了解和掌握公共资源交易的相关政策规定、操作流程和业务知识，本书依据现行国家公共资源交易政策法规，结合行业实际，以交易活动的先后次序和流程为主线索，针对公共资源交易重点、热点和难点问题进行了解答和剖析。

全书共分4部分，计10章1332问，第一部分为公共资源交易公共知识，内容包括公共资源交易概念、内涵、范围、制度及其管理，电子招标投标，以及公共资源交易平台的运行、服务和管理等。第二部分为工程建设招标投标，内容涵盖工程建设全过程招标投标，包括勘察、设计、监理、施工、咨询，货物及机电产品招标投标，涉及房屋建筑工程、市政基础设施工程、园林绿化工程、公路工程、水运工程、水利工程、通信工程、民航专业工程招标投标等。第三部分为政府采购及科技项目招标投标，重点列出政府采购的执行、质疑、投诉、合同签订、履约验收、违规处理、科技项目及国家科研课题招标投标，同时列有框架协议采购与营商环境等方面交易知识。第四部分为产权及土地交易，主要列有企业国有资产交易、企业产权转让、国有建设用地使用权出让，以后可拓展到林权、海洋资源、无形资产，排污权及碳排放权交易等。

本书聚焦公共资源交易发展前沿，具有很强的政策性、经济性，也具有丰富的实践性、知识性和开放性，其结构合理，体系完整，一问一答，实例典型，简明扼要，易读易懂。在编写过程中，参考了大量公共资源交易（招标投标）同行的宝贵研究成果，汲取了多位专家的宝贵意见和建议，在此一并表示感谢。

本书可供招标人、采购人、投资人、投标人、供应商、代理机构、咨询单位使用，也可供政府管理部门、交易中心、高等院校、行业协会等单位人员使用。

本书虽经反复推敲与审核，但限于学识等因素，难免有欠妥甚至疏漏之处，恳请广大读者批评指正。

编著者

[目 录]

前言

第一部分 公共资源交易公共知识

第一章 公共资源交易及其管理············2

第一节 公共资源交易概述············2

1-1 什么是公共资源?············2
1-2 公共资源有哪些特点?············2
1-3 什么是公共资源交易?············2
1-4 公共资源交易分为哪几类?············2
1-5 公共资源交易有哪些当事人?············3

第二节 公共资源交易制度············4

1-6 什么是公共资源交易制度?············4
1-7 国家《公共资源交易平台管理暂行办法》由谁颁发?何时执行?············4
1-8 公共资源交易平台应遵循什么原则?············4
1-9 根据国家《评标委员会和评标办法暂行规定》,评标活动应遵循什么原则?评标委员会应由谁组建?评标专家应符合什么条件?············5
1-10 根据《公共资源交易评标专家专业分类标准》,专家抽取应遵循什么原则?············5
1-11 《公共资源交易监督管理办法》的适用范围有哪些?············5
1-12 什么是《公共资源交易目录》?有哪些主要特点?············5

第三节 公共资源交易市场及其管理············6

1-13 什么是公共资源交易中心?············6
1-14 公共资源交易的业务流程实现了哪些统一?············6
1-15 什么是公共资源交易监管机构?其主要职责有哪些?············6
1-16 公共资源交易中心是管理机构还是企业?············6
1-17 公共资源交易活动过程是什么?············6
1-18 什么是公共资源交易活动的投诉人?············6

v

1-19　公共资源交易活动的投诉书应包括哪些内容? 7
1-20　在公共资源交易活动中，投诉的法定有效时限是怎么规定的? 7
1-21　目前公共资源交易平台覆盖的范围包括哪些? 8

第二章　电子招标投标 9

第一节　电子招标投标概述 9

2-1　什么是电子招标投标? 9
2-2　什么是电子招标投标活动? 9
2-3　什么是数据电文? 9
2-4　数据电文形式的招标投标活动是否具有法律效力? 9
2-5　什么是电子招标投标系统? 9
2-6　什么是交易平台? 9
2-7　交易平台包含哪些基本功能? 10
2-8　什么是公共服务平台? 10
2-9　什么是行政监督平台? 10
2-10　什么是电子招标投标系统检测认证? 10
2-11　电子招标投标活动由谁负责监管? 10
2-12　依法设立的招标投标交易场所的监管机构，其主要职责是什么? 10
2-13　如何实现对行政区域内电子招标投标系统的建设、运营的监管? 10

第二节　电子招标投标交易平台 11

2-14　电子招标投标交易平台的建设原则和方向是什么? 11
2-15　电子招标投标交易平台可以由哪些机构建设和运营? 11
2-16　电子招标投标交易平台应当具备哪些主要功能? 11
2-17　电子招标投标交易平台信息分类和编码是否统一? 11
2-18　电子招标投标交易平台对接数据接口有何要求? 11
2-19　市场主体在电子招标投标交易平台注册登录是否免费? 11
2-20　电子招标投标交易平台是否需要进行检测认证和公布? 12
2-21　电子招标投标交易平台服务器是否可以设在境外? 12
2-22　电子招标投标交易平台运营机构应具备哪些基本条件? 12
2-23　如何保障电子招标投标交易平台安全运行? 12
2-24　电子招标投标交易平台运营机构应采用哪些技术保证交易平台的安全、稳定、可靠? 12
2-25　电子招标投标交易平台运营机构不得从事哪些行为? 12
2-26　什么是电子开标? 12
2-27　什么是电子评标? 12
2-28　什么是电子签名? 13

2-29	可靠的电子签名应当具备哪些条件？	13
2-30	电子招标投标交易平台具有哪些基本功能？	13
2-31	电子招标投标系统实现远程异地评标要具备哪些功能？	13
2-32	电子招标投标系统如何确保数据电文的保密性？	13
2-33	电子招标投标系统检测包含哪些内容？	13
2-34	电子招标投标系统运营机构如何进行检测认证委托？	14
2-35	电子招标投标系统运营机构与其委托的实验室签订的检测委托合同应当包括哪些内容？	14
2-36	电子招标投标系统检测报告至少包含哪些内容？	14
2-37	电子招标投标系统如何进行认证？	14
2-38	电子招标投标系统运营机构与认证机构签订的认证委托合同应当包括哪些内容？	14
2-39	电子招标投标系统运营机构应当向认证机构提交哪些材料？	15
2-40	什么是电子投标保函？	15
2-41	在电子招标投标活动中，使用投标电子保函形式缴纳投标保证金的意义是什么？	15
2-42	如何规范电子投标保函购买和保费支付方式，净化招标投标市场？	15

第三节　电子招标 ······ 16

2-43	在电子招标投标活动中，招标人或者其委托的招标代理机构是否必须在使用的电子招标投标交易平台注册登记？	16
2-44	在电子招标投标活动中，招标人或招标代理机构是否可以选择第三方运营的电子招标投标交易平台？	16
2-45	电子招标投标交易平台运营机构是否可以要求潜在投标人购买指定的工具软件？	16
2-46	在电子招标投标活动中，招标人是否应当公开电子招标投标交易平台的网络地址？	16
2-47	在电子招标投标活动中，潜在投标人如何获取数据电文形式的资格预审文件、招标文件？	16
2-48	在电子招标投标活动中，招标人是否可以在招标投标活动中设置前置条件限制投标人下载资格预审文件或者招标文件？	17
2-49	在电子招标投标活动中，投标截止时间前，电子招标投标交易平台运营机构是否可以向监管机构报告下载资格预审文件、招标文件的潜在投标人名称、数量？	17

第四节　电子投标 ······ 17

2-50	电子招标投标交易平台的运营机构，是否可以在该交易平台进行的招标项目中投标和代理投标？	17

2-51 投标人在电子招标投标交易平台注册登记，是否必须经电子招标投标交易平台运营机构验证？ 17

2-52 在电子招标投标活动中，投标人如何递交数据电文形式的资格预审申请文件或者投标文件？ 17

2-53 电子招标投标交易平台是否允许投标人离线编制投标文件？ 18

2-54 投标人应当如何编制电子投标文件？ 18

2-55 电子招标投标交易平台是否可以接受投标人未按规定加密的投标文件？ 18

2-56 在电子招标投标活动中，投标人在投标截止时间后是否可以补充、修改或者撤回投标文件？ 18

2-57 在电子招标投标活动中，如何认定投标人在投标截止时间前未完成投标文件传输的行为？ 18

2-58 电子招标投标交易平台是否可以接收在投标截止时间后送达的投标文件？ 18

2-59 在投标截止时间前，招标人或代理机构是否可以解密、提取投标文件？ 18

2-60 在电子招标投标活动中，投标单位如何制作电子投标文件？ 18

2-61 在电子招标投标活动中，投标单位如何递交投标文件？ 19

2-62 在电子招标投标活动中，投标单位如何确认已投标成功？ 19

第五节 电子开标、评标和中标 19

2-63 如何进行电子开标？ 19

2-64 电子开标时，如何提取投标文件？ 19

2-65 在电子招标投标活动中，因投标人原因造成投标文件未解密的，投标文件如何处理？ 19

2-66 在电子招标投标活动中，因投标人之外的原因造成投标文件未解密的，投标文件如何处理？ 19

2-67 电子招标投标交易平台生成的开标记录，是否应该公布？ 19

2-68 如何进行电子评标？ 20

2-69 在电子招标投标活动中，评标委员会如何对进入依法设立的招标投标交易场所的招标项目进行电子评标？ 20

2-70 在电子招标投标活动中，投标人如何对投标文件进行澄清或者说明？ 20

2-71 在电子招标投标活动中，评标委员会如何向招标人提交评标报告？ .. 20

2-72 在电子招标投标活动中，招标人如何向中标人发出中标通知书？ 20

2-73 在电子招标投标活动中，招标人如何与中标人签订合同？ 20

2-74 在电子招标投标活动中，异议如何处理？ 20

2-75 在电子招标投标活动中，哪些文件应当存档？ 20

第六节 信息共享与公共服务 21

2-76 在电子招标投标活动中，哪些信息应当依法及时公布？ 21

- 2-77 在电子招标投标活动中，各级人民政府有关部门应当在本部门网站及时公布并允许下载哪些信息？ 21
- 2-78 电子招标投标公共服务平台应当具备哪些主要功能？ 21
- 2-79 公共服务平台是否无偿提供依法必须公开的信息？ 22
- 2-80 电子招标投标公共服务平台是否允许无偿登录和获取依法公开的招标投标信息？ 22

第七节 监督管理 22

- 2-81 电子招标投标活动及相关主体应当接受哪些部门监督、监察？ 22
- 2-82 电子招标投标交易平台和公共服务平台是否应当向行政监督平台开放数据接口、公布接口要求？ 22
- 2-83 行政监督平台是否应当开放并公布数据接口？ 22
- 2-84 电子招标投标交易平台应当如实记录哪些内容？ 22
- 2-85 电子招标投标公共服务平台应当如何进行电子数据归档？ 23
- 2-86 投标人或者其他利害关系人认为电子招标投标活动不符合有关规定的，如何进行投诉？ 23
- 2-87 行政监督部门和监察机关通过其平台发出的行政监督或者行政监察指令，电子招标投标交易平台、公共服务平台的运营机构是否应当执行？ 23
- 2-88 在电子招标投标活动中，安全风险防控的重要风险点主要有哪些？ 23
- 2-89 电子招标投标平台检测出不同投标人的电子投标文件用同一个预算编制软件密码锁制作或上传计算机的网卡MAC地址、CPU序列号和硬盘序列号等硬件信息均相同的（开标现场上传电子投标文件的除外），应被视为投标人相互串通投标吗？ 24

第八节 法律责任 24

- 2-90 电子招标投标系统不得存在哪些情形？ 24
- 2-91 电子招标投标系统运营机构是否可以向他人透露已获取招标文件的潜在投标人的名称、数量？ 24

第三章 公共资源交易平台 25

第一节 公共资源交易平台概述 25

- 3-1 什么是公共资源交易平台？ 25
- 3-2 什么是公共资源电子交易系统？ 25
- 3-3 什么是公共资源交易电子服务系统？ 25
- 3-4 什么是公共资源交易电子监管系统？ 25
- 3-5 公共资源交易平台的定位是什么？ 25
- 3-6 公共资源交易平台由哪个部门负责指导和协调？ 26

3-7	什么是公共资源交易平台的运行服务机构?	26
3-8	公共资源交易平台主要运行服务机构是哪个单位?	26
3-9	公共资源交易系统一般包括哪些核心功能?	26
3-10	我国公共资源交易平台有哪些发展趋势?	26

第二节 平台运行 ... 27

3-11	公共资源交易平台运行应当遵循什么规则?	27
3-12	公共资源交易目录如何制定?	27
3-13	公共资源交易目录是否要公开发布?	27
3-14	应当纳入公共资源交易平台目录的范围有哪些?	27
3-15	公共资源交易电子服务系统是否应当向电子交易系统、电子监管系统开放对接?	27
3-16	公共资源交易项目的实施主体如何选择电子交易系统?	27
3-17	如何抽取评标评审专家?	28
3-18	跨地区抽取专家是否合规?	28
3-19	市场主体是否可以建设交易场所?	28
3-20	中央管理企业建立的电子交易系统是否应当纳入全国公共资源交易平台?	28

第三节 平台服务 ... 28

3-21	公共资源交易平台服务内容有哪些?	28
3-22	公共资源交易平台向社会公布的服务事项有哪些?	28
3-23	公共资源交易平台应当公开的交易信息有哪些?	28
3-24	公共资源交易平台提供信息下载是否可以收费?	29
3-25	交易服务过程中产生的电子文档是否需要保存?	29
3-26	对市场主体拒绝提供归档资料的,公共资源交易平台应当如何处置?	29
3-27	公共资源交易平台运行服务机构及其工作人员不得从事哪些活动?	29
3-28	公共资源交易平台运行服务机构是否可以收费?	29
3-29	公共资源交易平台运行服务机构发现公共资源交易活动存在违法违规行为的,应当如何处置?	29

第四节 信息资源共享 ... 30

3-30	行政监督管理部门对公共资源交易活动作出行政决定的信息,是否应当上网公开?	30
3-31	公共资源交易平台应当依托什么代码记录信用信息?	30
3-32	公共资源交易信用信息应当通过什么系统实现信息交换共享?	30
3-33	国家公共资源交易电子服务系统应当由哪个部门建立?	30
3-34	国家公共资源交易电子服务系统如何实现信息的同步共享?	30

- 3-35 省级人民政府是否应当建立全行政区域统一的公共资源交易电子服务系统？ ... 30
- 3-36 公共资源交易电子服务系统与在线审批系统、信用信息共享系统对接应当交换哪些信息？ ... 31
- 3-37 市场主体需在公共资源电子交易系统登记注册的，是否需在电子服务系统、电子交易监管系统再次进行注册登记？ ... 31
- 3-38 公共资源交易电子服务系统是否应当支持不同数字证书兼容互认？ ... 31

第五节 监督管理 ... 31

- 3-39 电子监管系统监控的主要内容有哪些？ ... 31
- 3-40 在公共资源交易活动中，是否可以要求市场主体事前信用承诺？ ... 31
- 3-41 行政监督管理部门对公共资源交易市场主体的信用信息是否可以作为监管依据？ ... 31
- 3-42 行政监督管理部门如何运用大数据技术进行监管？ ... 32
- 3-43 行政监督管理部门是否有权调阅交易档案？ ... 32

第六节 法律责任 ... 32

- 3-44 公共资源交易平台运行服务机构违规收费的，如何处理？ ... 32
- 3-45 公共资源交易平台运行服务机构违反规定限制电子系统之间对接的，应当如何处理？ ... 32
- 3-46 公共资源交易平台运行服务机构及其工作人员向他人透露依法应当保密的公共资源交易信息的，应当如何处理？ ... 32

第二部分　工程建设招标投标

第四章　工程建设项目及其管理 ... 34

第一节　工程建设项目分类及建设程序 ... 34

- 4-1 什么是工程建设项目？ ... 34
- 4-2 工程建设项目有哪些特征？ ... 34
- 4-3 建设项目由哪些工程组成？ ... 34
- 4-4 建设项目有几种分类方法？ ... 35
- 4-5 依据建设功能，建设项目分为哪几类？ ... 35
- 4-6 依据建设性质，建设项目分为哪几类？ ... 35
- 4-7 依据建设方向，建设项目分为哪几类？ ... 36
- 4-8 依据建设阶段，建设项目分为哪几类？ ... 36
- 4-9 什么是国有资金投资项目？ ... 36

4-10	什么是国家融资项目？	37
4-11	建设项目有哪些特点？	37
4-12	什么是项目建设程序？	37
4-13	工程建设项目建设程序可分为哪几个阶段？	37
4-14	什么是投资项目的审批制、核准制和备案制？	39
4-15	政府核准的投资项目涉及哪些领域？	39
4-16	项目报建前是否都需要立项审批？	39
4-17	所有的建设工程是否都需要报建？	40
4-18	工程报建的内容有哪些？	40
4-19	报建的项目是否都需要招标？	40
4-20	建设工程活动应遵循什么原则？	40

第二节　工程建设项目勘察、设计、施工、造价咨询、招标代理、监理 …… 40

4-21	目前建设工程企业资质行政许可有哪几项？建设工程企业资质标准如何获取？	40
4-22	什么是工程勘察？建设工程勘察有哪些工作内容？	40
4-23	勘察单位需要具备什么条件？	40
4-24	什么是工程勘察设计？	41
4-25	什么是概念性方案设计（概念设计）？	41
4-26	什么是初步设计（基础设计）？	41
4-27	什么是技术设计？	41
4-28	什么是施工图设计？	42
4-29	什么是总体规划设计（总体规划、总体设计）？	42
4-30	建设工程项目设计分为哪几个阶段？	42
4-31	设计单位需要具备什么条件？	43
4-32	什么是工程施工？	43
4-33	工程施工分为哪几个阶段？	43
4-34	施工单位需要具备什么条件？	43
4-35	什么是建筑工程许可制度？	44
4-36	什么是工程施工组织设计？	44
4-37	工程造价是什么？	44
4-38	什么是工程项目投资？	44
4-39	什么是工程投资估算？有何作用？	44
4-40	什么是工程设计概算？有何作用？	44
4-41	什么是工程设计修正概算？有何作用？	45
4-42	什么是工程施工图预算？有何作用？	45
4-43	什么是工程施工预算？有何作用？	45

4-44	什么是最高投标限价（招标控制价）？	45
4-45	什么是工程量清单？有何作用？	45
4-46	什么是投标报价？	46
4-47	什么是工程结算？有何作用？	46
4-48	什么是竣工决算？有何作用？	46
4-49	什么是工程造价咨询？	46
4-50	工程造价咨询有哪些内容？	46
4-51	什么是工程招标？	47
4-52	什么是工程投标？	47
4-53	什么是工程招标代理？	47
4-54	什么是工程监理？	47
4-55	工程监理有哪些特性？	47
4-56	工程监理应遵循什么原则？	47
4-57	工程监理工作大纲包括哪些内容？	47

第三节 建筑市场及工程交易 … 48

4-58	什么是建筑市场？	48
4-59	建筑市场主要有哪几个主体？	48
4-60	什么是工程发包与承包？	48
4-61	建设单位对建设工程有什么质量责任和义务？	49
4-62	勘察、设计单位对建设工程有什么质量责任和义务？	49
4-63	施工单位对建设工程有什么质量责任和义务？	49
4-64	工程监理单位对建设工程有什么质量责任和义务？	51
4-65	建设工程交易有哪些模式？各有什么优缺点？	51
4-66	建设工程交易服务费包括哪些内容？如何收取？	52

第四节 代建制 … 52

4-67	什么是代建制？	52
4-68	代建制一般有哪几种模式？	52
4-69	代建制适用于什么范围？	52
4-70	委托代理合同模式的代建制有何特点？	53
4-71	指定代理合同模式的代建制有何特点？	53
4-72	三方代建合同模式的代建制有何特点？	53
4-73	与自建制相比，代建制有何优点？	53
4-74	代建单位与总承包企业、项目管理企业有何不同？	53
4-75	代建制有哪些程序？	53
4-76	代建制与工程监理制有何区别？	54

第五节　工程总承包 ... 54

- 4-77　什么是工程总承包？ ... 54
- 4-78　工程总承包有哪些模式？ ... 55
- 4-79　工程总承包企业应具备哪些条件？ ... 55
- 4-80　EPC总承包模式有哪些优势？ ... 55
- 4-81　EPC合同体系主要包括哪些合同？ ... 56
- 4-82　什么是分包？ ... 57
- 4-83　什么是转包？与分包有何区别？ ... 57
- 4-84　转包或违法分包将受到什么处罚？ ... 57

第六节　全过程工程咨询 ... 58

- 4-85　什么是工程咨询？ ... 58
- 4-86　什么是全过程工程咨询？ ... 58
- 4-87　全过程工程咨询有哪些特点？ ... 58
- 4-88　全过程工程咨询业务范围有哪些？ ... 58
- 4-89　全过程工程咨询服务包括哪些主体？ ... 59
- 4-90　全过程工程咨询服务管理制度有何内容？ ... 59
- 4-91　全过程工程咨询服务有哪些组织模式？ ... 59
- 4-92　建设单位选择全过程工程咨询服务组织模式时，应考虑哪些因素？ ... 59
- 4-93　全过程工程咨询服务机构主要管理人员有何职责？ ... 59
- 4-94　全过程工程咨询管理机构是何种架构？ ... 60

第七节　工程合同管理 ... 60

- 4-95　工程合同有哪些种类？ ... 60
- 4-96　《建设工程施工合同（示范文本）》（GF—2017—0201）主要内容有哪些？ ... 61
- 4-97　建设工程合同类型有哪几种？ ... 61
- 4-98　施工项目的发包人有哪些义务？ ... 61
- 4-99　施工项目的承包人有哪些义务？ ... 61
- 4-100　对承包人提供的材料、设备，如何进行有效的监管？ ... 62
- 4-101　对发包人提供的材料、设备，双方应如何协调？ ... 62
- 4-102　对入场的材料、设备的管理有什么基本要求？ ... 62
- 4-103　如果发包人提供的基准资料有误，应由谁承担责任？ ... 62
- 4-104　如无特别约定，应提前多少日向承包人发出开工通知？ ... 62
- 4-105　由于发包人导致的工期延误，承包人应如何处理？ ... 63
- 4-106　由于承包人导致的工期延误，应如何处理？ ... 63
- 4-107　由于发包人导致暂停施工，承包人应如何处理？ ... 63

4-108	由于承包人导致暂停施工，发包人应如何处理？	63
4-109	对工程隐蔽部位覆盖前的检查有什么要求？	63
4-110	若存在不文明施工，应如何处理？	63
4-111	若施工存在安全隐患，应如何处理？	63
4-112	什么是合同变更？变更程序包括哪些内容？	63
4-113	物价上涨时，价格应如何调整？	64
4-114	如何确定计量周期？	64
4-115	如何处理质量保证金？	64
4-116	什么条件下承包人可以提交竣工验收申请报告？	65
4-117	如何界定缺陷责任的起算日期？	65
4-118	如何界定保修责任的起算日期？	65
4-119	承包人违约应如何处理？发包人如何进行索赔？	65
4-120	发包人违约应如何处理？承包人如何进行索赔？	65

第八节　工程项目管理　66

4-121	什么是工程项目管理？	66
4-122	工程项目管理有哪些内容？	66
4-123	工程项目管理有哪些特点？	66
4-124	工程项目管理有哪些职能？	67
4-125	工程项目进度控制是什么？有哪些控制措施？	67
4-126	工程项目质量控制是什么？有哪些控制措施？	67
4-127	工程项目投资控制是什么？有哪些控制措施？	68
4-128	工程项目风险管理是什么？风险管理有哪些措施？	68
4-129	什么是BIM技术？	68
4-130	BIM有哪些特征？	68
4-131	BIM技术在项目管理中有哪些应用？	69

第五章　工程建设项目招标投标　70

第一节　工程招标　70

5-1	中华人民共和国境内，哪些工程建设项目必须进行招标？	70
5-2	什么是招标投标活动中的工程建设项目？	70
5-3	必须进行招标项目的范围有哪些？	70
5-4	单位集资房、厂房是否属于强制招标范围？	71
5-5	必须招标项目的具体范围和规模标准是什么？	71
5-6	工程总承包（即EPC，包括勘察设计、施工和采购）应属于哪一类，其限额怎么确定？	71
5-7	《必须招标的工程项目规定》（国家发展改革委2018年第16号令）中提	

	到的"勘察、设计、监理等服务的采购,单项合同估算价在100万元人民币以上的,必须招标。"此处的"单项合同估算价"如何理解?	72
5-8	如何理解国有资金占控股或者主导地位?	72
5-9	建设工程中的施工图审查、造价咨询、第三方检测等服务业主单位是否可以选择不招标?	72
5-10	招标投标活动应当遵循什么原则?	72
5-11	依法必须进行招标的项目,其招标范围、招标方式、招标组织形式由谁审批?	72
5-12	什么是招标人?	73
5-13	什么是招标代理机构?	73
5-14	招标代理机构应具备哪些条件?	73
5-15	招标人自行办理招标的条件是什么?	73
5-16	招标人如何选择招标代理机构?	73
5-17	招标代理服务费应该由谁来支付?支付标准依据哪条规定?	73
5-18	项目招标应具备哪些条件?	73
5-19	关于招标所需的设计图纸及技术资料是指初步设计图纸还是施工图设计图纸?	73
5-20	工程建设项目招标方式有哪些?	74
5-21	工程建设项目招标人组织招标的形式有哪些?	74
5-22	工程建设项目招标人自行组织招标的条件有哪些?	74
5-23	哪些工程建设项目必须公开招标?	74
5-24	哪些工程建设项目可以邀请招标?	74
5-25	哪些工程建设项目可以不招标?	75
5-26	什么是两阶段招标?	75
5-27	什么是招标公告和公示信息?	75
5-28	招标项目的招标公告和公示信息在什么地方发布?	75
5-29	拟发布的招标公告和公示信息有何要求?	75
5-30	依法必须招标项目的资格预审公告和招标公告应当载明哪些内容?	76
5-31	投标邀请书应载明的内容有哪些?	76
5-32	招标文件应当包括哪些内容?	76
5-33	招标人能对已发出的招标文件进行必要的澄清或者修改吗?	76
5-34	招标人对投标人提交投标文件的时间有何要求?	76
5-35	招标人在招标文件中要求投标人提交投标保证金的金额是多少?	77
5-36	招标人是否应允许投标人在提交投标文件截止时间之前修改或撤回投标文件?	77
5-37	什么是投标有效期?	77
5-38	暂估价是什么?	77

- 5-39 招标人可以设置最高和最低投标限价吗? …… 77
- 5-40 招标人终止招标的,如何处理? …… 77
- 5-41 重新招标有哪些情形? …… 77
- 5-42 如何避免或减少招标失败? …… 78
- 5-43 招标投标活动实施监督如何分工? …… 78
- 5-44 招标人哪些行为属于以不合理条件限制、排斥潜在投标人或者投标人? 招标人将受到何种处罚? …… 79
- 5-45 为什么招标文件不得指定某一特定的生产供应商或品牌? …… 79
- 5-46 招标代理机构违法泄露应保密的与招标投标有关的情况和资料,将导致什么处罚? …… 80

第二节　工程投标ㅤㅤㅤㅤㅤㅤㅤㅤㅤㅤㅤㅤㅤㅤㅤㅤㅤㅤㅤㅤㅤ80

- 5-47 什么是投标人? …… 80
- 5-48 投标人应具备什么条件? …… 80
- 5-49 投标文件应满足什么条件? …… 80
- 5-50 潜在投标人或者投标人可以要求招标人或其招标代理机构予以澄清、改正、补充或调整的情形有哪些? …… 80
- 5-51 投标人提交投标文件后可以补充、修改或者撤回已提交的投标文件吗? …… 81
- 5-52 投标文件的每一页是否都需要签字或盖章? …… 81
- 5-53 投标人之间存在哪些利害关系不能参加同一投标? …… 81
- 5-54 什么是联合体投标? …… 81
- 5-55 联合体投标各方的能力和资格如何认定? …… 81
- 5-56 联合体投标各方承担的责任是什么? …… 81
- 5-57 如何研究招标文件? …… 82
- 5-58 什么情形下的投标文件应当拒收? …… 82
- 5-59 投标人相互串通投标的情形有哪些? 应受到何种处罚? …… 82
- 5-60 投标人与招标人串通投标的情形有哪些? …… 83
- 5-61 国有企业下属参股子公司能否作为投标人公平参与国有企业组织的招标投标工作? …… 83
- 5-62 什么是以他人名义投标? …… 84
- 5-63 投标人弄虚作假的行为有哪些? …… 84
- 5-64 投标人发生合并、分立、破产等重大变化的如何处理? …… 84
- 5-65 投标无效的情形有哪些? …… 84
- 5-66 投标报价能否低于成本价? …… 85
- 5-67 投标人投标保证金未提交,如何处理? …… 85
- 5-68 投标文件提交的要求有哪些? …… 85
- 5-69 投标人能对已发出的投标文件进行必要的澄清或者修改吗? …… 85

5-70 投标人能否撤回已提交的投标文件? ……85

第三节 工程评标 ……85

5-71 评标由谁负责? ……85
5-72 评标委员会的职责是什么? ……85
5-73 评标委员会如何组成? ……86
5-74 评标专家应具备什么条件? ……86
5-75 个人如何加入评标专家库? ……86
5-76 什么情形不得担任评标委员会成员? ……86
5-77 参加评标的专家如何确定? ……86
5-78 为什么特殊招标项目,可以直接指定专家? ……87
5-79 评标过程中,评标委员会成员更换的情况有哪些? ……87
5-80 什么情况招标人应当适当延长评标时间? ……87
5-81 评标委员会成员至少应了解和熟悉哪些内容? ……87
5-82 评标委员会成员的禁止行为有哪些? ……87
5-83 评标委员会应当否决投标的情形有哪些? ……88
5-84 评标时,投标人可以对其投标书作出澄清、修改吗? ……88
5-85 投标文件内容前后不一致时,应如何处理? ……88
5-86 评标委员会成员对评标结果有不同意见如何处理? ……88
5-87 评标委员会评标的依据是什么? ……89
5-88 综合评标专家库应由谁组建? ……89
5-89 谁对评标委员会成员的确定方式、评标专家的抽取和评标活动进行监督? ……89
5-90 投标文件中有含义不明确的内容、明显文字或者计算错误如何处理? ……89
5-91 在评标过程中,评标委员会发现投标人异常低价如何处理? ……89
5-92 什么情况属于投标重大偏差? ……89
5-93 什么是投标细微偏差? ……90
5-94 评标时,对投标细微偏差如何处理? ……90
5-95 不能在投标有效期内完成评标的如何处理? ……90
5-96 评标报告应当如实记载哪些内容? ……90

第四节 投诉处理 ……91

5-97 哪些情形应当先向招标人提出异议? ……91
5-98 投诉的主体是谁? ……91
5-99 什么是其他利害关系人? ……91
5-100 投诉受理及处理的主体有哪些? ……91
5-101 投诉书应当包括哪些内容? ……91

5-102	投诉的时效性要注意哪些？	92
5-103	投诉方式有哪些？	92
5-104	行政监督部门收到投诉书如何处理？	92
5-105	投诉书不予受理的情形有哪些？	92
5-106	投诉处理的人员应回避情形有哪些？	93
5-107	投诉处理决定作出前，投诉人要求撤回投诉如何处理？	93
5-108	投诉如何作出处理决定？	93
5-109	投诉处理决定的主要内容包括什么？	93
5-110	当事人对行政监督部门的投诉处理决定不服如何处理？	94

第五节 工程定标 94

5-111	评标完成后，评标委员会应当向招标人提交哪些内容？	94
5-112	如何确定中标人？	94
5-113	中标人的投标需要具备哪些条件？	94
5-114	何时公示中标候选人，公示时间多长？	94
5-115	依法必须招标项目的中标候选人公示应当载明哪些内容？	95
5-116	中标候选人公示与中标公告的区别在什么地方？各具备哪些法律效力？	95
5-117	第一中标候选人放弃或不能作为中标人如何处理？	95
5-118	中标候选人的经营、财务状况发生较大变化或者存在违法行为如何处理？	95
5-119	哪些情形中标无效？	96
5-120	招标人和中标人如何签订合同？	96
5-121	中标人可以将项目转包和分包吗？	96

第六章 各类型工程招标投标 97

第一节 施工招标及策略 97

6-1	在工程项目施工招标中，怎样理解必须招标的项目与单项采购的关系？	97
6-2	工程建设项目，依法必须招标范围和规模标准以下的施工招标应如何实施？	97
6-3	怎样理解《必须招标的工程项目规定》（国家发展改革委令第16号）（以下简称16号令）第五条，同一项目中可以合并进行的采购必须招标的规定？	97
6-4	怎样正确理解，依法必须招标的工程建设项目范围和规模标准中，关于招标范围列举的事项？	98
6-5	16号令及843号文已规定了必须招标的范围和规模标准，各地方还可以	

	制定不同的范围和规模标准吗？	98
6-6	工程项目的施工招标中，依据国务院有关部门行政监督职责的分工，由哪个部门负责监督执法？	98
6-7	依法必须进行招标项目的施工符合邀请招标条件，应由哪个部门认定批准？	98
6-8	依法必须进行施工招标的工程建设项目，可以不进行施工招标的情形中，如何正确理解涉及国家安全、国家秘密？应当怎样采购？	99
6-9	依法必须进行施工招标的工程建设项目，可以不进行施工招标的情形中，如何正确理解抢险救灾？	99
6-10	依法必须进行施工招标的工程建设项目，可以不进行施工招标的情形，如何正确理解利用扶贫资金实行以工代赈需要使用农民工？	99
6-11	依法必须进行施工招标的工程建设项目，可以不进行施工招标的情形，如何正确理解施工主要技术采用不可替代的专利或者专有技术？	99
6-12	依法必须进行施工招标的工程建设项目，可以不进行施工招标的情形，如何正确理解采购人依法能够自行建设的？	100
6-13	施工招标项目公开招标的招标公告应当在哪里发布？	100
6-14	施工招标项目邀请招标的需要发招标公告吗？	100
6-15	施工招标项目的招标公告或者投标邀请书载明的内容是什么？	101
6-16	通过信息网络或其他媒介发布的招标文件与书面招标文件不一致时，以什么版本为准？	101
6-17	施工招标项目招标文件或者资格预审文件可以收费吗？	101
6-18	施工招标项目招标文件如有需附的设计文件，可以向投标人收押金吗？	101
6-19	施工招标项目招标文件或资格预审文件售出后，潜在投标人可以要求退还吗？	101
6-20	施工招标项目的资格审查分为资格预审和资格后审，进行了资格预审的可以进行资格后审吗？	101
6-21	施工招标项目的招标人，在进行资格审查时，提出需改变或增加资格条件进行资格审查可以吗？	102
6-22	施工招标项目资格审查主要审查条件有哪些？	102
6-23	施工招标项目的招标人可以自行办理招标事宜吗？	102
6-24	施工招标项目，招标人委托招标代理机构办理招标事宜，招标代理机构能承担哪些招标事宜？	102
6-25	施工招标项目，招标代理机构不得代理哪些事项？	102
6-26	施工招标项目，招标人编制的招标文件应包括哪些内容？	103
6-27	施工招标项目，招标人可以要求投标人提交备选投标方案吗？	103
6-28	施工招标项目的招标文件中，规定的各项技术标准最基本的要求	

编号	内容	页码
	是什么？	103
6-29	施工招标文件中规定的各项技术标准不可以要求的内容有哪些？	103
6-30	施工招标文件中，如果必须引用某一特定的技术标准才能准确或清楚地说明拟招标项目的技术标准时，应该怎样做？	103
6-31	施工招标项目，招标人根据项目实际情况认为需要划分标段、确定工期，应怎样划分标段、确定工期？	103
6-32	施工招标项目需要划分标段的，招标人应当考虑哪些因素合理划分标段？	104
6-33	对施工招标文件中的评标因素、标准方法有何要求？	104
6-34	施工招标文件中为什么要规定投标有效期，投标有效期怎样计算？	104
6-35	施工招标项目，招标人因特殊情况可以要求投标人延长投标有效期吗？	104
6-36	招标人要求，投标人同意延长投标有效期，投标人可以提出修改或招标人允许其修改投标文件吗？	104
6-37	招标人要求投标人延长投标有效期，投标人可以拒绝吗？拒绝延长投标有效期的投标人投标保证金如何处理？	104
6-38	招标人要求投标人从其基本账户缴纳投标保证金，有何意义？	105
6-39	因延长投标有效期造成投标人损失的，招标人是否应给予补偿？	105
6-40	招标人可以组织潜在投标人踏勘项目现场，向其介绍工程场地和相关环境的有关情况吗？	105
6-41	招标人介绍情况要对潜在投标人的判断和决策负责吗？	105
6-42	招标人可以单独或者分别组织投标人进行现场踏勘吗？	105
6-43	招标人应怎样处理潜在投标人在阅读招标文件和现场踏勘中提出的疑问？如进行解答其效力是什么？	105
6-44	工期过长时，招标人可以采取什么应对措施？	105
6-45	招标人能否使用非中标单位投标文件中的技术成果或技术方案？	105
6-46	合同所确定的建设规模、标准、内容与价格确需超出规定范围的，招标人应如何处理？	105
6-47	不具备分包条件或不符合分包规定时，招标人应如何处理？	106
6-48	若发现中标人转包或违法分包时，招标人应如何处理？	106
6-49	提高对潜在投标人的资质要求是否属于不合理条件限制或排斥潜在投标人？	106
6-50	对潜在投标人的施工经验要求是否属于以不合理条件限制或排斥潜在投标人？	106
6-51	如何防止施工招标中的投标人造假？	106
6-52	施工投标的资格审查包括哪些内容？	106
6-53	资质审查的基本要求是什么？	106

- 6-54 建造师分为几级？各有哪些专业？如何选择施工招标中的项目经理？……106
- 6-55 招标人在施工招标时应注意哪些策略？……107
- 6-56 招标人在施工招标中执行合法合规规避风险的策略时，需要注意哪些事项？……107
- 6-57 招标人在施工招标中执行诚实信用降低交易成本的策略时，需要注意哪些事项？……109
- 6-58 招标人在施工招标中，执行掌握资讯综合分析的策略时，需要注意哪些事项？……109
- 6-59 招标人在施工招标中执行统筹策划实现目标的策略时，需要注意哪些事项？……109
- 6-60 招标人在施工招标中执行注重合同实现标的的策略时，需要注意哪些事项？……109

第二节 施工投标及策略……110

- 6-61 在施工招标中，投标人与招标人存在怎样的关系，将无资格参加该项目的投标？……110
- 6-62 投标人可以按照以前的投标文件格式编制投标文件吗？……110
- 6-63 施工招标项目的投标文件包括哪些内容？……110
- 6-64 施工招标项目投标人拟在中标后进行分包要在投标文件中载明吗？……111
- 6-65 施工招标项目投标保证金有形式规定和最高限定吗？……111
- 6-66 对投标保证金的有效期有要求吗？……111
- 6-67 施工招标项目投标人可以自己计算投标保证金的金额吗？……111
- 6-68 施工招标的项目投标保证金都要从其基本账户转出吗？……111
- 6-69 依法必须进行施工招标的项目，开标时提交投标文件的投标人少于三个的，招标人怎样做？……111
- 6-70 依法必须进行施工招标的项目重新招标后投标人仍少于三个的，招标人怎样做？……111
- 6-71 施工招标的项目投标人可以补充、修改、替代或者撤回已提交的投标文件吗？……112
- 6-72 施工招标的项目投标截止时间后投标人可以撤销其投标文件吗？如投标人撤销文件有什么后果？……112
- 6-73 施工招标的项目在开标前，已接收的投标资料由谁保管？……112
- 6-74 施工招标的项目联合体各方一旦签订共同投标协议后，有哪些禁止性规定？……112
- 6-75 招标人资格预审接受联合体的，联合体应何时组成？预审后如联合体组成发生变化有什么后果？……112
- 6-76 联合体各方的牵头人，有什么工作内容？……112
- 6-77 怎样才能证明联合体各方的牵头人是合法的？……112

6-78	联合体投标的投标保证金怎样提交？	113
6-79	施工招标的项目属投标人串通投标报价的行为有哪些？	113
6-80	串通投标有哪些形式？应如何防止施工招标中的串通投标行为？	113
6-81	施工招标项目投标人以他人名义投标的情形有哪些？	113
6-82	投标人在施工投标时应注意哪些策略？	114
6-83	投标人在施工投标中运用合法合规规避风险的策略时，应注意哪些事项？	114
6-84	投标人在施工投标中执行诚实信用提高企业商誉的策略时，应注意哪些事项？	116
6-85	投标人在施工投标中执行掌握资讯综合分析的策略时，应注意哪些事项？	116
6-86	投标人在施工投标时执行统筹策划实现目标的策略时，应注意哪些事项？	117
6-87	投标人在施工投标中执行有序竞争投标报价的策略时，应注意哪些事项？	118

第三节　勘察、设计招标投标......119

6-88	建设工程勘察、设计招标投标的法律体系是怎样的？	119
6-89	编制建设工程勘察、设计文件的依据有哪些规定？	119
6-90	建设工程勘察、设计的监督管理由哪个行政主管部门负责？	119
6-91	建设工程勘察、设计注册执业人员可否受聘多个单位？	120
6-92	《工程建设项目勘察设计招标投标办法》的适用范围是什么？	120
6-93	《建筑工程设计招标投标管理办法》的适用范围是什么？	120
6-94	建筑工程方案设计招标分为哪两种类型？	120
6-95	工程建设项目的勘察、设计方案招标，是否可以直接依据投标报价确定中标人？	120
6-96	对工程建设项目的勘察、设计进行招标投标时，如果招标人采用邀请招标方式，应当邀请几个投标人参加？有什么要求？	120
6-97	在依法必须招标的工程建设相关服务项目中，关于勘察、设计的招标金额达到多少须履行招标程序？	120
6-98	经项目审批、核准部门审批、核准，工程建设项目的勘察、设计可以不进行招标的情形包括哪些？	121
6-99	依法必须进行勘察、设计招标的工程建设项目，招标时应当具备哪些条件？	121
6-100	工程勘察、设计类招标文件包含哪些基本内容？	121
6-101	建筑工程设计招标中招标文件一般包含哪些内容？	122
6-102	国外设计企业参与我国工程建设项目勘察、设计投标，需要遵守哪些	

编号	内容	页码
	规定？	122
6-103	外国企业承担中华人民共和国境内建设工程设计，必须选择中方设计企业进行合作吗？	122
6-104	国外设计企业参加建设工程设计投标，是否允许其独立进行概念设计、方案设计、初步设计和施工图设计？	123
6-105	《关于外国企业在中华人民共和国境内从事建设工程设计活动的管理暂行规定》适用所有设计项目吗？	123
6-106	对中外合作设计的项目，是否需要对外国设计企业进行审查？	123
6-107	合作设计项目的工程设计合同，权利、义务如何划分？	123
6-108	建设单位在对外国企业进行设计资格预审时，可以要求外国企业提供哪些能满足建设工程项目需要的有效证明材料？	123
6-109	工程建设项目勘察、设计的招标文件要求投标人提交的投标保证金最多不能超过多少万元？投标保证金可以哪种形式提交？	124
6-110	工程建设项目勘察、设计的评审一般采用综合评估法吗？	124
6-111	对于投标人，工程建设项目勘察、设计招标中有哪些情况，评标委员会应当否决其投标？	124
6-112	对于投标文件，工程建设项目勘察、设计招标中有哪些情况，评标委员会应当否决其投标？	124
6-113	勘察、设计招标项目中，如中标候选人的经营、财务状况发生较大变化或者存在违法行为，招标人认为可能影响其履约能力的，正确的做法是什么？	125
6-114	招标人或中标人是否可以直接采用其他未中标人投标文件中的技术方案？	125
6-115	依法必须进行勘察、设计招标的项目，招标人应当在确定中标人之日起15日内，向有关行政监督部门提交招标投标情况的书面报告，该书面报告一般包括哪些内容？	125
6-116	工程建设项目勘察、设计招标过程中，对潜在投标人提出的疑问，可以通过哪些方式解答？	125
6-117	工程建设项目勘察、设计招标必须实行一次性总体招标吗？	125
6-118	工程建设项目勘察、设计招标，自招标文件或者资格预审文件出售之日起至停止出售之日止，最短不得少于多少日？	126
6-119	《工程建设项目勘察设计招标管理办法》和《建筑工程设计招标管理办法》有什么区别？	126
6-120	建筑工程设计招标，可以采用设计团队招标模式吗？	126
6-121	什么是设计方案招标？什么是设计团队招标？	126
6-122	建筑工程设计招标中采用设计方案招标或设计团队招标时，评标委员会评审的内容有什么区别？	126

编号	题目	页码
6-123	建筑工程设计招标对采用设计团队招标的,中标候选人公示应当明确哪些内容?	126
6-124	采用设计方案招标的,招标人认为评标委员会推荐的候选方案不能最大限度满足招标文件规定的要求的,应当怎样做?	127
6-125	《建筑工程设计招标投标管理办法》对建筑专业专家库有什么规定?	127
6-126	建筑工程设计招标活动中对于技术复杂、专业性强或者国家有特殊要求的项目,评标委员会可以邀请哪些具有相应资历的专家参与评标?	127
6-127	某省要求政府投资项目的勘察、设计、施工和监理,以及与工程建设有关的重要设备、材料等采购,应当依法实行招标。如果勘察项目预算金额在100万元以下,是根据该项规定必须进行招标,还是依据《必须招标的工程项目规定》可以不招标?	127
6-128	某项目现在处于设计招标阶段。承担该项目前期勘察工作的勘察设计院的下属公司是否可以参加本项目的设计投标?	127
6-129	学术性的项目方案设计竞赛或"创意征集"是否需要遵循《建筑工程方案设计招标投标管理办法》?	128
6-130	什么情形下可以对勘察、设计采用分段或分项招标?	128
6-131	什么情形下招标人不得进行建筑工程方案设计的资格预审?	128
6-132	根据《标准勘察招标文件》(2017年版),勘察人为履行合同发出的一切函件均应盖有勘察人单位章,并由勘察人的法定代表人还是项目负责人签字确认?	128
6-133	根据《标准设计施工总承包招标文件》(2012年版),投标人不按投标人须知前附表规定的金额、担保形式和"投标文件格式"规定的投标保证金格式递交投标保证金的,其结果是什么?	128
6-134	根据《标准设计施工总承包招标文件》(2012年版)的规定,工程接收证书颁发后的多少天内,除了经监理人同意需在缺陷责任期内继续工作和使用的人员、施工设备和临时工程外,其余的人员、施工设备和临时工程均应撤离施工场地或拆除?	128
6-135	能否以抽签、摇号等方式限制过多的资格预审合格的投标人参加建筑工程方案设计投标?	128
6-136	建筑工程方案设计招标的资格预审采用哪一种方式?	128
6-137	应由什么人员负责建筑工程方案设计招标的资格预审?	129
6-138	勘察、设计招标文件或资格预审文件出售的最短时间是多少日?	129
6-139	《建筑工程方案设计招标投标管理办法》适用范围包括学术性的项目方案设计竞赛或不对某工程项目下一步设计工作的承接具有直接因果关系的"创意征集"等活动吗?	129
6-140	《建筑工程方案设计招标投标管理办法》中建筑工程方案设计招标投标是指什么具体内容?	129

6-141　建筑工程方案设计参与投标时应当注重哪些原则？……………129
6-142　建筑工程方案设计招标时应当具备哪些条件？………………129
6-143　概念性方案设计招标或者实施性方案设计招标的中标人是否应当承担方案及后续阶段的设计和服务工作？………………………129
6-144　参加建筑工程项目方案设计的投标人应具备哪些主体资格？……130
6-145　建筑工程方案设计项目招标关于投标文件编制时间有哪些要求？……130
6-146　大型公共建筑工程项目有哪些情况，招标人可以在评标过程中对其中有关规划、安全、技术、经济、结构、环保、节能等方面进行专项技术论证？………………………………………………………130
6-147　对于达到设计招标文件要求但未中标的设计方案，招标人是否应当给予不同程度的补偿？………………………………………………131
6-148　工程设计中涉及投标人专利或专有技术的，相关收费是否需要明确？131
6-149　对于工程方案设计中涉及投标人知识产权的，应当如何保护？……131
6-150　《建筑工程方案设计招标投标管理办法》中大型公共建筑工程是指多大规模？…………………………………………………………131
6-151　某装修和智能化工程预算为1000多万元，通过招标方式确定了中标施工单位。项目合同签订后，招标人认为原设计已经落伍，已对该装修和智能化工程重新进行了设计，可以直接让原中标施工单位继续施工吗？………………………………………………………132
6-152　工程施工招标项目，参与项目前期设计工作的企业是否可以参与项目的施工投标？……………………………………………………132
6-153　工程项目采用EPC模式招标，且允许投标人组成联合体投标，可以要求联合体的牵头人必须是设计单位吗？………………………132
6-154　根据《工程设计资质标准》，工程设计分为哪几种序列？…………132
6-155　根据《工程设计资质标准》，工程设计以及建筑工程设计包含哪些范围？………………………………………………………………132
6-156　《建筑工程五方责任主体项目负责人质量终身责任追究暂行办法》中的五方责任主体项目负责人是指哪些主体项目负责人？…………133
6-157　建设工程勘察、设计的招标人认为评标委员会推荐的候选方案不能最大限度满足招标文件规定的要求的，是否能够依法重新招标？……133
6-158　建设工程勘察、设计方案评标应当评审哪些内容？………………133
6-159　建设工程勘察、设计应当依照《招标投标法》的规定，实行招标发包，哪些情形下可以直接发包？……………………………………133
6-160　建筑工程发包的规定有哪些？………………………………………133
6-161　建筑工程的勘察、设计文件应当符合何种标准？…………………134
6-162　建设单位、施工单位、监理单位是否可以修改建设工程勘察、设计文件？…………………………………………………………134

编号	内容	页码
6-163	承包方是否可以将建设工程的勘察、设计进行再分包？	134
6-164	建设工程勘察、设计方案的评标应考虑哪些方面？	134
6-165	建设工程勘察、设计的招标人认为评标委员会推荐的候选方案不能最大限度满足招标文件规定的要求的怎么办？	134
6-166	建筑工程设计投标，从文件发售到投标截止是否只要不少于20日就可以？	135
6-167	如果工程设计资质企业的资质证书中载明可以承揽相应的施工总承包业务，是否意味着该工程设计资质企业可以承揽施工总承包业务，而不需要再取得施工总承包资质？	135
6-168	某一工程建设项目里的专用设备招标（如物流分拣系统），设备设计单位（工艺设计）能否参加该专用设备购置的投标？	135
6-169	设计项目招标，该项目勘察单位的控股企业是否可以投标？	135
6-170	设计单位可以参加政府采购货物招标项目投标吗？例如某项目发售的招标文件和附件图纸中注明设计单位为A公司，那么A公司是否可以参加本项目投标？	135
6-171	初步设计阶段已进行勘察、设计招标的铁路建设工程项目，在哪一阶段可以不再进行勘察、设计招标？	136
6-172	实行工程总承包招标的铁路建设工程项目，在哪一阶段可以不进行勘察、设计招标？	136
6-173	铁路建设工程勘察、设计招标在进行综合评定的时候，应当考虑哪些方面？	136
6-174	铁路建设工程勘察、设计的中标人能否进行分包？	136
6-175	文物保护工程勘察、设计资质等级有哪些？由什么部门颁发？	136
6-176	电力工程勘察、设计资质的分类及各资质可承接的工程勘察、设计范围有哪些？	136
6-177	电力工程勘察、设计单位进入工程勘察、设计市场，需要具有哪一资格证书？	137
6-178	两个或几个持有电力工程勘察、设计资质证书和电力工程勘察、设计收费资格证书的单位，联合承担电力工程勘察、设计任务且证书级别不同时，应以哪一级别单位为主？由哪一单位对勘察、设计质量负责？	137
6-179	电力工程勘察、设计单位如发生分立、合并、撤销，其资格证书应如何处理？	137

第四节　工程项目货物招标投标　　137

编号	内容	页码
6-180	工程建设项目货物的招标投标监管部门有哪些？	137
6-181	如何界定工程项目货物的范围？	137

6-182　如何界定工程项目货物招标的招标人？……………………………138
6-183　总承包招标中的暂估价部分需要再次招标吗？……………………138
6-184　依法必须招标的工程建设项目，应当具备哪些条件才能进行货物招标？……………………………………………………………………138
6-185　货物招标项目的审批流程是什么？……………………………………138
6-186　邀请招标的货物招标项目范围有哪些？……………………………138
6-187　货物招标项目招标公告或者投标邀请书应当载明哪些内容？……139
6-188　货物招标项目，招标人可否终止招标？……………………………139
6-189　货物招标项目资格审查的方式有哪些？……………………………139
6-190　如何区分资格预审与资格后审？……………………………………139
6-191　资格预审一般适用何种货物的招标项目？…………………………139
6-192　采用资格预审的，资格预审内容、要求及材料可否直接写入招标文件？……………………………………………………………………139
6-193　货物招标项目资格预审文件一般包括什么内容？…………………140
6-194　资格预审后的程序是什么？…………………………………………140
6-195　货物招标项目招标文件一般包括哪些内容？………………………140
6-196　工程建设项目货物招标如何确定招标文件或资格预审文件的价格？…140
6-197　什么是工程建设项目货物招标文件的实质性要求和条件？………141
6-198　什么是工程建设项目货物招标文件的非实质性要求和条件？……141
6-199　邀请招标是否比公开招标更节省时间？……………………………141
6-200　货物招标项目如何划分标包？………………………………………141
6-201　货物招标项目可否要求投标人递交备选投标方案？………………141
6-202　如何组织无法精确拟定其技术规格的货物招标？…………………141
6-203　国家对货物招标项目招标文件中各项技术规格有何要求？………141
6-204　编制货物招标文件应注意哪些事项？………………………………142
6-205　货物招标项目，评标过程中可否适当修改评标标准？……………142
6-206　国家对货物招标项目的投标保证金有何要求？……………………142
6-207　国家对货物招标项目的投标有效期有何规定？……………………142
6-208　货物招标项目投标有效期内未完成定标，如何处理？……………142
6-209　国家对货物招标项目，潜在投标人提出疑问的处理有何规定？…143
6-210　货物招标项目，招标人给投标人编制投标文件的期限最短为多久？…143
6-211　没有提出联合体申请的投标人，在资格预审完成后是否能组成联合体投标？……………………………………………………………………143
6-212　货物招标中资格预审合格的潜在投标人不足三个时，招标人应如何处理？……………………………………………………………………143
6-213　工程建设项目货物招标是否可以分包？……………………………143
6-214　什么叫货物两阶段招标？……………………………………………143

编号	条目	页码
6-215	国家对货物招标项目投标人的限制情形有哪些？	144
6-216	货物招标项目投标人的投标文件一般包含哪些内容？	144
6-217	投标人可否以电子邮件方式递交投标文件？	144
6-218	货物招标项目，投标人在招标文件要求提交投标文件的截止时间后提交的投标文件，如何处理？	144
6-219	货物招标项目，提交投标文件的投标人少于三个的，如何处理？	144
6-220	货物招标项目，投标人可否修改或撤回投标文件？	145
6-221	货物招标项目，是否允许联合体投标？	145
6-222	货物项目招标，投标人是否必须参与项目开标？	145
6-223	招标人可以不予受理的投标文件有哪些情形？	145
6-224	评标委员会可将投标文件按否决投标处理的有哪些情形？	145
6-225	经评审，有效投标人不足三个的，如何处理？	146
6-226	评标委员会何种情形，可以要求投标人澄清、说明或补正？	146
6-227	货物招标项目，可采用什么评审办法？	146
6-228	货物招标项目，可否要求投标人提交备选投标方案？	146
6-229	评标完成后，是否必须出具书面评标报告？	146
6-230	中标候选人是否可以不排序？	146
6-231	招标人如何定标？	147
6-232	招标人是否必须选择第一中标候选人为中标人？	147
6-233	中标候选人存在哪些情形，招标人可以不选择其为中标人？	147
6-234	评标结束后，招标人可否与中标人洽谈中标条件？	147
6-235	中标通知书的法律效力和发出有哪些规定？	147
6-236	招标人与投标人签订书面合同的时间和依据有规定吗？	147
6-237	货物招标项目，对履约保证金约定有什么规定和要求？	148
6-238	货物招标项目，投标保证金的退还时间有什么规定？	148
6-239	货物招标项目，货物合同价格与批准概算有什么关系？	148
6-240	货物招标项目，招标人什么时间向行政监督部门书面报告中标结果？	148
6-241	货物招标，招标人向行政监督部门书面报告的内容有哪些？	148
6-242	货物招标项目，未在规定的媒体发布招标公告的，如何处罚？	148
6-243	货物招标项目，应当公开招标而不公开招标的，如何处罚？	148
6-244	货物招标项目，招标人以不合理的条件限制或者排斥资格预审合格的潜在投标人参加投标，如何处罚？	149
6-245	评标委员会存在哪些影响评标结果的违法行为时，项目须重新评标或重新招标？	149
6-246	中标通知书发出后，无正当理由不签订合同的，如何处理？	149
6-247	招标人不履行与中标人订立的合同的，履约保证金如何处理？	149
6-248	中标无效的，中标通知书和签订的合同的效力如何？	149

6-249　非工程类货物，是否属于必须招标的项目？ ……………………………150
6-250　工程类的材料设备采购未达到招标标准是否可以直接签订合同？ ……150
6-251　国际贷款项目，是否适用货物招标投标管理办法？ …………………150

第五节　工程监理、服务招标投标 …………………………………………150

6-252　哪些建设工程必须实行监理？ ……………………………………………150
6-253　项目处于什么阶段进行监理招标？ ………………………………………150
6-254　水利、公路项目监理招标应当具备什么条件？ …………………………150
6-255　工程建设项目监理招标，如何分标段？ …………………………………151
6-256　政府采购工程项目的监理招标应该适用《政府采购法》吗？ …………151
6-257　在某项目监理招标的评标过程中，评标委员会发现投标人的报价明显低于其他投标报价，使得其投标报价可能低于其个别成本的，应当怎么做？ ……………………………………………………………………151
6-258　根据《标准监理招标文件》（2017年版），投标人在投标截止时间前修改投标函中的投标报价总额，应同时修改投标文件中哪部分的相应报价？ ……………………………………………………………………151
6-259　项目建议书、可行性研究、招标代理、造价咨询等工程服务项目的估算金额超过100万元，属于依法必须招标的项目吗？ …………………151
6-260　依法必须招标的工程监理服务招标，投标人不足3个，两次流标，可以直接发包吗？ …………………………………………………………152

第六节　房屋建筑和市政基础设施工程施工招标投标 ………………………152

6-261　如何理解工程建设项目施工招标投标活动的公平、公开、公正和诚实信用原则？ …………………………………………………………………152
6-262　依法必须进行招标的工程施工项目时间非常紧急，来不及招标怎么办？ ……………………………………………………………………………152
6-263　工程建设项目施工招标人规避招标的表现有哪些？ ……………………152
6-264　工程建设项目施工公开招标和邀请招标方式的不同点是什么？ ………153
6-265　在工程建设实务中，一些县区及以下建设单位对政府投资工程单项合同估算价在400万元人民币以下的施工项目采用邀请招标方式进行发包，其做法是否正确？ …………………………………………………153
6-266　人防、司法用房等建设工程项目有保密性要求，是否可以不公开进行施工招标？ ………………………………………………………………154
6-267　招标人在开展房屋建筑和市政基础设施工程施工招标时，按规定哪些环节和内容应报房屋建筑和市政基础设施工程招标投标监督部门备案？ ……………………………………………………………………………154
6-268　工程建设项目施工招标的标段如何划分？ ………………………………154
6-269　房屋建筑和市政基础设施工程施工招标文件按规定应当包括哪些内

	容？	155
6-270	房屋建筑和市政基础设施工程施工招标文件对投标人资格的设置有哪些要求？	155
6-271	在工程建设项目招标活动实践中存在的针对投标人资格审查设置的不合理限制和壁垒有哪些？	155
6-272	工程建设项目招标投标过程中对企业经营资质资格有哪些规定？	156
6-273	在工程建设项目招标活动实践中存在的在招标文件中设置的不合理限制和壁垒有哪些？	156
6-274	在工程建设项目招标活动操作过程中对投标人投标存在的不合理限制和壁垒有哪些？	157
6-275	工程建设项目施工招标"有招标所需的设计图纸及技术资料"中的"设计图纸"应达到什么设计深度？	157
6-276	工程建设项目施工招标投标活动有关时间的要求是如何规定的？	157
6-277	招标人或其委托的招标代理机构在招标投标活动中向不同的潜在投标人或投标人提供差别化信息或差别化服务被举报、投诉后应如何处理？	158
6-278	工程建设项目施工招标投标活动中发现招标人编制的资格预审文件、招标文件存在不合法内容时，招标人应如何处理？	158
6-279	工程建设项目施工招标投标人在参加招标投标活动中通常有哪些费用支出？	159
6-280	工程建设施工招标投标活动中能否提前知道潜在投标人的具体名单和联系方式？招标人应采取哪些保密措施？	159
6-281	集团总公司和下属子公司、集团总公司的下属子公司之间、总公司和分公司能否在同一工程施工项目投标？	160
6-282	房屋建筑和市政基础设施工程项目施工招标文件的实质性条件设置有哪些规定？	160
6-283	房屋建筑和市政基础设施工程施工招标文件对业绩奖项的设置有什么要求？	161
6-284	《注册建造师管理规定》要求，担任施工单位项目负责人的应当受聘并注册于一个具有施工资质的企业，在工程建设施工招标实务中经常要求投标人项目人员提供与投标单位一致的社会保险缴费证明对此加以验证。社会保险缴纳单位与注册单位不一致的注册建造师是否都属于"挂证"？出现这种情况能否参加投标？	161
6-285	房屋建筑和市政基础设施工程施工招标关于投标施工项目经理诸如有无"在建工程"等相关规定有哪些？	161
6-286	潜在投标人或者其他利害关系人对资格预审文件或招标文件有疑问或异议如何提出？招标人应分别如何处理？	162

6-287 工程建设项目施工招标投标人如何参加开标会议？招标人是否可以要求投标人法定代表人、投标项目经理本人出席投标会议？……………162

6-288 房屋建筑和市政基础设施工程施工招标在什么情形下招标人应当拒收投标文件？投标文件接收后招标人如何处理？……………………………162

6-289 投标截止后必须立即开标吗？工程建设项目施工招标开标、评标活动的时间、地点是如何规定的？…………………………………………163

6-290 房屋建筑和市政基础设施工程施工项目招标在开标时，投标文件出现什么情形应当作为无效投标文件，不得进入评标？……………………163

6-291 房屋建筑和市政基础设施工程项目施工招标依据法规、规章规定和招标文件约定，评标委员会应当否决投标人投标的情形有哪些？………164

6-292 工程项目发生安全事故，安全事故调查期间，企业能否投标？………164

6-293 招标人在招标文件中规定不允许发生安全事故的施工企业参加投标是否可以？………………………………………………………………164

6-294 如果投标人的安全生产许可证在评标期间被有关部门暂扣，怎么办？……………………………………………………………………165

6-295 某工程建设项目通过电子交易系统公开开标，招标文件约定由投标人推选的代表检查非加密投标文件及银行保函原件的密封情况，出席开标活动的投标人之一认为存在投标人密封情况不符合要求情形。开标现场出现争议和问题时，投标人和招标人应分别采取什么措施？………………………………………………………………………165

6-296 某工程施工项目招标代理机构分别在交易平台发布该项目的招标公告、在交易系统提供下载的招标公告，两处公告出现载明的投标保证金缴入银行及账号不一致情况且其中一个为错误账号。开标时发现部分投标人未能按时将投标保证金提交招标公告指定的账户，经查原因是投标人的财务人员按错误账号提交投标保证金后未核对是否提交成功，导致未能按时提交至招标公告指定的账户，并在现场引发争议。投标保证金未能按时提交至招标公告指定的账户的投标人其投标文件能否接收并开标？上述争议招标人应该如何处理？………165

6-297 什么是流标？工程建设项目施工招标为什么会流标？出现流标招标人怎样处理？重新招标后投标人仍少于3个或者所有投标被否决的，招标人应该如何处理？………………………………………………166

6-298 房屋建筑和市政基础设施工程施工招标评标办法一般有哪些？………166

6-299 房屋建筑和市政基础设施工程施工招标评标委员会如何组成？………167

6-300 房屋建筑市政基础设施工程施工招标评标时，招标人或招标代理机构应向评标委员会提供哪些资料供评标使用？…………………………167

6-301 在招标投标工作中，投标文件澄清是投标人应评标委员会要求作出的，那么房屋建筑和市政基础设施工程施工招标评标过程中关于投

	标文件澄清说明的注意事项有哪些?	168
6-302	某政府投资工程建设项目施工招标中标结果公示期间,因投标人对评审结果提出异议,招标人决定组织复评,在组织复评时招标人因该项目评标委员会评审问题引起争议而影响项目招标进度,提出另选择资深专家进行复评。招标投标监管部门能否同意更换?	168
6-303	在评标过程中,有评标专家因个人原因提出离场不再评标,招标人如何处理?	168
6-304	评标委员会在评标时否决了部分不合格投标后,剩余有效投标人少于三个,评标委员会随即以不足三家为由认定流标,该处理是否正确?	169
6-305	评标委员会成员对评标结果有不同意见时,怎样确定评标结果?	169
6-306	某项目招标文件中投标人资格要求规定投标项目经理、技术负责人有在建工程,其资格审查不予通过,否决其投标。但该项目招标文件中没有规定评标委员在评标时通过网上搜索及其具体途径核查该投标项目经理是否在其他在建工程中担任项目经理,一投标人在资格审查时被评标委员会网上搜索予以否决,该投标人不服,要求重新评审,但经招标人核实该投标项目经理有在建工程属实,确定维持评标结果。但另有其他投标人提出投诉,认为评审不符合规定,要求评标委员会重新评审。招标人该如何处理?	169
6-307	某工程项目招标评标后,某投标项目经理认为评标委员会对该公司投标文件技术标书得分漏算少算,应如何向招标人提出?招标人应如何处理?	170
6-308	评标委员会成员在评标过程中使用的资料、评标记录及评分表格等,能否自行带出评标室,自行保存?	170
6-309	关于评标结果公示有哪些规定?排名第一的中标候选人不符合中标条件被取消中标候选人资格后,招标人是否需要重新公示中标候选人?	171
6-310	某工程项目施工招标投标人评标后被推荐为第一中标候选人,中标候选人公示后,该投标人觉得其可能亏本,要求撤回投标文件并放弃中标,招标人如何处理?	171
6-311	某政府投资工程建设项目招标结束后,某投标人向招标人和招标投标监管部门提出要求公开评标报告和中标人、未中标人的投标文件。招标人和招标投标监管部门应如何处理?	172
6-312	很多工程建设项目施工招标招标人在招标文件中约定或在招标投标活动中提出没收投标保证金的做法是否妥当?	172
6-313	工程建设施工招标投标活动应该遵循公开的原则,但在招标投标活动中有哪些依法应该保密的环节和内容?如违反保密规定应当承担哪些法律责任?	172
6-314	房屋建筑和市政基础设施施工项目招标人确定中标人的依据是什么?	

XXXIII

	国有投资占控股或者主导地位的项目中标人如何确定？	173
6-315	非国有投资占控股或者主导地位的工程建设项目招标，其中标人如何确定？	173
6-316	工程建设施工项目招标时，评标委员会评标结束，中标候选人在投标截止到中标通知书发出这一段时间出现其公司账户被法院查封或被法院列为失信被执行人或因农民工工资违规问题被行政监督部门限制投标资格等情况，招标人能否继续按评标委员会推荐结果确认其为中标人？	174
6-317	中标候选人公示期间被暂扣安全生产许可证，能否取消其中标候选人资格？	174
6-318	在中标通知书发出后被暂扣安全生产许可证，能否取消中标资格？	174
6-319	房屋建筑和市政基础设施工程施工项目经理（注册建造师）变更的规定有哪些？	174
6-320	工程建设项目施工招标最高投标限价如何确定和公布？在招标投标活动中有什么作用？招标人能否设置最低投标限价？	175
6-321	房屋建筑和市政基础设施工程施工招标最高投标限价的编制依据有哪些？招标时应该公布哪些内容？	175
6-322	房屋建筑和市政基础设施工程施工招标评标采用经评审的最低投标价法应如何评审？关于投标人的报价低于企业成本的判定一般在招标文件评标办法中如何规定？	176
6-323	房屋建筑和市政基础设施工程施工招标工程量清单的编制有哪些规定？对工程量清单准确性的责任如何划分？清单漏项怎么办？	176
6-324	房屋建筑和市政基础设施工程工程量清单的编制依据有哪些？	177
6-325	房屋建筑和市政基础设施工程施工招标合同价款约定内容一般包括哪些？	177
6-326	房屋建筑和市政基础设施工程施工招标文件对合同价款的约定有哪些规定？	177
6-327	房屋建筑和市政基础设施工程施工招标文件对合同价款调整一般如何约定？	178
6-328	房屋建筑和市政基础设施工程施工招标对工程预付款、工程进度款的约定一般有哪些？	178
6-329	房屋建筑和市政基础设施工程施工招标投标人投标报价的编制一般有哪些要求？其编制依据有哪些？	179
6-330	房屋建筑或市政基础设施工程施工招标，如果招标人自行招标，应提前多少日向行政主管部门备案？	179
6-331	应公开招标而未公开招标的，或不具备自行招标条件而自行招标的，将导致何种后果？	180

编号	内容	页码
6-332	若需选择，招标人应如何从通过资格预审的投标申请人中选投标人？	180
6-333	招标文件及其澄清或修改是否需要向工程所在地的招标投标主管部门备案？	180
6-334	评标委员会的组成不符合法律法规规定的，将导致何种后果？	180
6-335	招标人如何确保园林工程中所栽植物的成活率？	180
6-336	园林工程投标文件的劳动力计划表有何特殊要求？	180
6-337	园林工程的施工进度有何特殊要求？	180
6-338	房屋建筑工程施工招标，招标人接受未通过资格预审的单位或者个人参加投标的，应如何处理？	180
6-339	市政基础设施工程施工招标，招标人超过法律法规的规定收取投标保证金、履约保证金的，应如何处理？	181
6-340	××装饰工程在施工招标前，要求部分装饰施工企业提供了装饰设计方案和咨询意见，在该装饰工程设计施工一体化招标时，这些装饰施工企业能否参加投标？	181
6-341	××建筑工程公司参加一污水处理厂土建施工招标被推荐为第一中标候选人，该招标文件投标人资格要求中规定投标人因违法、违约被有关行政监管部门限制投标且在限制期内的审查不予通过，否决其投标。在中标候选人公示期间，投标人向招标人提出异议，称该第一中标候选人因在外省某市弄虚作假投标，受到当地行政监督部门取消其3年内在当地参加依法必须招标项目的投标资格限制的行政处罚。要求取消该第一中标候选人中标资格，同时要求评标委员会重新进行资格审查并重新计算商务分推荐中标候选人。招标投标监督部门受理投诉后如何处理？	181
6-342	某市一老旧小区改造工程评标结束后，该招标项目第一中标候选人因投标业绩存在虚假被取消中标资格，为避免选择第二中标候选人中标因投标价格差距较大而增加投资，同时因项目进度要求紧，招标人在要求第二中标候选人同意以第一中标候选人的投标价格中标的情况下不再重新招标。招标人这样处理是否正确？	182
6-343	某剧场装饰工程施工招标文件规定的评审办法中有声学方面的内容，该项目评标委员会如何组成？应该符合哪些规定？	182
6-344	园林绿化资质取消后，园林绿化工程招标对投标人可以提出哪些要求？	183
6-345	房屋建筑和市政基础设施工程施工招标中标候选人公示应当包括哪些内容？	183
6-346	某房屋建筑项目招标结果公示期间，投标人要求招标人除公示总分外，还应公布评标委员会评标每一小项的分数。招标人能否公示？	183

编号	内容	页码
6-347	房屋建筑和市政基础设施工程施工招标人招标投标情况的书面报告包括哪些内容?	184
6-348	投标人和其他利害关系人对招标结果有异议或认为招标活动不符合法律法规和规章规定时,提出救济解决的方式和途径有哪些?	184
6-349	工程建设项目招标投标活动非利害关系人提出的招标投标违法行为投诉如何处理?信访、举报渠道转交的招标投标投诉事项通常如何处理?	185
6-350	工程建设项目招标投标异议、投诉、行政复议、行政诉讼处理期间,招标投标活动是否应该暂停?	186
6-351	工程建设施工项目招标投标异议、投诉、行政复议、行政诉讼的证据提交和受理分别是哪一方主体?	186
6-352	房屋建筑与市政基础设施项目施工招标人和中标人在签订合同时应遵守哪些规定?	187
6-353	中标人不履行与招标人订立的施工合同,应承担什么样的法律责任?	188
6-354	建设工程施工招标人和中标人违规另行签订合同,发生的合同纠纷如何处理?	188
6-355	列入建筑市场主体"黑名单"的情形有哪些?被列入"黑名单"有什么后果?	188
6-356	建筑市场信用评价包括哪些内容?评价结果如何应用?	189
6-357	应当采用招标方式选择工程总承包单位的房屋建筑和市政基础设施项目工程总承包项目范围是什么?	189
6-358	在工程总承包或施工总承包招标中暂估价的定义是什么?暂估价的工作内容如何发包?	189
6-359	房屋建筑与市政基础设施项目施工招标中的暂列金额的定义是什么?与暂估价有什么不同?	190
6-360	房屋建筑和市政基础设施项目工程总承包招标应该在项目哪个阶段进行?有什么要求?	190
6-361	房屋建筑和市政基础设施工程总承包项目招标文件主要包括哪些内容?	190
6-362	房屋建筑和市政基础设施项目工程总承包招标对投标人的资质资格设置有哪些要求?	191
6-363	房屋建筑和市政基础设施项目工程总承包招标对投标人有哪些特定的限制性要求?	191
6-364	房屋建筑和市政基础设施项目工程总承包招标一般采用哪种评标办法?评审因素主要包括哪些因素?	192
6-365	房屋建筑和市政基础设施项目工程总承包招标合同价格采用何种方式?	192

6-366	房屋建筑和市政基础设施工程实行工程担保制度，工程担保有哪几种？工程担保的设置和使用都有哪些要求？ ………………………… 192
6-367	根据《建筑工程施工发包与承包违法行为认定查处管理办法》的规定，什么是违法发包？哪些情形属于违法发包，应如何处理？ ……… 193
6-368	建筑施工企业母公司中标建筑工程后能否把中标工程项目交由子公司实施？是否属于转包？ …………………………………………………… 193
6-369	招标人或行政监督部门在认定投标人弄虚作假行为时需要注意哪些情况？ ……………………………………………………………………………… 194
6-370	哪些情形应当认定为转包？ ………………………………………………… 194
6-371	什么是挂靠？哪些情形属于挂靠？依法如何处理？ ……………………… 195
6-372	合法分包的内容有哪些？ …………………………………………………… 195
6-373	建筑市场中违法发包、转包、分包、挂靠等行为的行政处罚追溯期限如何规定？ ……………………………………………………………………… 196
6-374	房屋建筑和市政基础设施工程评定分离的基本方法是什么？ ………… 196

第七节　公路工程招标投标 …………………………………………………… 196

6-375	哪些情形的公路工程可以不进行招标？ …………………………………… 196
6-376	农村公路建设项目招标有哪些规定？ ……………………………………… 197
6-377	公路工程招标一般应满足什么条件？ ……………………………………… 197
6-378	公路工程施工招标的标段划分应按什么要求进行？ ……………………… 197
6-379	公路工程招标投标信息公开有哪些规定？ ………………………………… 198
6-380	公路工程建设项目的招标、开标、评标活动"三记录"制度是什么？ … 198
6-381	公路工程施工招标文件对投标人的资格条件设置有何要求？哪些行为属于以不合理的条件限制、排斥潜在投标人或者投标人？ ……………… 198
6-382	公路工程施工招标关于投标施工项目经理有无"在建工程"的相关规定是什么？ ……………………………………………………………………… 199
6-383	公路工程施工招标投标人不得存在哪些不良状况或不良信用记录？ … 199
6-384	公路工程施工招标投标人不得存在哪些关联关系？ ……………………… 200
6-385	公路工程施工招标关于投标人信息在交通运输部"全国公路建设市场信用信息管理系统"填报发布和评标查询应用的信息内容有哪些？ … 200
6-386	公路工程施工招标，对于投标文件偏差有何规定？ ……………………… 201
6-387	公路工程施工招标对投标人项目管理人员的资格和数量有哪些要求？ 201
6-388	公路工程施工招标，对工程计量计价、最高投标限价和投标报价的编制有哪些规定？ …………………………………………………………………… 202
6-389	公路工程项目施工招标暂估价在招标时如何处理？ ……………………… 202
6-390	公路工程施工招标对价格调整条款的设置有什么要求？ ………………… 202
6-391	公路工程施工招标文件对分包有什么要求？ ……………………………… 202

编号	内容	页码
6-392	对于政府投资的国家高速公路项目施工招标，投标人为国有控股或参股企业的，招标人对此投标人中标后应提出什么要求？	203
6-393	公路工程施工招标对投标人投标保证金是如何规定的？	203
6-394	公路工程施工招标对投标文件的装订和密封形式有什么要求？	203
6-395	公路工程施工招标关于资格审查有什么规定？	204
6-396	公路工程施工招标评标办法有哪些？一般如何选用？	204
6-397	公路工程施工项目招标文件针对评标委员会评审有哪些要求？	204
6-398	公路工程建设招标评标委员会组建有什么规定？	205
6-399	公路工程建设招标招标人协助评标包括哪些内容和要求？	205
6-400	在招标投标工作实践中，很多招标投标争议是因评标专家评审而造成的。公路工程评标专家评标应该遵循的原则和依据是什么？	206
6-401	在招标投标工作中，投标文件澄清是投标人应评标委员会要求作出的，那么公路工程招标评标过程中关于投标文件澄清说明的要求有哪些？	207
6-402	公路工程设计施工总承包招标文件标准有哪些规定？	207
6-403	公路工程实行设计施工总承包招标，其评标办法应如何设定？	208
6-404	公路工程总承包招标合同价格采用何种方式？合同价格构成包括哪些？项目法人和总承包单位风险分担如何约定？	208
6-405	公路工程招标中标候选人公示内容有哪些？	208
6-406	公路工程招标投标人在一些环节有异议，应如何处理？	209
6-407	公路工程招标投诉及处理主要有哪些规定？	209
6-408	关于公路工程建设项目重新招标有什么规定？重新招标后投标人仍少于3个的，招标人如何处理？	210
6-409	公路工程施工招标，招标人招标投标情况的书面报告包括哪些内容？	210
6-410	公路工程施工招标，对于在招标投标活动中投标人的围标串标、弄虚作假等违法行为，应采取哪些措施？	211
6-411	什么情形是公路工程施工转包？哪些属于公路工程施工违法分包？	211
6-412	公路养护工程的内容是什么？有哪些分类？	212
6-413	公路养护作业单位资质有哪些？公路养护工程招标如何简化招标投标流程和证明材料？	212
6-414	公路养护工程招标如何合理划分标段？	212
6-415	公路养护工程招标投标信息公开有什么要求？	213
6-416	公路工程施工企业信用评价内容及其评价程序有哪些？评价人分别是谁？	213
6-417	公路工程招标时信用评价结果和信用信息在招标投标中如何运用？	213
6-418	公路工程投标人围标串标、弄虚作假等违法行为和投标人不良行为按规定如何处理？	214

| 6-419 | 公路工程建设施工招标评标因素中有关平安工地建设是指什么？……214 |

第八节　水运工程招标投标 ……214

6-420	水运工程建设项目包括哪些内容？……214
6-421	水运工程建设项目施工招标应该具备什么条件？……215
6-422	哪些情形的水运工程建设项目可以实行邀请招标？……215
6-423	哪些情形的水运工程建设项目可以不进行招标？……215
6-424	水运工程资格预审文件、招标文件的编制和资格审查条件、评标标准方法的设定有哪些要求？……215
6-425	水运工程资格预审公告和招标公告的发布有哪些要求？……216
6-426	水运工程招标资格预审审查方法有什么规定？……216
6-427	水运工程施工招标对投标人投标保证金是如何规定的？……216
6-428	水运工程施工招标踏勘现场有哪些规定？……216
6-429	水运工程招标人终止招标应承担哪些义务？……217
6-430	水运工程招标人哪些行为属于以不合理条件限制、排斥潜在的投标人或投标人？……217
6-431	水运工程投标人与招标人存在利害关系投标无效的规定有哪些？……217
6-432	水运工程招标关于联合体投标有哪些规定？……217
6-433	水运工程施工招标投标人及投标文件有哪些情形时评标委员会应当否决其投标？……218
6-434	水运工程招标对评标委员会评审有哪些要求？……218
6-435	水运工程招标人提交招标投标情况的书面报告包括哪些内容？……219
6-436	水运工程两次招标失败如何处理？……219
6-437	水运工程招标中标人如何确定？……219
6-438	水运工程招标异议与处理有哪些规定？……219
6-439	水运工程招标投诉与处理有哪些规定？……220
6-440	水运工程分包有哪些要求？……220

第九节　水利工程招标投标 ……221

6-441	哪些水利工程建设项目经批准后可采用邀请招标？……221
6-442	哪些水利工程项目经项目主管部门批准可不进行招标？……221
6-443	水利工程项目施工招标应当具备的条件是什么？……221
6-444	水利工程项目招标有关规范市场准入的政策要求有哪些？……222
6-445	水利工程建设项目招标，有关促进市场公平竞争规范招标投标行为的政策要求有哪些？……222
6-446	水利工程项目招标公告的发布有哪些规定？……222
6-447	水利工程施工招标对投标人投标保证金是如何要求的？……223

XXXIX

编号	标题	页码
6-448	水利工程施工招标资格审查要审查的资料有哪些？	223
6-449	水利工程施工招标评标标准一般包括哪些内容？	224
6-450	水利工程施工招标评标办法有哪些？	224
6-451	水利工程施工招标评标专家的选择有哪些要求？	224
6-452	水利工程施工招标评标工作一般按什么程序进行？	225
6-453	对水利工程施工招标投标文件招标人可以拒绝或按无效标处理的情况有哪些？	225
6-454	水利工程施工招标关于重新招标和不再招标是如何规定的？	225
6-455	水利工程施工招标属于以他人名义投标的行为有哪些？	226
6-456	水利工程施工招标视为允许他人以本单位名义承揽工程的行为有哪些？	226
6-457	水利工程施工招标属于投标人串通投标报价的行为有哪些？	226
6-458	水利工程施工项目可认定为转包的情形有哪些？	226
6-459	水利工程施工项目什么情况下可认定为"视同转包"行为？	227
6-460	水利工程施工招标时有关分包有什么管理要求？	227
6-461	水利工程施工项目招标或在实施过程的保证金设置有哪些规定？	228
6-462	水利工程施工项目可认定为违法分包的情形有哪些？	228
6-463	水利工程施工项目可认定为出借借用资质的情形有哪些？	229
6-464	水利工程施工项目发现转包、违法分包、出借借用资质等违法行为如何处理？	229
6-465	水利工程施工企业信用评价包括哪些内容？	230
6-466	水利工程招标时信用评价结果如何运用？	231

第十节 通信工程招标投标 232

编号	标题	页码
6-467	通信工程建设项目内容是什么？	232
6-468	通信工程建设项目招标信息化管理平台有哪些功能？	232
6-469	哪些通信工程建设项目可以邀请招标？	233
6-470	哪些通信工程建设项目可以不进行招标？	233
6-471	通信工程建设项目招标如何发布资格预审公告或招标公告？	233
6-472	通信工程建设项目招标资格预审公告、招标公告或者投标邀请书应当载明的内容有哪些？	234
6-473	通信工程建设项目招标文件一般包括哪些内容？招标文件中对评标标准、方法和条件以及实质性要求、条件的标注有什么要求？	235
6-474	通信工程建设项目施工招标和货物招标的评标标准一般包括哪些内容？	235
6-475	通信工程建设项目施工招标评标方法有哪些？	235
6-476	通信工程集中招标有哪些要求？	235
6-477	通信工程建设项目招标出现什么情况应当重新招标？	236

- 6-478　通信工程建设项目评标委员会的专家成员应当具备什么条件? ……236
- 6-479　依法必须进行招标的通信工程建设项目，评标委员会的专家如何抽取和组成? ……236
- 6-480　通信工程招标人确定中标人有哪些规定? ……237
- 6-481　通信工程建设项目招标档案应当包括哪些内容? ……237
- 6-482　通信工程招标在哪些情形下招标人应当重新招标或者评标? ……237

第十一节　民航专业工程招标投标 ……238

- 6-483　民航专业工程主要包括哪些内容? ……238
- 6-484　民航专业工程施工招标应该具备什么条件? ……238
- 6-485　民航专业工程招标文件的编制依据是什么? ……238
- 6-486　民航专业工程施工招标的交易场所如何确定? ……238
- 6-487　民航专业工程招标备案有哪些要求? ……239
- 6-488　民航专业工程施工招标投标保证金有何要求? ……239
- 6-489　注册建造师在民航专业工程建设项目中担任施工项目负责人有哪些规定? ……239
- 6-490　民航专业工程施工招标投标人不得存在哪些情形? ……240
- 6-491　民航专业工程施工招标失败的，如何处理? ……240
- 6-492　民航专业工程施工招标，招标人终止招标，招标人应承担哪些义务? ……241
- 6-493　申请成为民航专业工程评标专家应当具备什么基本条件? 如何申请? ……241
- 6-494　民航专业工程施工招标评标委员会如何组成? 确定评标专家有哪些要求? ……241
- 6-495　民航专业工程施工招标评标专家如何抽取? ……242
- 6-496　民航专业工程施工招标资格审查的资料有哪些? ……242
- 6-497　民航专业工程施工招标评标委员会评审计分有什么要求? 民航专业工程施工招标评标报告包括哪些内容? 评标专家如何签署? ……243
- 6-498　民航专业工程施工招标对失信被执行人的处理有哪些要求? ……243
- 6-499　民航专业工程施工招标评分办法如何选定? ……244
- 6-500　民航专业工程施工招标，招标人发现评标委员会成员未按照招标文件规定的评标标准和方法评标时应该怎么办? 民航专业工程施工招标对评标结果备案有哪些规定? ……244
- 6-501　"民航专业工程建设项目招标投标管理系统"的功能和作用有哪些? ……244
- 6-502　民航专业工程招标后评价包括哪些内容? ……245

第七章　机电产品国际招标投标 ……246

第一节　机电产品国际招标 ……246

- 7-1　什么是机电产品国际招标投标活动? ……246

7-2	机电产品国际招标投标中的机电产品指的是什么?	246
7-3	机电产品国际招标投标中的机电产品具体范围是什么?	246
7-4	机电产品国际招标投标活动遵循的原则是什么?	246
7-5	机电产品国际招标投标活动的行政监督由哪个部门负责?	246
7-6	机电产品国际招标有专门的评标专家库吗?由哪个部门负责组建和管理?	247
7-7	有专门的机电产品国际招标投标电子公共服务和行政监督平台吗?	247
7-8	机电产品国际招标投标活动的相关程序要在哪里进行?	247
7-9	招标网承办单位可以收费吗?	247
7-10	必须进行国际招标的情形有哪些?	247
7-11	关系社会公共利益、公众安全的基础设施、公用事业等项目包含主要产品的国际招标范围,由哪个部门负责制定?	248
7-12	可以不进行国际招标的情形有哪些?	248
7-13	招标人开展国际招标活动应当具备哪些条件?	248
7-14	什么情形机电产品国际招标的项目可以邀请招标?又由哪些部门认定?	248
7-15	机电产品国际招标的项目,招标人自行办理招标事宜的,应当具有哪些条件?	249
7-16	招标人采用委托招标时应注意哪些事项?	249
7-17	机电产品国际招标的招标机构应当具备哪些条件?	249
7-18	机电产品国际招标,对招标机构的人员、开展业务区域的要求有哪些?	249
7-19	机电产品国际招标,对招标机构权利、义务和禁止的要求有哪些?	249
7-20	机电产品国际招标须什么时间、在哪里进行建档?	249
7-21	对机电产品国际招标进行项目建档,建档内容包括哪些?	250
7-22	机电产品国际招标的资格预审公告、招标公告或投标邀请书应当载明哪些内容?	250
7-23	机电产品国际招标有标准文本吗?什么项目应当使用标准文本?	250
7-24	机电产品国际招标的招标文件包括哪些内容?	250
7-25	机电产品国际招标的评标方法和标准的规定有哪些?	250
7-26	什么是机电产品国际招标的最低评标价法?	251
7-27	什么是机电产品国际招标的综合评价法?	251
7-28	机电产品国际招标的综合评价法的评价组成和要求有哪些?	251
7-29	机电产品国际招标的招标文件,对其编制内容有哪些要求?	251
7-30	机电产品国际招标文件的编制中重要条款(参数)和一般条款(参数)构成投标被否决的规定有哪些?	251
7-31	机电产品国际招标文件中,采用最低评标价法评标的,规定评标依据	

中，价格调整的计算方法包括的内容有哪些? ……………………………251

7-32 机电产品国际招标文件中，采用综合评价法时，对重要条款（参数）列明有什么要求? ……………………………252

7-33 机电产品国际招标文件中，投标文件分项报价允许缺漏项的最大范围或比重有什么规定? ……………………………252

7-34 机电产品国际招标文件中，对投标文件中投标人小签的要求有哪些? …252

7-35 机电产品国际招标中，对投标货币和报价方式的要求有哪些规定? …252

7-36 机电产品国际招标中，对资质、评标依据以及对投标人的业绩等商务条款和技术参数要求的规定有哪些内容? ……………………………252

7-37 机电产品国际招标中，对信用信息使用有什么规定? ………………252

7-38 机电产品国际招标中，对招标文件内容的合法性规定有哪些? ……253

7-39 机电产品国际招标中，对联合体的规定有哪些内容? ………………253

7-40 机电产品国际招标中，对备选方案的规定有哪些? …………………253

7-41 机电产品国际招标中，对评标总价的规定有哪些内容? ……………253

7-42 机电产品国际招标中，对投标文件的描述不一致的处理规定有哪些? …253

7-43 机电产品国际招标中，对投标保证金有哪些规定? …………………253

7-44 机电产品国际招标中，招标文件发售稿存档应怎样做? ……………254

第二节　机电产品国际投标 ……………………………254

7-45 机电产品国际招标中，限制投标人参与投标的规定有哪些? ………254

7-46 机电产品国际招标中，对投标人编制投标文件的要求规定有哪些? …254

7-47 机电产品国际招标中，对投标人提供技术支持资料、视为无效技术支持资料的有哪些规定? ……………………………254

7-48 机电产品国际招标中，对投标人提供银行资信证明有什么规定? …255

7-49 机电产品国际招标中，潜在投标人对招标文件有异议的要遵循哪些程序? ……………………………255

7-50 机电产品国际招标中，投标人想参加招标投标活动，需要履行哪些程序? ……………………………255

7-51 机电产品国际招标中，投标人如需要提交价格变更，应当怎样做? …255

7-52 投标人撤回、撤销投标文件，拒绝延长投标有效期，投标保证金如何处理? ……………………………255

7-53 投标人情况发生重大变化时应当怎样做? ……………………………255

7-54 机电产品国际招标中，投标人少于3个的，在不同时段、不同资金来源的情况下应怎样处理? ……………………………256

7-55 机电产品国际招标中，开标后认定投标人数量的标准是什么? ……256

7-56 机电产品国际招标中，投标人的价格及声明没有唱出，评标时怎么处理? ……………………………256

7-57	机电产品国际招标中，投标总价不应包含的价格是哪些？	256
7-58	机电产品国际招标中，对开标记录的存档有什么规定？	256
7-59	机电产品国际招标中，评标专家产生的程序和规定有哪些？	256
7-60	机电产品国际招标中，评标专家抽取时间及其他要求的规定是什么？	257
7-61	机电产品国际招标中，对评标专家抽取数量的规定有哪些？	257
7-62	机电产品国际招标中，对专家的抽取、通知和废弃的规定是什么？	257
7-63	机电产品国际招标中，关于评委评标的时间有哪些规定？	257
7-64	机电产品国际招标中，开标后如因特殊情况当天不能评标的，应如何处理？	257
7-65	机电产品国际招标中，在商务评议过程中否决投标的规定有哪些？	257
7-66	机电产品国际招标中，在技术评议过程中否决投标的规定有哪些？	258
7-67	机电产品国际招标中，采用最低评标价法评标的，价格评议的原则有哪些？	258
7-68	机电产品国际招标中，采用综合评价法评标的，评议的原则有哪些？	258
7-69	机电产品国际招标中，备选方案评审的规定是什么？	259
7-70	机电产品国际招标中，评标时对投标人投标产品清单、报价、缺漏项的处理有什么规定？	259
7-71	机电产品国际招标中，评标委员会不得要求投标人澄清或后补的规定是什么？	259
7-72	机电产品国际招标中，评标完成后对评标委员会的工作的规定有哪些？	259

第三部分　政府采购及科技项目招标投标

第八章　政府采购 ········ 262

第一节　政府采购概述 ········ 262

8-1	什么是政府采购？	262
8-2	政府采购财政性资金是指什么？	262
8-3	什么是集中采购？	262
8-4	什么是分散采购？	262
8-5	政府采购的当事人有哪些？	262
8-6	采购人包括哪些？	262
8-7	何为集中采购机构？	263
8-8	政府采购有几种组织形式？	263
8-9	采购人主体责任是什么？	263
8-10	分散采购的组织形式有哪些？	263

	8-11	采购代理机构包括哪些?	263
	8-12	政府采购有哪些采购方式?	263
	8-13	委托政府采购是否要交费?	263
	8-14	哪些项目需要编制政府采购预算?	263
	8-15	哪些项目需要执行意向公开?	264

第二节 政府采购的准备 ... 264

	8-16	什么是采购需求管理?	264
	8-17	什么是采购需求,包含哪些内容?	264
	8-18	采购需求的主体是谁?	264
	8-19	采购需求变动如何办理?	264
	8-20	采购需求制定有哪些原则?	264
	8-21	哪些项目需要开展需求调查?	265
	8-22	开展需求调查的方式有哪些?	265
	8-23	什么是采购实施计划?	265
	8-24	采购实施计划的内容是什么?	266
	8-25	哪些产品属于进口产品?	266
	8-26	政府采购项目采购需求的产品技术参数的设定是否必须满足国家标准或行业标准?是否可以高于国家标准或行业标准?无国家标准或行业标准的产品是否可以按照采购人的需求设定?是否可以要求供应商提供检测报告?	266
	8-27	采购需求是否需要论证?	266
	8-28	采购需求论证的内容是什么?	266
	8-29	采购人通过招标入围的供应商,服务期三年,服务期内有项目从中使用,是否属于三库清理范围?	267
	8-30	政府采购强制节能产品能否在政府采购品目录清单外购买?	267

第三节 政府采购的执行 ... 267

	8-31	邀请招标的适用范围是什么?	267
	8-32	邀请招标如何产生符合资格条件的供应商?	267
	8-33	竞争性谈判的适用范围是什么?	268
	8-34	单一来源的适用范围是什么?	268
	8-35	询价的适用范围是什么?	268
	8-36	竞争性磋商的适用范围是什么?	268
	8-37	单一来源采购方式是否需要财政部门审批?须提供什么材料?	268
	8-38	招标方式的周期一般是多长时间?	269
	8-39	竞争性谈判的采购周期一般是多长时间?	269
	8-40	竞争性磋商的采购周期一般是多长时间?	269

8-41	询价采购的周期一般是多长时间？	269
8-42	什么是最低评标价法？适用于什么情况？	270
8-43	什么是综合评分法？适用于什么情况？	270
8-44	综合评分法的价格分设置有何要求？	270
8-45	参加竞争性谈判、竞争性磋商有几轮报价？	270
8-46	政府采购活动中能否指定品牌？	270
8-47	供应商资格设置的原则是什么？	270
8-48	需要购买进口设备如何办理相关手续？	271
8-49	中标或者成交供应商拒绝与采购人签订合同的，如何从中标候选供应商中确定中标供应商？	271
8-50	政府采购项目档案保存多长时间？	271
8-51	采购人能否委托采购代理机构代表与供应商签订政府采购合同？	271
8-52	政府采购中什么情况属于以"化整为零"方式规避公开招标？	271
8-53	在评审中如何认定"质量和服务相等"？	271
8-54	集中采购机构能否转委托？	272
8-55	如何认定"对供应商实行差别待遇或者歧视待遇"？	272
8-56	什么项目采购需求需要公开征求意见？	272
8-57	政府采购项目信息公开包括什么内容？	272
8-58	什么是联合体投标？	273
8-59	联合体投标中标后应当各方共同与采购人签订采购合同，对不对？	273
8-60	采购文件中未注明是否接受联合体投标时怎么办？	273
8-61	使用国际组织和外国政府贷款如何进行政府采购？	273
8-62	属于集中采购目录内品目在金额标准以下的采购项目是否必须执行政府采购？	273
8-63	公开招标项目采购人拟采用非招标方式（非单一来源），如何办理手续？	273
8-64	外省级采购人驻某省直辖市，其政府采购限额执行什么标准？	274
8-65	服务类项目采购服务限期最长几年？	274
8-66	如何续签物业采购合同？	274
8-67	服务类项目续签合同是否要公告？	274
8-68	如何发挥政府采购的政策功能？	274
8-69	省属高校科研院所采购进口科研仪器设备如何办理？	274
8-70	省属高校科研院所科研仪器设备变更采购方式审批须提供什么材料？	274
8-71	省属高校科研院所仪器设备采购项目专家如何选取？	274
8-72	什么是涉密项目？	275
8-73	涉密项目如何认定？	275
8-74	涉密项目能否委托社会代理机构采购？	275

编号	内容	页码
8-75	含有涉密内容的政府采购项目如何采购？	275
8-76	政府采购活动中关于"样品"有何规定？	275
8-77	在货物采购项目中，供应商提供的货物既有小微企业制造货物，也有中型企业制造货物的，是否享受小微企业扶持政策？	275
8-78	对于200万元以下的货物和服务采购项目、400万元以下的工程采购项目，适宜由中小企业提供的，联合体是否享受对中小企业的预留份额政策？	276
8-79	在未预留份额专门面向中小企业的货物采购项目中，小微供应商提供的货物既有中型企业制造的，也有小微企业制造的，是否予以6%~10%的价格扣除？如扣除，那么是整体报价予以扣除，还是针对小微企业制造货物的报价部分予以扣除？	276
8-80	专门面向中小企业采购的采购项目或者采购包，是否还需执行价格评审优惠的扶持政策？如需的话，中型企业是否享受价格扣除？	276
8-81	是否只要供应商出具《中小企业声明函》，即可在政府采购活动中享受《政府采购促进中小企业发展管理办法》规定的中小企业扶持政策？	276
8-82	对于既有货物又有服务的采购项目，应当如何判断供应商是否属于中小企业？	276
8-83	残疾人福利性单位参与政府采购活动如何享受《政府采购促进中小企业发展管理办法》规定的相关扶持政策？	277
8-84	符合中小企业划分标准的个体工商户、事业单位、社会组织等非企业单位是否符合中小企业的认定？	277
8-85	采用招标方式采购的货物和服务，采购人拟派的纪检监督人员是否可以作为采购人代表进入评标现场？	277
8-86	能否将项目设置成专门面向小微企业采购？	277
8-87	同品牌多家代理在评标中如何认定？	277
8-88	公开招标项目投标人不到三家时如何处理？	278
8-89	竞争性谈判采购方式如何变更为单一来源？	278
8-90	工程量清单中出现漏项需要走哪些流程进行变更？	278
8-91	分散采购项目，如果事先在招标文件中约定的话，能否在服务期满后考核合格的情况下续签一年合同？	278
8-92	单位采购进口仪器报批手续如何办理？	278
8-93	采购单位招标完成签订合同后，又与对方再签补充协议，这个做法有无问题？	278
8-94	服务类合同想增加保安数量，不超过合同总价的10%，是否可行？	278
8-95	补充采购合同的金额上限是多少？	278
8-96	政府采购合同及补充采购合同应采用何种形式？	279

编号	问题	页码
8-97	竞争性磋商采购操作中，一个项目分多个包别，可以约定一个供应商可以投多个包，但只能中一个包吗？	279
8-98	非政府采购项目采购公告可以在自己单位发吗？	279
8-99	竞争性谈判中谈判文件若需要且有实质性变动时，应如何处理？	279
8-100	成交供应商无正当理由不与采购人签订合同或拒绝履行合同义务，将导致什么后果？	279
8-101	中标（成交）结果何时公告？	279
8-102	中标（成交）结果公告内容包括哪些？	279
8-103	何时向中标供应商发放中标（成交）通知书？	279
8-104	评标结束后什么时候可以领取中标（成交）供应商的投标文件？	279
8-105	采购代理机构应在评标（或评审）结束后几个工作日内将评标（或评审）报告送达采购人？	280
8-106	采购人何时应当与中标（成交）供应商签订政府采购合同？	280
8-107	什么情形下采购人可与中标候选供应商而不是和中标供应商签订政府采购合同？	280
8-108	签订合同有无具体要求？	280
8-109	政府采购合同包括哪些内容？	280
8-110	评标报告如何审签？	280
8-111	采购人在收到评标报告5个工作日内未按评标报告推荐的中标候选人顺序确定中标人，如何处理？	281
8-112	政府采购项目采用非招标方式，是不是都需要财政部门审批？	281
8-113	磋商小组中的采购人代表不同意评审结果，不签字怎么办？	281
8-114	货物采购可以签订履行期限不超过三年的政府采购合同吗？	281
8-115	工会的采购事项属于政府采购吗？	281
8-116	服务项目中，相关人员的学历证书可以作为加分项吗？	281
8-117	公开招标项目开标前一天能否对招标文件进行修改？	281
8-118	所采购设备的配件为进口产品，还需要做进口产品论证吗？	282
8-119	供应商可以对质疑答复内容提出质疑吗？	282
8-120	如何理解最高限价？最高限价是高于预算，还是低于预算？	282
8-121	在工作日下午发布招标公告算不算一个工作日？	282
8-122	招标文件中能否把"需获得生产厂家授权"设定为实质性条款？	282
8-123	所有采购方式都可以组织资格预审吗？	282
8-124	评标委员会成员对评审报告有异议怎么办？	283
8-125	招标文件中要求采购进口设备，但某供应商投标的是国产设备，该投标有效吗？	283
8-126	询价项目能采用综合评分法进行评审吗？	283
8-127	供应商没有重大违法记录需要哪个部门出具证明？	283

条目	标题	页码
8-128	单一来源采购项目，还需要公开采购意向吗？	283
8-129	竞争性磋商项目中一定要设置磋商环节吗？能否规定第一轮磋商报价就是最终环节？	283
8-130	政府采购项目中，录音录像资料应保存多长时间？	283
8-131	未中标供应商有权查看自己的扣分明细吗？	284
8-132	进口产品论证专家组中的产品技术专家，应具备哪些条件？	284
8-133	评标过程中评审专家可以打电话吗？	284
8-134	哪些政府采购项目的验收结果必须公告？	284
8-135	服务类项目一定要收取履约保证金吗？	284
8-136	询价采购项目中，可以要求供应商提供样品吗？	284
8-137	采购需求中设定业绩作为加分项，对数量有要求吗？	285
8-138	常见格式文本中有"除不可抗力因素外"，不可抗力指的是什么？	285
8-139	谈判环节是竞争性谈判项目的必需环节吗？	285
8-140	采购人认为所有采购需求都不允许偏离，能否不标注核心产品，或者全部设定为核心产品？	285
8-141	竞争性谈判项目可以采用综合评分法吗？	285
8-142	中标公告和发放中标通知书的时间必须一致吗？	285
8-143	采购单位对招标结果不满意，可以废标吗？	285
8-144	联合体投标，资格预审通过后联合体还可以变更吗？	286
8-145	投标供应商可以质疑自己吗？	286
8-146	联合体中的某一个成员在参加政府采购活动前三年内，在经营活动中有重大违法记录，该联合体能否参加投标？	286
8-147	没有达到采购限额标准的工程类或服务类项目可以采用询价方式采购吗？	286
8-148	公开招标项目可以在非工作日开标吗？	286
8-149	采购人、采购代理机构需要保存未中标供应商的投标文件吗？	286
8-150	项目的整体设计和监理可以由同一个供应商提供吗？	286
8-151	公开招标项目中，供应商取得专利的数量能否设定为实质性条款？	287
8-152	供应商可以通过电话形式询问吗？代理机构是否必须答复？	287
8-153	应急抢险维修工程项目可以不走政府采购程序吗？	287
8-154	采购文件中能否要求供应商的报价不得低于市场平均价？	287
8-155	供应商发起了投诉程序，采购活动需要暂停吗？	287
8-156	涉及内容制作和相关服务的政府采购项目，如何确定项目属性？	287
8-157	对采购需求进行论证的专家，可以由采购人自行选定吗？	287
8-158	投标文件中报价部分大小写不一致时，如何进行认定？	288
8-159	磋商小组中的采购人代表不同意评审结果，不签字怎么办？	288
8-160	投标产品的市场占有率可以作为评审因素吗？	288

8-161　哪些供应商库需要被清理? ……………………………………………… 288
8-162　政府采购进口产品可以指定品牌吗? …………………………………… 288

第四节　质疑和投诉 …………………………………………………………… 289

8-163　政府采购的质疑何时提出与答复? ……………………………………… 289
8-164　某采购项目A供应商在前期对采购文件提出质疑,采购人答复质疑不成立,开标当天发现这家供应商在网上报名了,开标环节未参与,评审结束后A供应商对中标供应商提出质疑,A供应商质疑符合财政部令第94号第十一条的要求吗? 代理机构应该受理质疑吗? ………… 289
8-165　采购人、采购代理机构认为供应商质疑不成立,或者成立但对中标、成交结果不构成影响的,如何处理? ……………………………………… 289
8-166　采购人、采购代理机构认为供应商质疑成立且影响或者可能影响中标、成交结果的,如何处理? …………………………………………… 289
8-167　质疑答复导致中标、成交结果改变的,采购人或者采购代理机构如何处理? ……………………………………………………………………… 290
8-168　政府采购投诉由谁提出,又由谁答复? ………………………………… 290
8-169　财政部门受理投诉后几个工作日内向被投诉人和其他与投诉事项有关的当事人发出投诉答复通知书及投诉书副本? …………………………… 290
8-170　被投诉人和其他与投诉事项有关的当事人在收到投诉答复通知书及投诉书副本后如何处理? ………………………………………………… 290
8-171　应当由投诉人承担举证责任的投诉事项,投诉人未提供相关证据的,如何处理? ……………………………………………………………… 290
8-172　经认定成立的投诉事项不影响采购结果的,如何处理? …………… 290
8-173　经认定成立的投诉事项影响或者可能影响采购结果的,财政部门如何处理? ………………………………………………………………… 290
8-174　投诉人有哪些行为将由财政部门列入不良行为记录名单,禁止参加政府采购活动? …………………………………………………………… 291
8-175　财政部门处理投诉是否收费? ………………………………………… 291
8-176　质疑供应商对采购人、采购代理机构的答复不满意如何处理? …… 291
8-177　投诉供应商对财政部门的答复不满意如何处理? …………………… 291
8-178　政府采购监督管理部门收到投诉后如何处理? ……………………… 291

第五节　合同签订 ……………………………………………………………… 292

8-179　采购人在中标、成交通知书发出后多少日内与中标、成交供应商签订政府采购合同? …………………………………………………………… 292
8-180　采购合同是否要公告? ………………………………………………… 292
8-181　采购合同需要包含哪些内容? ………………………………………… 292
8-182　服务类项目续签合同能签多长时间? ………………………………… 292

- 8-183 服务类项目续签合同金额如何确定? ……………………………292
- 8-184 服务类项目续签合同是否要公告? ……………………………292
- 8-185 政府采购变更合同有何规定? …………………………………292

第六节 履约、验收、付款 …………………………………………293

- 8-186 履约验收方案需要包含哪些内容? ……………………………293
- 8-187 履约验收能否委托第三方执行? ………………………………293
- 8-188 采购人在中标或成交供应商提请验收申请多少日内组织验收工作? …293
- 8-189 财政部门对政府采购项目履约验收工作的监督检查有哪些内容? …293
- 8-190 货物和服务类政府采购项目验收程序是什么? ………………293
- 8-191 工程类政府采购项目验收程序是什么? ………………………293
- 8-192 公共服务项目是否需要服务对象参与验收? …………………294

第七节 违规处理 ……………………………………………………294

- 8-193 中标(成交)供应商投标中提供虚假材料如何处理? ………294
- 8-194 采购人在履约过程中擅自变更、中止或者终止政府采购合同行为如何处理? …………………………………………………………294
- 8-195 采购人隐匿、销毁应当保存的采购文件或者伪造、变造采购文件的,如何处理? ……………………………………………………294
- 8-196 采购人对应当实行集中采购的政府采购项目,不委托集中采购机构实行集中采购的,如何处理? ………………………………………294

第八节 框架协议采购与营商环境 …………………………………295

- 8-197 什么是框架协议采购?和其他采购方式有什么区别? ………295
- 8-198 框架协议采购和传统的协议供货、定点采购有什么区别? …295
- 8-199 框架协议采购在程序和规范上有哪些特点? …………………295
- 8-200 框架协议采购具体适用情形有哪些? …………………………296
- 8-201 框架协议采购和电子商城、电子卖场有什么区别? …………296
- 8-202 封闭式框架协议采购和开放式框架协议采购有何区别? ……296
- 8-203 封闭式框架协议采购选择入围供应商的评审规则有哪些? …297
- 8-204 确定第二阶段成交供应商的方式有几种? ……………………297
- 8-205 什么情形下,可以向框架协议之外的供应商采购? …………298
- 8-206 框架协议采购如何根治以往协议供货、定点采购中存在的质次价高顽疾? …………………………………………………………………298
- 8-207 营商环境是什么? ………………………………………………298
- 8-208 《优化营商环境条例》的主要内容有哪些? …………………298
- 8-209 政府采购领域促进营商环境的改善,重点清理和纠正哪些问题? …299
- 8-210 工程项目招标投标领域营商环境的改善,重点要解决哪些问题? …300

第九章　科技项目、国家科研计划课题评估及其招标投标 ······302

第一节　科技项目招标投标 ······302

9-1　什么是科技项目？ ······302
9-2　科技项目有哪些类型？ ······302
9-3　科技项目申报有哪些流程？ ······302
9-4　什么是科技项目招标投标？ ······303
9-5　科技项目招标的宗旨是什么？ ······303
9-6　科技项目招标的范围是什么？ ······303
9-7　科技项目招标的原则是什么？ ······303
9-8　科技项目招标有哪些方式？ ······303
9-9　科技项目不招标的条件是什么？ ······303
9-10　什么情形下可以对科技项目自行组织招标？ ······303
9-11　什么是科技项目的分段招标？ ······303
9-12　科技项目的招标公告或投标邀请书包括哪些内容？ ······303
9-13　科技项目的招标公告或投标邀请书至少需要提前多少日发布或发出？ ······304
9-14　科技项目的招标文件包括哪些内容？ ······304
9-15　科技项目招标文件售出后，招标人如对其修改、补充或澄清，应提前多少日发出通知？ ······304
9-16　招标人要求投标人提供的证明文件有哪些？ ······304
9-17　若通过资格审查的投标人数量不足三人，应如何处理？ ······304
9-18　招标人应如何组织开标？ ······304
9-19　什么情形下可以终止科技项目的招标？ ······304
9-20　招标人应在开标之日后多少日内完成定标工作？ ······305
9-21　所有投标被否决后应如何处理？ ······305
9-22　科技项目的投标人应具备什么条件？ ······305
9-23　投标文件除公章之外是否需要加盖法定代表人的印章？ ······305
9-24　科技项目的投标文件包括哪些内容？ ······305
9-25　以联合体形式投标时，投标人应提供什么材料？ ······305
9-26　已通过资格审查的投标人是否可以再组成联合体进行投标？ ······305
9-27　若联合体中标，联合体各方应承担什么责任？ ······305
9-28　投标人应在何时送达投标文件或对已提交的投标文件进行修改和补充？ ······305
9-29　投标人在澄清或答辩时是否可以向评标委员会提供新的材料？ ······306
9-30　投标人若提供虚假材料或串通投标的，应承担什么责任？ ······306
9-31　科技项目的评标委员会如何组成？ ······306
9-32　科技项目招标评审主要考虑哪些因素？ ······306

9-33	科技项目的评标报告包括哪些内容?	306
9-34	科技项目的评标一般确定几个中标（候选）人?	306
9-35	科技项目投标无效的情形有哪些?	306
9-36	什么是科技评估?有哪几种类型?	306
9-37	科技评估的原则是什么?	307
9-38	科技评估的对象和范围是什么?	307
9-39	科技项目的评估人员应具备什么条件?	307
9-40	科技项目的评估程序和评估报告的内容有哪些?	307

第二节 国家科研计划课题招标投标 ········ 308

9-41	什么是课题制?	308
9-42	实施课题制管理的主要内容有哪些?	308
9-43	课题制的适用范围是什么?	308
9-44	什么是课题责任人负责制?	308
9-45	什么是国家科研计划课题的招标投标?	308
9-46	国家科研计划课题招标的宗旨是什么?	308
9-47	国家科研计划课题招标的范围是什么?	309
9-48	国家科研计划课题招标有几种方式?	309
9-49	国家科研计划课题不招标的条件是什么?	309
9-50	什么是国家科研计划课题的两阶段招标?	309
9-51	什么是国家科研计划课题的招标人?	309
9-52	国家科研计划课题的招标文件包括哪些内容?	309
9-53	国家科研计划课题的招标人在制订综合评标标准时，应考虑哪些因素?	309
9-54	国家科研计划课题招标文件售出后，招标人如对其修改、补充或澄清，应提前多少日发出通知?	309
9-55	国家科研计划课题的招标人应如何组织开标?	310
9-56	国家科研计划课题的投标人应具备哪些条件?	310
9-57	国家科研计划课题的投标文件包括哪些内容?	310
9-58	国家科研计划课题的投标文件除公章外是否需要加盖法定代表人的印章?	310
9-59	国家科研计划课题招标投标中，以联合体形式投标时，其投标人应提供什么材料?	310
9-60	国家科研计划课题招标投标中，若联合体中标，联合体各方应承担什么责任?	310
9-61	国家科研计划课题的投标人应在何时送达投标文件?	310
9-62	国家科研计划课题的投标人应在何时对已提交的投标文件进行修改和

9-63　国家科研计划课题的投标人在澄清或答辩时是否可以向评标委员会提供新的材料？⋯⋯311
9-64　国家科研计划课题的投标人在投标中应注意哪些问题？⋯⋯311
9-65　国家科研计划课题的招标人违法违规将受到何种处罚？⋯⋯311
9-66　国家科研计划课题的投标人若提供虚假材料或串通投标的，应承担何种责任？⋯⋯311
9-67　国家科研计划课题的招标人应在什么时间内完成评标定标工作？⋯⋯311
9-68　国家科研计划课题的评标委员会如何组成？⋯⋯311
9-69　国家科研计划课题的评标报告包括哪些内容？⋯⋯311
9-70　国家科研计划课题的评标一般确定几个中标（候选）人？⋯⋯311
9-71　国家科研计划课题的投标人的最低报价是否可以作为中标的唯一理由？⋯⋯312
9-72　国家科研计划课题招标在什么情形下为无效投标？⋯⋯312
9-73　什么是课题评估？有哪几种类型？⋯⋯312
9-74　课题评估的原则是什么？⋯⋯312
9-75　什么是课题评审？⋯⋯312
9-76　国家科研计划课题的评审专家应具备什么条件？⋯⋯312
9-77　国家科研计划课题的评估报告的内容有哪些？⋯⋯312

第四部分　产权及土地交易

第十章　企业国有资产交易和国有建设用地使用权出让 ⋯⋯314

第一节　企业国有资产交易概述 ⋯⋯314

10-1　企业国有资产指的是什么？⋯⋯314
10-2　企业国有资产交易包含哪些类别？⋯⋯314
10-3　企业产权转让行为指的是什么？⋯⋯314
10-4　企业增资行为指的是什么？⋯⋯314
10-5　企业资产转让行为指的是什么？⋯⋯314
10-6　企业资产租赁指的是什么？⋯⋯314
10-7　哪些企业属于国有及国有控股企业、国有实际控制企业？⋯⋯314
10-8　企业国有资产交易的监督管理权限如何区分？⋯⋯315
10-9　企业国有资产交易应通过什么机构进行？⋯⋯315
10-10　国有建设用地使用权指的是什么？⋯⋯315

第二节　企业产权转让 ⋯⋯315

编号	标题	页码
10-11	企业产权转让的审批流程是什么？	315
10-12	企业产权转让中，如果企业无法形成同意股权转让的股东会决议，还能进行交易吗？	316
10-13	企业产权转让的信息披露方式有哪些？	316
10-14	企业产权转让是否需要进行审计？	316
10-15	企业产权转让过程中，职工安置工作有哪些注意事项？	316
10-16	企业产权转让能否设置资格条件？	316
10-17	企业产权转让项目信息披露期满未征集到意向受让方的，应该如何处理？	316
10-18	在信息披露阶段，企业产权转让标的信息发生变化，能否变更公告中公布的内容？	317
10-19	对于意向受让方是否符合受让条件，产权交易机构与转让方意见不一致的情况下，应该如何处理？	317
10-20	企业产权转让可以采取哪些竞价方式？	317
10-21	企业产权交易双方能否通过自行协商的方式调整已达成的交易价格及其他约定？	317
10-22	企业产权交易价款应当如何结算？	317
10-23	企业产权转让价格是依据何种标准确定的？	317
10-24	企业产权交易价款支付方式能否采用分期付款的方式？	317
10-25	企业产权交易价款支付采用分期付款方式的，有哪些注意事项？	318
10-26	哪些特殊类型的企业产权转让可以采取非公开协议转让？	318
10-27	采取非公开协议方式的企业产权转让行为的，监管部门需审核哪些材料？	318
10-28	企业产权转让项目首次公开转让的底价是否可以低于评估价？	318
10-29	企业产权转让项目超过一年没有征集到受让方，如何处理？	318
10-30	企业产权转让方为多家国有股东共同持股企业的情形下，如何履行审批程序？	319
10-31	企业产权交易转让方披露的信息主要包括哪些内容？	319
10-32	企业产权交易受让方为境外投资者的，需要符合哪些条件？	319
10-33	什么情况下须进行企业产权转让信息预披露？	319
10-34	国有企业产权转让项目降低转让底价再次进行信息披露时需要注意哪些？	319

第三节 企业增资 — 320

编号	标题	页码
10-35	国家出资企业的增资行为须经哪个机构审核、批准？	320
10-36	企业增资在完成决策批准程序后，是否需要开展审计和资产评估？	320
10-37	企业增资的投资方能否以非货币资产出资？	320

10-38	企业增资对外披露信息的时间有什么要求?	320
10-39	企业公开增资的披露信息包括哪些?	320
10-40	企业非公开协议方式增资都包括哪些情形?	321
10-41	采取非公开协议方式的企业增资项目，监管部门需审核哪些材料?	321
10-42	企业增资的遴选方式有哪些?	321

第四节　企业资产转让 ... 322

10-43	企业资产包含哪些?	322
10-44	企业资产转让价款能否采用分期付款的方式?	322
10-45	企业资产转让项目的公告期是多长时间?	322
10-46	设定抵押权的不动产是否可以转让?	322
10-47	企业资产转让的具体工作流程如何执行?	322
10-48	企业资产转让能否设置资格条件?	322

第五节　企业资产租赁 ... 322

| 10-49 | 哪些企业资产租赁需要公开交易? | 322 |

第六节　国有建设用地使用权出让 ... 323

10-50	国有建设用地使用权的出让方式有哪些?	323
10-51	国有建设用地使用权出让的实施主体是什么?	323
10-52	国有建设用地使用权的招标、拍卖、挂牌出让文件应当包括哪些内容?	323
10-53	国有建设用地使用权出让人在投标、拍卖或者挂牌开始日前是否需要发布相关公告？公告时间有什么要求?	323
10-54	国有建设用地使用权招标、拍卖、挂牌的公告应当包括哪些内容?	323
10-55	公告期间，出让公告内容发生变化的，应当如何处理?	324
10-56	国有建设用地使用权招标、拍卖、挂牌的标底或者底价如何确定？有什么要求?	324
10-57	哪些主体可以申请参加国有建设用地使用权招标、拍卖、挂牌出让活动?	324
10-58	国有建设用地使用权出让人在招标、拍卖、挂牌出让公告中是否可以设置条件?	324
10-59	国有建设用地使用权出让方式采用招标的，对于投标人数量是否有要求？如何确定中标人?	324
10-60	国有建设用地使用权出让采用拍卖方式的，如何确定成交人?	324
10-61	国有建设用地使用权出让方式采用挂牌的，如何确定成交人?	324

参考文献 ... 326

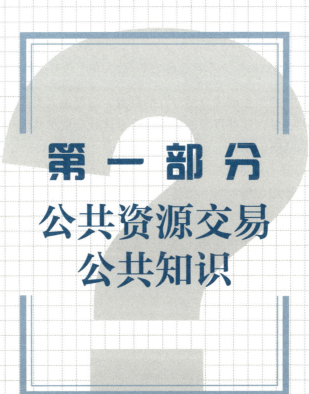

第一部分
公共资源交易公共知识

第一章　公共资源交易及其管理

第一节　公共资源交易概述

1-1　什么是公共资源？

答：公共资源是指自然生成或自然存在的资源，它能为人类提供生存、发展、享受的自然物质与自然条件，这些资源的所有权由全体社会成员共同享有，是人类社会经济发展共同所有的基础条件。

在经济学上，所谓"公共资源"是指满足以下两个条件的自然资源：一是这些资源不为哪一个人或企业组织所拥有。二是社会成员可以自由地利用这些资源。这两个条件决定公共资源具备了"竞争性"的特点，但同时却不具备"排他性"的特征。

目前在我国，公共资源是指国家或地区范围内，在法律上不属于个人或组织的全部资源。如公路、桥梁、河流、港口、水源、航道、森林、矿藏、文物古迹、自然景观、文化典籍、科技成果等。

1-2　公共资源有哪些特点？

答：公共资源有以下特点：

（1）效用的不可分割性。公共资源是向整个社会提供的，具有共同受益或联合消费的特点。全社会的人可以共同享用，而不能将其分割为若干部分，分别归属于某些个人、家庭或企业。

（2）消费的不排他性。即某个人、家庭或企业对公共资源的享用并不影响、妨碍其他人、家庭或企业同时享用。

（3）受益的不可阻止性。即在技术上没有办法将拒绝为之付款的个人、家庭或企业排除在公共资源的受益范围之外。

1-3　什么是公共资源交易？

答：根据我国《公共资源交易平台管理暂行办法》之规定，公共资源交易是指涉及公共利益、公众安全的具有公众性、公益性的资源交易活动。

1-4　公共资源交易分为哪几类？

答：根据我国《招标投标法》《政府采购法》等法律法规，应当公开交易的公共资源可以分为以下四类：

（1）政府采购交易。我国《政府采购法》第二条规定，各级国家机关、事业单位和团体组织应当使用财政性资金采购集中采购目录内或者采购限额标准以上的货物、项目和服务，应当进行政府采购。

（2）建设工程交易。我国《招标投标法》第三条规定，在中华人民共和国境内进行下列工程建设项目，包括项目的勘察、设计、施工、监理以及与工程建设有关的重要设备、材料等的采购，必须进行招标：

1）大型基础设施、公用事业等关系社会公共利益、公众安全的项目。

2）全部或者部分使用国有资金投资或者国家融资的项目。

3）使用国际组织或者外国政府贷款、援助资金的项目。非国有企业的一般性自建工程虽然也具有可交易性质，但法律未规定应当公开交易。

（3）土地及矿产资源交易。土地属于国家所有或者农民集体所有。可交易土地主要是指国有土地的使用权。除划拨用地外，国有土地使用权应当有偿出让。国家土地有偿出让是指国家以土地所有者身份将国有土地使用权在一定年限内让与土地使用权人，该土地使用权人向国家支付土地出让金后取得土地使用权的行为。依据我国《城市房地产管理法》第十三条的规定，商业、旅游、娱乐和豪华住宅用地，有条件的，必须采取拍卖、招标方式；没有条件，不能采取拍卖、招标方式的，可以采取双方协议的方式。矿藏属于国家所有，应向具有开采权资质的企业出让矿藏开采权的行为，属于公共资源交易行为。

（4）国有产权交易。国有产权主要是指国家所有的房屋、车辆、设备及其他动产、不动产。国有产权出让通常发生所有权转移，属于可交易公共资源，实践中，均列入公共资源交易的范畴，此外，通过司法途径强行将刑事犯罪嫌疑人或者民事诉讼当事人的财产公开出让的行为，通常也列入产权公开出让的范畴。

除上述四类外，国有房屋出租、交通线路运力投放、无线频道利用权转让、国有广告牌出租及其他公共信息资源利用权出让，也属于可交易公共资源范畴。

1-5 公共资源交易有哪些当事人？

答：公共资源交易当事人是指在公共资源交易活动中享有权利和承担义务的各类主体，包括发标方、应标方、代理机构和评标专家等。

（一）发标方

在建设工程招标活动中，依法提供可交易建设工程项目的是发标方，通常被称为招标人。在开发项目招标活动中，依法提供开发项目信息的是发标方。在政府采购活动中，依法提供政府采购信息的国家机关、事业单位、团体组织为发标方，通常被称为采购人。在土地出让中，依法提供土地使用权出让信息的是发标方，通常由县级以上政府代表国家行使国有土地出让权。在矿藏开采权出让活动中，代表政府出让该开采权的矿产资源主管部门是发标方。在产权出让活动中，国有产权出让方通常是各级政府。

（二）应标方

公共资源交易应标方通常是根据公共资源交易信息要求，依法定程序参与竞标活动的企业。在建设项目招标活动中，应标方是依法参与建设项目承揽竞标的建设工程勘察、设计、施工企业以及建设工程监理企业。在开发项目招标活动中，应标方是依法参与该项目开发承揽竞标的企业或者科研机构。在政府采购活动中，应标方是依法参与政府采购竞标的供应商或者维修项目承揽企业。在土地出让活动中，应标方是依法竞标土地使用权的企业或者个人。在矿藏开采权出让活动中，应标方是依法参与开采权竞标的企业。在产权出让活动中，应标方是依法参与该产权竞价的单位或者个人。

（三）代理机构

公共资源交易代理机构是指受公共资源交易发标方委托，代为从事公共资源交易活动的机构。

（四）评标专家

公共资源交易的评标专家是指在各类技术、经济、法律及相关专业方面有较高理论水平和实践经验、符合法定条件并经行政主管部门认定的评标专业人员。

第二节 公共资源交易制度

1-6 什么是公共资源交易制度？

答：为规范公共资源交易行为，维护国家利益、社会公共利益和交易当事人的合法权益，根据国家有关法律法规，制定的相应管理制度，包括各种管理办法、规定等。

1-7 国家《公共资源交易平台管理暂行办法》由谁颁发？何时执行？

答：国家《公共资源交易平台管理暂行办法》由中华人民共和国国家发展和改革委员会等14个部门联合颁发，自2016年8月1日起施行。

1-8 公共资源交易平台应遵循什么原则？

答：公共资源交易平台应遵循开放透明、资源共享、高效便民、守法诚信的原则。

1-9　根据国家《评标委员会和评标办法暂行规定》，评标活动应遵循什么原则？评标委员会应由谁组建？评标专家应符合什么条件？

答：评标活动应遵循公平、公正、科学、择优的原则。

评标委员会应由招标人负责组建。

评标专家应符合下列条件：

（1）从事相关专业领域工作满八年并具有高级职称或者同等专业水平。

（2）熟悉有关招标投标的法律法规，并具有与招标项目相关的实践经验。

（3）能够认真、公正、诚实、廉洁地履行职责。

1-10　根据《公共资源交易评标专家专业分类标准》，专家抽取应遵循什么原则？

答：如遇到《公共资源交易评标专家专业分类标准》中评标专家专业划分过细、部分企业专家人数过少等问题，可按照交易项目需要的专业评审深度，从上一级专业类别或合并若干符合要求的专业类别中抽取评标专家。同时交易发起方必须对该专业类别的专家参与评标活动进行确认。

1-11　《公共资源交易监督管理办法》的适用范围有哪些？

答：由国务院或国务院有关部门制定的《公共资源交易监督管理办法》，适用于全国范围；由某个地方政府制定的，则适用于某地行政区域内，包括工程建设项目招标投标、政府采购、建设用地使用权和矿业权出让、国有产权交易等公共资源交易的监督管理活动。

1-12　什么是《公共资源交易目录》？有哪些主要特点？

答：《公共资源交易目录》是指由公共资源交易的项目类别、内容和限额标准及范围构成的明细清单。

《公共资源交易目录》主要特点有：一是具有规范性。目录列明了各项目纳入统一交易平台体系的"限额标准和范围"，以及相应的行政监督部门，使交易主体、交易平台、监管部门等各司其职、各尽其责。二是突出全面性。目录坚持做到应进必进，基本囊括了目前适合以市场化方式配置的主要公共资源项目。三是坚持整体性。凡列入目录的公共资源交易项目，全部纳入统一的公共资源交易平台体系。对涉及国家安全、国家秘密、抢险救灾、公共安全等的特殊项目，按有关规定执行，实现"平台之外无交易"。

第三节　公共资源交易市场及其管理

1-13　什么是公共资源交易中心？

答：公共资源交易中心是负责公共资源交易和提供咨询、服务的机构，是公共资源统一进场交易的服务平台。内容主要包括工程建设招标投标、土地和矿业权交易、企业国有产权交易、政府采购等。

1-14　公共资源交易的业务流程实现了哪些统一？

答：目前，公共资源交易中心对公共资源交易的业务流程进行了整合统一，实现了"八个统一"，即统一受理登记、统一信息发布、统一时间安排、统一专家中介抽取、统一发放中标通知、统一费用收取退付、统一交易资料保存、统一电子监督监控。

1-15　什么是公共资源交易监管机构？其主要职责有哪些？

答：对公共资源交易进行监督管理的机构就是公共资源交易监管机构。公共资源交易监管机构主要职责是组织制定有关交易规则，负责本行政区域内公共资源交易市场的统一管理，监督交易行为，受理交易投诉，对有关公共资源交易管理部门履行职能情况进行监督等。

1-16　公共资源交易中心是管理机构还是企业？

答：公共资源交易中心不是管理机构，也不是企业，它是专门服务机构，不得行使或者代行使行政审批、备案权，不得违法从事招标代理等中介服务。交易中心一般不收费，确需收费的，应当报省级以上人民政府价格主管部门按照补偿运营成本原则核定收费项目和标准。

1-17　公共资源交易活动过程是什么？

答：公共资源交易活动过程是指从招标人、采购人、出让人或转让人，或其委托的交易代理机构开展交易业务开始，到交易完成签订合同的全过程。

1-18　什么是公共资源交易活动的投诉人？

答：投诉人应是在某个行政区域内公共资源交易活动的参与者或其他利害关系人。其他利害关系人是指投标人、供应商、承让人以外的，与交易项目或交易活动有直接和间接利益关系的法人、其他组织和自然人。

1-19　公共资源交易活动的投诉书应包括哪些内容？

答：公共资源交易活动的投诉书应当包括以下内容：
（1）投诉人的名称、地址及有效联系方式。
（2）被投诉人的名称、地址及有效联系方式。
（3）投诉事项的基本事实。
（4）相关请求及主张。
（5）有效线索和相关证明材料。
（6）提出质疑、异议和质疑、异议答复情况的书面材料及相关证明材料。
（7）提起投诉的日期。

投诉人是法人的，投诉书必须由其法定代表人或者授权代表签字并盖章；其他组织或个人投诉的，投诉书必须由其主要负责人或投诉人本人签字，并附有效身份证明复印件。

1-20　在公共资源交易活动中，投诉的法定有效时限是怎么规定的？

答：投诉人在公共资源交易活动中认为自己权益受到损害需要投诉的，应当在法定的有效时限内投诉，否则将不会受理。

政府采购项目，供应商认为采购文件、采购过程和中标、成交结果使自己的权益受到损害的，要在知道或者应当知道其权益受损害之日起7个工作日内向采购人、采购代理机构书面提出质疑。对采购人、采购代理机构的质疑答复不满意，或采购人、采购代理机构在法定收到质疑7个工作日内未作出答复的，供应商可以在答复期满后15个工作日内提出书面投诉。

在建设工程招标投标活动中，投诉人自知道或者应当知道其权益受害之日起10日内向有关监督部门投诉。但下列事项的投诉，投诉人应当在规定的时限内先向招标人提出书面异议，投诉人对招标人的异议答复不满意或未在法定期限内答复的，可以在异议答复满10日内提出书面投诉。

（1）对资格预审文件有异议的应当在提交资格预审申请文件截止时间2日前提出，招标人应当在收到异议3日内答复。

（2）对招标文件有异议的应当在投标截止时间5日前提出，招标人应在收到异议3日内答复。

（3）对开标有异议的应当在开标现场提出，招标人应当场答复。

（4）对评标结果有异议的应当在中标候选人公示期间内提出，招标人应在收到异议3日内答复。

1-21　目前公共资源交易平台覆盖的范围包括哪些?

答：公共资源交易平台目前覆盖的范围已从工程建设项目招标投标、土地使用权和矿业权出让、国有产权交易、政府采购等，逐步扩大到适合以市场化方式配置的自然资源、资产股权、环境权等各类公共资源，主要包括：机电产品国际招标，海洋资源交易，林权交易，农村集体产权交易，无形资产交易，排污权交易，碳排放权交易，用能权交易，司法机关和行政执法部门开展的涉诉、抵债或罚没资产处置等。

第二章　电子招标投标

第一节　电子招标投标概述

2-1　什么是电子招标投标？

答：依据《电子招标投标系统技术规范》的规定，电子招标投标是指根据招标投标相关法律法规规章，以数据电文为主要载体，应用信息技术完成招标投标活动的过程。

2-2　什么是电子招标投标活动？

答：根据《电子招标投标办法》第二条的规定，电子招标投标活动是指以数据电文形式，依托电子招标投标系统完成的全部或者部分招标投标交易、公共服务和行政监督活动。

2-3　什么是数据电文？

答：根据《电子招标投标系统技术规范》的规定，数据电文是指以电子、光学、磁或者类似手段生成、发送、接收或者储存的信息。

2-4　数据电文形式的招标投标活动是否具有法律效力？

答：是。根据《电子招标投标办法》第二条的规定，数据电文形式与纸质形式的招标投标活动具有同等法律效力。

2-5　什么是电子招标投标系统？

答：电子招标投标系统是指按照《电子招标投标办法》及所附《电子招标投标系统技术规范》相关要求建设和运营，由软件、硬件及软件、硬件的组合产品所组成的电子招标投标平台，根据功能的不同，分为交易平台、公共服务平台和行政监督平台。

2-6　什么是交易平台？

答：根据《电子招标投标办法》第三条及《电子招标投标系统技术规范》的有关规定，交易平台是指招标投标当事人通过数据电文形式完成招标投标交易活动的信息平台。

2-7 交易平台包含哪些基本功能？

答：交易平台主要用于在线完成招标投标全部交易过程，编辑、生成、对接、交换和发布有关招标投标数据信息，为行政监督部门和监察机关依法实施监督、监察和受理投诉提供所需的信息通道。

2-8 什么是公共服务平台？

答：根据《电子招标投标办法》第三条及《电子招标投标系统技术规范》的有关规定，公共服务平台是指为满足各交易平台之间电子招标投标信息对接交换、资源共享的需要，并为市场主体、行政监督部门和社会公众提供信息交换、整合和发布的信息平台。

2-9 什么是行政监督平台？

答：根据《电子招标投标办法》第三条及《电子招标投标系统技术规范》的有关规定，行政监督平台是指行政监督部门和监察机关在线监督电子招标投标活动并与交易平台、公共服务平台对接交换相关监督信息的信息平台。

2-10 什么是电子招标投标系统检测认证？

答：根据《电子招标投标系统检测认证管理办法（试行）》，检测认证是指基于实验室依照相关要求对电子招标投标系统进行符合性检测的结果，由第三方认证机构评价和证明电子招标投标系统能够持续符合相关要求的合格评定活动。

2-11 电子招标投标活动由谁负责监管？

答：根据《电子招标投标办法》第四条的规定，国务院发展改革部门负责指导协调全国电子招标投标活动。各级人民政府发展改革、工业和信息化、住房城乡建设、交通运输、铁道、水利、商务等部门，按照规定的职责分工，对电子招标投标活动实施监督，依法查处电子招标投标活动中的违法行为。

2-12 依法设立的招标投标交易场所的监管机构，其主要职责是什么？

答：根据《电子招标投标办法》第四条的规定，依法设立的招标投标交易场所的监管机构负责督促、指导招标投标交易场所推进电子招标投标工作，配合有关部门对电子招标投标活动实施监督。

2-13 如何实现对行政区域内电子招标投标系统的建设、运营的监管？

答：根据《电子招标投标办法》第四条的规定，省级以上人民政府有关部门对本行政区域内电子招标投标系统的建设、运营,以及相关检测、认证活动实施监督。

第二节 电子招标投标交易平台

2-14 电子招标投标交易平台的建设原则和方向是什么?

答:根据《电子招标投标办法》第五条的规定,电子招标投标交易平台应按照标准统一、互联互通、公开透明、安全高效的原则以及市场化、专业化、集约化方向建设和运营。

2-15 电子招标投标交易平台可以由哪些机构建设和运营?

答:根据《电子招标投标办法》第六条的规定,依法设立的招标投标交易场所、招标人、招标代理机构以及其他依法设立的法人组织可以按行业、专业类别,建设和运营电子招标投标交易平台。

2-16 电子招标投标交易平台应当具备哪些主要功能?

答:根据《电子招标投标办法》第七条的规定,电子招标投标交易平台应当具备在线完成招标投标全部交易过程;编辑、生成、对接、交换和发布有关招标投标数据信息;提供行政监督部门和监察机关依法实施监督和受理投诉所需的监督通道等功能以及《电子招标投标办法》和《电子招标投标系统技术规范》规定的其他功能。

2-17 电子招标投标交易平台信息分类和编码是否统一?

答:是。根据《电子招标投标办法》第八条的规定,电子招标投标交易平台应当按照技术规范规定,执行统一的信息分类和编码标准,为各类电子招标投标信息的互联互通和交换共享开放数据接口、公布接口要求。

2-18 电子招标投标交易平台对接数据接口有何要求?

答:根据《电子招标投标办法》第八条的规定,电子招标投标交易平台接口应当保持技术中立,与各类需要分离开发的工具软件相兼容对接,不得限制或者排斥符合技术规范规定的工具软件与其对接。

2-19 市场主体在电子招标投标交易平台注册登录是否免费?

答:是。根据《电子招标投标办法》第九条的规定,电子招标投标交易平台应当允许市场主体免费注册登录。

2-20　电子招标投标交易平台是否需要进行检测认证和公布？

答：是。根据《电子招标投标办法》第十条的规定，电子招标投标交易平台应当依照《中华人民共和国认证认可条例》等有关规定进行检测、认证，通过检测、认证的电子招标投标交易平台应当在省级以上电子招标投标公共服务平台上公布。

2-21　电子招标投标交易平台服务器是否可以设在境外？

答：不可以。根据《电子招标投标办法》第十条的规定，电子招标投标交易平台服务器应当设在中华人民共和国境内。

2-22　电子招标投标交易平台运营机构应具备哪些基本条件？

答：根据《电子招标投标办法》第十一条的规定，电子招标投标交易平台运营机构应当是依法成立的法人，拥有一定数量的专职信息技术、招标专业人员。

2-23　如何保障电子招标投标交易平台安全运行？

答：根据《电子招标投标办法》第十二条的规定，电子招标投标交易平台运营机构应当根据国家有关法律法规及技术规范，建立健全电子招标投标交易平台规范运行和安全管理制度，加强监控、检测，及时发现和排除隐患。

2-24　电子招标投标交易平台运营机构应采用哪些技术保证交易平台的安全、稳定、可靠？

答：根据《电子招标投标办法》第十三条的规定，电子招标投标交易平台运营机构应当采用可靠的身份识别、权限控制、加密、病毒防范等技术，防范非授权操作，保证交易平台的安全、稳定、可靠。

2-25　电子招标投标交易平台运营机构不得从事哪些行为？

答：根据《电子招标投标办法》第十五条的规定，电子招标投标交易平台运营机构不得以任何手段限制或者排斥潜在投标人，不得泄露依法应当保密的信息，不得弄虚作假、串通投标或者为弄虚作假、串通投标提供便利。

2-26　什么是电子开标？

答：根据《电子招标投标系统技术规范》的规定，电子开标是指通过交易平台在线完成投标文件拆封解密、展示唱标内容并形成开标记录的工作程序。

2-27　什么是电子评标？

答：根据《电子招标投标系统技术规范》的规定，电子评标是指招标项目评标委员会通过交易平台的电子评标系统，按照招标文件约定的评标标准和方法，对电子投标文件评审，并形成评标报告电子文件的工作程序。

2-28　什么是电子签名？

答：根据《中华人民共和国电子签名法》第二条的规定，电子签名是指数据电文中以电子形式所含、所附用于识别签名人身份并表明签名人认可其中内容的数据。

2-29　可靠的电子签名应当具备哪些条件？

答：根据《中华人民共和国电子签名法》第十三条的规定，电子签名同时符合下列条件的，视为可靠的电子签名电子签名制作数据用于电子签名时，属于电子签名人专有；签署时电子签名制作数据仅由电子签名人控制；签署后对电子签名的任何改动能够被发现；签署后对数据电文内容和形式的任何改动能够被发现等。

2-30　电子招标投标交易平台具有哪些基本功能？

答：根据《电子招标投标系统技术规范》，交易平台基本功能应当按照招标投标业务流程要求设置，包括用户注册、招标方案、投标邀请、资格预审、发标、投标、开标、评标、定标、费用管理、异议、监督、招标异常、归档（存档）等功能。

2-31　电子招标投标系统实现远程异地评标要具备哪些功能？

答：根据《电子招标投标系统技术规范》，电子招标投标系统实现网络远程异地评标，须同时具备对评标委员会实现有效的监控；对评标时间和地点进行控制；评标委员会评标必需的沟通功能等功能。

2-32　电子招标投标系统如何确保数据电文的保密性？

答：根据《电子招标投标系统技术规范》，电子招标投标系统应使用合法的电子认证服务机构颁发的数字证书，并能够根据招标文件选择确定的操作方式和责任主体，对需要保密的数据电文进行加密和解密，以确保数据电文的保密性。

2-33　电子招标投标系统检测包含哪些内容？

答：根据《电子招标投标系统检测认证管理办法（试行）》第九条的规定，电子招标投标系统检测应当包括数据项、业务规则、功能、接口、性能、安全性、可靠性、易用性、运行环境等内容，并对电子招标投标系统的需求、设计和使用等相关文档进行审核。

2-34　电子招标投标系统运营机构如何进行检测认证委托?

答：根据《电子招标投标系统检测认证管理办法（试行）》第六条的规定，电子招标投标系统运营机构向认证机构提出检测认证委托，并在认证机构签约的实验室名录中自主选择符合《电子招标投标系统检测认证管理办法（试行）》规定的实验室进行检测。

2-35　电子招标投标系统运营机构与其委托的实验室签订的检测委托合同应当包括哪些内容?

答：根据《电子招标投标系统检测认证管理办法（试行）》第六条的规定，检测委托合同应当包括检测范围、检测内容、检测费用、检测期限、出具检测报告的时间，以及技术保密事项等内容。

2-36　电子招标投标系统检测报告至少包含哪些内容?

答：根据《电子招标投标系统检测认证管理办法（试行）》第十二条的规定，招标投标系统检测报告至少包括受检招标投标系统名称、版本及运行环境；受检招标投标系统的建设、运营和开发机构身份、资格和相关负责人姓名；检测时限、范围；检测工具及环境说明；实验室名称、检测人员；检测内容、检测方法及检测依据；受检招标投标系统可以实现的全部功能以及与电子招标投标公共服务平台和行政监督平台实现对接并具备数据交换功能的验证证明及平台标识代码；运营机构提供的受检招标投标系统符合国家有关招标投标法律法规并与实际运营招标投标系统相一致的声明；检测结论等内容。

2-37　电子招标投标系统如何进行认证?

答：根据《电子招标投标系统检测认证管理办法（试行）》第十四条的规定，电子招标投标系统运营机构可以自主选择和委托符合《电子招标投标系统检测认证管理办法（试行）》规定的认证机构对其招标投标系统进行认证，并与认证机构签订认证委托合同。

2-38　电子招标投标系统运营机构与认证机构签订的认证委托合同应当包括哪些内容?

答：根据《电子招标投标系统检测认证管理办法（试行）》第十四条的规定，认证委托合同应当包括认证内容、认证方法、认证费用、认证时限，以及技术保密事项等内容。

2-39 电子招标投标系统运营机构应当向认证机构提交哪些材料？

答：根据《电子招标投标系统检测认证管理办法（试行）》第十五条的规定，运营机构应当向认证机构提交认证委托书，包括运营机构及其相关专业负责人的身份、资格等证明材料；招标投标系统检测报告及相关附件；招标投标系统试运行报告；保证招标投标系统合法、安全、规范运营及数据真实性、可靠性的技术措施和管理制度，运营岗位人员和职责设置方案；用户投诉及监管部门处理情况；认证机构要求的其他材料等。

2-40 什么是电子投标保函？

答：电子投标保函是担保人以电子化文档为介质通过计算机网络向受益人开立的具有法律效力的担保凭证。电子投标保函一般由投保人通过计算机网络向保证人发出申请，保证人以替被担保人提供保证为目的，利用电子化文档通过计算机网络为媒介，向受益人开立具有法律效力的电子信用担保凭证。

2-41 在电子招标投标活动中，使用投标电子保函形式缴纳投标保证金的意义是什么？

答：使用投标电子保函缴纳投标保证金在释放企业保证金压力、优化营商环境、促进政府监管、规范招标投标市场秩序等方面发挥着重要作用。以保函形式代替现金保证金，能够通过较少的办理保费释放大量的现金保证金，减少企业资金占用成本，释放企业市场活力。公共资源交易中心应用投标电子保函系统后，投标保证金的保函申请、审核、办理、费用支付等操作，都可以通过线上办理，不受时间、地点限制，极大地减少了投标人办理时间成本。线上CA数字证书方式验证身份并申请开具电子保函，可实现全程留痕，方便查验真伪、追本溯源，能够有效加强交易监管。同时通过数据共享、实时传输，为监管部门及时发现和查处围标串标行为，规范招标投标市场秩序提供监管支持。

2-42 如何规范电子投标保函购买和保费支付方式，净化招标投标市场？

答：《中华人民共和国招标投标法实施条例》第二十六条明确规定："依法必须进行招标的项目的境内投标单位，以现金或者支票形式提交的投标保证金应当从其基本账户转出。"因此，投标人必须使用其CA数字证书登录电子投标保函系统，实名制购买电子投标保函，同时在支付保费的时候应从其企业基本账户转出。通过规范电子投标保函购买和保费支付方式，防止同一单位或者个人购买同一招标项目的多家投标人的电子投标保函，有利于遏制围标串标的发生，净化建设工程招标投标市场。

第三节　电子招标

2-43 在电子招标投标活动中，招标人或者其委托的招标代理机构是否必须在使用的电子招标投标交易平台注册登记？

答：是。根据《电子招标投标办法》第十六条的规定，招标人或者其委托的招标代理机构应当在其使用的电子招标投标交易平台注册登记。

2-44 在电子招标投标活动中，招标人或招标代理机构是否可以选择第三方运营的电子招标投标交易平台？

答：可以。根据《电子招标投标办法》第十六条的规定，招标人或招标代理机构可以选择第三方运营的电子招标投标交易平台，但应当与电子招标投标交易平台运营机构签订使用合同，明确服务内容、服务质量、服务费用等权利和义务，并对服务过程中相关信息的产权归属、保密责任、存档等依法作出约定。

2-45 电子招标投标交易平台运营机构是否可以要求潜在投标人购买指定的工具软件？

答：不可以。根据《电子招标投标办法》第十六条的规定，电子招标投标交易平台运营机构不得以技术和数据接口配套为由，要求潜在投标人购买指定的工具软件。

2-46 在电子招标投标活动中，招标人是否应当公开电子招标投标交易平台的网络地址？

答：是。根据《电子招标投标办法》第十七条的规定，招标人或者其委托的招标代理机构应当在资格预审公告、招标公告或者投标邀请书中载明潜在投标人访问电子招标投标交易平台的网络地址和方法。

2-47 在电子招标投标活动中，潜在投标人如何获取数据电文形式的资格预审文件、招标文件？

答：根据《电子招标投标办法》第十八条的规定，招标人或者其委托的招标代理机构应当及时将数据电文形式的资格预审文件、招标文件加载至电子招标投标交易平台，供潜在投标人下载或者查阅。

2-48 在电子招标投标活动中，招标人是否可以在招标投标活动中设置前置条件限制投标人下载资格预审文件或者招标文件？

答：不可以。根据《电子招标投标办法》第二十条的规定，任何单位和个人不得在招标投标活动中设置注册登记、投标报名等前置条件限制潜在投标人下载资格预审文件或者招标文件。

2-49 在电子招标投标活动中，投标截止时间前，电子招标投标交易平台运营机构是否可以向监管机构报告下载资格预审文件、招标文件的潜在投标人名称、数量？

答：不可以。《电子招标投标办法》第二十一条规定，在投标截止时间前，电子招标投标交易平台运营机构不得向招标人或者其委托的招标代理机构以外的任何单位和个人泄露下载资格预审文件、招标文件的潜在投标人名称、数量以及可能影响公平竞争的其他信息。

第四节　电子投标

2-50 电子招标投标交易平台的运营机构，是否可以在该交易平台进行的招标项目中投标和代理投标？

答：不可以。根据《电子招标投标办法》第二十三条的规定，电子招标投标交易平台的运营机构，以及与该机构有控股或者管理关系可能影响招标公正性的任何单位和个人，不得在该交易平台进行的招标项目中投标和代理投标。

2-51 投标人在电子招标投标交易平台注册登记，是否必须经电子招标投标交易平台运营机构验证？

答：是。根据《电子招标投标办法》第二十四条的规定，投标人应当在资格预审公告、招标公告或者投标邀请书载明的电子招标投标交易平台注册登记，如实递交有关信息，并经电子招标投标交易平台运营机构验证。

2-52 在电子招标投标活动中，投标人如何递交数据电文形式的资格预审申请文件或者投标文件？

答：根据《电子招标投标办法》第二十五条的规定，投标人应当通过资格预审公告、招标公告或者投标邀请书载明的电子招标投标交易平台递交数据电文形式的资格预审申请文件或者投标文件。

2-53　电子招标投标交易平台是否允许投标人离线编制投标文件？

答：是。根据《电子招标投标办法》第二十六条的规定，电子招标投标交易平台应当允许投标人离线编制投标文件，并且具备分段或者整体加密、解密功能。

2-54　投标人应当如何编制电子投标文件？

答：根据《电子招标投标办法》第二十六条的规定，投标人应当按照招标文件和电子招标投标交易平台的要求编制并加密投标文件。

2-55　电子招标投标交易平台是否可以接受投标人未按规定加密的投标文件？

答：不可以。根据根据《电子招标投标办法》第二十六条的规定，投标人未按规定加密的投标文件，电子招标投标交易平台应当拒收并提示。

2-56　在电子招标投标活动中，投标人在投标截止时间后是否可以补充、修改或者撤回投标文件？

答：不可以。根据《电子招标投标办法》第二十七条的规定，投标人应当在投标截止时间前完成投标文件的传输递交，并可以补充、修改或者撤回投标文件。

2-57　在电子招标投标活动中，如何认定投标人在投标截止时间前未完成投标文件传输的行为？

答：根据《电子招标投标办法》第二十七条的规定，投标截止时间前未完成投标文件传输的，视为撤回投标文件。

2-58　电子招标投标交易平台是否可以接收在投标截止时间后送达的投标文件？

答：根据《电子招标投标办法》第二十七条的规定，投标截止时间后送达的投标文件，电子招标投标交易平台应当拒收。

2-59　在投标截止时间前，招标人或代理机构是否可以解密、提取投标文件？

答：不可以。根据《电子招标投标办法》第二十七条的规定，在投标截止时间前，除投标人补充、修改或者撤回投标文件外，任何单位和个人不得解密、提取投标文件。

2-60　在电子招标投标活动中，投标单位如何制作电子投标文件？

答：投标人应通过电子标书工具软件严格按招标文件要求制作投标文件。

2-61　在电子招标投标活动中，投标单位如何递交投标文件？

答：在投标截止时间前，投标单位把经过数字证书电子签章并加密的投标文件上传到电子交易平台完成投标文件的递交。

2-62　在电子招标投标活动中，投标单位如何确认已投标成功？

答：投标单位CA登录电子交易平台上传投标文件后，系统会反馈是否投标成功。

第五节　电子开标、评标和中标

2-63　如何进行电子开标？

答：根据《电子招标投标办法》第二十九条的规定，电子开标应当按照招标文件确定的时间，在电子招标投标交易平台上公开进行，所有投标人均应当准时在线参加开标。

2-64　电子开标时，如何提取投标文件？

答：根据《电子招标投标办法》第三十条的规定，开标时，电子招标投标交易平台自动提取所有投标文件，提示招标人和投标人按招标文件规定方式按时在线解密。

2-65　在电子招标投标活动中，因投标人原因造成投标文件未解密的，投标文件如何处理？

答：《电子招标投标办法》第三十一条的规定，因投标人原因造成投标文件未解密的，视为撤销其投标文件。

2-66　在电子招标投标活动中，因投标人之外的原因造成投标文件未解密的，投标文件如何处理？

答：根据《电子招标投标办法》第三十一条的规定，因投标人之外的原因造成投标文件未解密的，视为撤回其投标文件，投标人有权要求责任方赔偿因此遭受的直接损失。部分投标文件未解密的，其他投标文件的开标可以继续进行。

2-67　电子招标投标交易平台生成的开标记录，是否应该公布？

答：是。根据《电子招标投标办法》第三十二条的规定，电子招标投标交易平台应当生成开标记录并向社会公众公布，但依法应当保密的除外。

2-68　如何进行电子评标?

答：根据《电子招标投标办法》第三十三条的规定，电子评标应当在有效监控和保密的环境下在线进行。

2-69　在电子招标投标活动中，评标委员会如何对进入依法设立的招标投标交易场所的招标项目进行电子评标?

答：根据《电子招标投标办法》第三十三条的规定，应当进入依法设立的招标投标交易场所的招标项目，评标委员会成员应当在依法设立的招标投标交易场所登录招标项目所使用的电子招标投标交易平台进行评标。

2-70　在电子招标投标活动中，投标人如何对投标文件进行澄清或者说明?

答：根据《电子招标投标办法》第三十三条的规定，评标中需要投标人对投标文件澄清或者说明的，招标人和投标人应当通过电子招标投标交易平台交换数据电文。

2-71　在电子招标投标活动中，评标委员会如何向招标人提交评标报告?

答：根据《电子招标投标办法》第三十四条的规定，评标委员会完成评标后，应当通过电子招标投标交易平台向招标人提交数据电文形式的评标报告。

2-72　在电子招标投标活动中，招标人如何向中标人发出中标通知书?

答：根据《电子招标投标办法》第三十六条的规定，招标人确定中标人后，应当通过电子招标投标交易平台以数据电文形式向中标人发出中标通知书，并向未中标人发出中标结果通知书。

2-73　在电子招标投标活动中，招标人如何与中标人签订合同?

答：根据《电子招标投标办法》第三十六条的规定，招标人应当通过电子招标投标交易平台，以数据电文形式与中标人签订合同。

2-74　在电子招标投标活动中，异议如何处理?

答：根据《电子招标投标办法》第三十九条的规定，投标人或者其他利害关系人依法对资格预审文件、招标文件、开标和评标结果提出异议，以及招标人答复，均应当通过电子招标投标交易平台进行。

2-75　在电子招标投标活动中，哪些文件应当存档?

答：根据《电子招标投标办法》第四十条的规定，招标投标活动中的下列数据电文应当按照《中华人民共和国电子签名法》和招标文件的要求进行电子签名并进行电子存档，主要包括资格预审公告、招标公告或者投标邀请书；资格预审文件、招标文件及其澄清、补充和修改；资格预审申请文件、投标文件及其澄清和说明；资格审查报告、评标报告；资格预审结果通知书和中标通知书；合同；国家规定的其他文件等。

第六节　信息共享与公共服务

2-76　在电子招标投标活动中，哪些信息应当依法及时公布？

答：根据《电子招标投标办法》第四十一条的规定，电子招标投标交易平台应当依法及时公布招标人名称、地址、联系人及联系方式；招标项目名称、内容范围、规模、资金来源和主要技术要求；招标代理机构名称、资格、项目负责人及联系方式；投标人名称、资质和许可范围、项目负责人；中标人名称、中标金额、签约时间、合同期限；国家规定的公告、公示和技术规范规定公布和交换的其他信息等主要信息。

2-77　在电子招标投标活动中，各级人民政府有关部门应当在本部门网站及时公布并允许下载哪些信息？

答：根据《电子招标投标办法》第四十二条的规定，各级人民政府有关部门应当按照《中华人民共和国政府信息公开条例》等规定，在本部门网站及时公布并允许下载有关法律法规规章及规范性文件；取得相关工程、服务资质证书或货物生产、经营许可证的单位名称、营业范围及年检情况；取得有关职称、职业资格的从业人员的姓名、电子证书编号；对有关违法行为作出的行政处理决定和招标投标活动的投诉处理情况；依法公开的工商、税务、海关、金融等相关信息。

2-78　电子招标投标公共服务平台应当具备哪些主要功能？

答：根据《电子招标投标办法》第四十四条的规定，电子招标投标公共服务平台应当具备链接各级人民政府及其部门网站，收集、整合和发布有关法律法规规章及规范性文件、行政许可、行政处理决定、市场监管和服务的相关信息；连接电子招标投标交易平台、国家规定的公告媒介，交换、整合和发布《电子招标投标办法》第四十一条规定的信息；连接依法设立的评标专家库，实现专家资源共享；支持不同电子认证服务机构数字证书的兼容互认；提供行政监督部门和监察机关依法实施监督、监察所需的监督通道；整合分析相关数据信息，动态反映招标投标市场运行状况、相关市场主体业绩和信用情况等主要功能。

2-79　公共服务平台是否无偿提供依法必须公开的信息？

答：是。根据《电子招标投标办法》第四十四条的规定，属于依法必须公开的信息，公共服务平台应当无偿提供。

2-80　电子招标投标公共服务平台是否允许无偿登录和获取依法公开的招标投标信息？

答：是。根据《电子招标投标办法》第四十五条的规定，电子招标投标公共服务平台应当允许社会公众、市场主体免费注册登录和获取依法公开的招标投标信息，为招标人、投标人、行政监督部门和监察机关按各自职责和注册权限登录使用公共服务平台提供必要条件。

第七节　监督管理

2-81　电子招标投标活动及相关主体应当接受哪些部门监督、监察？

答：根据《电子招标投标办法》第四十六条的规定，电子招标投标活动及相关主体应当自觉接受行政监督部门、监察机关依法实施的监督、监察。

2-82　电子招标投标交易平台和公共服务平台是否应当向行政监督平台开放数据接口、公布接口要求？

答：是。根据《电子招标投标办法》第四十八条的规定，电子招标投标交易平台和公共服务平台应当按照《电子招标投标办法》和《电子招标投标系统技术规范》规定，向行政监督平台开放数据接口、公布接口要求，按有关规定及时对接交换和公布有关招标投标信息。

2-83　行政监督平台是否应当开放并公布数据接口？

答：是。根据《电子招标投标办法》第四十八条的规定，行政监督平台应当开放数据接口，公布数据接口要求，不得限制和排斥已通过检测认证的电子招标投标交易平台和公共服务平台与其对接交换信息。

2-84　电子招标投标交易平台应当如实记录哪些内容？

答：根据《电子招标投标办法》第四十九条的规定，电子招标投标交易平台应当依法设置电子招标投标工作人员的职责权限，如实记录招标投标过程、数据信息来源，以及每一操作环节的时间、网络地址和工作人员，并具备电子归档功能。

2-85 电子招标投标公共服务平台应当如何进行电子数据归档？

答：根据《电子招标投标办法》第四十九条的规定，电子招标投标公共服务平台应当记录和公布相关交换数据信息的来源、时间并进行电子归档备份。任何单位和个人不得伪造、篡改或者损毁电子招标投标活动信息。

2-86 投标人或者其他利害关系人认为电子招标投标活动不符合有关规定的，如何进行投诉？

答：根据《电子招标投标办法》第五十一条的规定，投标人或者其他利害关系人认为电子招标投标活动不符合有关规定的，通过相关行政监督平台进行投诉。

2-87 行政监督部门和监察机关通过其平台发出的行政监督或者行政监察指令，电子招标投标交易平台、公共服务平台的运营机构是否应当执行？

答：应当。根据《电子招标投标办法》第五十二条的规定，行政监督部门和监察机关在依法监督检查招标投标活动或者处理投诉时，通过其平台发出的行政监督或者行政监察指令，招标投标活动当事人和电子招标投标交易平台、公共服务平台的运营机构应当执行，并如实提供相关信息，协助调查处理。

2-88 在电子招标投标活动中，安全风险防控的重要风险点主要有哪些？

答：招标公告中招标内容和资格条件防篡改、招标文件的防篡改、投标单位信息的保密、评标专家的抽取和名单的保密、投标文件的防窃取与防篡改、开标环节的防解密失败、评标过程的防泄密和评标结果防篡改等。

[案例2-1] 某市启动了电子评标系统，主要目的是尽量避免人为因素对评标结果的干扰和影响，确保招标投标的公正透明。然而，在实际的运行中，一些相关部门工作人员却为了私利甘当"内鬼"，利用技术和岗位优势，人为践踏评标规则，使电子评标完全沦为个别人谋取非法利益的平台。经调查发现，该市公共资源交易中心信息科原副科长胡某，收受他人贿赂，多次为他人提供参与投标企业的数量和名单，或通过系统后台修改特定投标人的投标数据，甚至采取删除排名靠前的其他投标企业业绩文件等方式使这些企业被自动废标，最终达到特定投标人中标的目的。该案件被有关部门查办后，相关责任人得到了应有的惩处。

在本案例中，系统管理员利用其手中的权力泄露投标单位信息，修改投标文件的数据，造成了极其恶劣的影响。交易平台运营单位应从信息技术和管理制度两个方面建立动态安全防控体系，强化安全意识，定期进行安全风险评估、检测和安全隐患处置。

2-89 电子招标投标平台检测出不同投标人的电子投标文件用同一个预算编制软件密码锁制作或上传计算机的网卡MAC地址、CPU序列号和硬盘序列号等硬件信息均相同的（开标现场上传电子投标文件的除外），应被视为投标人相互串通投标吗？

答：视为串通投标。

[案例2-2] 某项目开标后，经电子招标投标平台系统信息雷同分析：A公司与B公司两家投标单位计价软件加密锁信息中的加密锁序列号相同，这两家投标单位的投标文件视为雷同，认定为《中华人民共和国招标投标法实施条例》第四十条第（二）项"不同投标人委托同一单位或者个人办理投标事宜"的情形，视为串通投标。

第八节 法律责任

2-90 电子招标投标系统不得存在哪些情形？

答：根据《电子招标投标办法》第五十三条的规定，电子招标投标系统有下列情形的，责令改正；拒不改正的，不得交付使用，已经运营的应当停止运营。

（1）不具备《电子招标投标办法》及《电子招标投标系统技术规范》规定的主要功能。

（2）不向行政监督部门和监察机关提供监督通道。

（3）不执行统一的信息分类和编码标准。

（4）不开放数据接口、不公布接口要求。

（5）不按照规定注册登记、对接、交换、公布信息。

（6）不满足规定的技术和安全保障要求。

（7）未按照规定通过检测和认证。

2-91 电子招标投标系统运营机构是否可以向他人透露已获取招标文件的潜在投标人的名称、数量？

答：不可以。根据《电子招标投标办法》第五十六条的规定，电子招标投标系统运营机构向他人透露已获取招标文件的潜在投标人的名称、数量、投标文件内容或者对投标文件的评审和比较以及其他可能影响公平竞争的招标投标信息，参照《招标投标法》第五十二条关于招标人泄密的规定予以处罚。

第三章　公共资源交易平台

第一节　公共资源交易平台概述

3-1　什么是公共资源交易平台？

答：根据《公共资源交易平台管理暂行办法》第三条的规定，公共资源交易平台是指实施统一的制度和标准、具备开发共享的公共资源交易电子服务系统和规范透明的运行机制，为市场主体、社会公众、行政监督管理部门等提供公共资源交易综合服务的体系。

3-2　什么是公共资源电子交易系统？

答：根据《公共资源交易平台服务标准（试行）》第3条的规定，公共资源电子交易系统是根据工程建设项目招标投标、土地使用权和矿业权出让、国有产权交易、政府采购等各类交易特点，按照有关规定建设、对接和运行，以数据电文形式完成公共资源交易活动的信息系统。

3-3　什么是公共资源交易电子服务系统？

答：根据《公共资源交易平台服务标准（试行）》第3条的规定，公共资源交易电子服务系统是指联通公共资源电子交易系统、监管系统和其他电子系统，实现公共资源交易信息数据交换共享，并提供公共服务的枢纽。

3-4　什么是公共资源交易电子监管系统？

答：根据《公共资源交易平台服务标准（试行）》第3条的规定，公共资源交易电子监管系统是指政府有关部门在线监督公共资源交易活动的信息系统。

3-5　公共资源交易平台的定位是什么？

答：根据《公共资源交易平台管理暂行办法》第四条和关于深化公共资源交易平台整合共享的指导意见》第（八）条的规定，公共资源交易平台应当立足公共服务职能，坚持电子化平台发展方向，优化见证、场所、信息、档案、专家抽取等服务。

3-6　公共资源交易平台由哪个部门负责指导和协调？

答：《公共资源交易平台管理暂行办法》第六条规定，国务院发展改革部门会同国务院有关部门统筹指导和协调全国公共资源交易平台相关工作。设区的市级以上地方人民政府发展改革部门或政府指定的部门会同有关部门负责本行政区域的公共资源交易平台指导和协调等相关工作。

3-7　什么是公共资源交易平台的运行服务机构？

答：根据《公共资源交易平台服务标准（试行）》第3条的规定，公共资源交易平台运行服务机构是指由政府推动设立或政府通过购买服务等方式确定的，通过资源整合共享方式，为公共资源交易相关市场主体、社会公众、行政监督管理部门等提供公共服务的单位。

3-8　公共资源交易平台主要运行服务机构是哪个单位？

答：公共资源交易中心是公共资源交易平台主要运行服务机构。

3-9　公共资源交易系统一般包括哪些核心功能？

答：公共资源交易系统的核心功能有：网站管理、供应商管理、专家库管理、代理委托管理、采购人管理、代理机构管理、招标文件编制系统、投标文件编制系统、在线评审管理系统、工程项目智能清标系统、依法必招项目采购管理、非依法必招项目采购管理、国有土地交易管理系统、国有产权交易管理系统、不见面开标管理系统、远程异地评标管理系统、移动应用办公系统、平台运营管理系统、电子档案管理系统、运营大数据展示管理。

3-10　我国公共资源交易平台有哪些发展趋势？

答：我国公共资源交易平台有市场企业化、政府数字化、区域一体化三个发展趋势。

（1）市场企业化：是将市场开放，公共资源通过公开、公正、公平的方式，借助市场的客观力量，在全面的市场中合理有序地进行流动，是一种很好的能够提升公共资源配置效率的发展方向。

（2）政府数字化：公共资源交易平台是一个为项目提供信息化基础支撑的设施，对我国的新型基础设施来说是不可缺少的重要部分。

（3）区域一体化：实现了统一门户集群、统一项目受理、统一开评标区域管理、统一中标服务费办理、统一中标通知书发放、统一平台监控、统一信息展示、统一档案管理、统一数据归集、统一综合共享库等。

第二节　平台运行

3-11　公共资源交易平台运行应当遵循什么规则？

答：根据《公共资源交易平台管理暂行办法》第七条的规定，公共资源交易平台的运行应当遵循相关法律法规和国务院有关部门制定的各领域统一的交易规则，以及省级人民政府颁布的平台服务管理细则。

3-12　公共资源交易目录如何制定？

答：根据《关于深化公共资源交易平台整合共享的指导意见》第（四）条的规定，国务院有关部门和地方人民政府结合实际，按照全国目录指引，制定和发布本地区公共资源交易目录。

3-13　公共资源交易目录是否要公开发布？

答：应当公开发布。根据《公共资源交易平台管理暂行办法》第八条的规定，纳入平台交易的公共资源项目，应当公开听取意见，并向社会公布。

3-14　应当纳入公共资源交易平台目录的范围有哪些？

答：根据《关于深化公共资源交易平台整合共享的指导意见》第（四）条的规定，应当纳入公共资源交易平台目录的范围含工程建设项目招标投标、土地使用权和矿业权出让、国有产权交易、政府采购、自然资源、资产股权、环境权等适合以市场化方式配置的各类公共资源。

3-15　公共资源交易电子服务系统是否应当向电子交易系统、电子监管系统开放对接？

答：根据《公共资源交易平台管理暂行办法》第九条的规定，公共资源交易电子服务系统应当开放对接各类主体依法建设的公共资源电子交易系统和政府有关部门的电子监管系统。

3-16　公共资源交易项目的实施主体如何选择电子交易系统？

答：根据《公共资源交易平台管理暂行办法》第十条的规定，公共资源交易项目的实施主体可以根据交易标的专业特性，选择使用依法建设和运行的电子交易系统。

3-17　如何抽取评标评审专家？

答：根据《公共资源交易平台管理暂行办法》第十一条的规定，应当按照全国统一的专家专业分类标准，从依法建立的综合评标、政府采购评审等专家库中随机抽取。

3-18　跨地区抽取专家是否合规？

答：合规。根据《公共资源交易平台管理暂行办法》第十一条的规定，鼓励有条件的地方跨区域选择使用专家资源。

3-19　市场主体是否可以建设交易场所？

答：可以。根据《公共资源交易平台管理暂行办法》第十二条的规定，市场主体应当按照省级人民政府规定的标准依法建设。

3-20　中央管理企业建立的电子交易系统是否应当纳入全国公共资源交易平台？

答：应当纳入。根据《关于深化公共资源交易平台整合共享的指导意见》第（七）条的规定，中央管理企业建立的电子交易系统应当通过国家电子招标投标公共服务系统纳入公共资源交易平台，依法接受监督管理。

第三节　平台服务

3-21　公共资源交易平台服务内容有哪些？

答：根据《公共资源交易平台服务标准（试行）》第5条的规定，公共资源交易平台服务内容包含但不限于以下内容：业务咨询、项目登记、场地安排、公告和公示信息公开、交易过程保障、资料归档、数据统计、档案查询。

3-22　公共资源交易平台向社会公布的服务事项有哪些？

答：根据《公共资源交易平台管理暂行办法》第十四条的规定，公共资源交易平台向社会公布的服务事项应包含服务内容、服务流程、工作规范、收费标准和监督渠道。

3-23　公共资源交易平台应当公开的交易信息有哪些？

答：根据《公共资源交易平台管理暂行办法》第十六条的规定，公共资源交易平台应当公开的交易信息包括公共资源交易公告、资格审查结果、交易过程信息、成交信息、履约信息等。但涉及国家秘密、商业秘密、个人隐私以及其他依法应当保密的信息除外。

3-24　公共资源交易平台提供信息下载是否可以收费？

答：不可以。根据《公共资源交易平台管理暂行办法》第十六条的规定，公共资源交易平台应当无偿提供依法必须公开的信息。

3-25　交易服务过程中产生的电子文档是否需要保存？

答：是。根据《公共资源交易平台管理暂行办法》第十七条的规定，交易服务过程中产生的电子文档、纸质资料以及音视频等，应当按照规定的期限归档保存。

3-26　对市场主体拒绝提供归档资料的，公共资源交易平台应当如何处置？

答：根据《公共资源交易平台服务标准（试行）》第6.6条的规定，交易相关主体违反规定拒绝提供归档资料的，应及时向有关行政监督部门报告。

3-27　公共资源交易平台运行服务机构及其工作人员不得从事哪些活动？

答：根据《公共资源交易平台管理暂行办法》第十八条的规定，公共资源交易平台运行服务机构及其工作人员不得从事以下活动：

（1）行使任何审批、备案、监管、处罚等行政监督管理职能。
（2）违法从事或强制指定招标、拍卖、政府采购代理、工程造价等中介服务。
（3）强制非公共资源交易项目进入平台交易。
（4）干涉市场主体选择依法建设和运行的公共资源电子交易系统。
（5）非法扣押企业和人员的相关证照资料。
（6）通过设置注册登记、设立分支机构、资质验证、投标（竞买）许可、强制担保等限制性条件阻碍或者排斥其他地区市场主体进入本地区公共资源交易市场。
（7）违法要求企业法定代表人到场办理相关手续。
（8）其他违反法律法规规定的情形。

3-28　公共资源交易平台运行服务机构是否可以收费？

答：可以。根据《公共资源交易平台管理暂行办法》第十九条的规定，公共资源交易平台运行服务机构确需收费的不得以营利为目的。

3-29　公共资源交易平台运行服务机构发现公共资源交易活动存在违法违规行为的，应当如何处置？

答：根据《公共资源交易平台管理暂行办法》第二十条的规定，公共资源交易平台运行服务机构发现公共资源交易活动中有违法违规行为的，应当保留相关证据并及时向有关行政监督管理部门报告。

第四节　信息资源共享

3-30 行政监督管理部门对公共资源交易活动作出行政决定的信息，是否应当上网公开？

答：应当上网公开。根据《公共资源交易平台管理暂行办法》第二十一条的规定，行政决定应当自作出行政决定之日起7个工作日内上网公开。

3-31 公共资源交易平台应当依托什么代码记录信用信息？

答：根据《公共资源交易平台管理暂行办法》第二十二条的规定，公共资源交易平台依托统一的社会信用代码，记录公共资源交易过程中产生的市场主体和专家信用信息。

3-32 公共资源交易信用信息应当通过什么系统实现信息交换共享？

答：根据《公共资源交易平台管理暂行办法》第二十二条的规定，应当通过国家公共资源交易电子服务系统实现信用信息交换共享和动态更新。

3-33 国家公共资源交易电子服务系统应当由哪个部门建立？

答：根据《公共资源交易平台管理暂行办法》第二十三条的规定，应当由国务院发展改革部门牵头建立。

3-34 国家公共资源交易电子服务系统如何实现信息的同步共享？

答：根据《公共资源交易平台管理暂行办法》第二十三条的规定，国家公共资源交易电子服务系统，与省级公共资源交易电子服务系统和有关部门建立的电子系统互联互通，实现市场主体信息、交易信息、行政监管信息的集中交换和同步共享。

3-35 省级人民政府是否应当建立全行政区域统一的公共资源交易电子服务系统？

答：应当建立。根据《公共资源交易平台管理暂行办法》第二十四条的规定，省级人民政府应当搭建全行政区域统一、终端覆盖市县的公共资源交易电子服务系统。

3-36　公共资源交易电子服务系统与在线审批系统、信用信息共享系统对接应当交换哪些信息？

答：根据《公共资源交易平台管理暂行办法》第二十五条的规定，应当交换共享公共资源交易相关信息、项目审批核准信息和信用信息。

3-37　市场主体需在公共资源电子交易系统登记注册的，是否需在电子服务系统、电子交易监管系统再次进行注册登记？

答：不需要。根据《公共资源交易平台管理暂行办法》第二十六条的规定，市场主体需在公共资源电子交易系统登记注册，并通过公共资源交易电子服务系统实现信息共享，有关行政监督管理部门和公共资源交易平台运行服务机构不得强制要求其重复登记、备案和验证。

3-38　公共资源交易电子服务系统是否应当支持不同数字证书兼容互认？

答：应当支持。根据《公共资源交易平台管理暂行办法》第二十七条的规定，公共资源交易电子服务系统应当支持不同数字证书兼容互认。

第五节　监督管理

3-39　电子监管系统监控的主要内容有哪些？

答：根据《公共资源交易平台管理暂行办法》第三十条的规定，公共资源交易电子监管系统应当实现对项目登记，公告发布，开标评标或评审、竞价，成交公示，交易结果确认，投诉举报，交易履约等交易全过程监控。

3-40　在公共资源交易活动中，是否可以要求市场主体事前信用承诺？

答：可以。根据《公共资源交易平台管理暂行办法》第三十一条的规定，在公共资源交易活动中，实行市场主体事前信用承诺制度，要求市场主体以规范格式向社会作出公开承诺，并纳入交易主体信用记录，接受社会监督。

3-41　行政监督管理部门对公共资源交易市场主体的信用信息是否可以作为监管依据？

答：可以。《公共资源交易平台管理暂行办法》第三十二条规定，行政监督管理部门可以将公共资源交易主体信用信息作为市场准入、项目审批、资质资格审核的重要依据。

3-42　行政监督管理部门如何运用大数据技术进行监管？

答：根据《公共资源交易平台管理暂行办法》第三十三条的规定，行政监督管理部门可以运用大数据技术，建立公共资源交易数据关联比对分析机制，开展监测预警，定期进行效果评估，及时调整监管重点。

3-43　行政监督管理部门是否有权调阅交易档案？

答：有权调阅。根据《公共资源交易平台管理暂行办法》第三十四条的规定，行政监督管理部门履行监督管理职责过程中，有权查阅、复制公共资源交易活动有关文件、资料和数据。公共资源交易平台运行服务机构应当如实提供相关情况。

第六节　法律责任

3-44　公共资源交易平台运行服务机构违规收费的，如何处理？

答：根据《公共资源交易平台管理暂行办法》第四十条的规定，公共资源交易平台运行服务机构违反规定收取费用的，由同级价格主管部门会同有关部门责令限期改正。拒不改正的，依照《中华人民共和国价格法》《价格违法行为行政处罚规定》等给予处罚，并予以公示。

3-45　公共资源交易平台运行服务机构违反规定限制电子系统之间对接的，应当如何处理？

答：根据《公共资源交易平台管理暂行办法》第四十一条、四十二条的规定，公共资源交易平台运行服务机构违反规定限制电子系统之间对接的，由政府有关部门责令限期改正。拒不改正的，对直接负责的主管人员和其他直接责任人员依法给予处分，并予以通报。

3-46　公共资源交易平台运行服务机构及其工作人员向他人透露依法应当保密的公共资源交易信息的，应当如何处理？

答：根据《公共资源交易平台管理暂行办法》第四十三条的规定，公共资源交易平台运行服务机构及其工作人员向他人透露依法应当保密的公共资源交易信息的，由政府有关部门责令限期改正，并予以通报批评。情节严重的，依法追究直接责任人和有关领导的责任。构成犯罪的，依法追究刑事责任。

第二部分

工程建设招标投标

第四章 工程建设项目及其管理

第一节 工程建设项目分类及建设程序

4-1 什么是工程建设项目？

答：工程建设项目是指按一个总体设计进行建设的各个单项工程所构成的总体，在我国又称为建设项目或基本建设项目，也有简称"项目"的。

工程建设项目是一个建设单位在一个或几个建设区域内，根据批准的计划任务书和总体设计、总概算书，经济上实行独立核算，行政上具有独立的组织形式，严格按照建设程序实施的建设工程。一般是指符合国家总体建设规划，能独立发挥生产功能或满足生产需要，其项目建议书经批准立项和可行性研究报告经批准的建设任务。如民用建设中的一个居民区、一所医院，工业建设中的一座工厂、一座矿山等均为一个工程建设项目。

4-2 工程建设项目有哪些特征？

答：工程建设项目具有以下特征：

（1）具有一次性的组织管理形式，建设地点固定，投入一次性，设计单一，施工单件。

（2）需要遵循必要的建设程序和特定的建设过程，即从项目构想、建议、方案选择、评估、决策、勘察、设计、施工直至竣工验收、投入使用均有一个有序的全过程。

（3）在特定的约束条件下，以形成固定资产为特定目标。约束条件包括时间约束（即建设工期目标）、资源约束（即投资总量目标）、质量约束（即预期的生产能力、技术水平及使用效益目标）。

（4）需达到一定的投资限额，否则只能称为零量固定资产购置。

4-3 建设项目由哪些工程组成？

答：一个建设项目由若干个单项工程组成，其中一个单项工程，又由若干个单位工程组成，单位工程又包括若干个分部工程或分项工程。

（1）单项工程：是指一个建设项目中具有独立的设计文件与预算编制，且竣工后具有独立功能的工程，是建设项目的必要组成部分，一个建设项目由一个或多个单项工程构成，如一个居住小区的各幢楼房，一个工厂的各车间、办公楼、住宅。一个单项工程可以进一步分解为多个单位工程。

（2）单位工程：是指一个单项工程中具有独立的设计文件与预算编制，且可独立施工和竣工结算，但竣工后不具有独立功能的单体工程，是施工企业交付给建设单位的最终产品，如住宅小区（或厂房）的室外工程包括三个单位工程：室外管道工程（包括给水排水管道、煤气管道、供暖管道）、室外电气安装工程（包括电缆、路灯）和室外建筑工程（包括道路，围墙，园林工程的花坛、小品等）；建筑物工程包括两个单位工程：建筑工程和设备安装工程；公路工程包括五个单位工程：路面工程、路基工程、桥梁工程、隧道工程和交通安全设施工程。

（3）分部工程：是不同部位、不同施工方法的单位工程的组成部分，如建筑物工程包括多个分部工程：地基与基础工程、主体工程、地面与楼面工程、屋面工程、管道工程、电气工程、门窗工程、装饰工程；公路工程的路基单位工程包括四项分部工程：路基土石方工程、排水工程、挡土墙工程、小桥与涵洞工程。

（4）分项工程：是不同工种的分部工程的组成部分，如路基土石方分部工程包括土方、石方、软基处理等分项工程；绿化工程包括园林工的种植工程，瓦工的假山砌砖工程，钢筋工的假山绑扎工程。

4-4　建设项目有几种分类方法？

答：建设项目一般按以下四种方法分类：
（1）依据建设功能，分为生产性项目和非生产性项目。
（2）依据建设性质，分为新建项目、扩建项目、改建项目、迁建项目、重建项目。
（3）依据建设方向，分为基础性项目、公益性项目、竞争性项目。
（4）依据建设阶段，分为筹建项目、在建项目、竣工项目、建成投产项目。

4-5　依据建设功能，建设项目分为哪几类？

答：依据建设功能，建设项目分为以下两类：
（1）生产性项目：指直接用于物质生产或为其服务的项目，包括工业矿业项目、资源勘探和建筑业项目、农林水利项目、运输邮电项目，以及各类商业项目。
（2）非生产性项目：指直接用于满足公众物质文化生活需求的项目，包括住宅、科教文卫、社会福利与公用事业等项目。

4-6　依据建设性质，建设项目分为哪几类？

答：依据建设性质，建设项目分为以下五类：
（1）新建项目：包括从无到有的建设项目，以及从较小的原有规模经重新设计且扩大规模后新增固定资产价值比原有的固定资产价值超过三倍以上的建设项目。

（2）扩建项目：指为提高原有生产能力或增加新的使用功能，在原有基础上进行有限的新建或增建。

（3）改建项目：指为变更建设项目的原有功能而进行改建，包括为调整产品方向，改进质量，提高生产效率而进行的改建。

（4）迁建项目：指业主因各种原因（如拆迁）迁址建设，其建设规模一般会扩大。

（5）重建项目：指对因重大自然灾害、战争而破坏的固定资产进行重新建设或在重建时进行扩建。

有的建设项目虽已招标，但中标人因某些因素未施工或仅进行了有限的施工，若此时招标人（业主）对原有设计进行了重大调整，则一般需要重新招标。

4-7 依据建设方向，建设项目分为哪几类？

答：依据建设方向，建设项目分为以下三类：

（1）基础性项目：主要包括自然垄断性、建设周期长、前期投资大而收益不高的基础性设施，以及需要政府重点扶持的支柱产业项目，包括交通、能源、水利、通信与城市公用设施。其中，跨地区的重大项目由中央政府作为投资主体；城市公用设施及其他地方性的项目，依据"谁受益，谁投资"的原则由当地政府作为投资主体；经济欠发达地区，可由中央政府给予补贴。

（2）公益性项目：主要包括国防、科研、文教、体育、卫生、环保等非营业性的无偿还能力的建设项目，由财政资金投资建设。科教文卫及环保项目也可由社会捐赠，或由企业、个人兴办。

（3）竞争性项目：指具有竞争能力、市场调节较强、投资收益较高的项目，通常由企业自主决策、自担风险，通过市场融资进行建设、营运。

4-8 依据建设阶段，建设项目分为哪几类？

答：依据建设阶段，建设项目分为以下四类：
（1）筹建项目：即正做准备、尚无开工条件的项目。
（2）在建项目：即正在建设中的项目。
（3）竣工项目：即施工已全部结束并通过验收的项目。
（4）建成投产项目：即已通过验收并交付使用的项目。

4-9 什么是国有资金投资项目？

答：国有资金投资项目包括：使用各级财政预算资金的项目，使用纳入财政管理的各类政府专项建设基金的项目，使用国有企业、事业单位自有资金且国有资产投资者拥有实际控制权的项目。

4-10　什么是国家融资项目？

答：国家融资项目包括国家发行债券所筹资的项目，使用国家对外借款或担保所筹资金的项目，使用国家政策性贷款的项目，国家授权投资主体融资的项目，国家特许的融资项目。

4-11　建设项目有哪些特点？

答：建设项目具有以下特点：

（1）具有明确的建设目标：每个项目都具有确定的目标，包括对功能性要求和对项目的约束、限制，如时间、质量、投资等。

（2）具有特定的对象：任何项目都具有具体的对象，它决定了项目的最基本特征，是项目分类的依据。

（3）一次性：项目都是具有特定目标的一次性任务，有明确的起点和终点，任务完成即告结束，所有项目没有重复。

（4）生命周期性：项目的一次性决定了项目具有明确的起止点，也就是项目的生命周期。

（5）有特殊的组织和条件：项目的参与单位之间主要以合同作为纽带相互联系，并以合同作为分配工作和责任划分的依据。项目参与各方通过合同、法律法规等作为条件完成项目的整个建设。

（6）涉及面广：一个建设项目涉及建设规划、土地、金融、税务、设计、施工、材料供应、交通运输、建设管理等诸多部门，因而项目组织者需要做大量的协调工作。

（7）建设周期长，环境因素制约多：建设项目的建设周期长，影响面大，受建设地点的气候条件、水文地质、地形地貌等多种环境因素的制约。

4-12　什么是项目建设程序？

答：项目建设程序是指工程项目从策划、评估、决策、设计、发承包、施工到竣工验收、投入生产或交付使用的整个建设过程中，各项工作必须遵循的先后工作次序。工程项目建设程序是工程建设过程客观规律的反映，是建设工程项目科学决策和顺利进行的保证。工程项目建设程序是人们长期在工程项目建设实践中得出来的经验总结，不能任意颠倒，但可以合理交叉。

4-13　工程建设项目建设程序可分为哪几个阶段？

答：工程建设项目建设程序可分为以下几个阶段：

1. 策划决策阶段

策划决策阶段，又称为建设前期工作阶段，主要包括编报项目建议书和可行性研究报告两项工作内容。

（1）项目建议书：项目建议书应提出拟建项目的轮廓设想，论述项目的必要性、主要建设条件和获利的可能性等，以判定项目是否需要进一步开展可行性研究工作，但并不表明项目非上不可，项目建议书不是项目的最终决策。

（2）可行性研究：主要任务包括编制项目可行性研究报告，经项目评估由主管部门批准项目可行性研究。可行性研究是在项目建议书被批准后，对项目在技术上和经济上是否可行所进行的科学分析和论证。

根据《国务院关于投资体制改革的决定》（国发〔2004〕20号），对于政府投资项目须审批项目建议书和可行性研究报告。

《国务院关于投资体制改革的决定》指出，对于企业不使用政府资金投资建设的项目，一律不再实行审批制，区别不同情况，实行核准制和登记备案制。

对于《政府核准的投资项目目录》以外的企业投资项目，实行备案制。

2. 勘察设计阶段

（1）勘察过程：复杂工程分为初勘和详勘两个阶段。勘察主要是为设计提供实际依据。

（2）设计过程：一般分为初步设计阶段和施工图设计阶段，对于大型复杂项目，可根据不同行业的特点和需要，在初步设计后增加技术设计阶段。

初步设计是设计的第一步，如果初步设计提出的总概算超过可行性研究报告投资估算的10%以上或其他主要指标需要变动时，要重新报批可行性研究报告。

初步设计经主管部门审批后，建设项目被列入国家固定资产投资计划，方可进行下一步的施工图设计。

施工图设计一经审查批准，不得擅自进行修改，否则必须重新报请原审批部门，由原审批部门委托审查机构后再批准实施。

3. 项目实施准备阶段

项目实施准备阶段主要内容：组建项目法人、落实资金、征地、拆迁、"三通一平"乃至"七通一平"；办理建设工程质量监督手续；准备必要的施工图；办理施工许可证等。

4. 发承包阶段

投资人或项目法人通过组织招标，选择具有相应能力和资质的承包人（包括材料设备供应商、监理单位等），再通过合约完成项目实施。

5. 施工阶段

建设项目具备了开工条件，并取得施工许可证后方可开工。项目的开工时间，按设计文件中规定的任何一项永久性工程第一次正式破土开槽时间。无须开槽的以正式打桩作为开工时间。

6. 生产准备阶段

对于生产性建设项目，在其竣工投产前，建设单位应适时地组织专门班子或机构，有计划地做好生产准备工作，包括招收、培训生产人员，组织有关人员参加设备安装、调试、工程验收。落实原材料供应，组建生产管理机构，建立健全生产规章制度等。

7. 竣工验收阶段

竣工验收阶段包括联动试车、指标考核、竣工验收等。建设项目竣工验收要按照设计文件，有关技术经济要求，检验工程是否达到了设计的要求，是否可以移交生产运营。验收合格后，建设单位编制竣工决算，项目正式投入使用。

8. 项目后评价阶段

建设项目后评价是工程项目竣工投产、生产运营一段时间后，再对项目的立项决策、设计施工、竣工投产、生产运营等全过程进行系统评价的一种技术活动，也是固定资产管理的一项重要内容。

4-14 什么是投资项目的审批制、核准制和备案制？

答：以往的项目无论是政府投资还是企业投资，均采用审批制，即须经过政府的审批方可投资建设，这严重影响审批效率，也不利于企业的自主发展，为此国家发布了《国务院关于投资体制改革的决定》和《企业投资项目核准暂行办法》，将原有的审批制依据项目资金来源等改为审批制、核准制和备案制。

凡使用政府投资的均采用审批制；凡未使用政府投资但属于《政府核准的投资项目目录》的采用核准制；凡未使用政府投资且不属于《政府核准的投资项目目录》的采用备案制。

4-15 政府核准的投资项目涉及哪些领域？

答：政府核准的投资项目一般为公共利益、民生工程等项目，涉及农业、水库和其他水事工程；能源，涉及电力、煤炭、石油和天然气；交通运输，涉及铁道、公路、水运、民航；信息产业，涉及电信、邮政、电子信息产品制造；原材料，涉及钢铁、有色金属、石化、化工原料、化肥、水泥、稀土、黄金；机械制造，涉及汽车、船舶、城市轨道交通；轻工烟草，涉及纸浆、变性燃料乙醇、聚酯、制盐、糖烟草；高新技术，涉及民用航空航天；城建，涉及城市快速轨道交通、城市供水、城市道路桥梁和其他城建项目；社会事业，涉及教育、卫生、文化、广播电影电视、旅游、体育、娱乐和其他社会事业项目；金融，涉及印钞、造币、钞票纸项目；外商投资；境外投资。

4-16 项目报建前是否都需要立项审批？

答：不一定需要，但政府投资的都要审批。

4-17　所有的建设工程是否都需要报建？

答：必须报建。

4-18　工程报建的内容有哪些？

答：工程报建的内容包括：工程名称、建设地点、投资规模、资金来源、当年投资额、工程规模、开竣工日期、发包方式、工程筹建情况等。

4-19　报建的项目是否都需要招标？

答：不一定需要。

4-20　建设工程活动应遵循什么原则？

答：建设工程活动一般应遵循先勘察、后设计、再施工的原则。

第二节　工程建设项目勘察、设计、施工、造价咨询、招标代理、监理

4-21　目前建设工程企业资质行政许可有哪几项？建设工程企业资质标准如何获取？

答：建设工程企业资质行政许可包括：工程勘察资质、工程设计资质、工程施工资质、工程监理资质。

建设工程企业资质标准可在国家和各地城乡建设主管部门官网获取。

4-22　什么是工程勘察？建设工程勘察有哪些工作内容？

答：工程勘察是指工程施工前进行的实地调查或查看。

建设工程勘察有以下工作内容：

（1）工程测量，其目的是为建设项目的选址（选线）、设计和施工提供有关地形地貌的依据。

（2）水文地质勘察，其任务在于提供有关供水地下水源的详细资料。

（3）工程地质勘察，包括选址勘察、初步勘察、详细勘察以及施工勘察。

4-23　勘察单位需要具备什么条件？

答：勘察单位需要具备以下条件：

（1）必须具备法人资格。

（2）必须持有市场监督管理部门核发的企业法人营业执照，并且必须在其核准的经营范围内从事建设活动，超越其经营范围订立的建设工程勘察合同为无效合同。

（3）必须持有建设行政主管部门颁发的工程勘察资质证书、工程勘察收费证书，而且应当在资质许可的范围内开展业务。

4-24 什么是工程勘察设计？

答：工程勘察设计是指工程勘察和工程设计两个方面。

工程勘察是由具备相应资质的工程地质勘察公司，用专业技术、设备对工程地址一定范围内的地形、地貌、地势，地质成因及构成，岩土性质及状况，水文情况等进行揭示、探明的工作。初勘可验证工程选址的正确性；详勘能给设计提供地基各种物理、力学性能的详细指标。

工程设计是由具备相应资质的工程设计公司，根据工程用途、规范及勘察报告等进行计算、构造、绘图，完成在预定的使用期限内实现工程物预定的使用功能、安全可靠功能，及经济、美观的目标设计。

4-25 什么是概念性方案设计（概念设计）？

答：概念性方案设计简称概念设计，适用于一些大型复杂工程或业主并无具体设想的工程项目。概念设计不如总体设计全面，但设计深度应满足编制初步设计文件和控制概算的需要。概念设计的本质是应对一种复杂性或不确定性，只有克服了这种复杂性，获得了确定性才能使项目的效益最大化。一些大型复杂项目，一般只对方案设计（概念性方案设计或实施性方案设计）招标，此后的设计均交由中标人负责。

4-26 什么是初步设计（基础设计）？

答：初步设计也称为基础设计，应在总体设计（如有）的指导下进行，是下一阶段施工图设计的基础，例如一个大型游乐园，对其人流量的预测估算将为施工图中的道路设计提供依据。初步设计的内容与成果涉及：设计依据、设计指导思想、建设规模（包括用地和土建工程量的估算）、总概算、产品方案、主要的建（构）筑物（包括公用及辅助设施）、原材料及能源动力供给、原材料与产品的运输或人流量、给水排水、工艺流程及主要的设备选型、三废治理与环保措施、初步的施工组织设计和进度计划、主要的经济技术指标及分析、外部协作条件。为保证设计思想的连贯性，可由初步设计的中标人承担此后的设计任务。

4-27 什么是技术设计？

答：技术设计是为解决某些重大或特殊项目在初步设计阶段无法解决的技术问题而进行的中间环节。这些技术问题包括大型建（构）筑物的某些关键部位的试验研究和确定，新型设备的试制、试验和确定，特殊工艺流程的试验研究和确定，以及其他一些需特殊处理的技术问题的研究和解决。

4-28 什么是施工图设计？

答：施工图设计即详细设计，是根据批准的初步设计绘制出正确、完整和尽可能详细的建筑图与安装图，使各方能据此进行预算、招标，以及安排设备和材料的订货与验收，应注明建筑工程的合理使用年限。

4-29 什么是总体规划设计（总体规划、总体设计）？

答：总体规划设计是指为大型联合企业、矿区、水力枢纽等大型建设项目解决总体布置图、运输方案、生产组织和生活区规划，应满足编制初步设计文件和控制概算的需要。为保证规划设计思想的连贯性，可由总体设计的中标人承担此后的其他设计任务。总体规划与概念设计不同，前者是解决布局问题，后者是解决项目的具体设想。上述几种设计的关系如图4-1所示。

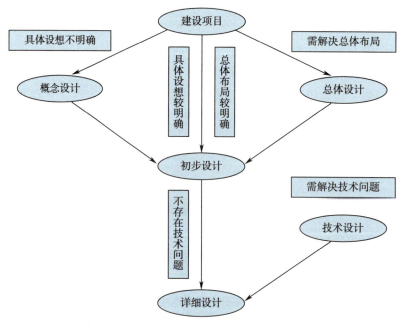

图4-1 概念设计、总体设计、初步设计、技术设计、详细设计的关系

4-30 建设工程项目设计分为哪几个阶段？

答：国内一般将中小型建设工程项目设计分为"初步设计"和"施工图设计"两个阶段，而国际上一般将建设工程项目设计分为"概念设计""基础设计"和"详细设计"三个阶段。在实践中，建设工程的设计实施主要取决于工程规模的大小与难度、有无特殊技术要求及业主是否已有具体设想，如对于要解决总体部署的大中型建设工程，还需进行总体规划设计；对于技术复杂又无经验的建设工程，还需增加专门的技术设计环节（阶段）；若业主对项目缺乏具体设想，可先进行概念设计。因而，设计的实施因项目而异，既可一次完成（如技术简单又成熟的小型项目），也可分为三个阶段（概念设计+初步设计+施工图设计）或两个阶段（初步设计+技术设计与施工图设计合并，或者初步设计与技术设计合并为扩大初步设计+施工图设计）来完成。无论分为几个阶段完成，设计文件都应符合国家规定的设计深度要求，并注明工程合理使用年限。

4-31 设计单位需要具备什么条件？

答：设计单位需要具备以下条件：
（1）必须具备法人资格。
（2）必须持有市场监督管理部门核发的企业法人营业执照，并且必须在其核准的经营范围内从事建设活动，超越其经营范围订立的建设工程设计合同为无效合同。
（3）必须持有建设行政主管部门颁发的工程设计资质证书、工程设计收费证书，而且应当在资质许可的范围内开展业务。

4-32 什么是工程施工？

答：工程施工是指按照工程设计图纸和相关文件的要求，在建设场地上将工程设计意图付诸实现的测量、作业、检验，形成工程实体建成最终产品的活动。

4-33 工程施工分为哪几个阶段？

答：工程施工一般分为施工准备阶段、施工阶段、竣工阶段。
（1）施工准备阶段分为工程建设项目报建、委托建设监理、招标投标、施工合同签订。
（2）施工阶段分为建设工程施工许可证领取、施工。
（3）竣工验收阶段分为竣工验收、试运行投产。

4-34 施工单位需要具备什么条件？

答：施工单位需要具备以下条件：
（1）必须具备法人资格。
（2）必须持有市场监督管理部门核发的企业法人营业执照，并且必须在其核准的经营范围内从事建设活动，超越其经营范围订立的建设工程施工合同为无效合同。
（3）必须持有建设行政主管部门颁发的工程施工资质证书，工程施工收费证书，而且应当在资质许可的范围内开展业务。

4-35　什么是建筑工程许可制度？

答：建筑工程许可制度是指行政主管部门根据建设单位申请，依法对建筑工程是否具备施工条件进行审查，对符合条件者准许建筑工程开始施工并颁发许可证的制度。

4-36　什么是工程施工组织设计？

答：工程施工组织设计是对工程项目的过程组织、技术和经济等实施方案的综合性设计文件，是对施工活动的全过程进行科学管理的重要手段。

工程施工组织设计的主要内容包括施工总平面布置，施工总进度，施工导流、截流方案，对外交通等。

4-37　工程造价是什么？

答：工程造价是指工程的建设价格，是为完成一个工程的建设，预期或实际所需的全部费用总和。

从投资者的角度定义，工程造价是指工程的建设成本，即为建设一项工程预期支付或实际支付的全部固定资产投资费用。

4-38　什么是工程项目投资？

答：工程项目投资是指为完成工程项目建设达到生产条件或使用要求，在建设期内预计或实际支出的全部费用总和。

通常在项目可行性研究阶段财务分析使用建设项目总投资这个概念，增列有铺底流动资金，其他内涵相同。

4-39　什么是工程投资估算？有何作用？

答：工程投资估算是指建设单位向国家申请拟立项目或对拟立项目进行决策时确定建设项目在规划、项目建议书、设计任务书等不同阶段的相应投资总额而编制的经济性文件，是对拟建项目继续进行研究与否的依据，是国家审批项目建议书、设计任务书的依据，也是编制国家中长期规划，保持合理比例和投资结构的依据。

4-40　什么是工程设计概算？有何作用？

答：工程设计概算是指在初步设计或扩大初步设计阶段，由设计单位根据初步设计或扩大初步设计图纸及说明书、概算定额或概算指标、各类费用定额或取费标准、材料设备的预算单价，预先计算工程从筹建至竣工验收、交付使用全过程的建设费用的经济性文件。简单说来，即计算建设项目总费用。

其作用有：是设计文件的组成部分之一；确定工程投资的最高限额；工程招标、

承包的依据；核定贷款额度的依据；分析设计方案经济合理性的依据；国家确定和控制基本建设总投资的依据。

4-41　什么是工程设计修正概算？有何作用？

答：工程设计修正概算是指在技术设计阶段，随着对初步设计内容的深化，设计单位对建设规模的结构性质与设备类型等进行必要修正而形成的经济性文件，其作用与设计概算相当。工程设计修正概算一般不能超过原已批准的概算投资额。

4-42　什么是工程施工图预算？有何作用？

答：工程施工图预算是指施工单位根据已批准的施工图计算出的工程量、施工组织设计（施工方案）、现行预算定额、各项取费标准、材料设备预算单价等计算工程建设费用的经济性文件。

其作用有：确定单位工程和单项工程预算造价的依据；编制标底，投标文件，签订承、发包合同的依据；工程价款结算的依据；加强管理、实施预算包干，进行竣工结算的依据。

4-43　什么是工程施工预算？有何作用？

答：工程施工预算是在施工图预算的控制下，由施工企业根据施工图、施工定额并结合施工组织设计，通过工料分析，计算和确定拟建工程所需的人工、材料、机械台班消耗及其相应费用的技术经济文件，主要目的是控制成本。

主要作用：企业内部下达施工任务、限额领料、实行经济核算的依据；是企业加强施工计划管理、编制作业计划的依据；是实行计件工资、按劳分配的依据。

4-44　什么是最高投标限价（招标控制价）？

答：最高投标限价是由招标人按照国家及省级建设行政主管部门发布的计价依据，根据拟定的招标文件，结合工程常规施工方案编制的，体现工程所在地平均造价水平的工程价格，是限定招标工程的投标最高造价，又称为招标控制价。

最高投标限价一般适用于使用国有资金的建设工程招标，对于非国有资金的建设工程招标，招标人可设置招标最高投标限价，也可设置招标标底。

4-45　什么是工程量清单？有何作用？

答：工程量清单是招标文件的组成部分，是由招标人发出的一套注有拟建工程各实物工程名称、特征、单位、数量等相关表格的文件。它由分部分项工程量清单、措施项目清单、其他项目清单以及零星工作项目表组成。

工程量清单的作用有：

（1）为投标人的投标竞争提供一个平等和共同的基础。
（2）是建设工程计价的依据。
（3）是工程付款和结算的依据。
（4）是调整工程价款，处理工程索赔的依据。

4-46　什么是投标报价？

答：投标报价是指施工企业根据招标文件及有关计算工程造价的资料，计算工程预算总造价，在工程预算总造价的基础上，再考虑投标策略以及各种影响工程造价的因素，然后提出投标报价。投标报价又称为标价，是工程施工投标的关键之一。

4-47　什么是工程结算？有何作用？

答：工程结算是指一个单项工程、单位工程、分部工程或分项工程完工，并经建设单位及有关部门验收后，施工企业依据施工过程中现场实际情况的记录、设计变更通知书、现场工程更改签证、预算定额、材料预算价格和各项费用的取费标准等资料，在概算范围内和施工图预算的基础上，按规定编制的向建设单位办理工程结算价款的经济性文件。工程结算用于分项核算，是办理工程款结算的依据，使企业获得收入、补偿消耗。

4-48　什么是竣工决算？有何作用？

答：竣工决算是建设项目全部完成并通过验收，由建设单位编制的从项目筹建到竣工验收、交付使用全过程中实际支付的全部建设费用的经济性文件。

其作用有：反映基本建设的实际投资额及其投资效果；核算新增固定资产和流动资金价值；国家或主管部门验收小组验收和交付使用的重要财务成本依据。

4-49　什么是工程造价咨询？

答：工程造价咨询是接受委托方的委托，运用工程造价的专业技能，为建设项目决策、设计、发承包、实施、竣工等各个阶段工程计价和工程造价管理提供的服务。

4-50　工程造价咨询有哪些内容？

答：工程造价咨询在工程建设各个不同阶段其造价咨询内容有所不同，各个阶段造价咨询有以下内容：

（1）项目决策阶段：投资估算的编制与审核，建设项目经济评价。
（2）设计阶段：设计概算编制与审核，设计概算调整，施工图预算编制与审核。
（3）施工前期准备阶段：工程量清单编制，最高投标限价编制与审核，投标报价编制，施工合同类型的选择。

（4）施工阶段：工程计量与支付，工程变更，工程索赔。
（5）竣工验收阶段：竣工结算编制与审核，竣工决算编制与审核。

4-51　什么是工程招标？

答：工程招标是指招标人（建设单位）为发包工程或进行相关的建设活动，根据公布的标准与条件，公开或书面邀请投标人前来投标，以便从中择优选定中标人的单方行为。

4-52　什么是工程投标？

答：工程投标是指符合工程招标文件规定资格的投标人，按照招标文件的要求，提出自己的报价及相应条件的书面问答行为。

招标投标过程是要约和承诺的实现过程，是当事人双方合同法律关系产生的过程。

4-53　什么是工程招标代理？

答：工程招标代理是指对工程的勘察、设计、施工、监理、造价咨询以及工程建设有关的重要设备、材料采购招标的代理。工程招标代理工作主要为组织开标、评标、定标等。

4-54　什么是工程监理？

答：工程监理是指具有相关资质的监理单位受建设单位的委托，根据国家批准的工程项目建设文件、有关工程建设的法律法规和工程建设监理合同及其他工程建设合同，代表建设单位对施工企业的工程建设实施监控的一种专业化服务活动。

4-55　工程监理有哪些特性？

答：工程监理的特性有服务性、独立性、科学性和公正性。

4-56　工程监理应遵循什么原则？

答：工程监理遵循的原则有资质许可的原则，依法监理的原则，客观公正的原则，总监理工程师全权负责的原则，监理单位独立完成监理任务的原则。

4-57　工程监理工作大纲包括哪些内容？

答：工程监理工作大纲是工程监理单位实施项目监理的技术指导性文件。内容主要有：

（1）编制依据：监理工作大纲所采用的技术标准、规范以及有关规定等。

（2）工程概况及特点分析。
（3）工程监理重点难点分析及针对性解决方案。
（4）针对本工程合理化建议。
（5）监理工作策划。
（6）监理前期准备工作及开工前监理工作。
（7）监理工作内容及总工作流程。
（8）"三大控制"：即进度、质量、造价控制。
（9）合同管理。
（10）信息管理。
（11）组织协调工作。
（12）监理对施工资源的控制措施。
（13）安全及施工文明管理。
（14）绿色环保施工监理措施。
（15）消防安全监理。

第三节　建筑市场及工程交易

4-58　什么是建筑市场？

答：狭义的建筑市场是指建筑商品交易场所；广义的建筑市场是指建筑商品供求关系的总和，包括建筑商品的交易场所、建筑商品的需求程度，以及建筑商品交易过程中形成的各种经济关系等。

4-59　建筑市场主要有哪几个主体？

答：建筑市场有以下五方主体：
（1）建设单位或者投资单位（俗称业主或甲方）。
（2）施工单位或者承包单位（俗称施工企业或乙方）。
（3）设计单位是建设单位委托设计建筑图纸的单位。
（4）监理单位是受甲方委托并且授权，在施工中对工程的质量、进度、投资进行控制的单位。
（5）勘察单位是提供工程所在地的地质报告的单位。

4-60　什么是工程发包与承包？

答：工程发包是指建设单位遵循公开、公正、公平的原则，通过采用公告或邀请书等方式提出项目内容及其条件和要求，约请参与竞争的单位，按规定条件提出实施计划、方案和价格等，再采用一定的评价方法择优选定承包单位，最后以合同形式委托其完成指定工作的活动。

建筑工程发包分为招标发包和直接发包两类。

工程承包是相对于工程发包而言的，是指具有从事建筑活动的法定从业资格的单位，通过投标或其他方式，承揽建筑工程任务，并按约定取得报酬的行为。

4-61 建设单位对建设工程有什么质量责任和义务？

答：建设单位应向施工单位提供施工现场及毗邻区域内供水、排水、供电、供气、供热、通信、广播电视等地下管线资料，气象和水文观测资料，相邻建（构）筑物、地下工程的有关资料，并保证资料的真实、准确、完整。

建设单位在申请领取施工许可证时，应提供建设工程有关安全施工措施的资料。建设单位应自开工报告批准之日起15日内，将保证安全施工的措施报送建设行政主管部门或其他有关部门备案。

建设单位应将拆除工程发包给具有相应资质等级的施工单位，建设单位应在拆除工程施工15日前，将相关资料报送建设工程所在地的县级以上地方人民政府建设行政主管部门或其他有关部门备案。

建设单位不得对承包单位提出不符合建设工程安全生产法律法规和强制性标准规定的要求，不得压缩合同约定工期；在编制工程概算时，应确定建设工程安全作业环境及安全施工措施所需费用；不得明示或暗示施工单位购买、租赁、使用不符合安全施工要求的防护用具、机械设备、施工机具、消防设施和器材。

4-62 勘察、设计单位对建设工程有什么质量责任和义务？

答：勘察单位应按照法律法规和工程建设强制性标准进行勘察，所提供的勘察文件应真实、准确，满足建设工程安全生产的需要。勘察作业时，应严格执行操作规程以保证各类管线、设施和周边建（构）筑物的安全。

设计单位应按法律法规和工程建设强制性标准进行设计，防止因设计不合理导致生产安全事故的发生；应考虑施工安全操作和防护需要，对涉及施工安全的重点部位和环节在设计文件中应注明，并对防范生产安全事故提出指导意见。若采用新结构、新材料、新工艺或特殊结构的建设工程，则应在设计中提出保障施工人员安全和预防生产安全事故的措施建议。设计单位和注册建筑师等应对其设计负责。

4-63 施工单位对建设工程有什么质量责任和义务？

答：施工单位主要负责人依法对本单位的安全生产工作全面负责。施工单位应建立、建全安全生产责任制度和安全生产教育培训制度，制定安全生产规章制度和操作规程，保证本单位安全生产条件所需资金的投入，对所承担的建设工程进行定期和专项安全检查，并做好安全检查记录。

项目负责人对工程项目的安全施工负责，落实安全生产责任制、安全生产规章制度和操作规程，确保安全生产费用的有效使用，并制定相应的安全施工措施，消除事故隐患，及时、如实报告生产安全事故。

施工单位的主要负责人、项目负责人与专职安全生产管理人员应经有关部门考核合格后方可任职。施工单位应对管理人员和作业人员每年至少进行一次安全生产教育培训，并记入个人工作档案。特种作业人员须按国家有关规定经过专门的安全作业培训，并取得特种作业操作资格证书后方可上岗。作业人员进入新岗位或新施工现场前，应接受安全生产教育培训。未经教育培训或教育培训考核不合格的，不得上岗作业。施工单位在采用新技术、新工艺、新设计、新材料时，应对作业人员进行相应的安全生产教育培训。

施工单位对列入建设工程概算的安全作业环境及安全施工措施所需费用，应用于施工安全防护用具及设施的采购和更新、安全施工措施的落实、安全生产条件的改善，不得挪作他用。施工单位应设立安全生产管理机构，配备专职安全生产管理人员。

（1）建设工程实行施工总承包的，由总承包单位对施工现场的安全生产负总责。总承包单位应自行完成建设工程主体结构的施工。

（2）依法分包时，合同中应明确各自的安全生产方面的权利与义务。总承包单位和分包单位对分包工程的安全生产承担连带责任。分包单位应服从总承包单位的安全生产管理。

施工单位应在施工组织设计中编制安全技术措施和施工现场临时用电方案，对达到一定规模的危险性较大的分部（分项）工程编制专项施工方案，并附具安全验算结果，经施单位技术负责人、总监理工程师签字后实施，由专职安全生产管理人员进行现场监督。建设工程施工前，施工单位负责项目管理的技术人员应对有关安全施工的技术要求向施工作业班组、作业人员作出详细说明，并由双方签字确认。

施工单位应在危险部位设置明显的安全警示标志，该标志须符合国家标准；应根据不同施工阶段和周围环境及季节、气候的变化，在施工现场采取相应的安全施工措施；暂停施工的，应做好施工现场的防护。

施工单位应将施工现场的办公、生活区与作业区分开设置，并保持安全距离；办公、生活区的选址应符合安全性要求；职工的膳食饮水、休息场所等应符合卫生标准。施工单位不得在尚未竣工的建筑物内设置员工集体宿舍。临时搭建的建筑物应符合安全使用要求。现场使用的装配式活动房屋应有产品合格证。

施工单位对因建设工程施工而可能造成损害的毗邻建（构）筑物和地下管线等，应采取专项防护措施；应遵守有关环境保护的法律法规，在施工现场采取措施防止或减少粉尘、废气、废水、固体废物、噪声、振动和施工照明对人和环境的危害和污染。市区内的建设工程，施工单位应对施工现场实行封闭围挡。

施工单位应在施工现场建立消防安全责任制度，确定消防安全责任人，制定用火、用电、使用易燃易爆材料等各项消防安全管理制度和操作规程，设置消防通道与消防水源，配备消防设施和灭火器材，并在施工现场入口处设置明显标志。

施工单位应向作业人员提供安全防护用具及防护服装，并书面告知危险岗位的操作规程和违章操作的危害。作业人员应遵守安全施工的强制性标准、规章制度和操作规程，正确使用防护用具与机械设备等。

施工单位采购、租赁的防护用具、机械设备、施工机具及配件，应有生产（制造）许可证与产品合格证，入场前应查验，并由专人管理，定期检查、维修和保养，建立相应的资料档案，并按照国家有关规定及时报废。施工单位在使用施工起重机械和整体提升脚手架、模板等自升式架设设施前，应组织有关单位进行验收，也可以委托具有相应资质的检验检测机构进行验收；使用承租的机械设备和施工机具及配件的，由施工总承包单位、分包单位、出租单位和安装单位共同进行验收，验收合格的方可使用。《特种设备安全监察条例》规定的施工起重机械，在验收前应经有相应资质的检验检测机构监督检验合格。施工单位应自施工起重机械和整体提升脚手架、模板等自升式架设设施验收合格之日起30日内，向建设行政主管部门或其他有关部门登记。登记标志应置于或附着于该设备的显著位置。

施工单位应为现场从事危险作业的人员办理意外伤害保险，意外伤害保险费由施工单位支付。实行施工总承包的，由总承包单位支付意外伤害保险费。意外伤害保险期限自开工之日起至竣工验收合格止。

4-64　工程监理单位对建设工程有什么质量责任和义务？

答：工程监理单位应审查施工组织设计中的安全技术措施或专项施工方案是否符合工程建设强制性标准。在实施监理过程中，发现存在安全事故隐患的，应要求施工单位整改；情况严重的，应要求施工单位暂停施工，并及时报告建设单位。施工单位拒不整改或不停止施工的，监理单位应及时向有关主管部门报告。监理单位和监理工程师应按照法律法规和工程建设强制性标准实施监理，并对建设工程安全生产承担监理责任。

4-65　建设工程交易有哪些模式？各有什么优缺点？

答：建设工程交易主要有以下几种模式：

（1）平行承、发包模式：业主将建设工程的设计、施工及材料设备采购分别发包给若干个设计单位、施工企业及材料设备供应商，并分别与其签订合同。该模式的招标投标工作内容具体、明确，合同条款易确定，易择优选择投标人，易于进度、质量控制；但合同数量多，合同管理的工作量大，投资控制难度大。

（2）设计或施工总分包模式：业主将设计、施工任务分别委托给一个设计单位和一个施工企业作为总承包。该模式的合同数量较前一种模式少，易于项目管理及投资控制；但建设周期长，投标人报价较高。

（3）项目总承包模式：业主将建设工程的设计、施工及材料设备采购全部发包给一家承包公司，由其进行设计、施工和采购，并向业主交付一个建成投产项目。该模式的合同关系简单，易于缩短建设周期与进行投资控制；但合同条款不易准确确定，发包难度大，因承包范围大、风险大，故投标单位少，不易择优。

（4）项目总承包管理模式：建设项目的业主将整个建设项目委托给一个专门从事项目组织管理的总承包单位，总承包单位不直接进行设计、施工或材料设备的采购。该模式的优点是便于合同管理与组织协调；缺点是项目总承包管理单位的实力较弱，而承担的管理责任较大。

（5）代建制，见本章第四节。

4-66　建设工程交易服务费包括哪些内容？如何收取？

答：建设工程交易服务费包括各类建设工程、材料设备、勘察设计、工程监理、造价咨询的招标投标项目服务收费。

建设工程交易服务费一般采用差额定率累进计费方式。收费按建设工程中标价分段计费收取，向交易各方分别收取。具体收费标准和各方分担比例由各地政府部门确定。

第四节　代建制

4-67　什么是代建制？

答：代建制是建设单位自己不直接负责建设，而是通过选择社会专业化的项目管理单位（即代建单位）直接负责项目的投资管理和建设组织实施工作，到项目建成后再由代建单位交付到使用单位的制度。例如，政府投资项目，一般各地交由重点项目建设管理单位负责建设，然后再交到使用单位。

4-68　代建制一般有哪几种模式？

答：代建制一般有委托代理合同、指定代理合同和三方代建合同三种模式。

4-69　代建制适用于什么范围？

答：代建制适用于政府投资项目，特别是公益性项目。

4-70　委托代理合同模式的代建制有何特点?

答：项目业主（由政府投资主管部门指定的某个单位）或新设立的具有法人资格的项目法人作为委托方，与采用招标投标方式选定的代建单位（受托方）签订"代建合同"。

4-71　指定代理合同模式的代建制有何特点?

答：由政府投资主管部门采用招标投标方式选定代建单位，该代建单位（代建人）与使用单位（被代理人）签订"代建合同"。

4-72　三方代建合同模式的代建制有何特点?

答：政府投资主管部门与代建单位、使用单位签订"三方代建合同"。

4-73　与自建制相比，代建制有何优点?

答：代建制项目决策更加科学，管理水平与工作效率得以提高，项目控制得以落实，管理更加规范。

4-74　代建单位与总承包企业、项目管理企业有何不同?

答：代建单位具有项目建设阶段的法人地位，拥有法人权利，包括在业主监督下，对建设资金的支配权，同时承担相应的责任（包括投资保值责任）。总承包企业和项目管理企业没有项目法人地位和法人权利。

4-75　代建制有哪些程序?

答：以"三方代建合同"模式为例：使用单位先提出项目需求，自行或委托编制项目建议书，按程序报发展改革部门审批；发展改革部门批复项目建议书，并确定该项目实行代建制及其代建方式；发展改革部门委托具相应资质的社会招标代理机构通过招标确定前期工作代理单位，发展改革部门与前期工作代理单位、使用单位三方签订书面《前期工作委托合同》；前期工作代理单位遵照相关规定，对项目勘察、设计进行招标投标，并按照《前期工作委托合同》开展前期工作，前期工作深度须符合国家有关规定，并按规定程序报原审批部门审批；发展改革部门会同规划、建设等部门对该项目的初步设计及概算投资进行审核批复；发展改革部门委托招标代理机构，依据批准的项目初步设计及概算投资编制招标文件，通过招标投标选定代建单位；发展改革部门与代建单位、使用单位三方签订书面《项目代建合同》；代建单位依照《项目代建合同》及相关规定开展工作，行使项目法人的权利并承担相应责任，包括对项目施工、监理和重要设备材料采购的招标及项目控制（质量、投资、进度）；政府投资代建制项目建成后,须按国家有关规定和《项目代建合同》进行竣工验收,并办理政府投资财务决算审批手续,工程验收合格后,即交付使用单位。

4-76 代建制与工程监理制有何区别?

答:代建制与工程监理制有以下区别:

(1)应用范围不同:自建制中的工程监理一般应用在施工阶段;而代建制的范围较广,一般既包括施工,也包括设计,甚至包括可行性研究。

(2)使用单位的地位不同:自建制中的监理工程师受使用单位(业主)委托,前者仅起辅助作用,后者在管理上仍起主导作用,监理工程师与承包商分别与使用单位签订合同;而在代建制中,代建单位在代建合同约定期间对项目管理起主导作用,可直接与承包商签订合同,使用单位则不直接参与项目管理。

(3)费用不同:自建制中的工程监理是一种管理服务,使用单位按预先约定支付费用,一般与项目控制的水平不直接相关;而在代建制中,代建合同常具有激励属性,据工程项目管理的水平确定管理费用和奖金。

第五节 工程总承包

4-77 什么是工程总承包?

答:传统的工程总承包为施工总承包,而现代的工程总承包是指承包单位按照与建设单位签订的合同,对工程设计、采购、施工或者设计、施工等阶段实行总承包,并对工程的质量、安全、工期和造价等全面负责的工程建设组织实施方式,如图4-2所示。

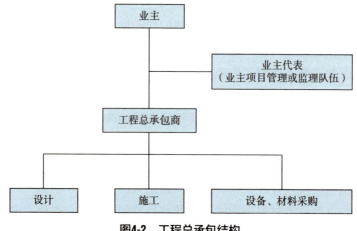

图4-2 工程总承包结构

4-78 工程总承包有哪些模式？

答：工程总承包主要有以下几种模式：

（1）设计采购施工（EPC）/交钥匙总承包：设计采购施工总承包是指工程总承包企业按照合同约定，承担工程项目的设计、采购、施工、试运行服务等工作，并对承包工程的质量、安全、工期、造价全面负责。

交钥匙总承包是设计采购施工总承包业务和责任的延伸，最终是向建设单位移交一个满足使用功能、具备使用条件的工程项目。

（2）设计-施工总承包（D-B）：设计-施工总承包是指工程总承包企业按照合同约定，承担工程项目设计和施工，并对承包工程的设计和施工的质量、安全、工期、造价负责。

（3）设计-采购总承包（E-P）：设计-采购总承包是指工程总承包企业按照合同约定，承担工程项目设计和采购工作，并对工程项目设计和采购的质量、进度等负责。

（4）采购-施工总承包（P-C）：采购-施工总承包是指工程总承包企业按照合同约定，承担工程项目的采购和施工，并对承包工程的采购和施工的质量、安全、工期、造价负责。

4-79 工程总承包企业应具备哪些条件？

答：我国对工程总承包未设立专门的资质。按照《房屋建筑和市政基础设施项目工程总承包管理办法》的规定，从事房屋建筑和市政基础设施项目的工程总承包，总承包单位应当同时具有与工程规模相适应的工程设计资质和施工资质，或者由具有相应资质的设计单位和施工单位组成联合体。工程总承包单位应当具有相应的项目管理体系和项目管理能力、财务和风险承担能力，以及与发包工程相类似的设计、施工或者工程总承包业绩。

为保证有满足市场需要的工程总承包市场主体，《房屋建筑和市政基础设施项目工程总承包管理办法》还提出，鼓励设计单位申请取得施工资质，已取得工程设计综合资质、行业甲级资质、建筑工程专业甲级资质的单位，可以直接申请相应类别施工总承包一级资质；鼓励施工单位申请取得工程设计资质，具有一级及以上施工总承包资质的单位可以直接申请相应类别的工程设计甲级资质。完成的相应规模工程总承包业绩可以作为设计、施工业绩申报。

4-80 EPC总承包模式有哪些优势？

答：EPC总承包模式有以下优势：

（1）有利于理清项目各参与主体之间的复杂关系。工程建设中业主与承包商、勘察设计与业主、总包与分包、执法机构与市场主体之间的各种关系十分复杂，比如，在工程总承包条件下，业主选定总承包商后，勘察、设计以及采购、工程分包等环节直接由总承包商确定分包，从而业主不必再实行平行发包，避免了发包主体主次不分的混乱状态，也避免了执法机构过去在一个工程中要对多个市场主体实施监管的复杂关系。

（2）有利于优化资源配置。国外经验证明，实行工程总承包减少了资源占用与管理成本。在我国，则可以从三个层面予以体现。业主方摆脱了工程建设过程中的杂乱事务，避免了人员与资金的浪费；总包方减少了变更、争议、纠纷和索赔的耗费，使资金、技术、管理各个环节衔接更加紧密；分包方的社会分工专业化程度由此得以提高。

（3）有利于优化组织结构并形成规模经济。一是能够重构工程总承包、施工承包、分包三大梯度塔式结构形态；二是可以在组织形式上实现从单一型向综合型、现代开放型的转变，最终整合成资金、技术、管理密集型的大型企业集团；三是便于扩大市场份额；四是增强了参与BOT的能力。

（4）有利于控制工程造价。在强化设计责任的前提下，通过概念设计与价格的双重竞标，把工程投资超支风险消灭在工程发包之中；另外，由于实行整体性发包，招标成本可以大幅度降低。

（5）有利于提高全面履约能力。实践证明，工程总承包最便于充分发挥大承包商所具有的较强技术力量、管理能力和丰富经验的优势。同时，由于各建设环节均置于总承包商的指挥下，因此各环节的综合协调余地大大增强，这对于确保质量和进度是十分有利的。

4-81　EPC合同体系主要包括哪些合同？

答：EPC合同体系主要包括以下合同：

（1）工程施工合同。即业主与施工单位签订的工程施工合同。一个项目根据承发包模式的不同可能涉及多种不同的施工合同，如施工总承包合同、专业分包合同、劳务分包合同等；从专业性质分，又可分为建筑、安装、装饰等工程施工，其中又可根据项目的规模和专业特点进一步分为若干个施工合同。

（2）材料设备采购合同。主要是指业主与材料和设备供应单位签订的材料设备采购合同。

（3）工程咨询合同。即业主与工程咨询单位签订的合同。这些咨询单位可为业主提供包括项目前期的策划、可行性研究、勘察设计、工程监理、招标代理、工程造价、项目管理等某一项或几项工作。

（4）专业分包合同。施工总承包单位在相关法律法规允许的范围将施工合同中的部分施工任务委托给具备专业施工资质的分包单位来完成，并与之签订专业分包合同。

（5）劳务分包合同。即施工总承包单位与劳务单位签订的劳务分包合同。

（6）材料设备采购合同。为提供施工合同规定的需施工单位自行采购的材料设备，施工单位与材料设备供应单位签订的合同

（7）承揽加工合同。施工单位将建筑构配件等的加工任务委托给加工承揽单位而签订的合同。

（8）运输合同。即施工单位与材料设备运输单位签订的合同

（9）租赁合同。在施工过程中需要许多施工机械、周转材料，当自己单位不具备某些施工机械，或周转材料不足，自己购置需要大量资金，今后这些东西可能不再需要或使用效率较低时，施工单位可以采用租赁方式，与租赁单位签订租赁合同。

4-82　什么是分包？

答：分包是指从事工程总承包的单位将所承包的建设工程的非主体部分依法发包给具有相应资质的承包单位，该总承包单位与承包单位就其工作成果向发包人承担连带责任。

4-83　什么是转包？与分包有何区别？

答：转包是指承包者将承包的工程转交给其他施工单位。转包单位和分包单位都不直接与建设单位签订承包合同，而直接与总承包人签订承包合同，但分包工程的总承包人参与施工并自行完成建设项目的主体部分，而转包工程的总承包人不参与施工。

4-84　转包或违法分包将受到什么处罚？

答：根据《中华人民共和国建筑法》，转包或违反该法分包的，将责令改正，没收违法所得，并处罚款，可责令停业整顿，降低资质等级；情节严重的，吊销资质证书。

根据《招标投标法》，将中标项目转让或肢解后分别转让给他人的，将中标项目的部分主体、关键性工作分包给他人的，或分包人再次分包的，转让、分包无效，处转让、分包项目金额0.5%~1%的罚款；有违法所得的，并处没收违法所得；可责令停业整顿；情节严重的，吊销营业执照。

根据《建设工程质量管理条例》，承包单位进行转包或违法分包的，责令改正，没收违法所得，对勘察单位、设计单位、监理单位处合同价款25%~50%的罚款，对施工单位处合同价款0.5%~1%的罚款。

根据《房屋建筑和市政基础设施工程施工分包管理办法》，对转包、违法分包或允许他人以本企业名义承揽工程的，按照《建筑法》《招标投标法》和《建设工程质

量管理条例》的规定予以处罚；对于接受转包、违法分包和用他人名义承揽工程的，处1万~3万元的罚款。

第六节　全过程工程咨询

4-85　什么是工程咨询？

答：工程咨询是指遵循独立、公正、科学的原则，运用多学科知识和经验、现代科学技术和管理方法，为政府部门、项目业主及其他各类客户提供社会经济建设和工程项目决策与实施的智力服务，以提高经济和社会效益，实现可持续发展。

4-86　什么是全过程工程咨询？

答：全过程工程咨询是受客户委托，在规定时间内，充分利用准确、适用的信息，集中专家的群体智慧和经验，运用现代科学理论及工程技术、工程管理等方面的专业知识，对工程建设项目前期研究、决策以及工程项目实施和运行的全生命周期提供包含设计、规划在内的涉及组织、管理、经济和技术等各有关方面的工程咨询服务。

4-87　全过程工程咨询有哪些特点？

答：全过程工程咨询有以下特点：
（1）全过程。贯穿项目全生命周期，持续提供工程咨询服务。
（2）集成化。整合投资咨询、勘察、设计、招标代理、造价、监理、项目管理等业务资源，充分发挥各自专业能力，实现项目组织、管理、技术、经济等全方位一体化。
（3）多方案。采用多种组织模式，为项目提供局部或整体多种解决方案。

4-88　全过程工程咨询业务范围有哪些？

答：全过程工程咨询范围包括：
（1）项目策划。
（2）工程设计。
（3）招标代理。
（4）造价咨询。
（5）工程监理。
（6）项目管理。
（7）其他工程咨询服务。如规划咨询、工程勘察等涉及组织、管理、经济和技术等有关方面的工程咨询服务。

4-89 全过程工程咨询服务包括哪些主体?

答：我国现阶段全过程工程咨询服务是指采用多种组织方式，为项目决策、实施和运营持续提供局部或整体解决方案。无论何种方式，提供全过程工程咨询服务的机构均为企业单位，且受委托人委托，在委托人授权范围内对建设项目实行全过程专业化管理咨询服务。咨询服务机构应具备适应委托工作的设计、监理、造价咨询、招标代理等资质中的一项或多项。未要求有资质的可以不受此约束，否则可将相应内容分包给具有资质的服务企业或与之联合。

全过程工程咨询服务机构的专业人员也应具备相应的职业资格。

4-90 全过程工程咨询服务管理制度有何内容?

答：全过程工程咨询服务管理制度应包括以下内容：
（1）规定工作内容、范围和工作程序、方式的规章制度。
（2）规定工作职责、职权和利益的界定及其关系的责任制度。

全过程工程咨询服务机构应根据所咨询管理范围确定管理制度，在服务管理各个过程规定相关管理要求，并形成文件。

4-91 全过程工程咨询服务有哪些组织模式?

答：全过程工程咨询服务有以下组织模式：
（1）采用一体化全过程工程咨询提供商，以某一家企业作为集成化服务提供商。
（2）采用联合体形式，多家工程咨询机构基于项目签订联营合同，以一家作为牵头企业。
（3）采用局部解决方案，由业主或业主委托的一家咨询单位负责总体协调，由多家咨询单位分别承担各自的咨询服务。

4-92 建设单位选择全过程工程咨询服务组织模式时，应考虑哪些因素?

答：建设单位选择全过程工程咨询服务组织模式时，应考虑以下因素：
（1）项目资金来源。
（2）业主自身的管理能力。
（3）项目类型及复杂程度。
（4）工程咨询市场中全过程工程咨询企业的能力等。

4-93 全过程工程咨询服务机构主要管理人员有何职责?

答：全过程工程咨询服务机构主要管理人员有以下职责：

（1）全过程工程咨询项目总负责人（即项目总咨询师）负责全过程工程咨询服务项目所有事务，对全过程工程咨询服务团队建设和管理负责，组织制定明确的团队目标、合理高效的运行程序和完善的工作制度，定期评价团队运作绩效。同时应负责与业主及相关部门协调工作。

（2）全过程工程咨询专业负责人（专业咨询师）在全过程工程咨询总咨询师的带领下组织工作，根据需要建立工作团队负责相应专业团队相关服务工作。

4-94　全过程工程咨询管理机构是何种架构?

答：全过程工程咨询管理机构组织架构，如图4-3所示。

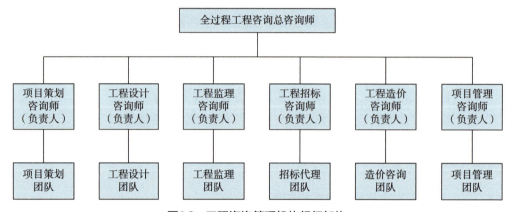

图4-3　工程咨询管理机构组织架构

说明：图4-3仅为全过程工程咨询管理机构组织架构示例，适用于采用一体化全过程工程咨询提供商的服务组织模式。其他组织模式的咨询管理机构的架构应做相应修改与调整。

第七节　工程合同管理

4-95　工程合同有哪些种类?

答：根据合同的任务目标不同，工程合同可以分为以下几类：

（1）建设工程合同：主要包括建设工程勘察合同、建设工程设计合同、建设工程施工合同。

（2）委托合同：建设工程监理合同、工程咨询合同等属于此类合同。

（3）买卖合同：如物资采购合同。

（4）其他合同：如承包人与其他单位签订的劳务合同、租赁合同等。

4-96 《建设工程施工合同（示范文本）》（GF-2017-0201）主要内容有哪些？

答：《建设工程施工合同（示范文本）》（GF-2017-0201）由合同协议书、通用合同条款和专用合同条款三部分组成。其主要内容如下：

（1）合同协议书共计13条，主要包括工程概况、合同工期、质量标准、签约合同价和合同价格形式、项目经理、合同文件构成、承诺以及合同生效条件等重要内容。

（2）通用合同条款共计20条，具体条款分别为一般约定、发包人、承包人、监理人、工程质量、安全文明施工与环境保护、工期和进度、材料与设备、试验与检验、变更、价格调整、合同价格、计量与支付、验收和工程试车、竣工结算、缺陷责任与保修、违约、不可抗力、保险、索赔和争议解决。

（3）专用合同条款是对通用合同条款原则性约定的细化、完善、补充、修改或另行约定的条款。合同当事人可以根据不同建设工程的特点及具体情况，通过双方的谈判、协商对相应的专用合同条款进行修改补充。

4-97 建设工程合同类型有哪几种？

答：建设工程合同类型从价格形式上分为单价合同、总价合同、其他合同。

（1）单价合同：根据计划工程内容和估算工程量，在合同中明确每项工程内容的单位价格，实际支付时按实际工程量和合同单价计算的合同。根据合同是否约定特定影响价格因素产生时合同单价的调整条件，又分为固定单价合同、变动单价合同。

（2）总价合同：根据合同规定的工程施工内容和有关条件，业主应付给承包商的款项是一个规定的金额，即明确的总价。同样根据合同是否约定特定影响价格因素产生时合同总价的调整条件，又分为固定总价合同、变动总价合同。

（3）其他合同：主要是指成本加酬金合同，是由业主向承包方支付工程项目实际成本，并按事先约定的某种方式支付酬金的合同。

4-98 施工项目的发包人有哪些义务？

答：遵守相关法律法规和规章，并保证承包人免于承担因发包人违法而引起的任何责任；按合同发出开工通知，提供施工场地及施工场地内地下管线和地下设施等的有关资料，并保证资料的真实、准确与完整；协助承包人办理所需的有关施工证件和批件；组织设计单位向承包人进行设计交底；按合同及时支付合同价款；按合同及时组织竣工验收；合同规定的其他义务。

4-99 施工项目的承包人有哪些义务？

答：遵守相关法律法规和规章，并保证发包人免于承担因承包人违反法律而引起的任何责任；依法纳税；完成各项承包工作；对施工作业和施工方法的完备性与安全可靠性负责；保证工程施工和人员安全；负责施工场地及其周边环境与生态的保护；避免施工对他人利益造成损害；按监理人的指示为他人在施工场地或附近实施与工程有关的其他各项工作提供可能的条件；竣工移交前的维护和照管工程；合同规定的其他义务。

4-100　对承包人提供的材料、设备，如何进行有效的监管？

答：承包人应按合同约定将各项材料和工程设备的供货人及品种、规格、数量和供货时间等报送监理人审批，并向监理人提交其负责提供的材料和工程设备的质量证明文件；承包人应会同监理人进行检验和交货验收，查验材料合格证明和产品合格证书，并按合同约定和监理人指示进行材料的抽样检验和工程设备的检验测试，检验和测试结果应提交监理人，所需费用由承包人承担；材料与设备专用于合同工程，未经监理人同意，承包人不得运出施工场地或挪作他用。

4-101　对发包人提供的材料、设备，双方应如何协调？

答：承包人应按合同进度计划向监理人报送要求发包人交货的日期计划，发包人应按照监理人与合同双方当事人商定的交货日期向承包人提交材料和工程设备；发包人应在到货7日前通知承包人，承包人应会同监理人在约定时间赴交货地点共同验收；若无特殊约定，验收后由承包人负责接收、运输和保管；发包人要求向承包人提前交货的，承包人不得拒绝，但发包人应承担承包人由此增加的费用；承包人要求更改交货日期和地点的，应预先报请监理人批准。由于承包人要求更改交货时间或地点所增加的费用和（或）工期延误由承包人承担。

4-102　对入场的材料、设备的管理有什么基本要求？

答：运入施工场地的材料、工程设备，包括备品备件、安装专用工器具与随机资料，必须专用于合同工程，未经监理人同意，承包人不得运出施工场地或挪作他用；随同工程设备运入施工场地的备品备件、专用工器具与随即资料，应由承包人会同监理人按供货人的装箱单清点后共同封存，未经监理人同意不得启用。承包人因合同工作需要使用上述物品时，应向监理人提出申请。

4-103　如果发包人提供的基准资料有误，应由谁承担责任？

答：若因基准资料错误导致承包人测量放线工作返工或造成工程损失，发包人应承担由此增加的费用和（或）工期延误，并向承包人支付合理利润。

4-104　如无特别约定，应提前多少日向承包人发出开工通知？

答：由监理人在开工日期7日前向承包人发出开工通知。

4-105　由于发包人导致的工期延误，承包人应如何处理？

答：承包人有权要求发包人延长工期和（或）增加费用，并支付合理利润。

4-106　由于承包人导致的工期延误，应如何处理？

答：承包人应支付逾期竣工违约金。支付逾期竣工违约金并不免除承包人完成工程及修补缺陷的义务。

4-107　由于发包人导致暂停施工，承包人应如何处理？

答：承包人有权要求延长工期和（或）增加费用，并支付合理利润。

4-108　由于承包人导致暂停施工，发包人应如何处理？

答：暂停施工增加的费用和（或）工期延误由承包人承担。

4-109　对工程隐蔽部位覆盖前的检查有什么要求？

答：经承包人自检确认具备覆盖条件后，承包人应通知监理人在约定的期限内检查，该通知应附有自检记录和必要的检查资料。若经监理人检查确认质量符合隐蔽要求，并在检查记录上签字后，承包人才能进行覆盖；若检查确认质量不合格，承包人应在监理人指示的时间内修整返工后，由监理人重新检查。

4-110　若存在不文明施工，应如何处理？

答：应要求施工单位整改，施工单位应对其不文明施工所导致的后果承担责任。

4-111　若施工存在安全隐患，应如何处理？

答：监理单位发现存在安全事故隐患的，应要求施工单位整改；情况严重的，应要求施工单位暂停施工，并及时报告建设单位。施工单位拒不整改或不停止施工的，监理单位应及时向有关主管部门报告。

4-112　什么是合同变更？变更程序包括哪些内容？

答：合同变更一般是指取消合同中任意一项工作，但被取消的工作不能转由发包人或其他人实施；改变合同中任何一项工作的质量或其他特性；改变合同工程的基线、标高、位置或尺寸。改变合同中任何一项工作的施工时间或改变已批准的施工工艺或顺序；为完成工程需追加的额外工作。

变更程序如下：

（1）发包人需要变更，监理人向承包人发出变更意向书，变更意向书（附必要的图纸、资料）应说明变更的具体内容和发包人对变更的时间要求，应要求承包人提交包括拟实施变更工作的计划、措施和竣工时间等内容的实施方案；若发包人同意承包人的变更实施方案，则由监理人发出变更指示；若承包人认为难以实施此项变更，则应立即通知监理人，说明原因并附详细依据，监理人与承包人和发包人协商后确定撤销、改变或维持原变更意向书。或者，承包人认为需要变更，可向监理人提出书面变更建议，变更建议应阐明变更依据，并附必要的图纸和说明。监理人收到承包人的书面建议后，应与发包人共同研究，确认需要变更的，应在收到承包人书面建议后的14日（合同另有约定除外，下同）内作出变更指示；经研究后不同意变更的，应由监理人书面答复承包人。

（2）承包人应在收到变更指示或变更意向书后的14日内，向监理人提交变更报价书，并附必要的施工方法说明和有关图纸；变更工作影响工期的，承包人应提出调整工期的具体细节；监理人应在收到承包人变更报价书后的14日内商定或确定变更价格。

4-113　物价上涨时，价格应如何调整？

答：依据合同规定，不得调整（如固定总价合同）、进行相应调整或须达到一定涨幅才能调整。价格调整公式（合同另有约定除外）为

$$\Delta P = P_0 \left[A + \left(B_1 \times \frac{F_{t1}}{F_{01}} + B_2 \times \frac{F_{t2}}{F_{02}} + \cdots + B_i \times \frac{F_{ti}}{F_{0i}} \right) - 1 \right]$$

其中，ΔP是需调整的价格差额；P_0是按约定的付款证书中承包人应得的已完成工程量的金额；A和B_i分别是不可调部分的权重和可调部分的权重；F_{ti}和F_{0i}分别是各可调因子的现行价格指数和基本价格指数，$i=1,\cdots,n$。

4-114　如何确定计量周期？

答：除专用合同条款另有约定外，单价子目已完成的工程量按月计量，总价子目的计量周期按批准的支付分解报告确定。

4-115　如何处理质量保证金？

答：监理人应从第一个付款周期开始，在发包人的进度付款中按合同约定扣留质量保证金，直至扣留总额达到合同约定的金额或比例时为止。缺陷责任期满时，承包人向发包人申请到期应返还剩余的质量保证金金额，发包人应在14日内会同承包人按合同约定内容核实承包人是否完成缺陷责任，如无异议，发包人应在核实后将剩余保证金返还承包人；如未完成缺陷责任，发包人有权扣留与未履行责任的剩余工作所需金额相应的质量保证金余额，并有权根据合同要求延长缺陷责任期，直至完成剩余工

作为止。

4-116 什么条件下承包人可以提交竣工验收申请报告？

答：除监理人同意列入缺陷责任期内完成的尾工（甩项）工程和缺陷修补工作外，合同范围内的全部单位工程及有关工作，包括合同要求的试验、试运行及检验和验收均已完成，并符合合同要求；已按合同约定的内容和份数备齐了符合要求的竣工资料；已按监理人的要求编制了在缺陷责任期内完成的尾工（甩项）工程和缺陷修补工作的清单及相应施工计划；监理人要求在竣工验收前应完成的其他工作已完成；备齐监理人要求提交的竣工验收资料清单。

4-117 如何界定缺陷责任的起算日期？

答：一般自实际竣工日期起计算；在全部工程竣工验收前，若经发包人提前验收的单位工程，其缺陷责任期的起算日期相应提前。缺陷责任期满时，经核实无异议，发包人向承包人返还质量保证金。

4-118 如何界定保修责任的起算日期？

答：一般自实际竣工日期起计算；在全部工程竣工验收前，若经发包人提前验收的单位工程，其保修责任期的起算日期相应提前。

4-119 承包人违约应如何处理？发包人如何进行索赔？

答：承包人无法继续履行或明确表示不履行或实质上已停止履行合同，则发包人可书面通知承包人立即解除合同，并按有关法律处理。属于其他违约情形时，监理人可向承包人发出整改通知，要求其限期整改；承包人应承担其违约所引起的费用增加和（或）工期延误。

进行索赔时，监理人应及时书面通知承包人索赔金额和（或）延长缺陷责任期的细节和依据，延长缺陷责任期的通知应在缺陷责任期届满前发出。索赔金额可从合同价款中扣除，或以其他方式支付给发包人。

4-120 发包人违约应如何处理？承包人如何进行索赔？

答：若发包人无法继续履行或明确表示不履行或实质上已停止履行合同，则承包人可书面通知发包人解除合同。若属于其他违约情形，则承包人可通知发包人采取有效措施纠正违约行为；发包人收到承包人通知后的28日（合同另有约定除外，下同）内仍不履行合同义务的，承包人有权暂停施工，并通知监理人，发包人应承担由此增加的费用和（或）工期延误，并支付承包人合理利润；暂停施工28日后，发包人仍不纠正违约行为的，承包人可向发包人发出解除合同通知。

承包人应在知道或应知道索赔事件发生后28日内，向监理人递交索赔意向通知书，说明索赔事由；承包人应在发出索赔意向通知书后28日内，向监理人正式递交索赔通知书，说明索赔理由及要追加的付款金额和（或）延长的工期，并附必要的记录和证明材料；若索赔事件具有连续影响，承包人应按合理时间间隔继续递交延续索赔通知，说明连续影响的实际情况和记录，列出累积的追加付款金额和（或）工期延长天数，在索赔事件影响结束后的28日内，承包人应向监理人递交最终索赔通知书，说明最终要求索赔的追加付款金额和延长的工期，并附必要的记录和证明材料。监理人收到承包人的索赔通知书后，应及时审查索赔通知书的内容并查验承包人的记录和证明材料；监理人应在收到上述索赔通知书或有关索赔的进一步证明材料后的42日内，将索赔处理结果答复承包人；承包人接受索赔处理结果的，发包人应在作出索赔处理结果答复后28日内完成赔付。若承包人不接受索赔处理结果，可友好协商解决或提请争议评审组进行评审，也可申请仲裁或诉讼。

第八节　工程项目管理

4-121　什么是工程项目管理？

答：工程项目管理是指从事工程项目管理的企业受项目业主委托，对工程全过程或分阶段进行专业化管理和服务。

4-122　工程项目管理有哪些内容？

答：协助业主方进行项目前期策划，以及可行性分析与投资估算；协助业主方办理土地征用、规划许可等；协助业主方提出任务设计书，组织工程勘察设计招标，组织工程设计方案评审、进行工程设计优化并进行投资控制，协助签订勘察设计合同并监督实施；协助业主方组织工程监理、施工与设备材料采购招标；协助业主方与工程项目总承包单位或施工单位及建筑材料，设备，构、配件供应等企业签订合同后监督实施；协助业主方提出工程实施用款计划，进行工程结算和竣工决算，处理工程索赔，组织竣工验收，向业主方移交竣工档案资料；生产试运行及工程保修期管理，组织项目后评估。

4-123　工程项目管理有哪些特点？

答：工程项目管理具有以下特点：

（1）工程项目管理具有复杂性。工程项目建设时间跨度长、涉及面广、过程复杂。内外部各环节链接运转难度大。项目管理需要各方面人员组成协调的团队，要求全体人员能够综合运用包括专业技术、经济、法律等多种学科知识，步调一致地进行工作，随时解决工程项目建设过程中发生的问题。

（2）工程项目管理具有创造性。工程项目具有一次性的特点，没有完全相同的两个工程项目。即使是十分相似的项目，在时间、地点、材料、设备、人员、自然条件以及其他外部环境等方面，也都存在不同或差异。项目管理者在项目决策和实施过程中，必须从实际出发，结合项目的具体情况，因地制宜地处理和解决工程项目实际问题。

（3）工程项目管理具有专业性。工程项目管理需对资金、人员、材料、设备等多种资源，进行优化配置和合理使用，专业技术性强，需要专门机构、专业人员进行专业化管理。

4-124　工程项目管理有哪些职能？

答：工程项目管理的主要职能有立项决策、设计管理、采购管理、文档管理、后评价阶段管理等。这些均是围绕着设计、采购、施工、安装调试等环节进行的，当所处角度发生变化的，则对应的工程管理职能在重点上也会发生变化。

（1）立项决策：协助开展项目建议书的编制，以及项目立项审批。

（2）设计管理：协助进行勘察设计单位的选择及合同的签订，以及设计变更的管理控制。

（3）采购管理：对整个项目的合同体系，进行合理性的策划与管理，制定符合实际需求的采购计划。

（4）文档管理：但凡是在项目中往来的文件，都需要做好收集保存工作，并在项目竣工后，将其中的技术资料、施工图等文件完好地移交给业主。

4-125　工程项目进度控制是什么？有哪些控制措施？

答：工程项目进度控制是指对工程项目各建设阶段的工作内容、工作程序、持续时间和逻辑关系编制计划，并在该计划付诸实施的过程中，经常检查实际进度是否按计划要求进行。对出现的偏差要分析原因，采取补救措施，或者调整、修改原计划，直至工程竣工、交付使用。

工程项目进度控制有以下措施：组织措施、技术措施、合同措施、经济措施和管理措施等。

4-126　工程项目质量控制是什么？有哪些控制措施？

答：工程项目质量控制是指在明确质量方针指导下，通过对施工方案和资源配置的计划、实施、检查和处置，进行施工质量目标的事前控制、事中控制和事后控制的系统过程。

工程项目质量控制有以下措施：一是提高管理者和施工人员自身素质。二是加强原材料质量管理，采购材料要广开门路，掌握材料信息，综合比较，择优进货。三是提高施工质量管理水平。四是建立完善的质量管理体系。五是确保施工工序的质量。

4-127　工程项目投资控制是什么？有哪些控制措施？

答：工程项目投资控制是指在批准的预算条件下，确保项目保质按期完成，也就是在项目投资形成过程中，对项目所消耗的人力资源、物质资源和费用开支，进行指导、监督、调节和限制，及时纠正将发生的偏差，把各项费用控制在计划投资的范围之内，保证投资目标的实现。

工程项目投资控制措施有：一是编制合理可行的施工组织设计方案。二是做好工程预算。三是健全设计变更审批制度，严格控制工程变更。四是完备隐蔽工程现场签证手续，控制施工中期计量。五是严把材料关。六是合理处理工程索赔。七是做好工程竣工结算。

4-128　工程项目风险管理是什么？风险管理有哪些措施？

答：工程项目风险管理是指通过风险识别、风险分析、风险评价去认识工程项目风险，并以此为基础合理地使用各种风险应对措施、管理方法、技术和手段，对项目的风险实行有效的控制，妥善处理风险事件造成的不利后果，以最少的成本保证项目总体目标实现的管理工作。

风险管理的主要措施有：风险规避，即采取恰当的措施避免质量风险的发生；风险减轻，即针对无法规避的质量风险，制定有效的应对方案，尽量把风险发生的概率和损失降到最低程度，从而降低风险量和风险等级；风险自留，即风险承担；风险转移，即依法采用正确的方法把质量风险转移给其他方承担。

4-129　什么是BIM技术？

答：BIM技术是一种数据化管理工具，主要用于工程设计、工程建造以及工程管理。这种技术主要起到共享和传递作用，将数据建设过程当中所产生的数据、信息等进行共享和传递，使得参与工程建设的人员能够准确地了解建筑信息，并及时作出应对。

4-130　BIM有哪些特征？

答：BIM的特征如下：
（1）模型中包含的信息涉及整个项目生命周期。
（2）为项目协同建设提供支持。
（3）其中涉及的信息是可计算的，强调信息的完全数字化。

（4）由参数定义的、互动的建筑物构件构成，且构件中包含了丰富的信息。

（5）建筑信息模型中信息的表现可以通过图形化及非图形化的方式实现。

4-131　BIM技术在项目管理中有哪些应用？

答：（1）在项目进度管理中应用。运用BIM技术，有效地提升管理水平与效率。首先业主依照自身建设的实际需要来搜寻与工程相关的信息资料，再委托相应的设计单位建设各个专业的三维模型，并实施全方位的配合；其次，依据所建立的三维模型，对项目工程量实施准确的计算；再次，依据企业定额和项目施工进度的实际要求将细致的项目进度表和工程完工时间制定出来；最后，将三维模型和进度表之间进行有效的衔接，将四维模型——构建出来，进而针对施工场地布置的可视化，对各项机械设备与施工进度进行动态化的管理。

（2）在项目质量管理中的应用。运用BIM技术可以优化项目质量的目标，首先逐步将工程流程质量标准和技术规范建立起来；其次依据所建立的质量标准以及相应的技术规范来进一步构建BIM；再次运用BIM技术输出各类建筑构件的规格和数量，并针对建筑构件将需要的材料规格以及品种进行归纳和汇总；最后，项目管理人员运用BIM可以全方位监控建筑的质量以及施工技术的质量，针对其中存在的偏差，及时运用行之有效的措施予以解决，最大限度保障工程质量可以达到预期标准。

（3）在项目投资管理中的应用。在BIM技术支持下，绘制出工程项目的二维平面图，然后将其进一步转化为3D图像，并对总工程量予以计算，然后在限额设计和价值工程支持下，对建筑模型进行优化和改进。工程项目管理人员对BIM模型进行数据信息的调节和检测，对项目规划、工程实施、竣工验收阶段的工程投资内容以及变更信息等进行实时、动态监测。

第五章 工程建设项目招标投标

第一节 工程招标

5-1 中华人民共和国境内，哪些工程建设项目必须进行招标？

答：中华人民共和国境内，下列工程建设项目包括项目的勘察、设计、施工、监理以及与工程建设有关的重要设备、材料等的采购，必须进行招标：

（1）大型基础设施、公用事业等关系社会公共利益、公众安全的项目。

（2）全部或者部分使用国有资金投资或者国家融资的项目。

（3）使用国际组织或者外国政府贷款、援助资金的项目。

法律或者国务院对必须进行招标的其他项目的范围有规定的，依照其规定。

5-2 什么是招标投标活动中的工程建设项目？

答：招标投标活动中的工程建设项目，是指工程以及与工程建设有关的货物、服务。工程是指建设工程，包括建筑物和构筑物的新建、改建、扩建及其相关的装修、拆除、修缮等；工程建设有关的货物是指构成工程不可分割的组成部分，且为实现工程基本功能所必需的设备、材料等；工程建设有关的服务是指为完成工程所需的勘察、设计、监理等服务。

5-3 必须进行招标项目的范围有哪些？

答：（1）全部或者部分使用国有资金投资或者国家融资的项目，包括：①使用预算资金200万元人民币以上，并且该资金占投资额10%以上的项目；②使用国有企业事业单位资金，并且该资金占控股或者主导地位的项目。

（2）使用国际组织或者外国政府贷款、援助资金的项目，包括：①使用世界银行、亚洲开发银行等国际组织贷款、援助资金的项目；②使用外国政府及其机构贷款、援助资金的项目。

（3）不属于上述（1）和（2）规定情形的大型基础设施、公用事业等关系社会公共利益、公众安全的项目，必须招标的具体范围包括：①煤炭、石油、天然气、电力、新能源等能源基础设施项目；②铁路、公路、管道、水运，以及公共航空和A1级通用机场等交通运输基础设施项目；③电信枢纽、通信信息网络等通信基础设施项目；④防洪、灌溉、排涝、引（供）水等水利基础设施项目；⑤城市轨道交通等城建项目。

5-4 单位集资房、厂房是否属于强制招标范围？

答：如果集资房、厂房的资金均来源于单位职工，则不属于强制招标的范围内。

[案例5-1] 某个单位宿舍楼拆迁职工集资建房，有关部门补助近200万元。住户在是否招标的问题上产生了分歧，有的认为为保证房屋质量，项目涉及公众安全，应当招标，而有的认为招标活动中违法违规现象出现较多，招标不能达到预期的效果。在本案例中，集资房不属于关系公共利益的项目，且有关部门的补助并没有改变职工对资产的所有权或控制权，因此不属于强制招标的范围。

5-5 必须招标项目的具体范围和规模标准是什么？

答：项目的勘察、设计、施工、监理以及与工程建设有关的重要设备、材料等的采购，如达到下列标准之一的，必须进行招标：
（1）施工单项合同估算价在400万元人民币以上的。
（2）重要设备、材料等货物的采购，单项合同估算价在200万元人民币以上的。
（3）勘察、设计、监理等服务的采购，单项合同估算价在100万元人民币以上的。

5-6 工程总承包（即EPC，包括勘察设计、施工和采购）应属于哪一类，其限额怎么确定？

答：《关于进一步做好〈必须招标的工程项目规定〉和〈必须招标的基础设施和公用事业项目范围规定〉实施工作的通知》（发改办法规〔2020〕770号）规定，对于《必须招标的工程项目规定》（国家发展改革委2018年第16号令，以下简称"16号令"）第二条至第四条规定范围内的项目，发包人依法对工程以及与工程建设有关的货物、服务全部或者部分实行总承包发包的，总承包中施工、货物、服务等各部分的估算价中，只要有一项达到16号令第五条规定相应标准，即施工部分估算价达到400万元以上，或者货物部分达到200万元以上，或者服务部分达到100万元以上，则应当招标。

[案例5-2] 总投资1500万元房建施工项目，其中预算金额为200万元。该项目预算资金达到200万元，并且预算资金也占总投资的10%以上，满足必须招标的范围。然后，总投资1000万元，满足必须招标的规模标准中"400万元以上"的条件，所以该项目既满足必须招标的范围，也满足必须招标的规模标准，属于依法必须招标的项目。

[案例5-3] 某民营企业投资的新能源设施施工项目，总投资350万元。民营企业投

资,虽然不是国有资金也不是外国资金,但由于新能源设施项目属于必须招标的范围中"大型基础设施、公用事业等关系社会公共利益、公众安全的项目",所以满足必须招标的范围。但是总投资350万元,不满足必须招标的规模标准中"400万元以上"的标准,所以这个项目依然不是依法必须招标的项目。

5-7 《必须招标的工程项目规定》(国家发展改革委2018年第16号令)中提到的"勘察、设计、监理等服务的采购,单项合同估算价在100万元人民币以上的,必须招标。"此处的"单项合同估算价"如何理解?

答:《必须招标的工程项目规定》(国家发展改革委2018年第16号令)中的"合同估算价",是指采购人根据初步设计概算、有关计价规定和市场价格水平等因素合理估算的项目合同金额。没有计价规定情况下,采购人可以根据初步设计概算的工程量,按照市场价格水平合理估算项目合同金额。

5-8 如何理解国有资金占控股或者主导地位?

答:参照《公司法》第二百一十六条关于控股股东和实际控制人的理解执行,即"其出资额占有限责任公司资本总额百分之五十以上或者其持有的股份占股份有限公司股本总额百分之五十以上的股东;出资额或者持有股份的比例虽然不足百分之五十,但依其出资额或者持有的股份所享有的表决权已足以对股东会、股东大会的决议产生重大影响的股东"。

5-9 建设工程中的施工图审查、造价咨询、第三方检测等服务业主单位是否可以选择不招标?

答:《关于进一步做好〈必须招标的工程项目规定〉和〈必须招标的基础设施和公用事业项目范围规定〉实施工作的通知》(发改办法规〔2020〕770号)规定,没有法律、行政法规或国务院规定依据的,对16号令第五条第一款第(三)项中没有明确列举规定的服务事项,不得强制要求招标。施工图审查、造价咨询、第三方检测服务不在列举规定之列,不属于必须招标的项目,但涉及政府采购的,按照政府采购法律法规规定执行。

5-10 招标投标活动应当遵循什么原则?

答:招标投标活动应当遵循公开、公平、公正和诚实信用的原则。

5-11 依法必须进行招标的项目,其招标范围、招标方式、招标组织形式由谁审批?

答:依法必须进行招标的项目,其招标范围、招标方式、招标组织形式应当报项目审批、核准部门审批、核准。项目审批、核准部门应当及时将审批、核准确定的招标范围、招标方式、招标组织形式通报有关行政监督部门。

5-12　什么是招标人？

答：招标人是依照《招标投标法》规定提出招标项目，进行招标的法人或者其他组织。

5-13　什么是招标代理机构？

答：招标代理机构是依法设立、从事招标代理业务并提供相关服务的社会中介组织。

5-14　招标代理机构应具备哪些条件？

答：招标代理机构应当具备：
（1）有从事招标代理业务的营业场所和相应资金。
（2）有能够编制招标文件和组织评标的相应专业力量。

5-15　招标人自行办理招标的条件是什么？

答：招标人具有编制招标文件和组织评标能力的，可以自行办理招标事宜。任何单位和个人不得强制其委托招标代理机构办理招标事宜。依法必须进行招标的项目，招标人自行办理招标事宜的，应当向有关行政监督部门备案。

5-16　招标人如何选择招标代理机构？

答：招标人有权自行选择招标代理机构，委托其办理招标事宜。任何单位和个人不得以任何方式为招标人指定招标代理机构。

5-17　招标代理服务费应该由谁来支付？支付标准依据哪条规定？

答：目前国家层面对招标代理服务费的支付主体未作强制性规定。招标代理服务费应由招标人、招标代理机构与投标人按照约定方式执行。

5-18　项目招标应具备哪些条件？

答：招标项目按照国家有关规定需要履行项目审批手续的，应当先履行审批手续，取得批准。招标人应当有进行招标项目的相应资金或者资金来源已经落实，并应当在招标文件中如实载明。

5-19　关于招标所需的设计图纸及技术资料是指初步设计图纸还是施工图设计图纸？

答：《建设工程勘察设计管理条例》第二十六条规定，编制初步设计文件，应当满足编制施工招标文件、主要设备材料订货和编制施工图设计文件的需要。编制施工图设计文件，应当满足设备材料采购、非标准设备制作和施工的需要，并注明建设工程合理使用年限。《工程建设项目施工招标投标办法》（七部委令第30号）对"设计图纸"的设计深度未作具体规定，招标人可根据项目所属行业的有关规定以及项目实际需要采用初步设计图纸或施工图设计文件进行招标。

5-20 工程建设项目招标方式有哪些？

答：工程建设项目招标分为公开招标和邀请招标。

公开招标是指招标人以招标公告的方式邀请不特定的法人或者其他组织投标。

邀请招标是指招标人以投标邀请书的方式邀请特定的法人或者其他组织投标。

5-21 工程建设项目招标人组织招标的形式有哪些？

答：招标人有权自行选择招标代理机构，委托其办理招标事宜。招标人具有编制招标文件和组织评标能力的，可以自行办理招标事宜。

5-22 工程建设项目招标人自行组织招标的条件有哪些？

答：招标人自行办理招标事宜，应当具有编制招标文件和组织评标的能力，具体包括：

（1）具有项目法人资格（或者法人资格）。

（2）具有与招标项目规模和复杂程度相适应的工程技术、概预算、财务和工程管理等方面专业技术力量。

（3）有从事同类工程建设项目招标的经验。

（4）设有专门的招标机构或者拥有3名以上专职招标业务人员。

（5）熟悉和掌握《招标投标法》及有关法规规章。

5-23 哪些工程建设项目必须公开招标？

答：国有资金占控股或者主导地位的依法必须进行招标的项目，应当公开招标。

5-24 哪些工程建设项目可以邀请招标？

答：（1）项目技术复杂、有特殊要求或者受自然环境限制，只有少量潜在投标人可供选择。

（2）需要审批的项目由项目审批、核准部门在审批、核准项目时作出认定或其他项目由招标人申请有关行政监督部门作出认定，采用公开招标方式的费用占项目合同金额的比例过大。

（3）国务院发展改革部门确定的国家重点项目和省、自治区、直辖市人民政府确定的地方重点项目不适宜公开招标的，经国务院发展计划部门或者省、自治区、直辖市人民政府批准，可以进行邀请招标。

5-25 哪些工程建设项目可以不招标？

答：（1）涉及国家安全、国家秘密、抢险救灾或者属于利用扶贫资金实行以工代赈、需要使用农民工等特殊情况，不适宜进行招标的项目。

（2）需要采用不可替代的专利或者专有技术。

（3）采购人依法能够自行建设、生产或者提供。

（4）已通过招标方式选定的特许经营项目投资人依法能够自行建设、生产或者提供。

（5）需要向原中标人采购工程、货物或者服务，否则将影响施工或者功能配套要求。

（6）国家规定的其他特殊情形。

[案例5-4] 某地为防止出现洪水险情而实施河堤加固，业主以项目涉及抢险救灾为由，要求不进行招标。事实上，防灾有别于救灾，防灾项目应当招标。

5-26 什么是两阶段招标？

答：对技术复杂或者无法精确拟定技术规格的项目，招标人可以分两阶段进行招标。

第一阶段，投标人按照招标公告或者投标邀请书的要求提交不带报价的技术建议，招标人根据投标人提交的技术建议确定技术标准和要求，编制招标文件。

第二阶段，招标人向在第一阶段提交技术建议的投标人提供招标文件，投标人按照招标文件的要求提交包括最终技术方案和投标报价的投标文件。

5-27 什么是招标公告和公示信息？

答：招标公告和公示信息是指招标项目的资格预审公告、招标公告、中标候选人公示、中标结果公示等信息。

5-28 招标项目的招标公告和公示信息在什么地方发布？

答：依法必须招标项目的招标公告和公示信息应当在"中国招标投标公共服务平台"或者项目所在地省级电子招标投标公共服务平台发布。

5-29 拟发布的招标公告和公示信息有何要求？

答：拟发布的招标公告和公示信息文本应当由招标人或其招标代理机构盖章，并由主要负责人或其授权的项目负责人签名。采用数据电文形式的，应当按规定进行电子签名。招标人或其招标代理机构发布招标公告和公示信息，应当遵守招标投标法律法规关于时限的规定。

5-30 依法必须招标项目的资格预审公告和招标公告应当载明哪些内容？

答：（1）招标项目名称、内容、范围、规模、资金来源。
（2）投标资格能力要求，以及是否接受联合体投标。
（3）获取资格预审文件或招标文件的时间、方式。
（4）递交资格预审文件或投标文件的截止时间、方式。
（5）招标人及其招标代理机构的名称、地址、联系人及联系方式。
（6）采用电子招标投标方式的，潜在投标人访问电子招标投标交易平台的网址和方法。
（7）其他依法应当载明的内容。

5-31 投标邀请书应载明的内容有哪些？

答：投标邀请书应当载明招标人的名称和地址、招标项目的性质、数量、实施地点和时间以及获取招标文件的办法等事项。

5-32 招标文件应当包括哪些内容？

答：招标文件应当包括招标项目的技术要求、对投标人资格审查的标准、投标报价要求和评标标准等所有实质性要求和条件以及拟签订合同的主要条款；招标项目的技术标准和有关规定的相应要求；需要划分标段、确定工期的，应当合理划分标段、确定工期，并在招标文件中载明。

5-33 招标人能对已发出的招标文件进行必要的澄清或者修改吗？

答：招标人可以对已发出的资格预审文件或者招标文件进行必要的澄清或者修改。澄清或者修改的内容可能影响资格预审申请文件或者投标文件编制的，招标人应当在提交资格预审申请文件截止时间至少3日前，或者投标截止时间至少15日前，以书面形式通知所有获取资格预审文件或者招标文件的潜在投标人；不足3日或者15日的，招标人应当顺延提交资格预审申请文件或者投标文件的截止时间。

5-34 招标人对投标人提交投标文件的时间有何要求？

答：招标人应当确定投标人编制投标文件所需要的合理时间，依法必须进行招标的项目，自招标文件开始发出之日起至投标人提交投标文件截止之日止，最短不得少于20日。

5-35 招标人在招标文件中要求投标人提交投标保证金的金额是多少？

答：招标人在招标文件中要求投标人提交投标保证金的，投标保证金不得超过招标项目估算价的2%。

5-36 招标人是否应允许投标人在提交投标文件截止时间之前修改或撤回投标文件？

答：应当允许。

5-37 什么是投标有效期？

答：投标有效期是指为保证招标人有足够的时间在开标后完成评标、定标、合同签订等工作而要求投标人提交的投标文件在一定时间内保持有效的期限。招标人应当在招标文件中载明投标有效期。投标有效期从提交投标文件的截止之日起算。

5-38 暂估价是什么？

答：暂估价是指总承包招标时不能确定价格而由招标人在招标文件中暂时估定的工程、货物、服务的金额。

5-39 招标人可以设置最高和最低投标限价吗？

答：招标人可以设有最高投标限价，应当在招标文件中明确最高投标限价或者最高投标限价的计算方法。

招标人不得规定最低投标限价。

5-40 招标人终止招标的，如何处理？

答：招标人终止招标的，应当及时发布公告，或者以书面形式通知被邀请的或者已经获取资格预审文件、招标文件的潜在投标人。已经发售资格预审文件、招标文件或者已经收取投标保证金的，招标人应当及时退还所收取的资格预审文件、招标文件的费用，以及所收取的投标保证金及银行同期存款利息。

5-41 重新招标有哪些情形？

答：（1）通过资格预审的申请人少于3个。
（2）投标截止时间投标人少于3个。
（3）评标委员会否决所有投标。
（4）招标人编制的资格预审文件、招标文件的内容违反法律、行政法规的强制性规定，违反公开、公平、公正和诚实信用原则，影响资格预审结果或者潜在投标人投标。

（5）排名第一的中标候选人放弃中标、因不可抗力不能履行合同、不按照招标文件要求提交履约保证金，或者被查实存在影响中标结果的违法行为等情形，不符合中标条件的，招标人可以按照评标委员会提出的中标候选人名单排序依次确定其他中标候选人为中标人，也可以重新招标。

5-42 如何避免或减少招标失败？

答：（1）加强标前市场分析研究。跟踪市场上各类物资的技术发展态势、供给态势，厘清可满足自身要求的潜在供应商分布特点，依据能力水平对供应商实施分类分级管理。

（2）加强市场供需管理。招标企业要厘清自身的需求特点，精确描述需求。加强标准化采购管理体系建设，从设计端发力，推进物资采购技术标准化，特别是要推进关键重要设备、大宗通用物资的采购标准化，解决标准不一致，需求不统一，通用性、互换性差等问题，统一各类物资的关键技术要求。

（3）加强招标文件管理。根据自身需求特点以及市场供给情况，调整需求定位，科学做好技术、资源、成本与供给的平衡，合理设置招标技术条件、供应商资格条件以及评标办法，形成有效竞争，确保顺利完成招标。依法合规设置投标资格条件与技术条件，杜绝设置倾向性、歧视性、排他性条件，敞开竞争大门，吸引广大投标人参与投标。否决条款的编写应当公平、公正，保证招标人、投标人的合法利益。要注重条款的客观性、科学性，确保条款可判断、能操作。否决条款在招标文件中要集中、突出体现，避免过于分散而被投标人忽视。在签字盖章、资质文件等资料审核方面不宜苛刻，减少不必要的否决投标。慎用产品业绩、注册资金作为否决条款，提高招标成功率。

（4）加强招标过程管理。一是严把招标方案审核，确保招标信息准确、完整、清晰、科学、合规，便于潜在投标人及时作出投标响应。二是加强信息发布管理。充分利用国家平台广泛发布招标信息，合理设置招标公告发布时间，尽量避开节假日，如不能错开，应适当延长公示时间，为潜在投标人预留合理的响应周期。三是做好澄清答疑。对技术复杂或者首次招标的重要项目，招标人应开展标前澄清，避免供应商对招标文件理解偏差造成不必要的失误。

（5）加强监督考核管理。有条件的单位要建立招标方案集中会审机制，组织各利益相关方联合审查招标方案，在源头上提高招标方案质量。要加强评标专家管理，规范评标专家的自由裁量权，监督评标专家依法履职评标。要发挥群众监督、社会监督的作用。

5-43 招标投标活动实施监督如何分工？

答：国务院发展改革部门指导和协调全国招标投标工作，对国家重大建设项目的工程招标投标活动实施监督检查。国务院工业和信息化、住房城乡建设、交通运输、铁道、水利、商务等部门，按照规定的职责分工对有关招标投标活动实施监督。

县级以上地方人民政府发展改革部门指导和协调本行政区域的招标投标工作。县级以上地方人民政府有关部门按照规定的职责分工，对招标投标活动实施监督，依法查处招标投标活动中的违法行为。县级以上地方人民政府对其所属部门有关招标投标活动的监督职责分工另有规定的，从其规定。

财政部门依法对实行招标投标的政府采购工程建设项目的政府采购政策执行情况实施监督。

监察机关依法对与招标投标活动有关的监察对象实施监察。

5-44 招标人哪些行为属于以不合理条件限制、排斥潜在投标人或者投标人？招标人将受到何种处罚？

答：招标人有下列行为之一的，属于以不合理条件限制、排斥潜在投标人或者投标人：

（1）就同一招标项目向潜在投标人或者投标人提供有差别的项目信息。

（2）设定的资格、技术、商务条件与招标项目的具体特点和实际需要不相适应或者与合同履行无关。

（3）依法必须进行招标的项目以特定行政区域或者特定行业的业绩、奖项作为加分条件或者中标条件。

（4）对潜在投标人或者投标人采取不同的资格审查或者评标标准。

（5）限定或者指定特定的专利、商标、品牌、原产地或者供应商。

（6）依法必须进行招标的项目非法限定潜在投标人或者投标人的所有制形式或者组织形式。

（7）以其他不合理条件限制、排斥潜在投标人或者投标人。

对招标人的上述行为将责令改正，可处人民币1万元以上5万元以下的罚款。

5-45 为什么招标文件不得指定某一特定的生产供应商或品牌？

答：由于指定某一特定的生产供应商或品牌属于限制和排斥其他生产供应商的行为，因此不得指定。

[案例5-5] 安居工程入户防盗门采购与安装项目招标经财政部门批准，采用电子化公开招标方式进行采购，采购人为市住房保障和房产管理局。采购人在省、市公共资源交易中心和政府采购网上发布了采购公告，公告显示：该项目为政府保障性新建住房项目，共计25栋2100套住房，本次采购内容为2100樘入户防盗门采购与安装，门洞尺寸统一为1200mm×2100mm，品牌为××××，预算单价为1550元/樘，预算总价为325.5万元。该项目指定某一品牌门属排斥其他供应商行为。

5-46 招标代理机构违法泄露应保密的与招标投标有关的情况和资料，将导致什么处罚？

答：招标代理机构违法泄露应当保密的与招标投标活动有关的情况和资料的，或者与招标人、投标人串通损害国家利益、社会公共利益或者他人合法权益的，由有关行政监督部门处5万元以上25万元以下罚款，对单位直接负责的主管人员和其他直接责任人员处单位罚款数额5%以上10%以下罚款；有违法所得的，并处没收违法所得；情节严重的，有关行政监督部门可停止其一定时期内参与相关领域的招标代理业务，资格认定部门可暂停直至取消招标代理资格；构成犯罪的，由司法部门依法追究刑事责任。给他人造成损失的，依法承担赔偿责任。所列行为影响中标结果，并且中标人为所列行为的受益人的，中标无效。

第二节 工程投标

5-47 什么是投标人？

答：投标人是响应招标、参加投标竞争的法人或者其他组织。依法招标的科研项目允许个人参加投标的，投标的个人适用本法有关投标人的规定。

5-48 投标人应具备什么条件？

答：投标人应当具备承担招标项目的能力；国家有关规定对投标人资格条件或者招标文件对投标人资格条件有规定的，投标人应当具备规定的资格条件。

5-49 投标文件应满足什么条件？

答：投标人应当按照招标文件的要求编制投标文件。投标文件应当对招标文件提出的实质性要求和条件作出响应。

5-50 潜在投标人或者投标人可以要求招标人或其招标代理机构予以澄清、改正、补充或调整的情形有哪些？

答：（1）资格预审公告、招标公告载明的事项不符合《招标公告和公示信息发布管理办法》第五条规定，中标候选人公示载明的事项不符合《招标公告和公示信息发布管理办法》第六条规定。

（2）在两家以上媒介发布的同一招标项目的招标公告和公示信息内容不一致。

（3）招标公告和公示信息内容不符合法律法规规定。

招标人或其招标代理机构应当认真核查，及时处理，并将处理结果告知提出意见的潜在投标人或者投标人。

5-51 投标人提交投标文件后可以补充、修改或者撤回已提交的投标文件吗？

答：投标人在招标文件要求提交投标文件的截止时间前，可以补充、修改或者撤回已提交的投标文件，并书面通知招标人。补充、修改的内容为投标文件的组成部分。投标人撤回已提交的投标文件，应当在投标截止时间前书面通知招标人。投标截止后投标人撤销投标文件的，招标人可以不退还投标保证金。

5-52 投标文件的每一页是否都需要签字或盖章？

答：严格来讲，投标文件的非匿名评审部分应逐页签字或盖章。若招标文件有此明确要求，那么投标文件的非匿名评审部分一旦有一页漏签，都将作为废标。在一些国际招标中，不仅要求投标文件逐页签字，还对投标文件的字体与字号都有统一的要求。

5-53 投标人之间存在哪些利害关系不能参加同一投标？

答：单位负责人为同一人或者存在控股、管理关系的不同单位，不得参加同一标段投标或者未划分标段的同一招标项目投标。违反以上规定的，相关投标均无效。

5-54 什么是联合体投标？

答：两个以上法人或者其他组织可以组成一个联合体，以一个投标人的身份共同投标。

5-55 联合体投标各方的能力和资格如何认定？

联合体各方均应当具备承担招标项目的相应能力；国家有关规定或者招标文件对投标人资格条件有规定的，联合体各方均应当具备规定的相应资格条件。由同一专业的单位组成的联合体，按照资质等级较低的单位确定资质等级。

[案例5-6] 某项目设计招标有三个投标人组成的联合体，同类资质等级有两个是甲级，有一个是乙级，则这个联合体资质只能定为乙级。之所以这样规定，是促使资质优等的投标人组成联合体，防止资质等级差的供货商或承包商来完成，保证招标项目的完成质量。

5-56 联合体投标各方承担的责任是什么？

联合体各方应当签订共同投标协议，明确约定各方拟承担的工作和责任，并将共同投标协议连同投标文件一并提交招标人。联合体中标的，联合体各方应当共同与招标人签订合同，就中标项目向招标人承担连带责任。

5-57　如何研究招标文件？

答：在对招标文件通读的基础上，重点研究招标文件中关于技术与质量、规格、合同条款、价格条件等内容。

（1）通读招标文件。通读的目的是对招标项目，做一个初步的评估，同时，对分散在招标文件中的强制性条款与特殊条款用红笔等做标记，以便投标文件的编制与审核时参考。

（2）研读技术与质量规格。应认真研究标的物的技术与质量规格，包括图纸，确定其技术与质量的先进程度，本企业是否能够完成，是否有更先进的设计和施工方案，应需补充哪些图纸和说明文件。

（3）细读合同条款。确定合同类型（总价合同、单价合同、其他合同），重点是对工期、工程款支付等核心内容进行分析。

（4）审读价格条件。应基于技术与质量规格、合同内容等审读价格条件，并找出与价格条件紧密联系的条款，为投标报价做准备，价格条件涉及多方面，诸如不可竞争费的范围、要求等。对于固定单价合同，虽价格固定，但要考虑应有的风险因素，本企业承担风险的能力等。

5-58　什么情形下的投标文件应当拒收？

未通过资格预审的申请人提交的投标文件，以及逾期送达或者不按照招标文件要求密封的投标文件，招标人应当拒收。

5-59　投标人相互串通投标的情形有哪些？应受到何种处罚？

答：（1）投标人之间协商投标报价等投标文件的实质性内容。

（2）投标人之间约定中标人。

（3）投标人之间约定部分投标人放弃投标或者中标。

（4）属于同一集团、协会、商会等组织成员的投标人按照该组织要求协同投标。

（5）投标人之间为谋取中标或者排斥特定投标人而采取的其他联合行动。

（6）不同投标人的投标文件由同一单位或者个人编制。

（7）不同投标人委托同一单位或者个人办理投标事宜。

（8）不同投标人的投标文件载明的项目管理成员为同一人。

（9）不同投标人的投标文件异常一致或者投标报价呈规律性差异。

（10）不同投标人的投标文件相互混装。

（11）不同投标人的投标保证金从同一单位或者个人的账户转出。

上述行为后果：中标无效，处中标项目金额5‰以上10‰以下的罚款，对单位直接负责的主管人员和其他直接责任人员处单位罚款数额5%以上10%以下的罚款；有违法所得的，并处没收违法所得；情节严重的，取消一年至两年内参加依法必须进行招标的项目的投标资格并予以公告，直至由工商行政管理机关吊销营业执照；构成犯罪的，依法追究刑事责任。给他人造成损失的，依法承担赔偿责任。

[案例5-7] 2020年3月，建设单位在公共资源交易网上发布了配套服务中心项目招标公告。周某、郭某波、廖某、郭某苗4人以每家公司2万~3万元的价格，共同邀请了×××建设集团有限公司、××建筑工程有限公司等92家公司参与该项目投标，××建设集团有限公司以141981819.66元中标。中标后，廖某以中标金额的7%即980万元将项目的施工权出售给罗某根。其中周某获利725万元，廖某获利130万元，郭某苗获利75万元，郭某波获利50万元。

处理结果：人民法院依法判决周某、郭某波、廖某、郭某苗4名被告人犯串通投标罪，判处有期徒刑8个月至拘役6个月不等，并各处罚金20万元；出售中标项目违法所得980万元及×××建设集团等公司收取的介绍费已予以没收并上缴国库。其他企业法院已另案处理。

5-60　投标人与招标人串通投标的情形有哪些？

答：（1）招标人在开标前开启投标文件并将有关信息泄露给其他投标人。
（2）招标人直接或者间接向投标人泄露标底、评标委员会成员等信息。
（3）招标人明示或者暗示投标人压低或者抬高投标报价。
（4）招标人授意投标人撤换、修改投标文件。
（5）招标人明示或者暗示投标人为特定投标人中标提供方便。
（6）招标人与投标人为谋求特定投标人中标而采取的其他串通行为。

5-61　国有企业下属参股子公司能否作为投标人公平参与国有企业组织的招标投标工作？

答：《招标投标法实施条例》第三十四条第一款规定，与招标人存在利害关系可能影响招标公正性的法人、其他组织或者个人，不得参加投标。本条没有一概禁止与招标人存在利害关系法人、其他组织或者个人参与投标，构成本条第一款规定情形需要同时满足"存在利害关系"和"可能影响招标公正性"两个条件。即使投标人与招标人存在某种"利害关系"，但如果招投标活动依法进行、程序规范，该"利害关系"并不影响其公正性的，就可以参加投标。

5-62 什么是以他人名义投标？

答：使用通过受让或者租借等方式获取的资格、资质证书投标的。

5-63 投标人弄虚作假的行为有哪些？

答：投标人弄虚作假的行为：
（1）使用伪造、变造的许可证件。
（2）提供虚假的财务状况或者业绩。
（3）提供虚假的项目负责人或者主要技术人员简历、劳动关系证明。
（4）提供虚假的信用状况。
（5）其他弄虚作假的行为。

[案例5-8] 2020年4月，某双语学校二期建设工程项目在公共资源交易中心开标，共有220家施工单位参与投标，其中×××建设有限公司所提供的业绩材料中的"××市建设工程招投标办公室备案专用章"存在弄虚作假行为，已通过××市公安局委托司法鉴定中心鉴定并出具司法鉴定意见书，认定该印章为假印章。

处理结果：××经济技术开发区建设环保局依法取消××建设有限公司在××区域三年内参加依法必须进行招标的项目的投标资格，并处261485.65元罚款。

5-64 投标人发生合并、分立、破产等重大变化的如何处理？

答：投标人发生合并、分立、破产等重大变化的，应当及时书面告知招标人。投标人不再具备资格预审文件、招标文件规定的资格条件或者其投标影响招标公正性的，其投标无效。

5-65 投标无效的情形有哪些？

答：（1）招标人接受联合体投标并进行资格预审的，联合体应当在提交资格预审申请文件前组成。资格预审后联合体增减、更换成员的，其投标无效。
（2）联合体各方在同一招标项目中以自己名义单独投标或者参加其他联合体投标的，相关投标均无效。
（3）投标人发生合并、分立、破产等重大变化的，应当及时书面告知招标人。投标人不再具备资格预审文件、招标文件规定的资格条件或者其投标影响招标公正性的，其投标无效。
（4）单位负责人为同一人或者存在控股、管理关系的不同单位，不得参加同一标段投标或者未划分标段的同一招标项目投标。

（5）与招标人存在利害关系可能影响招标公正性的法人、其他组织或者个人，不得参加投标。

5-66 投标报价能否低于成本价？

答：投标人不得以低于成本的报价竞标。

5-67 投标人投标保证金未提交，如何处理？

答：投标人未提交或未按规定提交投标保证金的，该投标文件将被拒绝，作废标处理。

5-68 投标文件提交的要求有哪些？

答：投标人应当在招标文件要求提交投标文件的截止时间前，将投标文件送达投标地点。招标人收到投标文件后，应当签收保存，不得开启。

5-69 投标人能对已发出的投标文件进行必要的澄清或者修改吗？

答：投标人在招标文件要求提交投标文件的截止时间前，可以补充、修改或者撤回已提交的投标文件，并书面通知招标人。补充、修改的内容为投标文件的组成部分。

5-70 投标人能否撤回已提交的投标文件？

答：投标人撤回已提交的投标文件，应当在投标截止时间前书面通知招标人。招标人已收取投标保证金的，应当自收到投标人书面撤回通知之日起5日内退还。

投标截止后投标人撤销投标文件的，招标人可以不退还投标保证金。

第三节　工程评标

5-71 评标由谁负责？

答：评标由招标人依法组建的评标委员会负责。

5-72 评标委员会的职责是什么？

答：评标委员会依法组建，负责评标活动，向招标人推荐中标候选人或者根据招标人的授权直接确定中标人。

5-73　评标委员会如何组成？

答：评标委员会由招标人的代表和有关技术、经济等方面的专家组成，成员人数为五人以上单数，其中技术、经济等方面的专家不得少于成员总数的三分之二。

5-74　评标专家应具备什么条件？

答：入选评标专家库的专家，必须具备如下条件：
（1）从事相关专业领域工作满八年并具有高级职称或同等专业水平。
（2）熟悉有关招标投标的法律法规。
（3）能够认真、公正、诚实、廉洁地履行职责。
（4）身体健康，能够承担评标工作。
（5）法规规章规定的其他条件。

5-75　个人如何加入评标专家库？

答：专家入选评标专家库，采取个人申请和单位推荐两种方式。采取单位推荐方式的，应事先征得被推荐人同意。个人申请书或单位推荐书应当存档备查。个人申请书或单位推荐书应当附有符合规定条件的证明材料。组建评标专家库的省级人民政府、政府部门或者招标代理机构，应当对申请人或被推荐人进行评审，决定是否接受申请或者推荐，并向符合规定条件的申请人或被推荐人颁发评标专家证书。

5-76　什么情形不得担任评标委员会成员？

答：有下列情形之一的，不得担任评标委员会成员：
（1）投标人或者投标人主要负责人的近亲属。
（2）项目主管部门或者行政监督部门的人员。
（3）与投标人有经济利益关系，可能影响对投标公正评审的。
（4）曾因在招标、评标以及其他与招标投标有关活动中从事违法行为而受过行政处罚或刑事处罚的。

5-77　参加评标的专家如何确定？

答：招标人从国务院有关部门或者省、自治区、直辖市人民政府有关部门提供的专家名册或者招标代理机构的专家库内的相关专业的专家名单中确定。一般招标项目可以采取随机抽取方式，特殊招标项目可以由招标人直接确定。依法必须进行招标的项目，其评标委员会的专家成员应当从评标专家库内相关专业的专家名单中以随机抽取方式确定。任何单位和个人不得以明示、暗示等任何方式指定或者变相指定参加评标委员会的专家成员。

5-78　为什么特殊招标项目，可以直接指定专家？

答：特殊招标项目，是指技术复杂、专业性强或者国家有特殊要求，采取随机抽取方式确定的专家难以保证胜任评标工作的项目。

5-79　评标过程中，评标委员会成员更换的情况有哪些？

答：有回避事由、擅离职守或者因健康等原因不能继续评标的。

5-80　什么情况招标人应当适当延长评标时间？

答：招标人应当根据项目规模和技术复杂程度等因素合理确定评标时间。超过三分之一的评标委员会成员认为评标时间不够的，招标人应当适当延长。

5-81　评标委员会成员至少应了解和熟悉哪些内容？

答：（1）招标的目标。
（2）招标项目的范围和性质。
（3）招标文件中规定的主要技术要求、标准和商务条款。
（4）招标文件规定的评标标准、评标方法和在评标过程中考虑的相关因素。

5-82　评标委员会成员的禁止行为有哪些？

答：评标委员会成员不得与任何投标人或者与招标结果有利害关系的人进行私下接触，不得收受投标人、中介人、其他利害关系人的财物或者其他好处，不得接受任何单位或者个人明示或者暗示提出的倾向或者排斥特定投标人的要求，不得有其他不客观、不公正履行职务的行为。不得透露对投标文件的评审和比较、中标候选人的推荐情况以及与评标有关的其他情况。

[案例5-9] 原评标专家夏某，于2019年9月，参与××市农贸市场项目监理标评审期间，接受××工程监理造价咨询有限公司业务负责人曾某的请托，为其公司中标提供帮助，并收受曾某1.5万元人民币；2020年8月，参与××市二中项目监理标评审期间，再次接受××工程监理造价咨询有限公司业务负责人曾某的请托，为其公司中标提供帮助，并收受曾某2万元人民币；2020年11月，参与××市东街明珠建设项目监理标评审时，收受××建设咨询有限公司负责人吴某20万元，并在评标过程中为××建设咨询有限公司提供帮助。因夏某在评标活动中非法收受他人23.5万元，为他人谋取利益，数额巨大，构成非国家机关工作人员受贿罪。

处理结果：夏某犯受贿罪，被判处有期徒刑一年十个月，并处罚金人民币10万元。

5-83　评标委员会应当否决投标的情形有哪些？

答：有下列情形之一的，评标委员会应当否决其投标：
（1）投标文件未经投标单位盖章和单位负责人签字。
（2）投标联合体没有提交共同投标协议。
（3）投标人不符合国家或者招标文件规定的资格条件。
（4）同一投标人提交两个以上不同的投标文件或者投标报价，但招标文件要求提交备选投标的除外。
（5）投标报价低于成本或者高于招标文件设定的最高投标限价。
（6）投标文件没有对招标文件的实质性要求和条件作出响应。
（7）投标人有串通投标、弄虚作假、行贿等违法行为。

5-84　评标时，投标人可以对其投标书作出澄清、修改吗？

答：投标文件中有含义不明确的内容、明显文字或者计算错误，评标委员会认为需要投标人作出必要澄清、说明的，应当书面通知该投标人。投标人的澄清、说明应当采用书面形式，并不得超出投标文件的范围或者改变投标文件的实质性内容。

评标委员会不得暗示或者诱导投标人作出澄清、说明，不得接受投标人主动提出的澄清、说明。

5-85　投标文件内容前后不一致时，应如何处理？

答：工期、质量标准等前后不一致的，以投标函及投标函附录为准。人员配备前后不一致的，以项目管理班子配备情况表为准。

[案例5-10] 某项目施工总承包招标，招标文件要求对项目管理班子配备方案进行评审，项目管理班子须有九人，包括项目经理、项目技术负责人等各一名，项目管理班子成员均需同时提供社会保险证明、劳动合同关系证明和相应的执业资格注册证书或从业证书以及职称证书的复印件（原件备查）。其中，项目经理人选需取得注册一级建造师执业资格。某个投标人的项目管理班子配备方案中并未附项目管理班子配备表中的项目经理拟派人选的注册执业资格证书的复印件，而是附上了项目管理班子其他人员的注册一级建造师执业资格证书复印件。经评委评审，认为该投标人的投标文件为无效标。

5-86　评标委员会成员对评标结果有不同意见如何处理？

答：评标报告应当由评标委员会全体成员签字。对评标结果有不同意见的评标委员会成员应当以书面形式说明其不同意见和理由，评标报告应当注明该不同意见。评标委员会成员拒绝在评标报告上签字又不书面说明其不同意见和理由的，视为同意评标结果。

5-87 评标委员会评标的依据是什么？

答：评标委员会成员应当依照《招标投标法》和《招标投标法实施条例》的规定，按照招标文件规定的评标标准和方法，客观、公正地对投标文件提出评审意见。招标文件没有规定的评标标准和方法不得作为评标的依据。

5-88 综合评标专家库应由谁组建？

答：省级人民政府和国务院有关部门应当组建综合评标专家库。

5-89 谁对评标委员会成员的确定方式、评标专家的抽取和评标活动进行监督？

答：有关行政监督部门应当按照规定的职责分工，对评标委员会成员的确定方式、评标专家的抽取和评标活动进行监督。行政监督部门的工作人员不得担任本部门负责监督项目的评标委员会成员。

5-90 投标文件中有含义不明确的内容、明显文字或者计算错误如何处理？

答：投标文件中有含义不明确的内容、明显文字或者计算错误，评标委员会认为需要投标人作出必要澄清、说明的，应当书面通知该投标人。投标人的澄清、说明应当采用书面形式，并不得超出投标文件的范围或者改变投标文件的实质性内容。

评标委员会不得暗示或者诱导投标人作出澄清、说明，不得接受投标人主动提出的澄清、说明。

5-91 在评标过程中，评标委员会发现投标人异常低价如何处理？

答：在评标过程中，评标委员会发现投标人的报价明显低于其他投标报价或者在设有标底时明显低于标底，使得其投标报价可能低于其个别成本的，应当要求该投标人作出书面说明并提供相关证明材料。投标人不能合理说明或者不能提供相关证明材料的，由评标委员会认定该投标人以低于成本报价竞标，其投标应作废标处理。

5-92 什么情况属于投标重大偏差？

答：下列情况属于投标重大偏差：
（1）没有按照招标文件要求提供投标担保或者所提供的投标担保有瑕疵。
（2）投标文件没有投标人授权代表签字和加盖公章。
（3）投标文件载明的招标项目完成期限超过招标文件规定的期限。
（4）明显不符合技术规格、技术标准的要求。
（5）投标文件载明的货物包装方式、检验标准和方法等不符合招标文件的要求。
（6）投标文件附有招标人不能接受的条件。

（7）不符合招标文件中规定的其他实质性要求。

5-93　什么是投标细微偏差？

答：投标细微偏差是指投标文件在实质上响应招标文件要求，但在个别地方存在漏项或者提供了不完整的技术信息和数据等情况，并且补正这些遗漏或者不完整不会对其他投标人造成不公平的结果。投标细微偏差不影响投标文件的有效性。

5-94　评标时，对投标细微偏差如何处理？

答：投标文件中的大写金额和小写金额不一致的，以大写金额为准；总价金额与单价金额不一致的，以单价金额为准，但单价金额小数点有明显错误的除外；对不同文字文本投标文件的解释发生异议的，以中文文本为准。

[案例5-11]某项目工程量清单中某子项投标报价单价乘工程量不等于合价，招标人可以以单价为准修改合价，以及修正其工程量清单的汇总价；投标函中投标报价文字部分与数字部分不一致，应以文字为准修改数字报价；属非重要表格字迹模糊，如设备或采购材料清单某项规格填报不清；施工进度表总工期无问题而非主要线路施工工序安排不合理等，这些问题均不构成实质性的偏离属于细微偏差。而在评标过程中通过澄清与投标人协商改正就可以了。

5-95　不能在投标有效期内完成评标的如何处理？

答：不能在投标有效期内完成评标和定标的，招标人应当通知所有投标人延长投标有效期。拒绝延长投标有效期的投标人有权收回投标保证金。同意延长投标有效期的投标人应当相应延长其投标担保的有效期，但不得修改投标文件的实质性内容。因延长投标有效期造成投标人损失的，招标人应当给予补偿，但因不可抗力需延长投标有效期的除外。

5-96　评标报告应当如实记载哪些内容？

答：（1）基本情况和数据表。
（2）评标委员会成员名单。
（3）开标记录。
（4）符合要求的投标一览表。
（5）否决投标的情况说明。
（6）评标标准、评标方法或者评标因素一览表。
（7）经评审的价格或者评分比较一览表。
（8）经评审的投标人排序。

（9）推荐的中标候选人名单与签订合同前要处理的事宜。
（10）澄清、说明、补正事项纪要。

第四节　投诉处理

5-97　哪些情形应当先向招标人提出异议？

答：（1）投标人或者其他利害关系人对依法必须进行招标的项目的评标结果有异议的，应当在中标候选人公示期间提出。

（2）投标人对开标有异议的，应当在开标现场提出，招标人应当当场作出答复，并制作记录。

（3）潜在投标人或者其他利害关系人对资格预审文件有异议的，应当在提交资格预审申请文件截止时间2日前提出；对招标文件有异议的，应当在投标截止时间10日前提出。

5-98　投诉的主体是谁？

答：投标人或者其他利害关系人认为招标投标活动不符合法律、法规和规章规定的，有权依法向有关行政监督部门投诉。

5-99　什么是其他利害关系人？

答：其他利害关系人是指投标人以外的，与招标项目或者招标活动有直接和间接利益关系的法人、其他组织和自然人。

5-100　投诉受理及处理的主体有哪些？

答：各级发展改革、工业和信息化、城乡住房建设、水利、交通运输、铁道、商务、民航等招标投标活动行政监督部门，依照《国务院办公厅印发国务院有关部门实施招标投标活动行政监督的职责分工意见的通知》（国办发〔2000〕34号）和地方各级人民政府规定的职责分工，受理投诉并依法作出处理决定。

对国家重大建设项目（含工业项目）招标投标活动的投诉，由国家发展改革委受理并依法作出处理决定。对国家重大建设项目招标投标活动的投诉，有关行业行政监督部门已经收到的，应当通报国家发展改革委，国家发展改革委不再受理。

5-101　投诉书应当包括哪些内容？

答：投诉人投诉时，应当提交投诉书。投诉书应当包括下列内容：

（1）投诉人的名称、地址及有效联系方式。

（2）被投诉人的名称、地址及有效联系方式。

（3）投诉事项的基本事实。

（4）相关请求及主张。

（5）有效线索和相关证明材料。

对《招标投标法实施条例》规定应先提出异议的事项进行投诉的，应当附提出异议的证明文件。已向有关行政监督部门投诉的，应当一并说明。

投诉人是法人的，投诉书必须由其法定代表人或者授权代表签字并盖章；其他组织或者自然人投诉的，投诉书必须由其主要负责人或者投诉人本人签字，并附有效身份证明复印件。

投诉书有关材料是外文的，投诉人应当同时提供其中文译本。

5-102 投诉的时效性要注意哪些？

答：投诉人认为招标投标活动不符合法律行政法规规定的，可以在知道或者应当知道之日起10日内提出书面投诉。依照有关行政法规提出异议的，异议答复期间不计算在内。

5-103 投诉方式有哪些？

答：投诉人可以自己直接投诉，也可以委托代理人办理投诉事务。代理人办理投诉事务时，应将授权委托书连同投诉书一并提交给行政监督部门。授权委托书应当明确有关委托代理权限和事项。

5-104 行政监督部门收到投诉书如何处理？

答：行政监督部门收到投诉书后，应当在三个工作日内进行审查，视情况分别作出以下处理决定。

（1）不符合投诉处理条件的，决定不予受理，并将不予受理的理由书面告知投诉人。

（2）对符合投诉处理条件，但不属于本部门受理的投诉，书面告知投诉人向其他行政监督部门提出投诉。

对于符合投诉处理条件并决定受理的，收到投诉书之日即为正式受理。

5-105 投诉书不予受理的情形有哪些？

答：有下列情形之一的投诉，不予受理：

（1）投诉人不是所投诉招标投标活动的参与者，或者与投诉项目无任何利害关系。

（2）投诉事项不具体，且未提供有效线索，难以查证的。

（3）投诉书未署具投诉人真实姓名、签字和有效联系方式的；以法人名义投诉的，投诉书未经法定代表人签字并加盖公章的。

（4）超过投诉时效的。

（5）已经作出处理决定，并且投诉人没有提出新的证据。

（6）投诉事项应先提出异议没有提出异议，已进入行政复议或者行政诉讼程序的。

5-106 投诉处理的人员应回避情形有哪些？

答：监督部门负责投诉处理的工作人员，有下列情形之一的，应当主动回避：

（1）近亲属是被投诉人、投诉人，或者是被投诉人、投诉人的主要负责人。

（2）在近三年内本人曾经在被投诉人单位担任高级管理职务。

（3）与被投诉人、投诉人有其他利害关系，可能影响对投诉事项公正处理的。

5-107 投诉处理决定作出前，投诉人要求撤回投诉如何处理？

答：投诉处理决定作出前，投诉人要求撤回投诉的，应当以书面形式提出并说明理由，由行政监督部门视以下情况，决定是否准予撤回。

（1）已经查实有明显违法行为的，应当不准撤回，并继续调查直至作出处理决定。

（2）撤回投诉不损害国家利益、社会公共利益或者其他当事人合法权益的，应当准予撤回，投诉处理过程终止。投诉人不得以同一事实和理由再提出投诉。

5-108 投诉如何作出处理决定？

答：行政监督部门应当根据调查和取证情况，对投诉事项进行审查，按照下列规定作出处理决定：

（1）投诉缺乏事实根据或者法律依据的，或者投诉人捏造事实、伪造材料或者以非法手段取得证明材料进行投诉的，驳回投诉。

（2）投诉情况属实，招标投标活动确实存在违法行为的，依据《招标投标法》《招标投标法实施条例》及其他有关法规、规章作出处罚。

5-109 投诉处理决定的主要内容包括什么？

答：投诉处理决定应当包括下列主要内容：

（1）投诉人和被投诉人的名称、住址。

（2）投诉人的投诉事项及主张。

（3）被投诉人的答辩及请求。

（4）调查认定的基本事实。
（5）行政监督部门的处理意见及依据。

5-110　当事人对行政监督部门的投诉处理决定不服如何处理？

答：可以依法申请行政复议或者向人民法院提起行政诉讼。

第五节　工程定标

5-111　评标完成后，评标委员会应当向招标人提交哪些内容？

答：评标完成后，评标委员会应当向招标人提交书面评标报告和中标候选人名单。中标候选人应当不超过3个，并标明排序。

5-112　如何确定中标人？

答：评标委员会应当按照招标文件确定的评标标准和方法，对投标文件进行评审和比较；设有标底的，应当参考标底。评标委员会完成评标后，应当向招标人提出书面评标报告，并推荐合格的中标候选人。

招标人根据评标委员会提出的书面评标报告和推荐的中标候选人确定中标人。招标人也可以授权评标委员会直接确定中标人。国有资金占控股或者主导地位的依法必须进行招标的项目，招标人应当确定排名第一的中标候选人为中标人。

5-113　中标人的投标需要具备哪些条件？

答：中标人的投标应当符合下列条件之一：
（1）能够最大限度地满足招标文件中规定的各项综合评价标准。
（2）能够满足招标文件的实质性要求，并且经评审的投标价格最低；但是投标价格低于成本的除外。

5-114　何时公示中标候选人，公示时间多长？

答：依法必须进行招标的项目，招标人应当自收到评标报告之日起3日内公示中标候选人，公示期不得少于3日。

投标人或者其他利害关系人对依法必须进行招标的项目的评标结果有异议的，应当在中标候选人公示期间提出。招标人应当自收到异议之日起3日内作出答复；作出答复前，应当暂停招标投标活动。

5-115　依法必须招标项目的中标候选人公示应当载明哪些内容?

答：依法必须招标项目的中标候选人公示应当载明：
（1）中标候选人排序、名称、投标报价、质量、工期（交货期），以及评标情况。
（2）中标候选人按照招标文件要求承诺的项目负责人姓名及其相关证书名称和编号。
（3）中标候选人响应招标文件要求的资格能力条件。
（4）提出异议的渠道和方式。
（5）招标文件规定公示的其他内容。
依法必须招标项目的中标结果公示应当载明中标人名称。

5-116　中标候选人公示与中标公告的区别在什么地方？各具备哪些法律效力？

答：根据《招标投标法实施条例》第五十四条，依法必须进行招标的项目，招标人应当自收到评标报告之日起3日内公示中标候选人，公示期不得少于3日。投标人或者其他利害关系人对依法必须进行招标的项目的评标结果有异议的，应当在中标候选人公示期间提出。招标人应当自收到异议之日起3日内作出答复，作出答复前，应当暂停招标投标活动。

中标结果公示的性质为告知性公示，即向社会公布中标结果。中标候选人公示与中标结果公示均是为了更好地发挥社会监督作用的制度。两者区别一是向社会公开相关信息的时间点不同，前者是在最终结果确定前，后者是在最终结果确定后；二是中标候选人公示期间，投标人或者其他利害关系人可以依法提出异议，中标结果公示后则不能提出异议。

5-117　第一中标候选人放弃或不能作为中标人如何处理？

答：排名第一的中标候选人放弃中标、因不可抗力不能履行合同、不按照招标文件要求提交履约保证金，或者被查实存在影响中标结果的违法行为等情形，不符合中标条件的，招标人可以按照评标委员会提出的中标候选人名单排序依次确定其他中标候选人为中标人，也可以重新招标。

5-118　中标候选人的经营、财务状况发生较大变化或者存在违法行为如何处理？

答：中标候选人的经营、财务状况发生较大变化或者存在违法行为，招标人认为可能影响其履约能力的，应当在发出中标通知书前由原评标委员会按照招标文件规定的标准和方法审查确认。

5-119 哪些情形中标无效？

答：（1）泄露应当保密的与招标投标活动有关的情况和资料的，或者与招标人、投标人串通损害国家利益、社会公共利益或者他人合法权益的，影响中标结果的。

（2）依法必须进行招标的项目的招标人向他人透露已获取招标文件的潜在投标人的名称、数量或者可能影响公平竞争的有关招标投标的其他情况的，或者泄露标底的，影响中标结果的。

（3）投标人相互串通投标或者与招标人串通投标的，投标人以向招标人或者评标委员会成员行贿的手段谋取中标的。

（4）投标人以他人名义投标或者以其他方式弄虚作假，骗取中标的。

（5）依法必须进行招标的项目，招标人违反《招标投标法》规定，与投标人就投标价格、投标方案等实质性内容进行谈判的，影响中标结果的。

（6）招标人在评标委员会依法推荐的中标候选人以外确定中标人的，依法必须进行招标的项目在所有投标被评标委员会否决后自行确定中标人的。

5-120 招标人和中标人如何签订合同？

答：招标人和中标人应当自中标通知书发出之日起30日内，依照《招标投标法》和《招标投标法实施条例》的规定签订书面合同，合同的标的、价款、质量、履行期限等主要条款应当与招标文件和中标人的投标文件的内容一致。招标人和中标人不得再行订立背离合同实质性内容的其他协议。招标文件要求中标人提交履约保证金的，中标人应当提交。

5-121 中标人可以将项目转包和分包吗？

答：中标人应当按照合同约定履行义务，完成中标项目。中标人不得向他人转让中标项目，也不得将中标项目肢解后分别向他人转让。

中标人按照合同约定或者经招标人同意，可以将中标项目的部分非主体、非关键性工作分包给他人完成。接受分包的人应当具备相应的资格条件，并不得再次分包。中标人应当就分包项目向招标人负责，接受分包的人就分包项目承担连带责任。

[案例5-12] 2018年1月至2020年6月底，××建设有限公司通过与其他施工企业、个人签订内部项目经济责任合同（协议）的方式，将其承包的76个工程项目违法转包分包给其他施工单位或个人施工，按合同金额12%、15%、20%不等的比例收取管理费383.47万元，涉及项目金额32298.9万元。

处理结果：××住房和城乡建设局对×××建设有限公司作出行政处罚，将该公司违法收取的管理费383.47万元全部上缴财政，按项目金额0.8%处258.39万元罚款。

第六章　各类型工程招标投标

第一节　施工招标及策略

6-1　在工程项目施工招标中，怎样理解必须招标的项目与单项采购的关系？

答：对于依法必须招标规定范围内的工程项目，工程施工单项合同估算价在400万元人民币以上标准的，必须招标；未达到前述相应标准的单项采购，不属于规定的必须招标范围。

6-2　工程建设项目，依法必须招标范围和规模标准以下的施工招标应如何实施？

答：依法必须招标的规定范围内的项目，其施工招标的单项合同估算价，未达到400万元人民币以上标准的，该单项采购由招标人依法自主选择招标方式，任何单位和个人不得违法干涉。其中，涉及政府采购的，按照政府采购法律法规规定执行。国有企业可以结合实际，建立健全规模标准以下工程建设项目招标制度，推进招标活动公开透明。

6-3　怎样理解《必须招标的工程项目规定》（国家发展改革委令第16号）（以下简称16号令）第五条，同一项目中可以合并进行的采购必须招标的规定？

答：同一项目中可以合并进行的勘察、设计、施工、监理以及与工程建设有关的重要设备、材料等的采购，合同估算价合计达到16号令第五条规定，施工单项合同估算价在400万元人民币以上；重要设备、材料等货物的采购，单项合同估算价在200万元人民币以上；勘察、设计、监理等服务的采购，单项合同估算价在100万元人民币以上标准的，必须招标。目的是防止发包方通过化整为零方式规避招标。其中"同一项目中可以合并进行"，是指根据项目实际，以及行业标准或行业惯例，符合科学性、经济性、可操作性要求，同一项目中适宜放在一起进行采购的同类采购项目。

[案例] 某区党群服务中心项目，三层建筑项目估算价约400万元，区党委副书记筹委会副主任叶某，为规避公开招标，违反有关规定将该项目拆分为一楼为一个项目（便民服务中心），二、三楼为一个项目（党群服务中心），并于10月和12月委托代理机构分别对拆分后的两个项目进行比选，确定两个中选公司，叶某因规避公开招标

将可以合并进行的施工项目拆分，受到相关纪律处分。

6-4　怎样正确理解，依法必须招标的工程建设项目范围和规模标准中，关于招标范围列举的事项？

答：依法必须招标的工程建设项目范围和规模标准，应当严格执行《招标投标法》第三条和16号令、《必须招标的基础设施和公用事业项目范围规定》（发改法规规〔2018〕843号）（以下简称843号文）；法律、行政法规或者国务院对必须进行招标的其他项目范围有规定的，依照其规定。没有法律、行政法规或者国务院规定依据的，对16号令第五条第一款第（三）项中没有明确列举规定的服务事项、843号文第二条中没有明确列举规定的项目，不得强制要求招标。

6-5　16号令及843号文已规定了必须招标的范围和规模标准，各地方还可以制定不同的范围和规模标准吗？

答：各地方应当严格执行16号令和843号文规定的范围和规模标准，不得另行制定必须进行招标的范围和规模标准，也不得作出与16号令、843号文和《国家发展改革委办公厅关于进一步做好〈必须招标的工程项目规定〉和〈必须招标的基础设施和公用事业项目范围规定〉实施工作的通知》（发改办法规〔2020〕770号）相抵触的规定，持续深化招标投标领域"放管服"改革，努力营造良好市场环境。

6-6　工程项目的施工招标中，依据国务院有关部门行政监督职责的分工，由哪个部门负责监督执法？

答：依据国务院有关部门行政监督的职责分工，各类房屋建筑及其附属设施的建造和与其配套的线路、管道、设备的安装项目以及市政工程项目的招标投标活动的监督执法，由建设行政主管部门负责。其他监督执法按工业和信息化、交通运输、铁道、水利、商务等部门，按照规定的职责分工对有关招标投标活动实施监督。

6-7　依法必须进行招标项目的施工符合邀请招标条件，应由哪个部门认定批准？

答：（1）需要履行项目审批、核准手续的依法必须进行施工招标的项目，因涉及国家安全、国家秘密或者抢险救灾，适宜招标但不宜公开招标，由项目审批、核准部门在审批、核准项目时作出认定；其他项目由招标人申请有关行政监督部门作出认定。

（2）全部使用国有资金投资或者国有资金投资占控股或者主导地位的并需要审批的工程建设项目的邀请招标，应当经项目审批部门批准，但项目审批部门只审批立项的，由有关行政监督部门批准。

6-8 依法必须进行施工招标的工程建设项目，可以不进行施工招标的情形中，如何正确理解涉及国家安全、国家秘密？应当怎样采购？

答：对涉及国家安全、国家秘密均有严格的保密及管理规定，应按照保密及管理规定理解执行。例如有关国防科技、军事装备等项目的选址、规划、建设等事项。凡涉及国家安全和秘密确实不能公开披露信息的项目，除适宜招标的可以邀请符合保密要求的单位参加投标外，其他项目只能采取非招标的方式组织采购。

6-9 依法必须进行施工招标的工程建设项目，可以不进行施工招标的情形中，如何正确理解抢险救灾？

答：可以不进行施工招标情形中抢险救灾项目的正确理解，应同时满足两个条件：一是紧急情况下实施，不能满足招标所需的时间。二是不立即实施将会造成人民群众生命财产损失。抢险救灾包括发生地震、风暴、洪涝、泥石流、火灾等异常紧急灾害情况，需要立即组织抢险救灾的项目。例如必须及时抢通因灾害损毁的道路、桥梁、隧道、水、电、气、通信以及紧急排除水利设施、堰塞湖等项目。否则将对国家和人民群众生命财产安全带来巨大损失。

6-10 依法必须进行施工招标的工程建设项目，可以不进行施工招标的情形，如何正确理解利用扶贫资金实行以工代赈需要使用农民工？

答：正确理解利用扶贫资金实行以工代赈，需要使用农民工可以不进行施工招标的项目，关键是理解利用扶贫资金。依据《国家扶贫资金管理办法》（国办发〔1997〕24号）之规定，国家扶贫资金是指中央专项安排的资金，包括支持经济不发达地区发展基金、农业建设专项补助资金、新增财政扶贫资金、以工代赈资金和扶贫专项贷款。

6-11 依法必须进行施工招标的工程建设项目，可以不进行施工招标的情形，如何正确理解施工主要技术采用不可替代的专利或者专有技术？

答：专利和专有技术的区别：一是专利属于知识产权的一种工业产权，专有技术不属于工业产权，是没有取得专利权的技术知识，是具有实用性的动态技术。二是专利是经过审查批准的新颖性、创造性的发明创造技术，专有技术不一定是发明创造，但必须是成熟的、行之有效的。三是专利的内容是公开的，专有技术的内容是保密的，是一种以保密性为条件的事实上的独占权。四是专利的有效性受时间和地域的限制，专有技术没有这种限制。

采用不可替代的专利或者专有技术不适宜施工招标，需同时满足三个方面条件：一是项目功能的客观定位决定必须使用，而非招标人的主观要求（仅仅因为项目技术复杂或难度大，不能作为理由）。二是项目使用专利或者专有技术具有不可替代性。项目功能定位必须使用，且没有达到功能定位的其他技术方案或不同的专利或者专有技术替代，替代后会影响项目的质量和使用效率。三是项目使用的专利或者专有技术无法由其他单位分别实施或提供。

6-12 依法必须进行施工招标的工程建设项目，可以不进行施工招标的情形，如何正确理解采购人依法能够自行建设的？

答：依法可以不进行施工招标，其目的是为了节约成本。采购人依法自行建设应注意以下三个要点：

（1）采购人是符合民事主体资格的法人、其他组织，不包括其相关的母公司、子公司，及具有管理或利害关系的，具有独立民事主体的法人、其他组织。因符合法律规定不需招标，因此使用了"采购人"而非"招标人"的概念。如A公司是某项目的股东，虽具有施工相应的资质能力，但该项目的采购人是独立组建的项目法人B公司，B公司不能未经招标将该项目直接发包给A公司。

（2）采购人自身具有工程建设、货物生产或提供服务的资格能力。能够自行建设、生产或提供工程、货物的服务，既可能自用，也可能提供给其他人。如某公司除具有房屋开发资质外，还具有建筑工程施工总承包一级资质，其资质范围内开发的商品房就可以按有关法律法规和规定自行组织施工，而不需招标。

（3）采购人不仅要具备自行建设、生产或提供服务的资格能力，还应符合法定要求。对于依法采购人不能自己同时承担的工作事项，采购人仍应进行招标。如根据《建筑工程质量管理条例》及有关规定，工程监理单位与被监理的施工承包单位，以及建筑材料、建筑构配件和设备提供单位有隶属或利害关系不得承担该项目的监理业务。因此采购人自行提供了监理服务，则不能同时承包工程施工、建筑材料、建筑构配件和设备的供应。

需要特别声明的是，对于符合《招标投标法实施条例》第二十九条规定的暂估价项目招标时，如果以总承包人作为暂估价项目的招标人，不适用此规定。

6-13 施工招标项目公开招标的招标公告应当在哪里发布？

答：施工招标项目，分为依法必须进行招标项目和非依法必须进行招标项目。依法必须进行招标项目招标公告应当在国家指定的报刊和信息网络上发布；非依法必须进行招标项目，应在招标人相关管理规定所指定的媒介上发布。

6-14 施工招标项目邀请招标的需要发招标公告吗？

答：可不发招标公告。因为邀请招标是招标人以投标邀请书的方式邀请特定的法人或者其他组织投标，没有收到投标邀请书的潜在投标人是无法参加投标活动的，邀请招标发招标公告没有实际意义。采用邀请招标方式的施工招标项目，招标人应当向三个以上具备承担施工招标项目的能力、资信良好的特定的法人或者其他组织发出投标邀请书。

6-15　施工招标项目的招标公告或者投标邀请书载明的内容是什么？

答：招标公告或者投标邀请书应当至少载明下列内容：
（1）招标人的名称和地址。
（2）招标项目的内容、规模、资金来源。
（3）招标项目的实施地点和工期。
（4）获取招标文件或者资格预审文件的地点和时间。
（5）对招标文件或者资格预审文件收取的费用。
（6）对招标人的资质等级的要求。

6-16　通过信息网络或其他媒介发布的招标文件与书面招标文件不一致时，以什么版本为准？

答：以书面招标文件为准，但招标人应保持书面招标文件原始正本的完好。

6-17　施工招标项目招标文件或者资格预审文件可以收费吗？

答：可以，施工招标项目对招标文件或者资格预审文件的收费应当限于补偿印刷、邮寄的成本支出，不得以营利为目的。

6-18　施工招标项目招标文件如有需附的设计文件，可以向投标人收押金吗？

答：施工招标项目招标文件对于所附的设计文件，招标人可以向潜在投标人或投标人酌收押金；对于开标后投标人退还设计文件的，招标人应当向投标人退还押金。

6-19　施工招标项目招标文件或资格预审文件售出后，潜在投标人可以要求退还吗？

答：施工招标项目招标文件或者资格预审文件售出后，不予退还。如招标人售出招标文件或资格预审文件后，投标截止时间前终止招标的，应当及时退还所收取的资格预审文件、招标文件的费用。

6-20　施工招标项目的资格审查分为资格预审和资格后审，进行了资格预审的可以进行资格后审吗？

答：施工招标项目进行资格预审的，一般不再进行资格后审，但招标文件另有规定的除外。

6-21　施工招标项目的招标人，在进行资格审查时，提出需改变或增加资格条件进行资格审查可以吗？

答：不可以。招标人不得改变载明的资格条件或者以没有载明的资格条件对潜在投标人或者投标人进行资格审查。

6-22　施工招标项目资格审查主要审查条件有哪些？

答：施工招标项目资格审查应主要审查潜在投标人或者投标人是否符合下列条件：
（1）具有独立订立合同的权利。
（2）具有履行合同的能力，包括专业、技术资格和能力，资金、设备和其他物质设施状况，管理能力，经验、信誉和相应的从业人员。
（3）没有处于被责令停业，投标资格被取消，财产被接管、冻结，破产状态。
（4）在最近三年内没有骗取中标和严重违约及重大工程质量问题。
（5）国家规定的其他资格条件。

6-23　施工招标项目的招标人可以自行办理招标事宜吗？

答：施工招标项目的招标人具有编制招标文件和组织评标能力的，可以自行办理招标事宜。任何单位和个人不得强制其委托招标代理机构办理招标事宜。

6-24　施工招标项目，招标人委托招标代理机构办理招标事宜，招标代理机构能承担哪些招标事宜？

答：施工招标项目，招标人委托招标代理机构办理招标事宜应当签订书面委托合同，招标代理机构应当在招标人委托的范围内承担招标事宜，可承担下列招标事宜：
（1）拟订招标方案，编制和出售招标文件、资格预审文件。
（2）审查投标人资格。
（3）编制标底。
（4）组织投标人踏勘现场。
（5）组织开标、评标，协助招标人定标。
（6）草拟合同。
（7）招标人委托的其他事项。

6-25　施工招标项目，招标代理机构不得代理哪些事项？

答：招标代理机构不得无权代理、越权代理，不得明知委托事项违法而进行代理。不得在所代理的招标项目中投标或者代理投标，也不得为所代理的招标项目的投标人提供咨询；未经招标人同意，不得转让招标代理业务。

6-26 施工招标项目，招标人编制的招标文件应包括哪些内容？

答：招标人根据施工招标项目的特点和需要编制招标文件。招标文件应包括下列内容：

（1）招标公告或投标邀请书。
（2）投标人须知。
（3）合同主要条款。
（4）投标文件格式。
（5）采用工程量清单招标的，应当提供工程量清单。
（6）技术条款。
（7）设计图纸。
（8）评标标准和方法。
（9）投标辅助材料。

6-27 施工招标项目，招标人可以要求投标人提交备选投标方案吗？

答：招标人可以要求投标人在提交符合招标文件规定要求的投标文件外，提交备选投标方案，但应当在招标文件中作出说明，并提出相应的评审和比较办法。

6-28 施工招标项目的招标文件中，规定的各项技术标准最基本的要求是什么？

答：招标文件规定的各项技术标准最基本的要求是符合国家强制性标准。

6-29 施工招标文件中规定的各项技术标准不可以要求的内容有哪些？

答：施工招标文件中规定的各项技术标准均不得要求或标明某一特定的专利、商标、名称、设计、原产地或生产供应者，不得含有倾向或者排斥潜在投标人的其他内容。

6-30 施工招标文件中，如果必须引用某一特定的技术标准才能准确或清楚地说明拟招标项目的技术标准时，应该怎样做？

答：如果必须引用某一生产供应者的技术标准才能准确或清楚地说明拟招标项目的技术标准时，则应当在参照后面加上"或相当于"的字样。也就是说，引用的技术标准仅作参考，并且后面加上"或相当于"的字样，表明该技术标准不是唯一要求。

6-31 施工招标项目，招标人根据项目实际情况认为需要划分标段、确定工期，应怎样划分标段、确定工期？

答：施工招标项目需要划分标段、确定工期的，招标人应当合理划分标段、确定工期，并在招标文件中载明。对工程技术上紧密相连、不可分割的单位工程不得分割标段。招标人不得以不合理的标段或工期限制或者排斥潜在投标人或者投标人。依法必须进行施工招标的项目的招标人不得利用划分标段规避招标。

6-32 施工招标项目需要划分标段的，招标人应当考虑哪些因素合理划分标段？

答：施工招标项目进行合理的标段划分，一般应综合考虑以下主要因素：
（1）法律法规及标准规定。
（2）项目管理模式。
（3）工期、规模及资金情况。
（4）招标人项目管理力量。
（5）潜在投标人竞争格局。
（6）工程技术关联性。
（7）工程计量关联性。
（8）工作界面关联性。

6-33 对施工招标文件中的评标因素、标准方法有何要求？

答：施工招标文件应当明确规定所有的评标因素，以及如何将这些因素量化或者据以进行评估。在评标过程中，不得改变招标文件中规定的评标标准、方法和中标条件。

6-34 施工招标文件中为什么要规定投标有效期，投标有效期怎样计算？

答：施工招标文件应当规定一个适当的投标有效期，以保证招标人有足够的时间完成评标和与中标人签订合同。投标有效期从投标人提交投标文件截止之日起计算。

6-35 施工招标项目，招标人因特殊情况可以要求投标人延长投标有效期吗？

答：在原投标有效期结束前，出现特殊情况的，招标人可以书面形式要求所有投标人延长投标有效期。

6-36 招标人要求，投标人同意延长投标有效期，投标人可以提出修改或招标人允许其修改投标文件吗？

答：投标人同意延长投标有效期的，不得要求或被允许修改其投标文件的实质性内容，但应当相应延长其投标保证金的有效期。

6-37 招标人要求投标人延长投标有效期，投标人可以拒绝吗？拒绝延长投标有效期的投标人投标保证金如何处理？

答：投标人有权拒绝延长投标有效期，投标人拒绝延长的，其投标失效，但投标人有权收回其投标保证金。

6-38 招标人要求投标人从其基本账户缴纳投标保证金，有何意义？

答：在一定程度上可以防止挂靠。

6-39 因延长投标有效期造成投标人损失的，招标人是否应给予补偿？

答：如果投标人同意延长投标有效期的，造成投标人损失应自行承担。因招标人要求延长投标有效期，造成投标人损失的，投标人可以要求招标人给予补偿。

6-40 招标人可以组织潜在投标人踏勘项目现场，向其介绍工程场地和相关环境的有关情况吗？

答：招标人根据招标项目的具体情况，可以组织潜在投标人踏勘项目现场，向其介绍工程场地和相关环境的有关情况。

6-41 招标人介绍情况要对潜在投标人的判断和决策负责吗？

答：潜在投标人依据招标人介绍情况作出的判断和决策，由投标人自行负责。

6-42 招标人可以单独或者分别组织投标人进行现场踏勘吗？

答：不可以，招标人不得单独或者分别组织任何一个投标人进行现场踏勘。

6-43 招标人应怎样处理潜在投标人在阅读招标文件和现场踏勘中提出的疑问？如进行解答其效力是什么？

答：对于潜在投标人在阅读招标文件和现场踏勘中提出的疑问，招标人可以书面形式或召开投标预备会的方式解答，但需同时将解答以书面方式通知所有购买招标文件的潜在投标人。该解答的内容为招标文件的组成部分。

6-44 工期过长时，招标人可以采取什么应对措施？

答：工期较长的，招标文件可以规定工程造价指数体系、价格调整因素和调整方法。

6-45 招标人能否使用非中标单位投标文件中的技术成果或技术方案？

答：可以。但需要征得其书面同意，并给予一定的经济补偿。

6-46 合同所确定的建设规模、标准、内容与价格确需超出规定范围的，招标人应如何处理？

答：应在中标合同签订前，报原项目审批部门审查同意。凡应报经审查而未报的，在初步设计及概算调整时，原项目审批部门一律不予承认。

6-47 不具备分包条件或不符合分包规定时，招标人应如何处理？

答：招标人有权在签订合同或中标人提出分包要求时予以拒绝。

6-48 若发现中标人转包或违法分包时，招标人应如何处理？

答：可要求其改正；拒不改正的，可终止合同，并报请有关行政监督部门查处。

6-49 提高对潜在投标人的资质要求是否属于不合理条件限制或排斥潜在投标人？

答：属于。

6-50 对潜在投标人的施工经验要求是否属于以不合理条件限制或排斥潜在投标人？

答：不属于。

6-51 如何防止施工招标中的投标人造假？

答：采用资格预审的方式，便于有充足的时间进行调查；要求投标人提交所有的证明材料，且原件备查；延长公示期。

6-52 施工投标的资格审查包括哪些内容？

答：包括一般性审查（如法人地位、企业信誉等）与专业审查（资质、能力、经验等）。

6-53 资质审查的基本要求是什么？

答：投标人的施工资质应高于或与拟建工程项目的级别一致，应涵盖拟建工程项目的业务范围，不允许无资质证书的单位或低资质的单位越级承接施工任务，也不允许超越业务范围承接施工业务。

6-54 建造师分为几级？各有哪些专业？如何选择施工招标中的项目经理？

答：建造师分为一级注册建造师和二级注册建造师。

一级注册建造师分为建筑工程、机电工程、市政公用工程、公路工程、铁路工程、民航机场工程、港口与航道工程、水利水电工程、通信与广电工程、矿业工程十个专业。二级注册建造师分为建筑工程、机电工程、市政公用工程、公路工程、水利水电工程、矿业工程六个专业。

施工招标中应选择具有相关专业资格等级的注册建造师，且有类似建设项目的工作经验。

6-55　招标人在施工招标时应注意哪些策略？

答：招标人在施工招标时，不可否认具有主体责任和主导地位。招标的目的是通过竞争，择优选出适合项目合同履行的施工中标人。由于招标人具有主体责任和主导地位，法律法规对招标人的权利部分进行了一定的规范。因此招标人在施工招标时应关注以下策略：

（1）合法合规规避风险的策略。
（2）诚实信用降低交易成本的策略。
（3）掌握资讯综合分析的策略。
（4）统筹策划实现目标的策略。
（5）注重合同实现标的的策略。

6-56　招标人在施工招标中执行合法合规规避风险的策略时，需要注意哪些事项？

答：招标人在施工招标中，实施合法合规规避风险的策略时，因为施工招标有《招标投标法》及《招标投标法实施条例》和相关规章的规定，因此需要关注以下几点：

1. 施工招标应具备必要的条件

（1）项目招标人应当符合相应的资格条件。
（2）根据项目本身的性质、特点应当满足项目招标和组织实施必需的资金、技术条件、管理机构和力量、项目实施计划和法律法规规定的其他条件。
（3）项目招标的内容、范围、条件、招标方式和组织形式已经有关项目审批部门或招标投标监督部门核准，并完成法律、法规、规章规定的项目规划、审批、核准或备案等实施程序。
（4）工程建设项目初步设计或工程招标设计或工程施工图设计已经完成，并经有关政府部门对立项、规划、用地、环境评估等进行审批、核准或备案。
（5）工程建设项目具有满足招标投标和工程连续施工所必需的设计图纸及有关技术标准、规范和其他技术资料。
（6）工程建设项目用地拆迁、场地平整、道路交通、水电、排污、通信及其他外部条件已经落实。

2. 施工招标的特殊事项须批准

（1）如符合邀请招标条件的，采用邀请招标必须经有审批权限的监管部门审批同意。
（2）符合可以不进行施工招标的情形，虽不属于监管部门审批范围，但招标人为适用其规定弄虚作假的，属于《招标投标法》第四条规定的规避招标。因此建议招标人应当事先有可靠充分的事实证明，形成报告，按相关管理规定，由有权部门进行审批或备案。

3. 施工招标须符合法定的程序和时间规定

（1）按照《招标投标法》的规定，一个完整的招标投标程序必须包括：招标、投标、开标、评标、定标和签订合同六大环节。通常实践中具体程序一般有：招标准备、组织资格审查（如需资格预审）、编制发售招标文件、现场踏勘、投标预备会、编制递交投标文件、组建评标委员会、开标、评标、定标和签订合同等。须按规定程序顺序进行，不可跳越或逆向。

（2）程序中与招标人有关的法定时间为：

资格预审文件或者招标文件的发售期不得少于5日。

依法必须进行招标的项目提交资格预审申请文件的时间，自资格预审文件停止发售之日起不得少于5日。

澄清或者修改的内容可能影响资格预审申请文件或者投标文件编制的，招标人应当在提交资格预审申请文件截止时间至少3日前，或者投标截止时间至少15日前，以书面形式通知所有获取资格预审文件或者招标文件的潜在投标人；不足3日或者15日的，招标人应当顺延提交资格预审申请文件或者投标文件的截止时间。

潜在投标人或者其他利害关系人对资格预审文件有异议的，应当在提交资格预审申请文件截止时间2日前提出；对招标文件有异议的，应当在投标截止时间10日前提出。招标人应当自收到异议之日起3日内作出答复；作出答复前，应当暂停招标投标活动。

招标文件应当规定一个适当的投标有效期，以保证招标人有足够的时间完成评标和与中标人签订合同。

依法必须进行招标的项目，自招标文件开始发出之日起至投标人提交投标文件截止之日止，最短不得少于20日。

投标人撤回已提交的投标文件，应当在投标截止时间前书面通知招标人。招标人已收取投标保证金的，应当自收到投标人书面撤回通知之日起5日内退还。

招标人应当根据项目规模和技术复杂程度等因素合理确定评标时间。超过三分之一的评标委员会成员认为评标时间不够的，招标人应当适当延长。

依法必须进行招标的项目，招标人应当自收到评标报告之日起3日内公示中标候选人，公示期不得少于3日。

投标人或者其他利害关系人对依法必须进行招标的项目的评标结果有异议的，应当在中标候选人公示期间提出。招标人应当自收到异议之日起3日内作出答复；作出答复前，应当暂停招标投标活动。

招标人最迟应当在书面合同签订后5日内向中标人和未中标的投标人退还投标保证金及银行同期存款利息。

6-57 招标人在施工招标中执行诚实信用降低交易成本的策略时，需要注意哪些事项？

答：招标投标的原则为"公开、公平、公正和诚实信用"，因招标人违反该原则，可导致招标、投标、中标无效，应当依法重新招标或者评标，导致交易成本增加，因此在施工招标中，执行诚实信用降低交易成本的策略时，需要注意以下事项：

（1）招标人编制的资格预审文件、招标文件的内容违反法律、行政法规的强制性规定，违反公开、公平、公正和诚实信用原则，影响资格预审结果或者潜在投标人投标的，依法必须进行招标的项目的招标人应当在修改资格预审文件或者招标文件后重新招标。

（2）依法必须进行招标的项目的招标投标活动违反《招标投标法》和《招标投标法实施条例》的规定，对中标结果造成实质性影响，且不能采取补救措施予以纠正的，招标、投标、中标无效，应当依法重新招标或者评标。

6-58 招标人在施工招标中，执行掌握资讯综合分析的策略时，需要注意哪些事项？

答：招标人为了实现施工招标的目标，需要充分了解招标中相关的资讯及进行信息资料的收集，以便综合分析后统筹策划，较好地实现目标。因此招标人在施工招标中，执行掌握资讯综合分析的策略时，需要关注以下事项：

充分收集信息资料，包括潜在投标人的基本情况及信用，本项目可能的竞争格局，近期类似项目的中标情况及遇到的问题和解决方案，相关产业发展、市场供给，近期建材市场行情趋势，近期大宗建材供应、价格趋势，水电供应情况等。

可能招标人受实践经验和法律、技术专业水平的限制对招标可产生竞争的信息了解存在困难。因此可考虑选择委托代理招标机构配合共同完成。招标代理机构相对招标人来说，具有更专业的招标资格能力和业绩经验，并且相对客观公正。

6-59 招标人在施工招标中执行统筹策划实现目标的策略时，需要注意哪些事项？

答：在充分掌握资讯及进行信息资料的收集后，可着手进行招标准备工作，包括判断招标人资格能力、制定招标工作总体计划、确定招标组织形式、落实招标基本条件和编制招标采购方案及招标文件。

为有序、有效地组织实施招标采购工作，招标人应在上述准备工作的基础上，根据招标项目的特点和自身需求，依据有关规定编制招标方案，确定招标内容范围、招标组织形式、招标方式、标段划分、合同类型、投标人资格条件，安排招标工作目标、顺序和计划，分解落实招标工作任务和措施。

6-60 招标人在施工招标中执行注重合同实现标的的策略时，需要注意哪些事项？

答：招标人在施工招标中，执行注重合同实现标的的策略时，需要注意，招标合同最终实现标的，是按照法律的规定和招标文件的约定，通过法定程序最终确定中标人、签订合同并执行完毕的过程。

招标人注重合同实现标的的策略除关注招标过程要求外，还应关注过程和后期执行的工程量清单、合同主要条款。

工程量清单是后期合同执行中的量的标准，由于使用工程量清单招标，量的风险由招标人承担，因此需要高度重视工程量清单，清单的项目特征描述应准确、无歧义，否则合同实现标的的风险将加大。

合同文本应当包含法定必备条款和招标需求的所有内容，包括但不限于标的名称，标的质量、数量（规模），履行时间（工期期限）、地点和方式，价款或者报酬、付款进度安排、资金支付方式，验收、交付标准和方法，质量保修范围和保修期，违约责任与解决争议的方法等。

招标项目涉及标的知识产权归属、处理的，应当约定知识产权的归属和处理方式。招标人可以根据项目特点划分合同履行阶段，明确分期考核要求和对应的付款进度安排。对于长期运行的项目，要充分考虑可能出现的重大市场风险，在合同中约定风险分担等事项。

第二节　施工投标及策略

6-61　在施工招标中，投标人与招标人存在怎样的关系，将无资格参加该项目的投标？

答：投标人是招标人的任何不具独立法人资格的附属机构（单位），或者为招标项目的前期准备或者监理工作提供设计、咨询服务的任何法人及其任何附属机构（单位），都无资格参加该招标项目的投标。

6-62　投标人可以按照以前的投标文件格式编制投标文件吗？

答：投标人应当按照招标文件的要求编制投标文件，当然包括投标文件格式要求。投标文件应当对招标文件提出的实质性要求和条件作出响应，否则可能导致投标被否决。每个招标项目都有自身的特点和招标文件对投标文件的格式要求，所以投标人可以参考以前的类似项目投标文件，不可以按照以前的投标文件格式编制投标文件。

6-63　施工招标项目的投标文件包括哪些内容？

答：施工招标项目投标文件由四部分组成。分别为资格审查、投标书、技术标（施工组织设计）、商务标。

（1）资格审查：适用于资格后审，一般要求投标人提供营业执照、资质证书、组织机构代码、财务报表、业绩、项目经理资格等。

（2）投标书：包括投标函、法定代表人资格证明书、授权委托书等。

（3）技术标（施工组织设计）：投标人对该项目的施工措施的介绍。

（4）商务标：投标人对该项目的报价。

6-64　施工招标项目投标人拟在中标后进行分包要在投标文件中载明吗？

答：投标人根据招标文件载明的项目实际情况，拟在中标后将中标项目的部分非主体、非关键性工作进行分包的，应当在投标文件中载明。

6-65　施工招标项目投标保证金有形式规定和最高限定吗？

答：招标人可以在招标文件中要求投标人提交投标保证金。投标保证金除现金外，可以是银行出具的银行保函、保兑支票、银行汇票或现金支票。

投标保证金不得超过项目估算价的百分之二，但最高不得超过80万元人民币。

6-66　对投标保证金的有效期有要求吗？

答：投标保证金有效期应当与投标有效期一致。

6-67　施工招标项目投标人可以自己计算投标保证金的金额吗？

答：不可以。因为根据规定投标保证金不得超过项目估算价的百分之二，其计算基数是项目估算价，不是投标价，因此投标保证金应当按照招标文件规定的金额提交。

6-68　施工招标的项目投标保证金都要从其基本账户转出吗？

答：不一定。因为根据规定，依法必须进行施工招标的项目的境内投标单位，以现金或者支票形式提交的投标保证金应当从其基本账户转出。投标保证金要从其基本账户转出须满足三个条件：首先是依法必须招标项目，其次是境内投标单位，其三是以现金或者支票形式提交的。

6-69　依法必须进行施工招标的项目，开标时提交投标文件的投标人少于三个的，招标人怎样做？

答：依法必须进行施工招标的项目提交投标文件的投标人少于三个的，招标人在分析招标失败的原因并采取相应措施后，应当依法重新招标。

6-70　依法必须进行施工招标的项目重新招标后投标人仍少于三个的，招标人怎样做？

答：依法必须进行施工招标的项目，重新招标后投标人仍少于三个的，属于必须审批、核准的工程建设项目，报经原审批、核准部门审批、核准后可以不再进行招标；其他工程建设项目，招标人可自行决定不再进行招标。

6-71　施工招标的项目投标人可以补充、修改、替代或者撤回已提交的投标文件吗？

答：投标人在招标文件要求提交投标文件的截止时间前，可以补充、修改、替代或者撤回已提交的投标文件，并书面通知招标人。补充、修改的内容为投标文件的组成部分。需要注意，补充、修改、替代或者撤回，必须是在提交投标文件的截止时间前，同时需要书面通知招标人后才可以。

6-72　施工招标的项目投标截止时间后投标人可以撤销其投标文件吗？如投标人撤销文件有什么后果？

答：在提交投标文件截止时间后到招标文件规定的投标有效期终止之前，投标人不得撤销其投标文件，否则其后果是招标人可以不退还其投标保证金。投标人需要清楚"撤回"与"撤销"时间上的区别，"撤回"是指招标文件要求提交投标文件的截止时间前做出；"撤销"是指在提交投标文件截止时间后到招标文件规定的投标有效期终止之前做出。

6-73　施工招标的项目在开标前，已接收的投标资料由谁保管？

答：在开标前，招标人应妥善保管好已接收的投标文件、修改或撤回通知、备选投标方案等投标资料。

6-74　施工招标的项目联合体各方一旦签订共同投标协议后，有哪些禁止性规定？

答：施工招标的项目联合体各方签订共同投标协议后，不得再以自己名义单独投标，也不得组成新的联合体或参加其他联合体在同一项目中投标。

6-75　招标人资格预审接受联合体的，联合体应何时组成？预审后如联合体组成发生变化有什么后果？

答：招标人接受联合体投标并进行资格预审的，联合体应当在提交资格预审申请文件前组成。资格预审后联合体增减、更换成员的，其投标无效。

6-76　联合体各方的牵头人，有什么工作内容？

答：联合体各方应当指定牵头人，授权其代表所有联合体成员负责投标和合同实施阶段的主办、协调工作。

6-77　怎样才能证明联合体各方的牵头人是合法的？

答：联合体各方应当向招标人提交由所有联合体成员法定代表人签署的授权书，

由此证明联合体各方的牵头人，得到了授权。

6-78　联合体投标的投标保证金怎样提交？

答：联合体投标的，应当以联合体各方或者联合体中牵头人的名义提交投标保证金。以联合体中牵头人名义提交的投标保证金，对联合体各成员具有约束力。

6-79　施工招标的项目属投标人串通投标报价的行为有哪些？

答：施工招标的项目下列行为均属投标人串通投标报价：
（1）投标人之间相互约定抬高或压低投标报价。
（2）投标人之间相互约定，在招标项目中分别以高、中、低价位报价。
（3）投标人之间先进行内部竞价，内定中标人，然后再参加投标。
（4）投标人之间其他串通投标报价的行为。

6-80　串通投标有哪些形式？应如何防止施工招标中的串通投标行为？

答：串通投标最常见的是高价围标，即投标人高价投标存在互不竞争，逼迫招标人以高价成交，串通投标有以下三种形式：
（1）由众投标人商议确定一个投标高价，并推举其中一投标人（被陪标人）以该价格投标，以期中标，其他投标人（陪标人）则以更高的价格进行投标，最终被陪标人以高价中标。
（2）有时在上述（1）的基础上还加上一个护标人，护标人的作用是不让招标人发觉串标行为，其以极低价格进行投标报价，待其中标后以各种理由拒绝签订合同，迫使招标人把合同转授次低价投标的被陪标人。
（3）被陪标人通过各种渠道掌握其他投标人的情况，甚至现场拦截投标人，通过贿赂等手段要求其他投标人放弃投标或以高价投标，被陪标人中标后向投标人与护标人兑现好处费。

防止串通投标行为有以下方式：
（1）选择恰当的招标方式和招标条件。
（2）尽早发布招标信息。扩大投标人的范围，增加串通投标行为的难度。
（3）严格保密投标人的名单。提倡实行网上报名。
（4）严把评审关。

6-81　施工招标项目投标人以他人名义投标的情形有哪些？

答：施工招标项目中以他人名义投标的情形，是指投标人挂靠其他施工单位，或从其他单位通过受让或租借的方式获取资格或资质证书，或者由其他单位及其法定代表人在自己编制的投标文件上加盖印章和签字等行为。

6-82 投标人在施工投标时应注意哪些策略？

答：投标人在施工投标时，投标人的目标是按法律法规和招标文件的要求，通过竞争择优的过程，最终成为中标人，签订项目合同、履行合同实现收入和利润。投标策略是投标人经营决策的组成部分，指导投标全过程。投标时，必须在法律的规范下，根据企业经营状况和经营目标，既要分析该项目的整体特点，还要考虑自身的优势和劣势，以及竞争的激烈程度来确定投标策略。对于投标人而言，只有尽快熟悉投标规则，确定投标策略，提高投标报价能力，才能使自己在激烈的工程项目竞标活动中，战胜对手，因此投标人在施工招标时一般应关注以下策略：

（1）合法合规规避风险的策略。
（2）诚实信用提高企业商誉的策略。
（3）掌握资讯综合分析的策略。
（4）统筹策划实现目标的策略。
（5）有序竞争投标报价的策略。

6-83 投标人在施工投标中运用合法合规规避风险的策略时，应注意哪些事项？

答：投标人在施工投标中运用合法合规规避风险的策略时，因为施工招标投标有《招标投标法》及《招标投标法实施条例》和相关规章的规定，如存在法定的情形或者招标文件约定的情形，将会造成投标被否决，导致投标失败，同时投标人也有法律赋予的救助权利和渠道，因此投标人需要注意以下事项：

1. 施工投标人应没有法定的限制、拒绝投标的条件

（1）投标人与招标人存在特殊的关系，将不得参加该项目的投标（见问答6-61）。
（2）资格预审不合格的潜在投标人不得参加投标。
（3）逾期送达和未按招标文件要求密封的投标文件招标人应当拒收。
（4）投标人有串通投标规定情形的拒绝投标（见问答6-79）。
（5）招标人与投标人有串通投标规定情形的拒绝投标（见问答5-60）。
（6）以他人名义投标的拒绝投标（见问答6-81）。
（7）资格审查应主要审查潜在投标人或者投标人是否符合下列条件，不符合的拒绝投标：

1）具有独立订立合同的权利。
2）具有履行合同的能力，包括专业、技术资格和能力，资金、设备和其他物质设施状况，管理能力，经验、信誉和相应的从业人员。
3）没有处于被责令停业，投标资格被取消，财产被接管、冻结，破产状态。
4）在最近三年内没有骗取中标和严重违约及重大工程质量问题。

5）国家规定的其他资格条件。

（8）评标委员会否决投标的规定：

1）投标文件未经投标单位盖章和单位负责人签字。

2）投标联合体没有提交共同投标协议。

3）投标人不符合国家或者招标文件规定的资格条件。

4）同一投标人提交两个以上不同的投标文件或者投标报价，但招标文件要求提交备选投标的除外。

5）投标报价低于成本或者高于招标文件设定的最高投标限价。

6）投标文件没有对招标文件的实质性要求和条件作出响应。

7）投标人有串通投标、弄虚作假、行贿等违法行为。

2. 施工投标须符合法律规定及招标文件约定要求

（1）投标人拟在中标后进行分包要在投标文件中载明（见问答6-64）。

（2）国内的投标人的投标保证金应从基本账户转出（见问答6-68）。

（3）投标截止时间前，投标人可以补充、修改、替代或者撤回投标文件（见问答6-71）。

（4）投标截止时间后，投标人不得撤销其投标文件（见问答6-72）。

（5）投标人在联合体各方签订共同投标协议后，不得再以自己名义单独投标（见问答6-74）。

（6）其他招标文件约定的条件、内容。

3. 投标人有疑问、异议和投诉的权利

通常情况下，疑问是对不明确的事项提出，异议是对可能影响投标的事项提出，一般应提出诉求，提出的主体是投标人或潜在投标人，接受异议的主体是招标人。投诉是对异议答复不满意而向监督机关提出。异议、投诉必须在法定时限内、按照规定的内容和要求进行，超过法定时限的其权利灭失，权利灭失或不符合规定的内容和要求的，接收主体可以不予受理。

（1）投标人有提出疑问的权利。疑问存在于招标投标活动的过程中，可以是对文件的也可以是对现场踏勘的，疑问通常是不存在违反法律规定仅需要说明清楚即可以的情形，通常可以口头提出也可以书面形式提出（见问答6-43）。

（2）投标人有对招标文件异议的权利。对招标文件异议应以书面形式在法定时限内提出，招标人以书面形式在法定时限内，回复给所有潜在投标人或投标人。

（3）投标人有对开标异议的权利。对开标异议的必须在开标现场提出，未参加开标的投标人，异议的权利因未参加开标而灭失。

（4）投标人有对评标结果异议的权利。对评标结果异议的，必须在评标结果公示期内，以书面形式提出，超过公示期的不予受理；投标人对招标文件的异议，在开标后其权利灭失，在公示期提出对招标文件的异议不予受理。异议须提出异议事项、提供必要的证明线索、信息来源的合法性及诉求，并按规定的内容和要求进行，缺少以上内容的可导致不予受理。

（5）投标人有投诉的权利。投标人对异议答复不满意的，可以向监管机构提出投诉，投诉的前提必须是经过了异议；投诉须在法定的时限内，按法定的内容和规定进行。

6-84　投标人在施工投标中执行诚实信用提高企业商誉的策略时，应注意哪些事项？

答：投标除必须合法合规外，招标投标活动的原则是"公平、公开、公正和诚实信用"，其中"诚实信用"是招标投标活动的基石。实施诚实信用提高企业商誉的策略，须注意要从企业的长期发展考虑，诚实信用是企业长期发展的基础，在市场经济条件下诚实信用的企业是可以发展长远的，从业者也要遵守基本的职业道德，要注意并做到不串通、不行贿、不受贿、不弄虚作假，以保持市场的良性发展，同时也可以通过投标、中标提高企业的信用和信誉。

随着市场经济的规范，事中、事后的监督和企业信用制度的不断完善，建设工程项目的审计、巡视、巡查力度的加强，串通、行贿、受贿、弄虚作假一旦被查处，轻者损害企业信用、信誉，重者被行政或刑事处罚，可造成企业被限制投标或经营的颠覆性事件，因此投标中，执行诚实信用提高企业商誉的策略，是十分重要的。

6-85　投标人在施工投标中执行掌握资讯综合分析的策略时，应注意哪些事项？

答：投标人在施工投标中，执行掌握资讯综合分析的策略时，应当注意，此阶段已需要组建一个有经验的投标团队，以便开展相应各策略的实施。该团队成员必须有丰富的施工经验，精通预算报价，且具备一定的合同、法务、投标和公关知识，具备相应的合同谈判和签约经验等。投标团队成立后应立即组织各投标人员召开投标会议，除对招标文件进行分析解读外，还需要有针对性地进行各项策略实施的任务分工，制定完成时间，进行过程把控。

一般要进行综合分析必先进行信息资料的收集，一般应收集的信息有：

（1）收集招标人的信息。除根据招标文件的描述外，需了解招标人的需求、要实现的目标，以往习惯做法，尤其是评标、定标的程序和做法，预测招标人会接受的底价，当地监管部门是否对投标价格的异常有相关管理规定，以便在企业可承受的范围内灵活调整自己的价格范围。

（2）收集竞争者的信息和资料。研究可能的竞争对手及实力，分析它们对本次招标项目的兴趣和哪些单位可能有意向参加，了解它们的背景、当前的公司经营现状、以往投标的相关情况、常规报价习惯、优势、企业的商业信誉和正在施工的项目情况，做到知己知彼。

（3）收集相关的市场信息。包括相关产业发展、市场供给，近期地材市场行情趋势、近期大宗建材供应、价格趋势、水电供应情况等。

信息收集后要进行综合分析，从而为统筹策划编制投标文件打好基础，谋定而后动。

6-86 投标人在施工投标时执行统筹策划实现目标的策略时，应注意哪些事项？

答：统筹策划实现目标的策略的实施，应当在前期其他策略准备充分的基础上进行。并关注以下事项：

1. 全面正确理解招标文件

投标人要认真通读招标文件，把握工程建设中的重点和难点，对重点问题进行标注和理解，要充分理解如项目的地理位置、工程规模、开发目标、项目范围、施工周期，报价方法、合同形式、评标办法、资金筹措、交通设施、自然及人文环境等。对于招标文件中，可能有歧义或多种理解的情况，一定要提出疑问或澄清要求，而不能想当然地认为自己的理解一定正确。重要事项尽量采用书面形式，对于疑问也可以采用电话方式，以提高效率。

2. 做好现场踏勘

现场踏勘的目的在于让投标人了解工程场地和周围环境情况。投标人应委派有经验的工程师按时参加踏勘，对工程建设项目一般应了解以下内容：

（1）施工现场是否达到招标文件规定的条件。

（2）施工现场的地理位置和地形、地貌。

（3）施工现场的地质、土质、水文等情况。

（4）施工现场的气候条件，如气温、湿度、风力等。

（5）现场的环境，如交通、供水、供电、污水排放等。

（6）临时用地、临时设施搭建等，即工程施工过程中临时使用的工棚，堆放材料的库房以及这些设施所占的地方等。

（7）电源水源情况，通信条件，管线的长度。

（8）当地的物价消费水平，社会治安状况，综合社会经济环境等。

投标人对现场进行了解之后，有针对性地向招标人提出需要澄清的问题。

3. 投标文件的编制

投标文件不仅要依据招标文件的工程状况、地质条件、技术条款、招标图纸、工期要求等方面，还要结合施工技术规范、施工方案及本企业施工经验、自身设备、人员、资金等状况，综合工程所在地市场行情和投标对手的情况等因素统筹考虑，投标文件编制，一定要严格按照招标文件的要求，编标的时间要留有余地。

4. 施工组织设计的编制

施工组织设计是投标文件的一部分，一般只在施工招标中需要编制施工组织设计，施工组织设计是对拟建工程施工的全过程实行科学管理的重要手段。如招标文件要求编制施工组织设计，则它是工程投标的重要工作，也是评标过程中专家评审的重点。施工组织设计是投标单位计算报价的重要依据，是中标的基础。在编制施工组织设计时应注意以下几点：

（1）施工组织设计的内容要全面，重点突出。

（2）各种计划要合理，方案要先进，措施要具体实用，具有可操作性。

（3）要考虑到施工的各方面因素，特别是对施工的重点、难点和解决的方法进行详细的表述。具体应做到以下几点：①重视人员的安排；②注意施工进度计划和网络计划编排的严密性和科学性；③重视施工总平面图的布置；④采用先进科学的施工方法和施工技术措施，注意施工工序。

6-87 投标人在施工投标中执行有序竞争投标报价的策略时，应注意哪些事项？

答： 投标人在施工投标中执行有序竞争投标报价的策略时，应当注意投标报价是一个相当复杂的过程，一般根据投标人经营状况和经营目标，既要考虑自身的优势和劣势，也要考虑竞争的激烈程度，还要分析本次招标项目的整体特点，按照工程的类别、施工条件等确定。报价是整个投标的核心，如何确定最终报价，在很大程度上将决定投标的成败，也代了表企业的综合竞争能力。采用综合评审法评标的，报价一般占整个投标分值的60%以上，采用最低投标价法评标的，在通过符合性评审后，报价占整个投标分值的100%。一般在有序竞争投标报价时，可分为生存型策略、竞争型策略、赢利型策略。

1. 生存型策略

生存型策略是指为求生存采取的策略。由于社会、政治、经济环境的变化，投标人自身经营理念、管理落后，可能会造成投标人的生存危机，或为了企业开拓高利润新领域而采用的策略。这时投标人以生存或开拓新领域为重，以克服生存危机或开拓新领域为目标，采取不赢利甚至赔本也要争取中标的态度，只求能暂时维持生存或开拓高利润新的市场。但该策略可能不是有序竞争可持续的策略，投标人如果所有项目都按此策略进行，基本谈不上企业的发展。为了企业开拓新领域而采用此策略，也仅可偶尔为之。

2. 竞争型策略

竞争型策略投标报价以竞争为手段，在精确计算成本的基础上，充分估计各竞争对手的报价情况，以有竞争力的报价达到中标的目的。投标人处在以下几种情况下，可以考虑采取竞争型报价策略：经营状况处于平台期，竞争对手有威胁；试图进入新的地区拓展业务；开拓新的工程施工类型；投标项目风险小，施工工艺简单、工程量大、社会效益好；附近有本企业其他正在施工的建设工程项目。这种策略是大多数企业采用的，也称为保本薄利策略。以开拓市场，低赢利为目标。实施这种策略精确计算成本和充分估计各竞争对手，往往是报价策略能否成功的关键。

3. 赢利型策略

赢利型策略以实现最佳赢利为目标。一般下面几种情况，可以考虑采用赢利型报价策略，如投标人在本地区已属于头部企业、信誉度高、竞争对手少、具有技术优势并对招标人有较强的品牌效应、具有较大的竞争优势，或者施工能力已饱和、投标人目标主要是扩大影响，或者施工条件差、难度高、资金支付条件不好、工期质量等要求苛刻，实施这种策略的投标报价，可充分发挥投标人的自身优势，以实现最佳赢利的目标。

总之投标报价策略的制定和实施，要充分考虑内部和外部环境，不同项目的特点和投标人现状，根据自己的目标需求，选择最优的方案，让利益最大化、风险最小化，从而采取不同的报价策略。

第三节 勘察、设计招标投标

6-88 建设工程勘察、设计招标投标的法律体系是怎样的？

答：其体系为，法律：《招标投标法》；法规：《招标投标法实施条例》（国务院令第613号）和《建设工程勘察设计管理条例》（国务院令第293号）；部门规章：《工程建设项目勘察设计招标投标办法》（8部委2号令）和《建筑工程设计招标投标管理办法》（住建部令第33号）。

6-89 编制建设工程勘察、设计文件的依据有哪些规定？

答：编制建设工程勘察、设计文件，应当以下列规定为依据：
（1）项目批准文件。
（2）城乡规划。
（3）工程建设强制性标准。
（4）国家规定的建设工程勘察、设计深度要求。铁路、交通、水利等专业建设工程，还应当以专业规划的要求为依据。

6-90 建设工程勘察、设计的监督管理由哪个行政主管部门负责？

答：国务院建设行政主管部门对全国的建设工程勘察、设计活动实施统一监督管理。国务院铁路、交通、水利等有关部门按照国务院规定的职责分工，负责对全国的有关专业建设工程勘察、设计活动的监督管理。

县级以上地方人民政府建设行政主管部门对本行政区域内的建设工程勘察、设计活动实施监督管理。县级以上地方人民政府交通、水利等有关部门在各自的职责范围内，负责对本行政区域内的有关专业建设工程勘察、设计活动的监督管理。

6-91 建设工程勘察、设计注册执业人员可否受聘多个单位？

答：建设工程勘察、设计注册执业人员和其他专业技术人员只能受聘于一个建设工程勘察、设计单位；未受聘于建设工程勘察、设计单位的，不得从事建设工程的勘察、设计活动。

6-92 《工程建设项目勘察设计招标投标办法》的适用范围是什么？

答：根据《工程建设项目勘察设计招标投标办法》第二条，在中华人民共和国境内进行工程建设项目勘察设计招标投标活动，适用本办法。

6-93 《建筑工程设计招标投标管理办法》的适用范围是什么？

答：根据《建筑工程设计招标投标管理办法》第二条，依法必须进行招标的各类房屋建筑工程，其设计招标投标活动，适用本办法。

6-94 建筑工程方案设计招标分为哪两种类型？

答：建筑工程方案设计招标可分为概念性和实施性方案设计招标。

6-95 工程建设项目的勘察、设计方案招标，是否可以直接依据投标报价确定中标人？

答：可以但不推荐采用。勘察、设计招标一般采用综合评估法，对投标人的业绩、信誉和勘察、设计人员的能力以及勘察、设计方案的优劣进行评定，这当中的关键是设计方案。

6-96 对工程建设项目的勘察、设计进行招标投标时，如果招标人采用邀请招标方式，应当邀请几个投标人参加？有什么要求？

答：勘察、设计进行招标投标时，招标人采用邀请招标方式的，应保证有三个以上具备承担招标项目勘察、设计的能力，并具有相应资质的特定法人或者其他组织参加投标。

6-97 在依法必须招标的工程建设相关服务项目中，关于勘察、设计的招标金额达到多少须履行招标程序？

答：依法必须招标的工程建设相关服务项目中，勘察、设计、监理等服务的采购，单项合同估算价在100万元人民币以上，必须招标。同一项目中可以合并进行的勘察、设计、施工、监理以及与工程建设有关的重要设备、材料等的采购，合同估算价合计达到以上规定标准的，必须招标。

6-98 经项目审批、核准部门审批、核准，工程建设项目的勘察、设计可以不进行招标的情形包括哪些？

答：按照国家规定需要履行项目审批、核准手续的依法必须进行招标的项目，有下列情形之一的，经项目审批、核准部门审批、核准，项目的勘察、设计可以不进行招标：

（1）涉及国家安全、国家秘密、抢险救灾或者属于利用扶贫资金实行以工代赈、需要使用农民工等特殊情况，不适宜进行招标。

（2）主要工艺、技术采用不可替代的专利或者专有技术，或者其建筑艺术造型有特殊要求。

（3）采购人依法能够自行勘察、设计。

（4）已通过招标方式选定的特许经营项目投资人依法能够自行勘察、设计。

（5）技术复杂或专业性强，能够满足条件的勘察设计单位少于三家，不能形成有效竞争。

（6）已建成项目需要改、扩建或者技术改造，由其他单位进行设计影响项目功能配套性。

（7）国家规定的其他特殊情形。

6-99 依法必须进行勘察、设计招标的工程建设项目，招标时应当具备哪些条件？

答：依法必须进行勘察、设计招标的工程建设项目，在招标时应当具备下列条件：

（1）招标人已经依法成立。

（2）按照国家有关规定需要履行项目审批、核准或者备案手续的，已经审批、核准或者备案。

（3）勘察、设计有相应资金或者资金来源已经落实。

（4）所必需的勘察、设计基础资料已经收集完成。

（5）法律法规规定的其他条件。

6-100 工程勘察、设计类招标文件包含哪些基本内容？

答：工程勘察、设计招标文件应当包括下列内容：
（1）投标须知。
（2）投标文件格式及主要合同条款。
（3）项目说明书，包括资金来源情况。
（4）勘察、设计范围，对勘察、设计进度、阶段和深度要求。
（5）勘察、设计基础资料。

（6）勘察、设计费用支付方式，对未中标人是否给予补偿及补偿标准。

（7）投标报价要求。

（8）对投标人资格审查的标准。

（9）评标标准和方法。

（10）投标有效期。

6-101　建筑工程设计招标中招标文件一般包含哪些内容？

答：建筑工程设计招标中，招标文件应当满足设计方案招标或者设计团队招标的不同需求，主要包括以下内容：

（1）项目基本情况。

（2）城乡规划和城市设计对项目的基本要求。

（3）项目工程经济技术要求。

（4）项目有关基础资料。

（5）招标内容。

（6）招标文件答疑、现场踏勘安排。

（7）投标文件编制要求。

（8）评标标准和方法。

（9）投标文件送达地点和截止时间。

（10）开标时间和地点。

（11）拟签订合同的主要条款。

（12）设计费或者计费方法。

（13）未中标方案补偿办法。

6-102　国外设计企业参与我国工程建设项目勘察、设计投标，需要遵守哪些规定？

答：国外设计企业在其本国注册登记，从事建筑、工程服务的国外设计企业参加我国工程建设项目勘察、设计投标的，必须符合中华人民共和国缔结或者参加的国际条约、协定中所做的市场准入承诺以及有关勘察、设计市场准入的管理规定。

6-103　外国企业承担中华人民共和国境内建设工程设计，必须选择中方设计企业进行合作吗？

答：外国企业承担中华人民共和国境内建设工程设计，必须选择至少一家持有建设行政主管部门颁发的建设工程设计资质的中方设计企业（以下简称中方设计企业）进行中外合作设计（以下简称合作设计），且在所选择的中方设计企业资质许可的范围内承接设计业务。

6-104 国外设计企业参加建设工程设计投标，是否允许其独立进行概念设计、方案设计、初步设计和施工图设计？

答：仅允许其独立从事概念设计。其他设计内容须与中方设计企业联合后方可以开展工作。

6-105 《关于外国企业在中华人民共和国境内从事建设工程设计活动的管理暂行规定》适用所有设计项目吗？

答：外国企业以跨境交付的方式在中华人民共和国境内提供编制建设工程初步设计（基础设计）、施工图设计（详细设计）文件等建设工程设计服务的，应遵守该规定。

提供建设工程初步设计（基础设计）之前的方案设计不适用该规定。

6-106 对中外合作设计的项目，是否需要对外国设计企业进行审查？

答：建设单位负责对合作设计的外国企业是否具备设计能力进行资格预审，符合资格预审条件的外国企业方可参与合作设计。

6-107 合作设计项目的工程设计合同，权利、义务如何划分？

答：根据《关于外国企业在中华人民共和国境内从事建设工程设计活动的管理暂行规定》第五条的规定，合作设计项目的工程设计合同，应当由合作设计的中方设计企业或者中外双方设计企业共同与建设单位签订，合同应明确各方的权利、义务。工程设计合同应为中文文本。

6-108 建设单位在对外国企业进行设计资格预审时，可以要求外国企业提供哪些能满足建设工程项目需要的有效证明材料？

答：根据《关于外国企业在中华人民共和国境内从事建设工程设计活动的管理暂行规定》第七条的规定，建设单位在对外国企业进行设计资格预审时，可以要求外国企业提供以下能满足建设工程项目需要的有效证明材料（证明材料均要求有外国企业所在国官方文字与中文译本两种文本）。

（1）所在国政府主管部门核发的企业注册登记证明。

（2）所在国金融机构出具的资信证明和企业保险证明。

（3）所在国政府主管部门或者有关行业组织、公证机构出具的企业工程设计业绩证明。

（4）所在国政府主管部门或者有关行业组织核发的设计许可证明。

（5）国际机构颁发的ISO9000系列质量标准认证证书。

（6）参与中国项目设计的全部技术人员的简历、身份证明、最高学历证明和执业注册证明。

（7）与中方设计企业合作设计的意向书。

（8）其他有关材料。

6-109 工程建设项目勘察、设计的招标文件要求投标人提交的投标保证金最多不能超过多少万元？投标保证金可以哪种形式提交？

答：根据《工程建设项目勘察设计招标投标办法》第二十四条的规定，招标文件要求投标人提交投标保证金的，保证金数额不得超过勘察设计估算费用的百分之二，最多不超过10万元人民币。依法必须进行招标的项目的境内投标单位，以现金或者支票形式提交的投标保证金应当从其基本账户转出。

6-110 工程建设项目勘察、设计的评审一般采用综合评估法吗？

答：工程建设项目勘察、设计评标，一般采取综合评估法进行。评标委员会应当按照招标文件确定的评标标准和方法，结合经批准的项目建议书、可行性研究报告或者上阶段设计批复文件，对投标人的业绩、信誉和勘察、设计人员的能力以及勘察、设计方案的优劣进行综合评定。

6-111 对于投标人，工程建设项目勘察、设计招标中有哪些情况，评标委员会应当否决其投标？

答：投标人有下列情况之一的，评标委员会应当否决其投标：
（1）不符合国家或者招标文件规定的资格条件。
（2）与其他投标人或者与招标人串通投标。
（3）以他人名义投标，或者以其他方式弄虚作假。
（4）以向招标人或者评标委员会成员行贿的手段谋取中标。
（5）以联合体形式投标，未提交共同投标协议。
（6）提交两个以上不同的投标文件或者投标报价，但招标文件要求提交备选投标的除外。

6-112 对于投标文件，工程建设项目勘察、设计招标中有哪些情况，评标委员会应当否决其投标？

答：投标文件有下列情况之一的，评标委员会应当否决其投标：
（1）未经投标单位盖章和单位负责人签字。
（2）投标报价不符合国家颁布的勘察设计取费标准，或者低于成本，或者高于招标文件设定的最高投标限价。
（3）未响应招标文件的实质性要求和条件。

6-113 勘察、设计招标项目中，如中标候选人的经营、财务状况发生较大变化或者存在违法行为，招标人认为可能影响其履约能力的，正确的做法是什么？

答：中标候选人还不是中标人，在发出中标通知书前，可以提请原评标委员会对其履约能力进行审查。

6-114 招标人或中标人是否可以直接采用其他未中标人投标文件中的技术方案？

答：招标人或者中标人采用其他未中标人投标文件中技术方案的，应当征得未中标人的书面同意，并支付合理的使用费。

6-115 依法必须进行勘察、设计招标的项目，招标人应当在确定中标人之日起15日内，向有关行政监督部门提交招标投标情况的书面报告，该书面报告一般包括哪些内容？

答：依法必须进行勘察、设计招标的项目，招标人应当在确定中标人之日起15日内，向有关行政监督部门提交招标投标情况的书面报告。

书面报告一般应包括以下内容：
（1）招标项目基本情况。
（2）投标人情况。
（3）评标委员会成员名单。
（4）开标情况。
（5）评标标准和方法。
（6）否决投标情况。
（7）评标委员会推荐的经排序的中标候选人名单。
（8）中标结果。
（9）未确定排名第一的中标候选人为中标人的原因。
（10）其他需说明的问题。

6-116 工程建设项目勘察、设计招标过程中，对潜在投标人提出的疑问，可以通过哪些方式解答？

答：对于潜在投标人在阅读招标文件和现场踏勘中提出的疑问，招标人可以书面形式或召开投标预备会的方式解答，但需同时将解答以书面方式通知所有招标文件收受人。该解答的内容为招标文件的组成部分。

6-117 工程建设项目勘察、设计招标必须实行一次性总体招标吗？

答：招标人可以依据工程建设项目的不同特点，实行勘察、设计一次性总体招标；也可以在保证项目完整性、连续性的前提下，按照技术要求实行分段或分项招标。

6-118 工程建设项目勘察、设计招标，自招标文件或者资格预审文件出售之日起至停止出售之日止，最短不得少于多少日？

答：工程建设项目勘察、设计招标，自招标文件或者资格预审文件出售之日起至停止出售之日止，最短不得少于5日。招标人应当按照资格预审公告、招标公告或者投标邀请书规定的时间、地点出售招标文件或者资格预审文件。

6-119 《工程建设项目勘察设计招标管理办法》和《建筑工程设计招标管理办法》有什么区别？

答：《工程建设项目勘察设计招标管理办法》是由国家发展改革委等8部委联合发布，适用于各类工程建设项目勘察、设计的招标管理，《建筑工程设计招标管理办法》是由住建部发布，适用于依法必须进行招标的各类房屋建筑工程，其设计招标投标活动的管理。

6-120 建筑工程设计招标，可以采用设计团队招标模式吗？

答：建筑工程设计招标可以采用设计方案招标或者设计团队招标，招标人可以根据项目特点和实际需要选择。

6-121 什么是设计方案招标？什么是设计团队招标？

设计方案招标，是指主要通过对投标人提交的设计方案进行评审确定中标人。

设计团队招标，是指主要通过对投标人拟派设计团队的综合能力进行评审确定中标人。

6-122 建筑工程设计招标中采用设计方案招标或设计团队招标时，评标委员会评审的内容有什么区别？

答：根据《建筑工程设计招标投标管理办法》第十八条的规定，评标委员会应当按照招标文件确定的评标标准和方法，对投标文件进行评审。

采用设计方案招标的，评标委员会应当在符合城乡规划、城市设计以及安全、绿色、节能、环保要求的前提下，重点对功能、技术、经济和美观等进行评审。

采用设计团队招标的，评标委员会应当对投标人拟从事项目设计的人员构成、人员业绩、人员从业经历、项目解读、设计构思、投标人信用情况和业绩等进行评审。

6-123 建筑工程设计招标对采用设计团队招标的，中标候选人公示应当明确哪些内容？

答：建筑工程设计招标对采用设计团队招标的，招标人应当公示中标候选人。

采用设计团队招标的，招标人应当公示中标候选人投标文件中所列主要人员、业绩等内容。

6-124 采用设计方案招标的，招标人认为评标委员会推荐的候选方案不能最大限度满足招标文件规定的要求的，应当怎样做？

答：采用设计方案招标的，招标人认为评标委员会推荐的候选方案不能最大限度满足招标文件规定的要求的，应当依法重新招标。

6-125 《建筑工程设计招标投标管理办法》对建筑专业专家库有什么规定？

答：国务院住房城乡建设主管部门，省、自治区、直辖市人民政府住房城乡建设主管部门应当加强建筑工程设计评标专家和专家库的管理。建筑专业专家库应当按建筑工程类别细化分类。

6-126 建筑工程设计招标活动中对于技术复杂、专业性强或者国家有特殊要求的项目，评标委员会可以邀请哪些具有相应资历的专家参与评标？

答：根据《建筑工程设计招标投标管理办法》第十六条第三款的规定，评标专家一般从专家库随机抽取，对于技术复杂、专业性强或者国家有特殊要求的项目，招标人也可以直接邀请相应专业的中国科学院院士、中国工程院院士、全国工程勘察设计大师以及境外具有相应资历的专家参加评标。

6-127 某省要求政府投资项目的勘察、设计、施工和监理，以及与工程建设有关的重要设备、材料等采购，应当依法实行招标。如果勘察项目预算金额在100万元以下，是根据该项规定必须进行招标，还是依据《必须招标的工程项目规定》可以不招标？

答：根据《必须招标的工程项目规定》第五条："本规定第二条至第四条规定范围内的项目，其勘察、设计、施工、监理以及与工程建设有关的重要设备、材料等的采购达到下列标准之一的，必须招标……勘察、设计、监理等服务的采购，单项合同估算价在100万元人民币以上。"勘察项目合同估算金额不足100万元，可不采用招标形式采购。

6-128 某项目现在处于设计招标阶段。承担该项目前期勘察工作的勘察设计院的下属公司是否可以参加本项目的设计投标？

答：《招标投标法实施条例》第三十四条规定，与招标人存在利害关系可能影响招标公正性的法人、其他组织或者个人，不得参加投标。禁止的是"和招标人存在利害关系"，和本项目之前的勘察单位存在利害关系不属于法律法规禁止情形。

6-129 学术性的项目方案设计竞赛或"创意征集"是否需要遵循《建筑工程方案设计招标投标管理办法》？

答：不需要。

6-130 什么情形下可以对勘察、设计采用分段或分项招标？

答：在保证项目完整性、连续性的前提下，按技术要求实行分段或分项招标。

6-131 什么情形下招标人不得进行建筑工程方案设计的资格预审？

答：未在招标公告中明确或实际招标人的报名数量未达到招标公告中规定的数量时，不得进行资格预审。

6-132 根据《标准勘察招标文件》（2017年版），勘察人为履行合同发出的一切函件均应盖有勘察人单位章，并由勘察人的法定代表人还是项目负责人签字确认？

答：根据《标准勘察招标文件》（2017年版）第四章通用合同条款相关规定，应由勘察人的项目负责人签字确认。

6-133 根据《标准设计施工总承包招标文件》（2012年版），投标人不按投标人须知前附表规定的金额、担保形式和"投标文件格式"规定的投标保证金格式递交投标保证金的，其结果是什么？

答：根据《标准设计施工总承包招标文件》（2012年版）第二章投标保证金相关规定，评标委员会有权否决其投标。

6-134 根据《标准设计施工总承包招标文件》（2012年版）的规定，工程接收证书颁发后的多少天内，除了经监理人同意需在缺陷责任期内继续工作和使用的人员、施工设备和临时工程外，其余的人员、施工设备和临时工程均应撤离施工场地或拆除？

答：根据《标准设计施工总承包招标文件》（2012年版）第四章通用合同条款关于施工队伍的撤离约定，应当是56天。

6-135 能否以抽签、摇号等方式限制过多的资格预审合格的投标人参加建筑工程方案设计投标？

答：不能。

6-136 建筑工程方案设计招标的资格预审采用哪一种方式？

答：合格制。

6-137 应由什么人员负责建筑工程方案设计招标的资格预审？

答：须由专业人员负责。

6-138 勘察、设计招标文件或资格预审文件出售的最短时间是多少日？

答：5日。

6-139 《建筑工程方案设计招标投标管理办法》适用范围包括学术性的项目方案设计竞赛或不对某工程项目下一步设计工作的承接具有直接因果关系的"创意征集"等活动吗？

答：根据《建筑工程方案设计招标投标管理办法》第二条的规定，在中华人民共和国境内从事建筑工程方案设计招标投标及其管理活动的，适用该办法。

学术性的项目方案设计竞赛或不对某工程项目下一步设计工作的承接具有直接因果关系的"创意征集"等活动，不适用该办法。

6-140 《建筑工程方案设计招标投标管理办法》中建筑工程方案设计招标投标是指什么具体内容？

答：建筑工程方案设计招标投标，是指在建筑工程方案设计阶段，按照有关招标投标法律、法规和规章等规定进行的方案设计招标投标活动。

6-141 建筑工程方案设计参与投标时应当注重哪些原则？

答：建筑工程方案设计应按照科学发展观，全面贯彻适用、经济，在可能条件下注意美观的原则。建筑工程设计方案要与当地经济发展水平相适应，积极鼓励采用节能、节地、节水、节材、环保技术的建筑工程设计方案。

6-142 建筑工程方案设计招标时应当具备哪些条件？

答：建筑工程方案设计招标时应当具备下列条件：
（1）按照国家有关规定需要履行项目审批手续的，已履行审批手续，取得批准。
（2）设计所需要资金已经落实。
（3）设计基础资料已经收集完成。
（4）符合相关法律、法规规定的其他条件。

6-143 概念性方案设计招标或者实施性方案设计招标的中标人是否应当承担方案及后续阶段的设计和服务工作？

答：概念性方案设计招标或者实施性方案设计招标的中标人应按招标文件要求承担方案及后续阶段的设计和服务工作。但中标人为中华人民共和国境外企业的，若承担后续阶段的设计和服务工作应按照《关于外国企业在中华人民共和国境内从事建设工程设计活动的管理暂行规定》。

如果招标人只要求中标人承担方案阶段设计，而不再委托中标人承接或参加后续阶段工程设计业务的，应在招标公告或投标邀请函中明示，并说明支付中标人的设计费用。采用建筑工程实施性方案设计招标的，招标人应按照国家规定方案阶段设计付费标准支付中标人。采用建筑工程概念性方案设计招标的，招标人应按照国家规定方案阶段设计付费标准的80%支付中标人。

6-144　参加建筑工程项目方案设计的投标人应具备哪些主体资格？

答：参加建筑工程项目方案设计的投标人应具备下列主体资格：

（1）在中华人民共和国境内注册的企业，应当具有建设主管部门颁发的建筑工程设计资质证书或建筑专业事务所资质证书，并按规定的等级和范围参加建筑工程项目方案设计投标活动。

（2）注册在中华人民共和国境外的企业，应当是其所在国或者所在地区的建筑设计行业协会或组织推荐的会员。其行业协会或组织的推荐名单应由建设单位确认。

（3）各种形式的投标联合体各方应符合上述要求。招标人不得强制投标人组成联合体共同投标，不得限制投标人组成联合体参与投标。

招标人可以根据工程项目实际情况，在招标公告或投标邀请函中明确投标人其他资格条件。

6-145　建筑工程方案设计项目招标关于投标文件编制时间有哪些要求？

答：建筑工程概念性方案设计投标文件编制一般不少于20日，其中大型公共建筑工程概念性方案设计投标文件编制一般不少于40日；建筑工程实施性方案设计投标文件编制一般不少于45日。招标文件中规定的编制时间不符合上述要求的，建设主管部门对招标文件不予备案。

6-146　大型公共建筑工程项目有哪些情况，招标人可以在评标过程中对其中有关规划、安全、技术、经济、结构、环保、节能等方面进行专项技术论证？

答：大型公共建筑工程项目如有下列情况之一的，招标人可以在评标过程中对其中有关规划、安全、技术、经济、结构、环保、节能等方面进行专项技术论证：

（1）对于重要地区主要景观道路沿线，设计方案是否适合周边地区环境条件兴建的。

（2）设计方案中出现的安全、技术、经济、结构、材料、环保、节能等有重大不确定因素的。

（3）有特殊要求，需要进行设计方案技术论证的。

一般建筑工程项目，必要时，招标人也可进行涉及安全、技术、经济、结构、材料、环保、节能中的一个或多个方面的专项技术论证，以确保建筑方案的安全性和合理性。

6-147 对于达到设计招标文件要求但未中标的设计方案，招标人是否应当给予不同程度的补偿？

答：对于达到设计招标文件要求但未中标的设计方案，招标人应给予不同程度的补偿。

（1）采用公开招标，招标人应在招标文件中明确其补偿标准。若投标人数量过多，招标人可在招标文件中明确对一定数量的投标人进行补偿。

（2）采用邀请招标，招标人应给予每个未中标的投标人经济补偿，并在投标邀请函中明确补偿标准。

招标人可根据情况设置不同档次的补偿标准，以便对评标委员会评选出的优秀设计方案给予适当鼓励。

6-148 工程设计中涉及投标人专利或专有技术的，相关收费是否需要明确？

答：工程设计中采用投标人自有专利或者专有技术的，其专利和专有技术收费由招标人和投标人协商确定。

6-149 对于工程方案设计中涉及投标人知识产权的，应当如何保护？

答：招标人应保护投标人的知识产权。投标人拥有设计方案的著作权（版权）。未经投标人书面同意，招标人不得将交付的设计方案向第三方转让或用于本招标范围以外的其他建设项目。

招标人与中标人签署设计合同后，招标人在该建设项目中拥有中标方案的使用权。中标人应保护招标人一旦使用其设计方案不能受到来自第三方的侵权诉讼或索赔，否则中标人应承担由此而产生的一切责任。

招标人或者中标人使用其他未中标人投标文件中的技术成果或技术方案的，应当事先征得该投标人的书面同意，并按规定支付使用费。未经相关投标人书面许可，招标人或者中标人不得擅自使用其他投标人投标文件中的技术成果或技术方案。

联合体投标人合作完成的设计方案，其知识产权由联合体成员共同所有。

6-150 《建筑工程方案设计招标投标管理办法》中大型公共建筑工程是指多大规模？

答：一般是指建筑面积2万m^2以上的办公建筑、商业建筑、旅游建筑、科教文卫建筑、通信建筑以及交通运输用房等。

6-151 某装修和智能化工程预算为1000多万元，通过招标方式确定了中标施工单位。项目合同签订后，招标人认为原设计已经落伍，已对该装修和智能化工程重新进行了设计，可以直接让原中标施工单位继续施工吗？

答：本项目已重新进行施工图设计，项目预算、工程量清单和施工组织设计也应做相应调整，建议重新组织招标。

6-152 工程施工招标项目，参与项目前期设计工作的企业是否可以参与项目的施工投标？

答：若项目属于《招标投标法实施条例》第三十条规定的"两阶段招标"，则参加前期技术方案投标的投标人，可以参加下一阶段的投标；否则，《工程建设项目施工招标投标办法》第三十五条规定，参与前期设计的单位不能参与后期的施工投标，该单位也不可以作为联合体一方参加本项目投标。

6-153 工程项目采用EPC模式招标，且允许投标人组成联合体投标，可以要求联合体的牵头人必须是设计单位吗？

答：投标联合体牵头人的要求应当符合项目特点和实际需要，目前没有法律法规规定明确禁止该行为。

6-154 根据《工程设计资质标准》，工程设计分为哪几种序列？

答：（1）工程设计综合资质。工程设计综合资质是指涵盖21个行业的设计资质。
（2）工程设计行业资质。工程设计行业资质是指涵盖某个行业资质标准中的全部设计类型的设计资质。
（3）工程设计专业资质。工程设计专业资质是指某个行业资质标准中的某一个专业的设计资质。
（4）工程设计专项资质。工程设计专项资质是指为适应和满足行业发展的需求，对已形成产业的专项技术独立进行设计以及设计、施工一体化而设立的资质。

工程设计综合资质只设甲级。工程设计行业资质和工程设计专业资质设甲、乙两个级别；根据行业需要，建筑、市政公用、水利、电力（限送变电）、农林和公路行业设立工程设计丙级资质，建筑工程设计专业资质设丁级。建筑行业根据需要设立建筑工程设计事务所资质。工程设计专项资质根据需要设置等级。

6-155 根据《工程设计资质标准》，工程设计以及建筑工程设计包含哪些范围？

答：工程设计范围包括本行业建设工程项目的主体工程和配套工程（含厂/矿区内的自备电站、道路、专用铁路、通信、各种管网管线和配套的建筑物等全部配套工程）以及与主体工程、配套工程相关的工艺、土木、建筑、环境保护、水土保持、消防、安全、卫生、节能、防雷、抗震、照明工程等。

建筑工程设计范围包括建设用地规划许可证范围内的建筑物构筑物设计、室外工程设计、民用建筑修建的地下工程设计及住宅小区、工厂厂前区、工厂生活区、小区规划设计及单体设计等，以及所包含的相关专业的设计内容（总平面布置、竖向设计、各类管网管线设计、景观设计、室内外环境设计及建筑装饰、道路、消防、智能、安保通信、防雷、人防、供配电、照明、废水治理、空调设施、抗震加固等）。

6-156 《建筑工程五方责任主体项目负责人质量终身责任追究暂行办法》中的五方责任主体项目负责人是指哪些主体项目负责人？

答：建筑工程五方责任主体中，项目负责人是指承担建筑工程项目建设的建设单位项目负责人、勘察单位项目负责人、设计单位项目负责人、施工单位项目经理、监理单位总监理工程师。

6-157 建设工程勘察、设计的招标人认为评标委员会推荐的候选方案不能最大限度满足招标文件规定的要求的，是否能够依法重新招标？

答：建设工程勘察、设计的招标人应当在评标委员会推荐的候选方案中确定中标方案。但是，建设工程勘察、设计的招标人认为评标委员会推荐的候选方案不能最大限度满足招标文件规定的要求的，应当依法重新招标。

6-158 建设工程勘察、设计方案评标应当评审哪些内容？

答：建设工程勘察、设计方案评标，应当以投标人的业绩、信誉和勘察、设计人员的能力以及勘察、设计方案的优劣为依据，进行综合评定。

6-159 建设工程勘察、设计应当依照《招标投标法》的规定，实行招标发包，哪些情形下可以直接发包？

答：根据《建设工程勘察设计管理条例》第十六条的规定，下列建设工程的勘察、设计，经有关主管部门批准，可以直接发包：
（1）采用特定的专利或者专有技术的。
（2）建筑艺术造型有特殊要求的。
（3）国务院规定的其他建设工程的勘察、设计。

6-160 建筑工程发包的规定有哪些？

答：建筑工程的发包单位可以将建筑工程的勘察、设计、施工、设备采购一并发包给一个工程总承包单位，也可以将建筑工程勘察、设计、施工、设备采购的一项或者多项发包给一个工程总承包单位；但是，不得将应当由一个承包单位完成的建筑工程肢解成若干部分发包给几个承包单位。

6-161　建筑工程的勘察、设计文件应当符合何种标准？

答：建筑工程的勘察、设计单位必须对其勘察、设计的质量负责。勘察、设计文件应当符合有关法律、行政法规的规定和建筑工程质量、安全标准，建筑工程勘察、设计技术规范以及合同的约定。设计文件选用的建筑材料、建筑构配件和设备，应当注明其规格、型号、性能等技术指标，其质量要求必须符合国家规定的标准。

6-162　建设单位、施工单位、监理单位是否可以修改建设工程勘察、设计文件？

答：建设单位、施工单位、监理单位不得修改建设工程勘察、设计文件；确需修改建设工程勘察、设计文件的，应当由原建设工程勘察、设计单位修改。经原建设工程勘察、设计单位书面同意，建设单位也可以委托其他具有相应资质的建设工程勘察、设计单位修改。修改单位对修改的勘察、设计文件承担相应责任。

施工单位、监理单位发现建设工程勘察、设计文件不符合工程建设强制性标准、合同约定的质量要求的，应当报告建设单位，建设单位有权要求建设工程勘察、设计单位对建设工程勘察、设计文件进行补充、修改。

建设工程勘察、设计文件内容需要作重大修改的，建设单位应当报经原审批机关批准后，方可修改。

6-163　承包方是否可以将建设工程的勘察、设计进行再分包？

答：除建设工程主体部分的勘察、设计外，经发包方书面同意，承包方可以将建设工程其他部分的勘察、设计再分包给其他具有相应资质等级的建设工程勘察、设计单位。

6-164　建设工程勘察、设计方案的评标应考虑哪些方面？

答：根据《建设工程勘察设计管理条例》第十四条，建设工程勘察、设计方案评标，应当以投标人的业绩、信誉和勘察、设计人员的能力以及勘察、设计方案的优劣为依据，进行综合评定。

6-165　建设工程勘察、设计的招标人认为评标委员会推荐的候选方案不能最大限度满足招标文件规定的要求的怎么办？

答：根据《建设工程勘察设计管理条例》第十五条，应当依法重新招标。

6-166 建筑工程设计投标，从文件发售到投标截止是否只要不少于20日就可以？

答：不完全。特级和一级建筑工程不少于45日；二级以下建筑工程不少于30日；进行概念设计招标的不少于20日。

6-167 如果工程设计资质企业的资质证书中载明可以承揽相应的施工总承包业务，是否意味着该工程设计资质企业可以承揽施工总承包业务，而不需要再取得施工总承包资质？

答：根据2015年3月1日实施的《建筑业企业资质管理规定和资质标准实施意见》的规定：已取得工程设计综合资质、行业甲级资质，但未取得建筑业企业资质的企业，可以直接申请相应类别施工总承包一级资质，企业完成的相应规模工程总承包业绩可以作为其工程业绩申报。具有工程设计综合资质、行业甲级资质的企业直接申请一级施工总承包资质的，按照升级要求提交材料。

6-168 某一工程建设项目里的专用设备招标（如物流分拣系统），设备设计单位（工艺设计）能否参加该专用设备购置的投标？

答：《工程建设项目货物招标投标办法》未对设备设计单位参与工程货物项目投标作出禁止性规定。但根据《招标投标法实施条例》第三十四条的规定："与招标人存在利害关系可能影响招标公正性的法人、其他组织或者个人，不得参加投标。"在该项目中，设备设计单位参加投标有可能导致对其他投标人不公平，因此招标人需在招标文件中设置"设计单位不得参加投标"的规定。

6-169 设计项目招标，该项目勘察单位的控股企业是否可以投标？

答：《招标投标法实施条例》第三十四条规定："与招标人存在利害关系可能影响招标公正性的法人、其他组织或者个人，不得参加投标。"该法条禁止的是"与招标人存在利害关系"，与本项目之前的勘察单位存在利害关系不属于《招标投标法实施条例》的禁止之列。此外，从工作性质来看，勘察工作和设计工作也不存在着需要相互制衡的情况，所以就算是同一家单位分别参加本项目的勘察招标和设计招标，也没有必要禁止。站在业主方的角度分析，如勘察和设计工作都由同一家单位承接，对业主方的管理也是更加便捷和有利的。

6-170 设计单位可以参加政府采购货物招标项目投标吗？例如某项目发售的招标文件和附件图纸中注明设计单位为A公司，那么A公司是否可以参加本项目投标？

答：《政府采购法实施条例》第十八条规定："除单一来源采购项目外，为采购项目提供整体设计、规范编制或者项目管理、监理、检测等服务的供应商，不得再参加该采购项目的其他采购活动。"本项目采购标的的设计单位为A公司，A公司与本项目的采购标的有直接的利害关系，依法应当回避。

6-171 初步设计阶段已进行勘察、设计招标的铁路建设工程项目，在哪一阶段可以不再进行勘察、设计招标？

答：铁路建设工程项目初步设计阶段已进行勘察设计招标的，在施工图设计阶段可以不再进行勘察设计招标。

6-172 实行工程总承包招标的铁路建设工程项目，在哪一阶段可以不进行勘察、设计招标？

答：铁路建设工程项目实行工程总承包招标的，在初步设计阶段可以不进行勘察、设计招标。

6-173 铁路建设工程勘察、设计招标在进行综合评定的时候，应当考虑哪些方面？

答：铁路建设工程项目勘察、设计招标，应以投标人的业绩、信誉和承担项目的勘察、设计人员的资格和能力，勘察、设计方案的优劣以及勘察、设计费报价为依据，进行综合评定。

6-174 铁路建设工程勘察、设计的中标人能否进行分包？

答：中标的勘察设计单位必须完成工程建设项目的主要勘察、设计业务。经业主或建设管理单位书面批准，方可将一些专业勘察、设计业务分包给其他具有相应资质条件的工程勘察、设计单位，并对分包的勘察、设计业务的质量负责。

6-175 文物保护工程勘察、设计资质等级有哪些？由什么部门颁发？

答：根据《文物保护工程勘察设计资质管理办法（试行）》第五条、第六条，文物保护工程勘察设计资质等级分为甲、乙、丙级。国家文物局负责审定文物保护工程勘察设计甲级资质，颁发甲级资质证书。省级文物主管部门负责审定本辖区注册企、事业单位的文物保护工程勘察设计乙、丙级资质，颁发相应的资质证书。

6-176 电力工程勘察、设计资质的分类及各资质可承接的工程勘察、设计范围有哪些？

答：电力工程勘察、设计资质按发电、送变电两个专业划分为甲、乙、丙、丁四个等级。

甲级单位可以承担各类发电工程或送变电工程勘察、设计，发电工程按承担机组的高限划分为200MW、300MW和600MW及以上三档；乙级单位可以承担单机容量

50MW及以下机组发电工程或220kV（330kV）以下电压等级的送变电工程勘察、设计；丙级单位可以承担单机容量12MW及以下机组发电工程110kV及以下电压等级的送变电工程勘察、设计；丁级单位可以承担35kV电压等级的送变电工程勘察、设计。

6-177　电力工程勘察、设计单位进入工程勘察、设计市场，需要具有哪一资格证书？

答：电力工程勘察、设计单位需持有电力工程勘察、设计资质证书，进入工程勘察、设计市场。

6-178　两个或几个持有电力工程勘察、设计资质证书和电力工程勘察、设计收费资格证书的单位，联合承担电力工程勘察、设计任务且证书级别不同时，应以哪一级别单位为主？由哪一单位对勘察、设计质量负责？

答：应以级别高的一方为主，并由其对勘察、设计质量负责。

6-179　电力工程勘察、设计单位如发生分立、合并、撤销，其资格证书应如何处理？

答：电力工程勘察、设计单位如发生分立、合并、撤销，应在上级主管部门批准后30日内向原发证部门办理证书的注销手续。

第四节　工程项目货物招标投标

6-180　工程建设项目货物的招标投标监管部门有哪些？

答：各级发展改革、工业和信息化、住房城乡建设、交通运输、铁道、水利、民航等部门依照国务院和地方各级人民政府关于工程建设项目行政监督的职责分工，对工程建设项目中所包括的货物招标投标活动实施监督，依法查处货物招标投标活动中的违法行为。

6-181　如何界定工程项目货物的范围？

答：工程项目货物，是指与工程建设项目有关的重要设备、材料等。如空调、电梯、钢材、水泥、混凝土等。

根据《招标投标法》相关规定，与工程建设有关的货物达到依法必须招标规模标准的，必须进行招标；《招标投标法实施条例》第二条进而对"与工程建设有关的货物"进行了细化规定，"……所称与工程建设有关的货物，是指构成工程不可分割的组成部分，且为实现工程基本功能所必需的设备、材料等……"判断"与工程建设有关的货物"需要同时满足两个要件：一是与工程不可分割，二是为实现工程基本功能所必需。

6-182　如何界定工程项目货物招标的招标人？

答：工程建设项目招标人是依法提出招标项目、进行招标的法人或者其他组织。建设单位与总承包中标人共同招标时，也为招标人。

6-183　总承包招标中的暂估价部分需要再次招标吗？

答：工程建设项目招标人对项目实行总承包招标时，以暂估价形式包括在总承包范围内的货物达到国家规定规模标准的，应当由总承包中标人和工程建设项目招标人共同依法组织招标。双方当事人的风险和责任承担由合同约定。

6-184　依法必须招标的工程建设项目，应当具备哪些条件才能进行货物招标？

答：依法必须招标的工程建设项目，进行货物招标应当具备如下条件：
（1）招标人已经依法成立。
（2）按照国家有关规定应当履行项目审批、核准或者备案手续的，已经审批、核准或者备案。
（3）有相应资金或者资金来源已经落实。
（4）能够提出货物的使用与技术要求。

6-185　货物招标项目的审批流程是什么？

答：依法必须进行招标的工程建设项目，按国家有关投资项目审批管理规定，凡应报送项目审批部门审批的，招标人应当在报送的可行性研究报告中将货物招标范围、招标方式（公开招标或邀请招标）、招标组织形式（自行招标或委托招标）等有关招标内容报项目审批部门核准。项目审批部门应当将核准招标内容的意见抄送有关行政监督部门。

企业投资项目申请政府安排财政性资金的，前款招标内容由资金申请报告审批部门依法在批复中确定。

6-186　邀请招标的货物招标项目范围有哪些？

答：国务院发展改革部门确定的国家重点建设项目和各省、自治区、直辖市人民政府确定的地方重点建设项目，其货物采购应当公开招标；有下列情形之一的，经批准可以进行邀请招标：
（1）货物技术复杂或有特殊要求，只有少量几家潜在投标人可供选择的。
（2）涉及国家安全、国家秘密或者抢险救灾，适宜招标但不宜公开招标的。
（3）拟公开招标的费用与拟公开招标的节资相比，得不偿失的。
（4）法律、行政法规规定不宜公开招标的。
国家重点建设项目货物的邀请招标，应当经国务院发展改革部门批准；地方重点建设项目货物的邀请招标，应当经省、自治区、直辖市人民政府批准。

6-187 货物招标项目招标公告或者投标邀请书应当载明哪些内容？

答：货物招标项目招标公告或者投标邀请书应当载明以下内容：
（1）招标人的名称和地址。
（2）招标货物的名称、数量、技术规格、资金来源。
（3）交货的地点和时间。
（4）获取招标文件或者资格预审文件的地点和时间。
（5）对招标文件或者资格预审文件收取的费用。
（6）提交资格预审申请书或者投标文件的地点和截止日期。
（7）对投标人的资格要求。

6-188 货物招标项目，招标人可否终止招标？

答：除不可抗力原因外，招标文件或者资格预审文件发出后，不予退还；招标人在发布招标公告、发出投标邀请书后或者发出招标文件或资格预审文件后不得擅自终止招标。因不可抗力原因造成招标终止的，投标人有权要求退回招标文件并收回购买招标文件的费用。

6-189 货物招标项目资格审查的方式有哪些？

答：招标人可以根据招标货物的特点和需要，对潜在投标人或者投标人进行资格审查；法律、行政法规对潜在投标人或者投标人的资格条件有规定的，依照其规定。资格审查分为资格预审和资格后审。

6-190 如何区分资格预审与资格后审？

答：资格预审，是指招标人出售招标文件或者发出投标邀请书前对潜在投标人进行的资格审查。资格预审一般适用于潜在投标人较多或者大型、技术复杂货物的公开招标，以及需要公开选择潜在投标人的邀请招标。

资格后审，是指在开标后对投标人进行的资格审查。资格后审一般在评标过程中的初步评审开始时进行。

6-191 资格预审一般适用何种货物的招标项目？

答：资格预审一般适用于潜在投标人较多或者大型、技术复杂的货物招标。

6-192 采用资格预审的，资格预审内容、要求及材料可否直接写入招标文件？

答：采取资格预审的，招标人应当发布资格预审公告，在资格预审文件中详细规定资格审查的标准和方法；资格预审文件是招标文件的组成部分。

6-193　货物招标项目资格预审文件一般包括什么内容？

答：货物招标项目资格预审文件一般包括以下内容：
（1）资格预审邀请书。
（2）申请人须知。
（3）资格要求。
（4）其他业绩要求。
（5）资格审查标准和方法。
（6）资格预审结果的通知方式。

6-194　资格预审后的程序是什么？

答：经资格预审后，招标人应当向资格预审合格的潜在投标人发出资格预审合格通知书，告知获取招标文件的时间、地点和方法，并同时向资格预审不合格的潜在投标人告知资格预审结果。资格预审合格的潜在投标人不足三个的，招标人应当重新进行资格预审或直接招标。

6-195　货物招标项目招标文件一般包括哪些内容？

答：货物招标项目招标文件一般包括下列内容：
（1）投标邀请书。
（2）投标人须知。
（3）投标文件格式。
（4）技术规格、参数及其他要求。
（5）评标标准和方法。
（6）合同主要条款。

招标人应当在招标文件中规定实质性要求和条件，说明不满足其中任何一项实质性要求和条件的投标将被拒绝，并用醒目的方式标明；没有标明的要求和条件在评标时不得作为实质性要求和条件。对于非实质性要求和条件，应规定允许偏差的最大范围、最高项数，以及对这些偏差进行调整的方法。

国家对招标货物的技术、标准、质量等有特殊要求的，招标人应当在招标文件中提出相应特殊要求，并将其作为实质性要求和条件。

6-196　工程建设项目货物招标如何确定招标文件或资格预审文件的价格？

答：不以营利为目的。

6-197　什么是工程建设项目货物招标文件的实质性要求和条件？

答：招标文件不允许有任何偏差的要求和条件。

6-198　什么是工程建设项目货物招标文件的非实质性要求和条件？

答：招标文件允许有偏差的要求和条件，应规定允许偏差的最大范围和最高项数及对其进行调整的方法。

6-199　邀请招标是否比公开招标更节省时间？

答：不会节省时间。采用资格预审的邀请招标与资格后审的公开招标相比，会花更多的时间。

6-200　货物招标项目如何划分标包？

答：货物招标需要划分标包的，招标人应合理划分标包，确定各标包的交货期，并在招标文件中如实载明。

注意：招标人允许中标人对非主体货物进行分包的，应当在招标文件中载明。主要设备或者供货合同的主要部分不得要求或者允许分包。

6-201　货物招标项目可否要求投标人递交备选投标方案？

答：招标人可以要求投标人在提交符合招标文件规定要求的投标文件外，提交备选投标方案，但应当在招标文件中作出说明。不符合中标条件的投标人的备选投标方案不予考虑。

6-202　如何组织无法精确拟定其技术规格的货物招标？

答：可采用两阶段法。第一阶段：可以要求潜在投标人提交技术建议，阐明货物的技术规格、质量和其他特性。招标人可以与投标人就其建议内容进行协商和讨论，达成一个统一的技术规格后编制招标文件；第二阶段：招标人向第一阶段提交了技术建议的投标人提供包含技术规格的正式招标文件，投标人根据正式招标文件的要求提交包括价格在内的最后投标文件。

6-203　国家对货物招标项目招标文件中各项技术规格有何要求？

答：招标文件规定的各项技术规格应当符合国家技术法规的规定。

招标文件中规定的各项技术规格均不得要求或标明某一特定的专利技术、商标、名称、设计、原产地或供应者等，不得含有倾向或者排斥潜在投标人的其他内容。

6-204 编制货物招标文件应注意哪些事项？

答：编制货物招标文件应注意以下事项：

（1）应细化尺寸、质量、生产性能、技术指标与通用性等规格。其中，质量规格包括物理性能（密度、重量、色泽等）、机械性能、化学成分与pH值等。若难以用文字表述的，则可通过下列方式表明：

1）图纸及其说明：机械产品与建设工程的质量规格较烦琐，常需图纸配以文字进行说明。此方式虽详尽但评审很费时间。

2）化学成分：某些物资的采购一般需要对其化学成分进行限定。

3）标准或等级：采用国际标准或招标国的标准或等级。

4）样品：若无法以上述方式来细化质量规格的，招标人可以规定以样品为质量说明的依据，要求投标人在投标时提交样品，样品包括实物与照片。

（2）应注意标的物之间或与非标的物之间的通用性（配套性），以避免不必要的损失。

6-205 货物招标项目，评标过程中可否适当修改评标标准？

答：招标文件应当明确规定评标时包含价格在内的所有评标因素，以及据此进行评估的方法。

在评标过程中，不得改变招标文件中规定的评标标准、方法和中标条件。

6-206 国家对货物招标项目的投标保证金有何要求？

答：招标人可以在招标文件中，要求投标人以自己的名义提交投标保证金。投标保证金除现金外，可以是银行出具的银行保函、保兑支票、银行汇票或现金支票，也可以是招标人认可的其他合法担保形式。

投标保证金一般不得超过投标总价的百分之二，但最高不得超过80万元人民币。投标保证金有效期应当与投标有效期一致。

投标人应当按照招标文件要求的方式和金额，在提交投标文件截止之日前将投标保证金提交给招标人或其招标代理机构。

投标人不按招标文件要求提交投标保证金的，该投标文件作拒绝投标处理。

6-207 国家对货物招标项目的投标有效期有何规定？

答：招标文件应当规定一个适当的投标有效期，以保证招标人有足够的时间完成评标和与中标人签订合同。投标有效期从招标文件规定的提交投标文件截止之日起计算。

6-208 货物招标项目投标有效期内未完成定标，如何处理？

答：在原投标有效期结束前，出现特殊情况的，招标人可以书面形式要求所有投标人延长投标有效期。投标人同意延长的，不得要求或被允许修改其投标文件的实质性内容，但应当相应延长其投标保证金的有效期；投标人拒绝延长的，其投标失效，但投标人有权收回其投标保证金。

同意延长投标有效期的投标人少于三个的，招标人应当重新招标。

6-209　国家对货物招标项目，潜在投标人提出疑问的处理有何规定？

答：对于潜在投标人在阅读招标文件中提出的疑问，招标人应当以书面形式、投标预备会方式或者通过电子网络解答，但需同时将解答以书面方式通知所有购买招标文件的潜在投标人。该解答的内容为招标文件的组成部分。

除招标文件明确要求外，出席投标预备会不是强制性的，由潜在投标人自行决定，并自行承担由此可能产生的风险。

6-210　货物招标项目，招标人给投标人编制投标文件的期限最短为多久？

答：招标人应当确定投标人编制投标文件所需的合理时间。依法必须进行招标的货物，自招标文件开始发出之日起至投标人提交投标文件截止之日止，最短不得少于20日。

6-211　没有提出联合体申请的投标人，在资格预审完成后是否能组成联合体投标？

答：不能组成联合体投标。

6-212　货物招标中资格预审合格的潜在投标人不足三个时，招标人应如何处理？

答：应重新进行资格预审，或直接采用资格后审。

6-213　工程建设项目货物招标是否可以分包？

答：主要设备或供货合同的主要部分不得要求或允许分包。除招标文件要求不得改变标准货物的供应商外，中标人经招标人同意后可以改变标准货物的供应商。

6-214　什么叫货物两阶段招标？

答：对无法精确拟定其技术规格的货物，招标人可以采用两阶段招标程序。

在第一阶段，招标人可以首先要求潜在投标人提交技术建议，详细阐明货物的技术规格、质量和其他特性。招标人可以与投标人就其建议的内容进行协商和讨论，达成一个统一的技术规格后编制招标文件。

在第二阶段，招标人应当向第一阶段提交了技术建议的投标人提供包含统一技术规格的正式招标文件，投标人根据正式招标文件的要求提交包括价格在内的最后投标文件。

6-215　国家对货物招标项目投标人的限制情形有哪些？

答：投标人是响应招标、参加投标竞争的法人或者其他组织。

法定代表人为同一个人的两个及两个以上法人，母公司、全资子公司及其控股公司，都不得在同一货物招标中同时投标。

一个制造商对同一品牌同一型号的货物，仅能委托一个代理商参加投标，否则可以按拒绝其投标处理。

6-216　货物招标项目投标人的投标文件一般包含哪些内容？

答：投标人应当按照招标文件的要求编制投标文件。投标文件应当对招标文件提出的实质性要求和条件作出响应。

投标文件一般包括下列内容：

（1）投标函。
（2）投标一览表。
（3）技术性能参数的详细描述。
（4）商务和技术偏差表。
（5）投标保证金。
（6）有关资格证明文件。
（7）招标文件要求的其他内容。

投标人根据招标文件载明的货物实际情况，拟在中标后将供货合同中的非主要部分进行分包的，应当在投标文件中载明。

6-217　投标人可否以电子邮件方式递交投标文件？

答：不可以。招标人不得接受以电报、电传、传真以及电子邮件方式提交的投标文件及投标文件的修改文件。

投标人应当在招标文件要求提交投标文件的截止时间前，将投标文件密封送达招标文件中规定的地点。招标人收到投标文件后，应当向投标人出具标明签收人和签收时间的凭证，在开标前任何单位和个人不得开启投标文件。

6-218　货物招标项目，投标人在招标文件要求提交投标文件的截止时间后提交的投标文件，如何处理？

答：在招标文件要求提交投标文件的截止时间后送达的投标文件，为无效的投标文件，招标人应当拒收，并将其原封不动地退回投标人。

6-219　货物招标项目，提交投标文件的投标人少于三个的，如何处理？

答：提交投标文件的投标人少于三个的，招标人应当依法重新招标。重新招标后投标人仍少于三个的，必须招标的工程建设项目，报有关行政监督部门备案后可以不再进行招标，或者对两家合格投标人进行开标和评标。

6-220　货物招标项目，投标人可否修改或撤回投标文件？

答：投标人在招标文件要求提交投标文件的截止时间前，可以补充、修改、替代或者撤回已提交的投标文件，并书面通知招标人。补充、修改的内容为投标文件的组成部分。

在提交投标文件截止时间后，投标人不得补充、修改、替代或者撤回其投标文件。投标人补充、修改、替代投标文件的，招标人不予接受；投标人撤回投标文件的，其投标保证金将被没收。

6-221　货物招标项目，是否允许联合体投标？

答：允许，根据项目实际情况由招标人确定。联合体投标是指两个或两个以上法人或者其他组织组成一个联合体，以一个投标人的身份共同投标。

联合体各方签订共同投标协议后，不得再以自己名义单独投标，也不得组成或参加其他联合体在同一项目中投标；否则作否决投标处理。

6-222　货物项目招标，投标人是否必须参与项目开标？

答：投标人或其授权代表有权出席开标会，也可以自主决定不参加开标会。不参加开标会的投标人，对开标异议的权利也灭失。

6-223　招标人可以不予受理的投标文件有哪些情形？

答：投标文件有下列情形之一的，招标人不予受理：
（1）逾期送达的或者未送达指定地点的。
（2）未按招标文件要求密封的。

6-224　评标委员会可将投标文件按否决投标处理的有哪些情形？

答：投标文件有下列情形之一的，由评标委员会初审后按否决投标处理：
（1）无单位盖章并无法定代表人或法定代表人授权的代理人签字或盖章的。
（2）无法定代表人出具的授权委托书的。
（3）未按规定的格式填写，内容不全或关键字迹模糊、无法辨认的。
（4）投标人递交两份或多份内容不同的投标文件，或在一份投标文件中对同一招标货物报有两个或多个报价，且未声明哪一个为最终报价的，按招标文件规定提交备选投标方案的除外。
（5）投标人名称或组织结构与资格预审时不一致且未提供有效证明的。

（6）投标有效期不满足招标文件要求的。
（7）未按招标文件要求提交投标保证金的。
（8）联合体投标未附联合体各方共同投标协议的。
（9）招标文件明确规定可以否决投标的其他情形。

6-225　经评审，有效投标人不足三个的，如何处理？

答：评标委员会对一部分投标作否决投标处理后其他有效投标不足三个使得投标明显缺乏竞争，决定否决全部投标的，招标人应当重新招标。

6-226　评标委员会何种情形，可以要求投标人澄清、说明或补正？

答：评标委员会可以书面方式要求投标人对投标文件中含义不明确、对同类问题表述不一致或者有明显文字和计算错误的内容作必要的澄清、说明或补正。评标委员会不得向投标人提出带有暗示性或诱导性的问题，或向其明确投标文件中的遗漏和错误。

投标文件不响应招标文件的实质性要求和条件的，评标委员会应当作废标处理，并不允许投标人通过修正或撤销其不符合要求的差异或保留，使之成为具有响应性的投标。

6-227　货物招标项目，可采用什么评审办法？

答：技术简单或技术规格、性能、制作工艺要求统一的货物，一般采用经评审的最低投标价法进行评标。

技术复杂或技术规格、性能、制作工艺要求难以统一的货物，一般采用综合评估法进行评标。

最低投标价不得低于成本。

6-228　货物招标项目，可否要求投标人提交备选投标方案？

答：可以，但符合招标文件要求且评标价最低或综合评分最高而被推荐为中标候选人的投标人，其所提交的备选投标方案方可予以考虑。

6-229　评标完成后，是否必须出具书面评标报告？

答：评标委员会完成评标后，应向招标人提出书面评标报告。评标报告由评标委员会全体成员签字。

6-230　中标候选人是否可以不排序？

答：评标委员会在书面评标报告中推荐的中标候选人应当限定在一至三人，并标明排列顺序。

6-231　招标人如何定标？

答：招标人应当接受评标委员会推荐的中标候选人，不得在评标委员会推荐的中标候选人之外确定中标人。

评标委员会提出书面评标报告后，招标人一般应当在15日内确定中标人，但最迟应当在投标有效期结束日30个工作日前确定。

6-232　招标人是否必须选择第一中标候选人为中标人？

答：使用国有资金投资或者国家融资的项目，招标人应当确定排名第一的中标候选人为中标人。

6-233　中标候选人存在哪些情形，招标人可以不选择其为中标人？

答：排名第一的中标候选人放弃中标、因不可抗力提出不能履行合同，或者招标文件规定应当提交履约保证金而在规定的期限内未能提交的，招标人可以确定排名第二的中标候选人为中标人。

排名第二的中标候选人因上述规定的同样原因不能签订合同的，招标人可以确定排名第三的中标候选人为中标人。

招标人可以授权评标委员会直接确定中标人。

国务院对中标人的确定另有规定的，从其规定。

6-234　评标结束后，招标人可否与中标人洽谈中标条件？

答：不可以，招标人不得向中标人提出压低报价、增加配件或者售后服务量以及其他超出招标文件规定的违背中标人意愿的要求，以此作为发出中标通知书和签订合同的条件。

6-235　中标通知书的法律效力和发出有哪些规定？

答：中标通知书对招标人和中标人具有法律效力。中标通知书发出后，招标人改变中标结果的，或者中标人放弃中标项目的，应当依法承担法律责任。

中标通知书由招标人发出，也可以委托其招标代理机构发出。

6-236　招标人与投标人签订书面合同的时间和依据有规定吗？

答：招标人和中标人应当自中标通知书发出之日起30日内，按照招标文件和中标人的投标文件订立书面合同。招标人和中标人不得再行订立背离合同实质性内容的其他协议。

6-237　货物招标项目，对履约保证金约定有什么规定和要求？

答：招标文件要求中标人提交履约保证金或者其他形式履约担保的，中标人应当提交；拒绝提交的，视为放弃中标项目。招标人要求中标人提供履约保证金或其他形式履约担保的，招标人应当同时向中标人提供货物款支付担保。

履约保证金金额一般为中标合同价的10%以内，招标人不得擅自提高履约保证金。

6-238　货物招标项目，投标保证金的退还时间有什么规定？

答：招标人与中标人签订合同后五个工作日内，应当向中标人和未中标的投标人一次性退还投标保证金。

6-239　货物招标项目，货物合同价格与批准概算有什么关系？

答：必须审批的工程建设项目，货物合同价格应当控制在批准的概算投资范围内；确需超出范围的，应当在中标合同签订前，报原项目审批部门审查同意。项目审批部门应当根据招标的实际情况，及时作出批准或者不予批准的决定；项目审批部门不予批准的，招标人应当自行平衡超出的概算。

6-240　货物招标项目，招标人什么时间向行政监督部门书面报告中标结果？

答：依法必须进行货物招标的项目，招标人应当自确定中标人之日起15日内，向有关行政监督部门提交招标投标情况的书面报告。

6-241　货物招标，招标人向行政监督部门书面报告的内容有哪些？

答：货物招标，招标人向行政监督部门书面报告至少应包括下列内容：
（1）招标货物基本情况。
（2）招标方式和发布招标公告或者资格预审公告的媒介。
（3）招标文件中投标人须知、技术条款、评标标准和方法、合同主要条款等内容。
（4）评标委员会的组成和评标报告。
（5）中标结果。

6-242　货物招标项目，未在规定的媒体发布招标公告的，如何处罚？

答：有关行政监督部门责令其限期改正，根据情节可处三万元以下的罚款。

6-243　货物招标项目，应当公开招标而不公开招标的，如何处罚？

答：有关行政监督部门责令其限期改正，根据情节可处三万元以下的罚款。

6-244 货物招标项目，招标人以不合理的条件限制或者排斥资格预审合格的潜在投标人参加投标，如何处罚？

答：责令改正，可以处一万元以上五万元以下的罚款。

6-245 评标委员会存在哪些影响评标结果的违法行为时，项目须重新评标或重新招标？

答：评标过程有下列情况之一，且影响评标结果的，应当依法重新进行评标或者重新进行招标。
（1）使用的招标文件没有确定的评标标准和方法的。
（2）评标标准和方法含有倾向或者排斥投标人的内容，妨碍或者限制投标人之间公平竞争。
（3）应当回避担任评标委员会成员的人参与评标的。
（4）评标委员会的组建及人员组成不符合法定要求的。
（5）评标委员会及其成员在评标过程中有违法违规、显失公正行为的。

6-246 中标通知书发出后，无正当理由不签订合同的，如何处理？

答：招标人不按规定期限确定中标人的，或者中标通知书发出后，改变中标结果的，无正当理由不与中标人签订合同的，或者在签订合同时向中标人提出附加条件或者更改合同实质性内容的，有关行政监督部门给予警告，责令改正，根据情节可处三万元以下的罚款；造成中标人损失的，并应当赔偿损失。

中标通知书发出后，中标人放弃中标项目的，无正当理由不与招标人签订合同的，在签订合同时向招标人提出附加条件或者更改合同实质性内容的，或者拒不提交所要求的履约保证金的，招标人可取消其中标资格，并没收其投标保证金；给招标人的损失超过投标保证金数额的，中标人应当对超过部分予以赔偿；没有提交投标保证金的，中标人应当对招标人的损失承担赔偿责任。

6-247 招标人不履行与中标人订立的合同的，履约保证金如何处理？

答：招标人不履行与中标人订立的合同的，招标人应当双倍返还中标人的履约保证金；给中标人造成的损失超过返还的履约保证金的，还应当对超过部分予以赔偿；没有提交履约保证金的，应当对中标人的损失承担赔偿责任。

因不可抗力不能履行合同的，不适用上述规定。

6-248 中标无效的，中标通知书和签订的合同的效力如何？

答：中标无效的，发出的中标通知书和签订的合同自始没有法律约束力，但不影响合同中独立存在的有关解决争议方法的条款的效力。

6-249 非工程类货物，是否属于必须招标的项目？

答：不属于工程建设项目，但属于固定资产投资的货物招标投标活动，参照《招标投标法》及货物招标投标管理办法执行。

6-250 工程类的材料设备采购未达到招标标准是否可以直接签订合同？

答：工程类的材料设备采购未达到招标标准的，则不属于必须招标的项目，可以不采用招标方式，可以按单位内部管理规定的方式向供应商采购和签订合同。

6-251 国际贷款项目，是否适用货物招标投标管理办法？

答：使用国际组织或者外国政府贷款、援助资金的项目进行招标，贷款方、资金提供方对货物招标投标活动的条件和程序有不同规定的，可以适用其规定，但违背中华人民共和国社会公共利益的除外。

第五节 工程监理、服务招标投标

6-252 哪些建设工程必须实行监理？

答：必须实行监理的建设工程包括：
（1）国家重点建设工程。
（2）大中型公用事业工程。
（3）成片开发建设的住宅小区工程。
（4）利用外国政府或者国际组织贷款、援助资金的工程。
（5）国家规定必须实行监理的其他工程。

6-253 项目处于什么阶段进行监理招标？

答：项目监理招标宜在相应的工程勘察、设计、施工、设备和材料招标活动开始前完成。

6-254 水利、公路项目监理招标应当具备什么条件？

答：（1）水利类项目监理招标应具备以下条件：
1）项目可行性研究报告或者初步设计已经批复。
2）监理所需资金已经落实。

3）项目已列入年度计划。

（2）公路工程项目施工监理招标的，应当具备下列条件：

1）初步设计文件应当履行审批手续的，已经批准。

2）建设资金已经落实。

3）项目法人或者承担项目管理的机构已经依法成立。

6-255　工程建设项目监理招标，如何分标段？

答：工程建设项目监理招标一般不宜分标段。项目监理分标段招标的，标段划分应当充分考虑有利于对招标项目实施有效管理和监理企业合理投入等因素，应当利于管理和竞争，利于保证监理工作的连续性和相对独立性，避免相互交叉和干扰，造成监理责任不清。如若分标段招标，水利项目各监理标段的监理合同估算价应当在50万元人民币以上。公路类项目招标人可以将整个公路工程项目的施工监理作为一个标段一次招标，也可以按不同专业、不同阶段分标段进行招标。

6-256　政府采购工程项目的监理招标应该适用《政府采购法》吗？

答：《政府采购法》第四条规定："政府采购工程进行招标投标的，适用招标投标法。"政府采购工程监理属于与工程建设有关的服务，监理招标适用《招标投标法》。

6-257　在某项目监理招标的评标过程中，评标委员会发现投标人的报价明显低于其他投标报价，使得其投标报价可能低于其个别成本的，应当怎么做？

答：要求投标人作出书面说明并提供相应的证明材料，由评标委员会评审。

6-258　根据《标准监理招标文件》（2017年版），投标人在投标截止时间前修改投标函中的投标报价总额，应同时修改投标文件中哪部分的相应报价？

答：修改监理报酬清单中的价格。

6-259　项目建议书、可行性研究、招标代理、造价咨询等工程服务项目的估算金额超过100万元，属于依法必须招标的项目吗？

答：根据《国家发展改革委办公厅关于进一步做好〈必须招标的工程项目规定〉和〈必须招标的基础设施和公用事业项目范围规定〉实施工作的通知》（发改办法规〔2020〕770号）中关于招标范围列举事项的规定，纳入依法必须招标的与工程建设有关的服务类别，仅限于法条列举的勘察、设计和监理三类；与工程建设有关的其他服务，没有明确列举规定的项目，不属于必须招标项目的范畴，不得强制要求招标。

6-260 依法必须招标的工程监理服务招标，投标人不足3个，两次流标，可以直接发包吗？

答：属于按照国家规定需要政府审批、核准的项目，报经原项目审批、核准部门审批、核准后可以不再进行招标，并直接委托监理；其他工程建设项目，招标人可自行决定不再进行招标，并直接委托监理。

第六节 房屋建筑和市政基础设施工程施工招标投标

6-261 如何理解工程建设项目施工招标投标活动的公平、公开、公正和诚实信用原则？

答：公平是指不歧视、偏袒任何投标人，对所有的投标人提供平等的信息和服务，不得以不合理的条件限制或排斥潜在投标人，不得以任何方式限制或者排斥本地区、本系统以外的法人或者其他组织参加投标；公开是指相关信息要公开，采用公开招标方式应当发布招标公告，依法必须进行施工招标项目的招标公告应当在国家指定的报刊或信息网络上发布，招标公告、投标邀请书载明的内容应能大体满足潜在投标人参加投标所需要，招标文件可以通过信息网络和其他媒介发布，中标的结果等都应当公开；公正是指对每个投标人都给予公正的评价，招标投标活动按规定的条件和程序进行，评标专家按招标文件规定的评标标准和方法客观公正进行评审；诚实信用是指招标投标市场主体遵纪守法、恪守信用，不得通过串通投标、弄虚作假投标等违法手段骗取中标。

6-262 依法必须进行招标的工程施工项目时间非常紧急，来不及招标怎么办？

答：因自然灾害等不可抗力因素，时间紧急、需要立即抢险救灾的项目（如抢通道路交通、水电气供应和紧急排除险情等项目），因不能满足招标所需时间且不立即实施将会对人民群众生命健康和财产造成损失的情况下，经相关地域的政府部门批准后，可启动紧急采购程序。采用招标方式发包所需时间不能满足用户紧急需要的，可以依照政府采购采用的竞争性谈判等方式选择应急抢险施工队伍；也可通过选择诚信施工企业建立应急抢险企业备用名单按规定方法从中选择进行发包；也可根据情况需要直接进行发包。

6-263 工程建设项目施工招标人规避招标的表现有哪些？

答：工程建设项目施工招标人规避招标有以下表现：

（1）依法必须进行招标的招标人不按规定发布资格预审公告或招标公告构成规避招标。主要表现为公开招标项目的资格预审公告或招标公告应发布而没有发布；不在规定的指定媒介发布；发布内容不符合法律法规要求，获取资格预审文件或招标文件的时间等不符合法律法规要求；在不同媒介发布的内容不一致，影响潜在投标人参加投标活动等。

（2）将依法必须进行招标的项目为规避项目招标限额条件化整为零或弄虚作假隐瞒事实伪造和混淆项目主体、性质和资金来源，提供虚假情况等满足依法可以不进行招标情形要求规避招标。如伪造具备自行施工能力资质和资格证书，设置条件以BT方式进行垫资等。

（3）依法必须进行招标项目的招标人利用划分标段规避招标。通过不合理划分过大标段限制、排斥潜在投标人投标或划分过小标段保护意向中的潜在投标人投标；通过划分标段满足合同金额低于限额标准规避招标或按潜在投标人数量划分标段使每个潜在投标人都有中标可能等。

6-264 工程建设项目施工公开招标和邀请招标方式的不同点是什么？

答：公开招标是指招标人以招标公告的方式邀请不特定的法人或者其他组织投标。邀请招标是指招标人以投标邀请书的方式邀请特定的法人或者其他组织投标。依法必须进行招标施工项目的招标公告，应当在国家指定的报刊和信息网络上发布，招标公告应当载明招标人的名称和地址，招标项目的性质、数量、实施地点和时间以及获取招标文件的办法等事项。采用邀请招标方式的，招标人应当向三家及以上具备承担招标施工项目的能力、资信良好的特定法人或者其他组织发出投标邀请书，投标邀请书应当载明招标人的名称和地址、招标项目的性质、数量、实施地点和时间以及获取招标文件的办法等事项。

6-265 在工程建设实务中，一些县区及以下建设单位对政府投资工程单项合同估算价在400万元人民币以下的施工项目采用邀请招标方式进行发包，其做法是否正确？

答：政府投资工程项目邀请招标是指招标人以投标邀请书的方式邀请特定的法人或者其他组织投标，适用于技术复杂、有特殊要求或者受自然环境限制，只有少量潜在投标人可供选择或采用公开招标方式的费用占项目合同金额的比例过大的情形。邀请招标项目的招标投标活动应符合《招标投标法》规定的程序和时间要求。

为扩大市场主体特别是民间投资者的自主权，激发市场活力和创造力，深化"放管服"改革，国家发展改革委第16号令大幅缩小了必须进行招标的工程项目范围，并明确全国适用统一规则，各地不得另行调整。对规定限额标准以下工程建设项目的施工发包由采购人依法自主选择采购方式，任何单位和个人不得违法干涉，其中涉及政府采购的，按照政府采购法律法规规定执行。因此对政府投资施工单项合同估算价400万元人民币以下的工程施工项目进行邀请招标，虽然没有违反法律规定，但是由于邀请招标方式与公开招标方式相比除不发布招标公告外，在时间和程序上要求一致，其做法与缩小必须进行招标的工程项目范围、减轻市场主体负担的要求，与缩短工程项目发包时间、提高项目实施效率的要求并不吻合。

6-266　人防、司法用房等建设工程项目有保密性要求，是否可以不公开进行施工招标？

答：涉及国家安全和秘密的项目，因其工程内容不能公开，人防、司法用房等适宜招标的项目，招标人应提供证明文件如保密部门认定属于保密项目的文件，经招标投标监管部门审批同意后，可以采用非公开招标方式进行发包，如采用邀请招标方式邀请具有保密资格的施工企业参加投标，开评标活动应在保密环境下进行。其他项目只能采用非招标的方式组织采购。

6-267　招标人在开展房屋建筑和市政基础设施工程施工招标时，按规定哪些环节和内容应报房屋建筑和市政基础设施工程招标投标监督部门备案？

答：依法必须招标的房屋建筑和市政基础设施工程施工招标，招标人应在以下环节和内容上进行报备：

（1）招标人应当在招标文件发出的同时，将招标文件报工程所在地的县级以上地方人民政府房屋建筑和市政基础设施工程招标投标监督部门备案，但实施电子招标投标的项目除外。招标人对已发出的招标文件进行必要的澄清或者修改的，应当在招标文件要求提交投标文件截止时间至少15日前，以书面形式通知所有招标文件收受人，并同时报工程所在地的县级以上地方人民政府房屋建筑和市政基础设施工程招标投标监督部门备案，但实施电子招标投标的项目除外。

（2）依法必须进行施工招标的工程项目，招标人应当自确定中标人之日起15日内，向工程所在地的县级以上地方人民政府房屋建筑和市政基础设施工程招标投标监督部门提交施工招标投标情况的书面报告。书面报告应当包括下列内容：①施工招标投标的基本情况，包括施工招标范围、施工招标方式、资格审查、开评标过程和确定中标人的方式及理由等；②相关的文件资料，包括招标公告或者投标邀请书、投标报名表、资格预审文件、招标文件、评标委员会的评标报告（设有标底的，应当附标底）、中标人的投标文件。委托工程招标代理的，还应当附工程施工招标代理委托合同。

6-268　工程建设项目施工招标的标段如何划分？

答：工程建设项目施工招标应按以下思路划分标段：

（1）遵守法律法规规章的规定。施工招标项目需要划分标段、确定工期的，招标人应当合理划分标段、确定工期，并在招标文件中载明。对工程技术上紧密相连、不可分割的单位工程不得分割标段。招标人不得以不合理的标段或工期限制或者排斥潜在投标人或者投标人投标。依法必须进行招标的项目招标人不得利用划分标段规避招标。

（2）工程建设项目施工招标应当根据工程进度要求、工程建设环境要求对施工组织的影响、各单项工程的技术关联性和投标竞争情况等确定工程承包模式如工程施工总承包还是多个平行承包合同进行发包来划分标段。划分标段还应考虑招标人自身管理能力的因素。

（3）划分标段应考虑潜在投标人的资质、业绩，潜在投标人及其项目管理班子的管理能力等因素，通过对标段的合理划分选择出最符合项目施工要求的中标人。

6-269 房屋建筑和市政基础设施工程施工招标文件按规定应当包括哪些内容？

答：招标人应当根据招标工程的特点和需要，自行或者委托工程招标代理机构编制招标文件。招标文件应当包括下列内容：

（1）投标须知。包括工程概况，招标范围，资格审查条件，工程资金来源或者落实情况，标段划分，工期要求，质量标准，现场踏勘和答疑安排，投标文件编制、提交、修改、撤回的要求，投标报价要求，投标有效期，开标的时间和地点，评标的方法和标准等。

（2）招标工程的技术要求和设计文件。

（3）采用工程量清单招标的，应当提供工程量清单。

（4）投标函的格式及附录。

（5）拟签订合同的主要条款。

（6）要求投标人提交的其他材料。

6-270 房屋建筑和市政基础设施工程施工招标文件对投标人资格的设置有哪些要求？

答：投标人应当具备相应的施工企业资质，并在工程业绩、技术能力、项目经理资格条件、财务状况等方面满足招标文件提出的要求。主要包括资质要求、安全生产许可资格、类似项目业绩要求，在人员、资金、设备方面具备的施工能力，对联合体投标的要求，拟派项目经理的执业资格要求及具备有效的安全生产考核合格证书且不得担任其他在建施工项目的项目经理。需要投标申请人提供企业资质、业绩、技术装备、财务状况和拟派出的项目经理与主要技术人员的简历、业绩等证明材料。招标人不得以不合理的条件限制、排斥潜在投标人或者投标人投标。

6-271 在工程建设项目招标活动实践中存在的针对投标人资格审查设置的不合理限制和壁垒有哪些？

答：针对投标人资格审查设置的不合理限制和壁垒有：

（1）违法设置的限制、排斥不同所有制企业参与招标投标的规定，以及虽然没有直接限制、排斥，但实质上起到变相限制、排斥效果的规定。

（2）违法限定潜在投标人或者投标人的所有制形式或者组织形式，对不同所有制投标人采取不同的资格审查标准。

（3）设定企业股东背景、年平均承接项目数量或者金额、从业人员、纳税额、营业场所面积等规模条件；设置超过项目实际需要的企业注册资本、资产总额、净资产规模、营业收入、利润、授信额度等财务指标。

（4）设定明显超出招标项目具体特点和实际需要的、过高的资质资格、技术、商务条件或者业绩、奖项要求。

（5）将国家已经明令取消的资质资格作为投标条件、加分条件、中标条件；在国家已经明令取消资质资格的领域，将其他资质资格作为投标条件、加分条件、中标条件。

6-272　工程建设项目招标投标过程中对企业经营资质资格有哪些规定？

答：招标人在招标项目资格预审公告、资格预审文件、招标公告、招标文件中不得以营业执照记载的经营范围作为确定投标人经营资质资格的依据，不得将投标人营业执照记载的经营范围采用某种特定表述或者明确记载某个特定经营范围细项作为投标、加分或者中标条件，不得以招标项目超出投标人营业执照记载的经营范围为由认定其投标无效。招标项目对投标人经营资质资格有明确要求的，应当对其是否被准予行政许可、取得相关资质资格情况进行审查，不应以对营业执照经营范围的审查代替，或以营业执照经营范围明确记载行政许可批准证件上的具体内容作为审查标准。

6-273　在工程建设项目招标活动实践中存在的在招标文件中设置的不合理限制和壁垒有哪些？

答：在招标文件中设置的不合理限制和壁垒有：

（1）将特定行政区域、特定行业的业绩、奖项作为投标条件、加分条件、中标条件；将政府部门、行业协会商会或者其他机构对投标人作出的荣誉奖励和慈善公益证明等作为投标条件、中标条件。

（2）限定或者指定特定的专利、商标、品牌、原产地、供应商或者检验检测认证机构（法律法规有明确要求的除外）。

（3）要求投标人在本地注册设立子公司、分公司、分支机构，在本地拥有一定办公面积，在本地缴纳社会保险等。

（4）没有法律法规依据设定投标报名、招标文件审查等事前审批或者审核环节。

（5）对仅需提供有关资质证明文件、证照、证件复印件的，要求必须提供原件；对按规定可以采用"多证合一"电子证照的，要求必须提供纸质证照。

6-274 在工程建设项目招标活动操作过程中对投标人投标存在的不合理限制和壁垒有哪些？

答：在招标活动操作过程中对投标人投标存在的不合理限制和壁垒有：

（1）在开标环节要求投标人的法定代表人必须到场，不接受经授权委托的投标人代表到场。

（2）评标专家对不同所有制投标人打分畸高或畸低，且无法说明正当理由。

（3）明示或暗示评标专家对不同所有制投标人采取不同的评标标准、实施不客观公正评价。

（4）采用抽签、摇号等方式直接确定中标候选人。

（5）限定投标保证金、履约保证金只能以现金形式提交，或者不按规定或者合同约定返还保证金。

（6）简单以注册人员、业绩数量等规模条件或者特定行政区域的业绩奖项评价企业的信用等级，或者设置对不同所有制企业构成歧视的信用评价指标。

（7）不落实《必须招标的工程项目规定》《必须招标的基础设施和公用事业项目范围规定》，违法干涉社会投资的房屋建筑等工程建设单位发包自主权。

（8）其他对不同所有制企业设置的不合理限制和壁垒。

6-275 工程建设项目施工招标"有招标所需的设计图纸及技术资料"中的"设计图纸"应达到什么设计深度？

答：根据《建设工程勘察设计管理条例》第二十六条的规定，编制初步设计文件，应当满足编制施工招标文件、主要设备材料订货和编制施工图设计文件的需要。编制施工图设计文件，应当满足设备材料采购、非标准设备制作和施工的需要，并注明建设工程合理使用年限。《工程建设项目施工招标投标办法》对"设计图纸"的设计深度未作具体规定，招标人可根据项目所属行业的有关规定以及项目实际需要，采用初步设计文件或施工图设计文件进行招标。

6-276 工程建设项目施工招标投标活动有关时间的要求是如何规定的？

答：（1）文件出售。自招标文件或者资格预审文件出售之日起至停止出售之日止，最短不得少于5日。

（2）文件澄清或修改。招标人对已发出的资格预审文件或者招标文件进行澄清或者修改的内容可能影响资格预审申请文件或者投标文件编制的，招标人应当在提交资格预审申请文件截止时间至少3日前，或者投标截止时间至少15日前，以书面形式通知所有获取资格预审文件或者招标文件的潜在投标人；不足3日或者15日的，招标人应当顺延提交资格预审申请文件或者投标文件的截止时间。

（3）对文件的异议和答复。潜在投标人或者其他利害关系人对资格预审文件有异议的，应当在提交资格预审申请文件截止时间2日前提出；对招标文件有异议的，应当在投标截止时间10日前提出，招标人应当自收到异议之日起3日内作出答复。

（4）文件提交。依法必须进行招标的项目提交资格预审申请文件的时间，自资格预审文件停止发售之日起不得少于5日。依法必须进行招标的项目，自招标文件开始发出之日起至投标人提交投标文件截止之日止，最短不得少于20日。

（5）中标候选人公示。依法必须进行招标的项目，招标人应当自收到评标报告之日起3日内公示中标候选人，公示期不得少于3日。投标人或者其他利害关系人对依法必须进行招标的项目的评标结果有异议的，应当在中标候选人公示期间提出。招标人应当自收到异议之日起3日内作出答复；作出答复前，应当暂停招标投标活动。

（6）签订合同。招标人和中标人应当在投标有效期内并在自中标通知书发出之日起30日内，按照招标文件和中标人的投标文件订立书面合同。

（7）投标保证金退还。招标人最迟应当在与中标人签订合同后5日内，向中标人和未中标的投标人退还投标保证金及银行同期存款利息。

（8）招标投标情况书面报告的提交。依法必须进行施工招标的项目，招标人应当自发出中标通知书之日起15日内，向招标投标行政监督部门提交招标投标情况的书面报告。

6-277 招标人或其委托的招标代理机构在招标投标活动中向不同的潜在投标人或投标人提供差别化信息或差别化服务被举报、投诉后应如何处理？

答：招标人或其委托的招标代理机构在招标投标活动中向潜在投标人或投标人提供信息和服务应按招标文件及其释疑、澄清和修改内容规定进行，向不同的潜在投标人或投标人提供差别化信息或差别化服务违反了公开、公平、公正原则，影响资格预审结果和投标人投标。

在资格预审结束前和投标文件提交截止前接到投诉或被发现的，招标人应按对招标文件的澄清、修改或异议的处理规定，修改资格预审文件或招标文件，可能影响投标人投标文件编制的，应当顺延投标文件的提交时间。

在资格预审结束后和投标文件提交截止时间后接到投诉或被发现，对中标结果造成实质性影响且不能采取补救措施予以纠正的，依法必须进行招标的项目其招标、中标无效，应当依法重新招标。

6-278 工程建设项目施工招标投标活动中发现招标人编制的资格预审文件、招标文件存在不合法内容时，招标人应如何处理？

答：编制的资格预审文件、招标文件存在不合法内容主要包括两个方面。一是指违反法律法规的强制性规定及效力性强制规定，表现为禁止性和义务性规定，也即法律和行政法规中使用了"应当""不得""必须"等字样的条款。如招标人不得以不合理的条件限制、排斥潜在投标人或者投标人；依法必须进行招标的项目的境内投标单位，以现金或者支票形式提交的投标保证金应当从其基本账户转出等。二是违反公开、公平、公正和诚实信用原则。如在不同媒介发布的同一招标项目的资格预审公告或者招标公告的内容应当一致等。

违法内容影响了资格预审结果或者投标人投标，可能会影响招标结果，也可能会损害招标人的合法利益、损害国家和社会公众利益。

依法必须进行招标的项目，违法内容在中标人确定前发现的，招标人应当修改资格预审文件或招标文件延迟或重新招标；违法内容在中标人确定后发现，对中标结果造成实质性影响，且不能采取补救措施予以纠正的招标无效。因招标无效造成损失的，招标人应根据过错责任赔偿损失。

6-279 工程建设项目施工招标投标人在参加招标投标活动中通常有哪些费用支出？

答：一是招标人发售资格预审文件、招标文件收取的费用。鼓励招标人或其代理机构免费提供资格预审文件和招标文件，在实务中特别是实行电子招标投标后，很多地方已经免费提供，如需收取，不得以营利为目的，仅应当限于补偿印刷、邮寄的成本支出。二是投标人踏勘现场、编制投标文件、参加投标活动的直接成本支出。三是提交投标担保所需的成本支出。提交的投标保证金发生银行存款利息时，招标人应退还银行同期存款利息。四是招标文件约定向中标人收取的招标代理服务费，未中标人不发生此项费用。招标代理服务费用是编制招标文件，审查投标人资格，组织投标人踏勘现场并答疑，组织开标、评标、定标，以及提供招标前期咨询、协调合同的签订等业务所收取的费用，一般应由招标人支付，招标人、招标代理机构与投标人另有约定的，从其约定，但应在招标文件中约定收取标准和时间，列入投标人投标报价时考虑的投标成本中。

6-280 工程建设施工招标投标活动中能否提前知道潜在投标人的具体名单和联系方式？招标人应采取哪些保密措施？

答：《招标投标法》第二十二条规定，招标人不得向他人透露已获取招标文件的潜在投标人的名称、数量以及可能影响公平竞争的有关招标投标的其他情况。潜在投标人的名单必须严格保密，如果提前泄露可能导致投标人相互沟通信息、违规串通投标行为的发生。

为保证在开标前任何人无法获知投标人具体名单和联系方式，在工程建设施工招标投标工作实务中，招标人通常采取以下措施对潜在投标人信息进行保密。一是取消现场报名环节，在公共资源交易平台电子交易系统采用网上报名方式或取消报名，潜在投标人通过电子交易系统自行下载招标文件。二是组织全部潜在投标人实地踏勘项目施工现场的，应当采取相应的保密措施并对投标人提出有关保密要求，不得采用集中签到甚至点名等方式，防止潜在投标人在现场暴露身份。三是投标人通过特定的银行保密系统和招标投标电子交易系统对接，向招标人采用现金转账、电子保函方式提交投标保证金，确保在投标截止时间之前对投标保证金的提交情况得到保密。

6-281　集团总公司和下属子公司、集团总公司的下属子公司之间、总公司和分公司能否在同一工程施工项目投标？

答：工程建设项目施工招标，投标人是响应招标、参加投标竞争的法人或者其他组织。合格的工程建设项目施工招标投标人，一是具备独立承担民事责任能力的法人或者其他组织，具备国家有关规定对投标人规定的资格条件，具备招标文件对投标人规定的资格条件。二是单位负责人为同一人的不同单位不得参加同一标段或者未划分标段的同一招标项目投标。三是存在控股或者管理关系的不同单位不得参加同一标段或者未划分标段的同一招标项目投标。公司可以设立子公司，子公司是指一定比例以上的股份被另一公司所拥有或通过协议方式受到另一公司实际控制的公司，子公司具有法人资格，依法独立承担民事责任。分公司不具有法人资格，其民事责任由总公司承担。因此集团总公司和下属子公司存在控股或管理关系的不能在同一标段或者未划分标段的同一招标项目投标；集团总公司的下属子公司之间如不存在单位负责人为同一人或存在控股或管理关系情形条件下则可以参加同一标段或者未划分标段的同一招标项目投标；分公司不具备独立法人资格，只能以总公司身份代表总公司参加投标；集团总公司和下属子公司、集团总公司的下属子公司之间在主动披露存在单位负责人为同一人或存在控股或管理关系情形条件下可以参加同一项目资格预审，但招标人只能选择其中一家符合条件的公司参加投标。

6-282　房屋建筑和市政基础设施工程项目施工招标文件的实质性条件设置有哪些规定？

答：投标人应当按照招标文件的要求编制投标文件，对招标文件提出的实质性要求和条件作出响应。招标人应当在招标文件中规定实质性要求和条件，并用醒目的方式标明。一是应根据招标项目的具体特点和需要将对合同履行有重大影响的内容和因素设定为实质性要求和条件，主要包括招标项目质量要求、工期要求、技术标准和要求、对投标人资格审查的标准、投标报价要求、评标标准、拟签订合同的主要条款、投标有效期等。工程建设项目施工招标投标文件的内容应当包括拟派出的项目负责人与主要技术人员的简历、业绩和拟用于完成招标项目的机械设备等。二是招标文件规定的实质性要求和条件应在评标办法中列明并明示不满足即否决其投标。三是招标文件列明的其他否决投标的情形也同时构成不实质性响应招标文件。

6-283 房屋建筑和市政基础设施工程施工招标文件对业绩奖项的设置有什么要求？

答：一是依法必须进行招标的项目不得以特定行政区域或者特定行业的业绩、奖项作为评标加分或中标条件。二是招标项目需要以投标人的类似业绩、奖项作为评标加分条件，可以设置全国性的奖项作为评标加分条件，如"鲁班奖""中国建筑工程装饰奖"等。如设置省、市级奖项不得仅以某一或部分省、市区域奖项作为评标加分条件，而全国各相应区域类似标准的奖项均应作为评标加分条件。三是不得设定明显超出招标项目具体特点和实际需要的过高业绩、奖项要求，可从项目本身具有的技术要求如规模、结构、功能等特点需要和项目环境需要对潜在投标人提出项目业绩要求或评分加分条件。如不能要求提供银行大楼业绩、医院医疗建筑业绩作为资格和加分条件，不能仅以本省、本市业绩奖项作为加分依据等。

6-284 《注册建造师管理规定》要求，担任施工单位项目负责人的应当受聘并注册于一个具有施工资质的企业，在工程建设施工招标实务中经常要求投标人项目人员提供与投标单位一致的社会保险缴费证明对此加以验证。社会保险缴纳单位与注册单位不一致的注册建造师是否都属于"挂证"？出现这种情况能否参加投标？

答：注册建造师实际工作单位与注册单位一致但社保缴纳与注册单位不一致存在以下情形的原则上不认定为"挂证"：一是达到法定年龄正式退休或依法提前退休的；二是因事业单位改制等原因保留事业单位身份，实际工作单位为所在事业单位下属单位，社保由该事业单位缴纳的；三是属于军队自主择业人员的；四是因企业改制征地拆迁等买断社会保险的；五是有法律法规、国家政策依据的其他情形。上述注册建造师参加工程施工投标活动时，在投标项目招标文件要求投标人项目人员提供与投标单位一致的社会保险缴费证明对此加以验证时，可根据自身情况在提出投标疑问时，要求招标人按照政策规定在资格预审文件、招标文件或其释疑时明确可以参加投标的条件要求，并在投标文件中或参加投标活动时按资格预审文件或招标文件要求提供相关证明材料，以满足招标文件要求。

6-285 房屋建筑和市政基础设施工程施工招标关于投标施工项目经理诸如有无"在建工程"等相关规定有哪些？

答：关于投标施工项目经理有以下规定：

（1）注册建造师不得同时在两个及两个以上的建设工程项目上担任施工单位项目负责人。

（2）注册建造师不得同时担任两个及两个以上建设工程施工项目负责人。发生下列情形之一的除外：①同一工程相邻分段发包或分期施工的；②合同约定的工程验收合格的；③因非承包方原因致使工程项目停工超过120天（含），经建设单位同意的。

（3）要严格执行项目经理管理规定的要求，一个项目经理（建造师）只宜担任一个施工项目的管理工作，当其负责管理的施工项目临近竣工，并已经向发包人提出竣工验收申请后，方可参加其他工程项目的投标。

6-286 潜在投标人或者其他利害关系人对资格预审文件或招标文件有疑问或异议如何提出？招标人应分别如何处理？

答：（1）疑问主要是关于资格预审文件和招标文件中可能存在的遗漏、错误、含义不清甚至相互矛盾等问题，潜在投标人应当在资格预审文件或招标文件规定的提出时间之前提出，招标人也可以对疑问自行发现后进行补救。

（2）异议主要是针对资格预审文件或招标文件中可能存在的限制或者排斥潜在投标人、对潜在投标人实行歧视待遇、可能损害潜在投标人合法权益等违反法律法规规定和"公开、公平、公正"原则的问题。相应的异议应分别在资格预审申请文件提交截止2日前和投标文件提交截止10日前提出。招标人应当在收到异议之日起3日内作出答复。招标人作出答复前应当暂停招投标活动，暂停的具体期限取决于异议的性质、对资格预审文件和招标文件的影响以及招标人处理异议的效率。

（3）疑问及其回复、对资格预审文件或招标文件作出修改和澄清的异议及其回复应当以书面形式通知所有的潜在投标人。

6-287 工程建设项目施工招标投标人如何参加开标会议？招标人是否可以要求投标人法定代表人、投标项目经理本人出席投标会议？

答：工程建设项目施工招标开标由招标人主持，邀请所有投标人参加，招标人有邀请所有投标人参加开标会的义务，投标人有放弃参加的权利。招标人在招标文件中规定投标人必须参加开标会的，投标人应当委派代表参加。但招标人不应在开标环节要求投标人的法定代表人必须到场，不接受其授权委托人到场。项目经理到场参加开标会法律法规没有规定，应按各地政策规定在招标文件中约定，但评标时需项目经理现场答辩的，项目经理应当参加开标会议。采用网上不见面开标方式的招标开标活动可将上述对投标人参加开标会议的要求通过在线方式进行。

6-288 房屋建筑和市政基础设施工程施工招标在什么情形下招标人应当拒收投标文件？投标文件接收后招标人如何处理？

答：（1）招标人应当当场拒收不符合要求的招标文件。一是未通过资格预审不具备投标资格的申请人提交的投标文件。二是超过招标文件规定的投标截止时间提交到招标文件规定地点的投标文件。三是未按招标文件要求密封的投标文件。招标人对于密封的要求应在招标文件中表述清晰、准确，简化规定，并明确拒收情形，避免或减少现场争议、减少拒收情形的发生。通过拒收避免不合格的投标文件进入评标环节。电子招标投标的投标文件递交情况按电子招标投标文件的规定处理。

（2）由投标人或者其推选的代表检查投标文件的密封情况，也可以由招标人委托的公证机构进行检查并公证。经确认无误后，由有关工作人员当众拆封，宣读投标人名称、投标价格和投标文件的其他主要内容。招标人在招标文件要求提交投标文件的截止时间前收到的所有投标文件，开标时都应当当众予以拆封、宣读。开标过程应当记录，投标文件的送达时间和密封检查等有关情况招标人或其委托的招标代理机构应如实记载，提供交易服务的交易平台对有关情况提供见证服务。开标过程应存档备查。

（3）开标工作人员包括监督人员不应在开标现场作出投标文件有效或者无效的判断处理。

6-289 投标截止后必须立即开标吗？工程建设项目施工招标开标、评标活动的时间、地点是如何规定的？

答：招标文件应当载明开标时间和开标地点，开标由招标人组织，应当在招标文件规定的时间和地点进行。根据《招标投标法》的规定，开标应当在招标文件确定的提交投标文件截止时间的同一时间进行，因此投标截止后应当立即进行开标。关于评标时间，法律法规没有统一规定，由于开标、评标、定标和签订合同应当在投标有效期内完成，不同项目的评标委员会完成评标所需时间也不同，因此招标人应在投标有效期内合理安排评标时间。一般情况下，招标人在完成开标活动后即可开始组织评标活动。《招标投标法》规定招标人应当采取必要的措施，保证评标在严格保密的情况下进行。对于依法必须招标的项目，其评标一般都在具备保密条件的交易平台（包括政府设立的公共资源平台或符合要求的第三方交易平台）评标室进行。

6-290 房屋建筑和市政基础设施工程施工项目招标在开标时，投标文件出现什么情形应当作为无效投标文件，不得进入评标？

答：投标文件出现以下情形的应当作为无效投标文件：
（1）投标文件未按照招标文件的要求予以密封的。
（2）投标文件中的投标函未加盖投标人的企业及企业法定代表人印章的，或者企业法定代表人委托代理人没有合法、有效的委托书（原件）及委托代理人印章的。
（3）投标文件的关键内容字迹模糊、无法辨认的。
（4）投标人未按照招标文件的要求提供投标保函或者投标保证金的。
（5）组成联合体投标的，投标文件未附联合体各方共同投标协议的。

投标文件未按照招标文件的要求予以密封的由招标人在开标现场予以拒收，开标工作人员包括监督人员不应在开标现场作出投标文件有效或者无效的判断处理。

6-291 房屋建筑和市政基础设施工程项目施工招标依据法规、规章规定和招标文件约定，评标委员会应当否决投标人投标的情形有哪些？

答：房屋建筑和市政基础设施工程项目施工招标，有下列情形之一的，评标委员会应当否决其投标人的投标：

（1）投标文件未经投标单位盖章和单位负责人签字。

（2）投标联合体没有提交共同投标协议。

（3）投标人不符合国家或者招标文件规定的资格条件。

（4）同一投标人提交两个以上不同的投标文件或者投标报价，但招标文件要求提交备选投标的除外。

（5）投标报价低于成本或者高于招标文件设定的最高投标限价。

（6）投标人有串通投标、弄虚作假、行贿等违法行为。其中，违法行为通常是指在本次招标投标活动中发生的。招标文件载明投标人在其他招标投标活动中因同样违法行为被限制市场准入不得投标的应当否决其投标。违法行为不限于上述三种，招标人应在具有可比性的情况下在招标文件中明确。

（7）投标文件没有对招标文件的实质性要求和条件作出响应。如某地房建市政施工招标示范文本规定投标人（包括联合体各成员）不得存在下列不良状况或不良信用记录：①被县级及以上建设行政主管部门或房屋建筑和市政基础设施工程招标投标活动的监督部门暂停或取消本次招标项目工程所在地或公共资源交易平台所在地的投标资格，且处于有效期内；②在最近三年内（自投标截止之日向前追溯三年，下同）有重大工程质量事故或重大生产安全事故的（以相关行业主管部门的行政处罚决定或司法机关出具的有关法律文书为准）；在最近三年内有骗取中标或严重违约的（以相关行业主管部门的行政处罚决定或司法机关出具的有关法律文书为准）；③被责令停业，暂扣或吊销执照、安全生产许可证，或吊销资质证书；④进入清算程序，或被宣告破产，或其他丧失履约能力的情形；⑤在国家企业信用信息公示系统中被列入严重违法失信企业名单；⑥在"信用中国"网站中被列入失信被执行人名单；⑦被列入重大税收违法案件当事人名单；⑧在近三年内投标人或其法定代表人、拟委任的项目经理有行贿犯罪行为的；⑨被人力资源社会保障行政部门列入拖欠农民工工资"黑名单"。

6-292 工程项目发生安全事故，安全事故调查期间，企业能否投标？

答：目前尚无法律法规禁止企业在安全事故调查期间承揽新业务，禁止其参与招标投标活动。

6-293 招标人在招标文件中规定不允许发生安全事故的施工企业参加投标是否可以？

答：招标人在招标文件中规定不允许发生安全事故的企业参加投标，目前尚无足够法律依据禁止招标人该行为。

6-294　如果投标人的安全生产许可证在评标期间被有关部门暂扣，怎么办？

答：投标人安全生产许可证被扣，已丧失承包工程项目的能力，不具备基本的投标和履约资格。评标委员会应当将该投标文件作否决处理。

6-295　某工程建设项目通过电子交易系统公开开标，招标文件约定由投标人推选的代表检查非加密投标文件及银行保函原件的密封情况，出席开标活动的投标人之一认为存在投标人密封情况不符合要求情形。开标现场出现争议和问题时，投标人和招标人应分别采取什么措施？

答：开标现场可能出现对投标文件提交、截标时间、开标程序、投标文件密封检查和开封、唱标内容、开标记录、唱标次序、评标有关系数抽取等的争议，以及是否存在投标人与招标人或投标人之间的利益冲突情形。对于上述开标中的问题，投标人认为不符合有关规定的，应当在开标现场提出异议。异议成立的，招标人应当及时采取纠正措施，或者提交评标委员会依据招标文件规定评审确认，开标工作人员包括监督人员不应在开标现场对投标文件作出有效或者无效的判断处理。招标人不纠正的，投标人可依据规定向招标投标监督部门投诉。投标人异议不成立的，招标人应当当场给予解释说明。异议和答复应当记录备查。

6-296　某工程施工项目招标代理机构分别在交易平台发布该项目的招标公告、在交易系统提供下载的招标公告，两处公告出现载明的投标保证金缴入银行及账号不一致情况且其中一个为错误账号。开标时发现部分投标人未能按时将投标保证金提交招标公告指定的账户，经查原因是投标人的财务人员按错误账号提交投标保证金后未核对是否提交成功，导致未能按时提交至招标公告指定的账户，并在现场引发争议。投标保证金未能按时提交至招标公告指定的账户的投标人其投标文件能否接收并开标？上述争议招标人应该如何处理？

答：根据《招标投标法实施条例》第十五条的规定，在不同媒介发布的同一招标项目的资格预审公告或者招标公告的内容应当一致。同一项目招标公告不同渠道发布的投标保证金账号不一致影响了投标人投标保证金的提交，损害了招标投标活动的公正性和公平性。招标文件要求投标人提交投标保证金的，投标人应按招标文件规定的格式和金额在投标文件提交截止时间前提交。关于没有按招标文件要求提交投标保证金是不是否决投标由招标人在招标文件中规定。投标保证金是投标人投标文件的内容组成部分，不属于投标截止时间后提交投标文件和未按招标文件要求密封的投标文件应当拒收的情形，因此其投标文件应当予以接受并按规定进行开标，开标后由评标委员会依据招标文件约定确定是否继续评审或否决其投标。

上述争议中，招标人应提交评标委员会依据招标文件约定进行确定。投标保证金未能按时提交至招标公告指定账户的投标人其投标如被评标委员会依据招标文件约定否决的，招标人或其委托的招标代理机构应按其承担的责任赔偿被否决投标投标人的投标实际成本支出。

6-297 什么是流标？工程建设项目施工招标为什么会流标？出现流标招标人怎样处理？重新招标后投标人仍少于3个或者所有投标被否决的，招标人应该如何处理？

答：流标是指依法必须进行施工招标的工程建设项目提交投标文件的投标人少于3个或对招标文件实质性响应的投标人不足3个而重新组织招标或采取其他方式采购的现象，实际就是招标投标失败。

工程建设施工招标出现流标原因：
（1）招标人违规提高相关资质要求。
（2）设置不合理业绩要求。
（3）招标限价过低或不合理。
（4）评分条款量身定制。
（5）付款条件苛刻。
（6）投标人的投标水平问题和个别投标人对电子招标投标系统不熟悉、操作不规范，造成在规定开标时间前没有上传标书以及投标人迟到等原因。

出现流标招标人按以下方式处理：依法必须进行施工招标的项目提交投标文件的投标人少于3个的，不得开标，以免泄露投标人的投标信息。招标人应当在分析招标失败原因，采取相应措施，修改招标文件后依法重新招标。评标委员会经评审，认为所有投标文件都不符合招标文件要求的，可以否决所有投标，依法必须进行施工招标工程的所有投标被否决的，招标人应当依法重新招标。重新招标的方式、程序、时间要求与首次招标相同。

重新招标后投标人仍少于3个的，属于必须审批、核准的工程建设项目，报经原审批、核准部门审批、核准后可以不再进行招标；其他工程建设项目，招标人可自行决定不再进行招标。

6-298 房屋建筑和市政基础设施工程施工招标评标办法一般有哪些？

答：房屋建筑和市政基础设施工程施工招标评标可以采用综合评估法、经评审的最低投标标价法或者法律法规允许的其他评标方法。

采用综合评估法的，应当对投标文件提出的工程质量、施工工期、投标价格、施工组织设计或者施工方案、投标人及项目经理业绩等，能否最大限度地满足招标文件中规定的各项要求和评价标准进行评审和比较。以评分方式进行评估的，对于各种评比奖项不得额外计分。

采用经评审的最低投标价法的，应当在投标文件能够满足招标文件实质性要求的投标人中，评审出投标价格最低的投标人，但投标价格低于其企业成本的除外。投标报价明显低于其他投标报价有可能低于其企业成本的，评标委员会可以要求投标人作出书面说明并提供相关材料。经评标委员会论证，认定该投标人的报价低于其企业成本的，不能推荐为中标候选人或者中标人。

6-299 房屋建筑和市政基础设施工程施工招标评标委员会如何组成？

答：评标由招标人依法组建的评标委员会负责。依法必须进行施工招标的工程，其评标委员会由招标人的代表和有关技术、经济等方面的专家组成，成员人数为5人以上单数，其中招标人、招标代理机构以外的技术、经济等方面专家不得少于成员总数的三分之二。评标委员会的专家成员，应当由招标人从省级人民政府和国务院有关部门组建的相关专业的专家名单中以随机抽取方式确定。技术复杂、专业性强或者国家有特殊要求，采取随机抽取方式确定的专家难以保证胜任评标工作的项目，招标人可以按规定指定评标专家成员，具体情形：一是专家库没有相应专业的专家；二是专家库有相应专业的专家但不能满足招标项目的实际需要或满足招标项目要求的专家数量不足；三是专家库的专业分类不能满足招标项目的专业要求。任何单位和个人不得以明示、暗示等任何方式指定或者变相指定参加评标委员会的专家成员。与投标人有利害关系的人不得进入相关工程的评标委员会。评标委员会成员与投标人有利害关系的，应当主动回避。评标委员会成员的名单在中标结果确定前应当保密。

6-300 房屋建筑市政基础设施工程施工招标评标时，招标人或招标代理机构应向评标委员会提供哪些资料供评标使用？

答：根据《招标投标法实施条例》第四十八条的规定，招标人应当向评标委员会提供评标所必需的信息，但不得明示或者暗示其倾向或者排斥特定投标人。招标人应当提供招标文件没有载明或者已经载明但评标委员会短时间不容易准确把握理解且为准确评标所必需的客观信息。

房屋建筑和市政基础设施工程施工招标评标时招标人或招标代理机构应向评标委员会提供评标使用的有关资料主要有：

（1）经备案的招标文件，包括补遗文件、答疑会纪要、工程量清单等。

（2）主要的施工图纸、地质勘探报告等工程技术资料。

（3）工程概况、范围、性质和有关质量、价格、进度等需求目标和实施要点等评标重点的书面介绍，包括工程规模，结构形式，工程特点，技术要求，施工重点和难点，施工采用的新方法、新工艺和新材料，招标文件与示范文本有较大变动的条款及评标方法等。

（4）开标记录、评审表格及其他评标必需的资料。

6-301 在招标投标工作中，投标文件澄清是投标人应评标委员会要求作出的，那么房屋建筑和市政基础设施工程施工招标评标过程中关于投标文件澄清说明的注意事项有哪些？

答：评标过程中关于投标文件澄清说明的注意事项有：

（1）评标委员会是澄清、说明工作的启动者，评标委员会可以书面方式要求投标人对投标文件中含义不明确、对同类问题表述不一致或者有明显文字和计算错误的内容作必要的澄清、说明或补正。对于投标文件中意思表示明确或上下文能够准确判断其含义的内容，评标委员会不得要求投标人进行澄清或说明。

（2）评标委员会不得向投标人提出带有暗示性或诱导性的问题，或向其明确投标文件中的遗漏和错误。不得接受投标人主动提出的澄清、说明。

（3）投标人应当采用书面形式进行澄清或者说明，其澄清或者说明不得超出其投标文件的范围或者改变其投标文件的实质性内容。

（4）投标文件不响应招标文件的实质性要求和条件的，招标人应当拒绝，并不允许投标人通过修正或撤销其不符合要求的差异或保留，使之成为具有响应性的投标。

6-302 某政府投资工程建设项目施工招标中标结果公示期间，因投标人对评审结果提出异议，招标人决定组织复评，在组织复评时招标人因该项目评标委员会评审问题引起争议而影响项目招标进度，提出另选择资深专家进行复评。招标投标监管部门能否同意更换？

答：根据《招标投标法实施条例》第四十六条的规定，依法必须进行招标的项目的招标除因与投标人有利害关系、有回避事由、擅离职守或者因健康等原因不能继续评标外，不得更换依法确定的评标委员会成员。中标候选人公示期间如发现招标人提供给评标委员会的信息、数据有误或不完整，或者由于评标委员会的原因导致评标结果出现重大偏差，有关评标结果异议成立的，招标人应当组织原评标委员会对有关问题予以纠正，重新评标，修正评标报告和评标结论。评标委员会无法自行纠正的，招标人应当报告招标投标监管部门，由招标投标监管部门依法作出处理。招标投标监管部门在处理时可邀请资深专家对争议问题提出咨询意见，提交原评标委员会作为评审复评参考。原评标委员会不按招标文件规定的评标标准和方法评标或对依法应当否决的投标不提出否决意见，招标投标监管部门应责令其改正，重新评标，修正评标报告和评标结论。

6-303 在评标过程中，有评标专家因个人原因提出离场不再评标，招标人如何处理？

答：根据《招标投标法实施条例》第四十八条的规定，评标过程中，评标委员会成员有回避事由、擅离职守或者因健康等原因不能继续评标的，应当及时更换。被更换的评标委员会成员作出的评审结论无效，由更换后的评标委员会成员重新进行评审。被更换的评标委员会成员仍应遵守有关对评标保密的要求规定。招标人评标时发现需更换时应及时更换，事后发现有更换可能也应当更换。评标委员会在评标过程中不客观公正履职、不遵守评标纪律而影响评标正常进行的，招标人也应当更换。更换应符合上述规定，不能因评标专家不执行招标人错误或不正当要求而滥用更换权，操纵评标委员会。

6-304 评标委员会在评标时否决了部分不合格投标后，剩余有效投标人少于三个，评标委员会随即以不足三家为由认定流标，该处理是否正确？

答：根据《评标委员会和评标方法暂行规定》第二十七条的规定，评标委员会根据《评标委员会和评价方法暂行规定》否决不合格投标后，因有效投标不足三个使得投标明显缺乏竞争的，评标委员会可以否决全部投标。因此，除评标委员会认为所有投标文件都不符合招标文件要求的可以否决所有投标外，在评审阶段评标委员会应对是否明显缺乏竞争、是否对招标人利益造成损害以及国有投资是否得到节约等进行评审，不应在不分析是否明显缺乏竞争等因素的前提下，随意以有效投标已不足三家为由，直接否决全部投标，造成重新招标，以保护招标人、投标人的合法权益。

6-305 评标委员会成员对评标结果有不同意见时，怎样确定评标结果？

答：评标委员会完成评标后，应向招标人提出书面评标报告。评标报告由评标委员会全体成员签字。《招标投标法实施条例》第五十三条规定，对评标结果有不同意见的评标委员会成员应当以书面形式说明其不同意见和理由，评标报告应当注明该不同意见。评标委员会成员拒绝在评标报告上签字又不书面说明其不同意见和理由的，视为同意评标结果。判断评标委员会是否承担个人责任的重要依据是评标报告，评标报告由评标委员会全体成员签字，在某种程度上也是对坚持正确意见的评标委员会成员的一种保护。关于对签字的具体要求由招标人在招标文件中进行确定。

6-306 某项目招标文件中投标人资格要求规定投标项目经理、技术负责人有在建工程，其资格审查不予通过，否决其投标。但该项目招标文件中没有规定评标委员在评标时通过网上搜索及其具体途径核查该投标项目经理是否在其他在建工程中担任项目经理，一投标人在资格审查时被评标委员会网上搜索予以否决，该投标人不服，要求重新评审，但经招标人核实该投标项目经理有在建工程属实，确定维持评标结果。但另有其他投标人提出投诉，认为评审不符合规定，要求评标委员会重新评审。招标人该如何处理？

答：根据《招标投标法实施条例》第四十九条的规定，评标委员会成员应当依照《招标投标法》及《招标投标法实施条例》的规定，按照招标文件规定的评标标准和方法，客观、公正地对投标文件提出评审意见。招标文件没有规定的评标标准和方法不得作为评标的依据。该项目招标文件没有规定评标委员会在评标时通过互联网搜索项目经理在建工程情况，通过互联网搜索项目经理在建工程情况不能作为该项目评标委员会评标的依据。同时评标委员会自行通过网上搜索，不能保证所有投标项目经理在建工程信息的完整、全面、准确，不能保证公平对待每一位投标人，不符合招标投标活动的公平原则。该项目投标人因网上搜索在建工程被否决不属于招标文件规定的评审方法，评标委员会在资格审查时予以否决不符合招标文件规定。

关于投标人不服要求重新评审的问题，招标人应要求评标委员会依据招标文件规定评标标准和方法重新评审并重新确定中标人或推荐中标候选人。

针对投标项目经理有在建工程的问题，如该投标人被确定为中标人或被推荐为中标候选人，应在评标结束后由招标人进行调查核实并完成陈述申辩程序后，依据招标文件规定由招标人取消其中标人或中标候选人资格。为减少针对此类问题的争议，招标人可在招标文件中明确评标委员会在评标阶段进行相关事项查询的渠道、步骤及查询结果的处理方法等。

上述处理方法的不同，对投标项目经理有在建工程的投标人会产生被评标委员会否决或被招标人取消中标候选人的不同结论，虽然针对该投标人不能中标的最终结果没有改变，但会产生不同的中标候选人名单和排序，对其他投标人是否中标可能会产生不同的结果。

6-307 某工程项目招标评标后，某投标项目经理认为评标委员会对该公司投标文件技术标书得分漏算少算，应如何向招标人提出？招标人应如何处理？

答：根据《招标投标法实施条例》第五十四条的规定，投标人或者其他利害关系人对依法必须进行招标的项目的评标结果有异议的，应当在中标候选人公示期间提出。招标人应当自收到异议之日起3日内作出答复；作出答复前，应当暂停招标投标活动。因此该投标项目经理应以投标人或投标项目经理身份在中标候选人公示期间向招标人提出异议。招标人在收到异议后应组织原评标委员会针对异议事项进行复评，并在收到异议之日起3日内作出答复，同时暂停招标投标活动。

6-308 评标委员会成员在评标过程中使用的资料、评标记录及评分表格等，能否自行带出评标室，自行保存？

答：根据《评标委员会和评标方法暂行规定》的规定，评标过程中使用的资料保管问题，分析如下：

（1）招标人应当采取必要措施，保证评标活动在严格保密的情况下进行。

（2）评标委员会成员和与评标活动有关的工作人员不得透露对投标文件的评审和比较、中标候选人的推荐情况以及与评标有关的其他情况。

（3）向招标人提交书面评标报告后，评标委员会即告解散。评标过程中使用的文件、表格以及其他资料应当即时归还招标人。

（4）评标委员会成员或者与评标活动有关的工作人员向他人透露对投标文件的

评审和比较、中标候选人的推荐以及与评标有关的其他情况的，给予警告，可以并处3000元以上5万元以下的罚款；对有所列违法行为的评标委员会成员取消担任评标委员会成员的资格，不得再参加任何依法必须进行招标项目的评标；构成犯罪的，依法追究刑事责任。

因此评标委员会成员在评标过程中使用的资料、评标记录及评分表格等，不得带出评标室自行保存。

6-309 关于评标结果公示有哪些规定？排名第一的中标候选人不符合中标条件被取消中标候选人资格后，招标人是否需要重新公示中标候选人？

答：根据《招标投标法实施条例》第五十四条，评标结果公示有以下规定：依法必须进行招标的项目，招标人应当自收到评标报告之日起3日内公示中标候选人，公示期不得少于3日。具体公示期限应综合考虑公示媒介、节假日、交通通信条件和潜在投标人的地域情况合理确定，既要确保评标结果的公开、公示效果，又要提高效率确保招标周期不致过长。全部中标候选人均应进行公示。

排名第一的中标候选人不符合中标条件被取消中标候选人资格后，招标人是否需要重新公示要根据异议、投诉处理结果进行确定。应公示全部中标候选人以给予投标人针对全部中标候选人进行异议和投诉的机会，除因异议、投诉处理时因评标委员会重新评审而改变了中标候选人名单或中标候选人排名顺序需要重新公示的情形外，其他情形不再需要重复公示以兼顾效率。依法必须进行招标的项目之外其他招标项目是否公示中标候选人由招标人自主决定。

6-310 某工程项目施工招标投标人评标后被推荐为第一中标候选人，中标候选人公示后，该投标人觉得其可能亏本，要求撤回投标文件并放弃中标，招标人如何处理？

答：根据《招标投标法实施条例》第三十五条的规定，投标人撤回已提交的投标文件，应当在投标截止时间前书面通知招标人。投标截止时间后，投标文件对招标人和投标人都有约束力，投标人撤销、撤回投标文件应当承担相应的法律责任，其投标保证金可以不予退还，给招标人造成损失的应当承担缔约过失责任，其投标保证金不足以弥补招标人损失的，投标人还应对超出部分予以赔偿。对于未影响竞争结果、对招标人未造成损失的，条例并未规定投标保证金不得退还，因此是否退还投标保证金招标人应在招标文件中进行约定。

根据《招标投标法实施条例》第七十四条的规定，中标人无正当理由不与招标人订立合同，取消其中标资格，投标保证金不予退还。对依法必须进行招标的项目的中标人，由有关行政监督部门责令改正，可以处中标项目金额10‰以下的罚款。

该中标候选人虽尚未被确定为中标人，不符合直接违反法律规定的违法主体情形，但为维护招标投标活动的严肃性，招标人可在招标文件中针对上述相关情况明确作出投标保证金不予退还、拒绝其参加招标人组织的招标项目的投标、依据招标投标监管部门规定作出或提交招标投标监管部门作出不良行为记录的信用处理等规定，并按《招标投标法实施条例》第三十五条规定和招标文件约定进行处理。

6-311 某政府投资工程建设项目招标结束后，某投标人向招标人和招标投标监管部门提出要求公开评标报告和中标人、未中标人的投标文件。招标人和招标投标监管部门应如何处理？

答：根据《招标投标法》第四十四条的规定，评标委员会成员和与评标活动有关的工作人员具有保密的义务，不得透露对投标文件的评审和比较、中标候选人的推荐情况以及与评标有关的其他情况，招标人没有依法公开的义务，应加强对投标文件、评标报告的保密管理，不能擅自对外公开上述资料。

根据《政府信息公开条例》的规定，招标投标行政监管部门对于其在监管过程中形成的相关政府信息，公民、法人或者其他组织提出公开申请时负有依法进行答复的职责，是政府信息公开的责任主体，该项目评标报告和中标人的投标文件属于政府信息，是否公开应依据法律规定进行。

《政府信息公开条例》规定，涉及商业秘密、个人隐私等公开会对第三方合法权益造成损害的政府信息，行政机关不得公开。但是，第三方同意公开或者行政机关认为不公开会对公共利益造成重大影响的，予以公开。

对于评标报告，招标投标行政监管部门依法不得透露、一般也不能公开；中标人的投标文件涉及商业机密，行政机关不得公开，只有在涉及公共利益或征得中标人同意的情况下才可以公开；对于未中标人的投标文件，《房屋建筑和市政基础设施工程施工招标投标管理办法》等法律法规没有规定招标投标监管部门对其应当保存的义务，不属于政府信息，也没有公开的义务。

6-312 很多工程建设项目施工招标招标人在招标文件中约定或在招标投标活动中提出没收投标保证金的做法是否妥当？

答：招标投标活动属于招标人、投标人作为平等市场主体之间进行的民事活动，而没收是法律规定由行政机关或司法机关作出的行政处罚或刑事处罚，不适用于平等市场主体之间的民事行为。招标人在招标文件中规定或在招标投标活动中提出没收投标保证金的做法不妥，应当是按不予退还投标保证金的方式进行处理。

6-313 工程建设施工招标投标活动应该遵循公开的原则，但在招标投标活动中有哪些依法应该保密的环节和内容？如违反保密规定应当承担哪些法律责任？

答：依据《招标投标法》等法律法规的规定，应当保密的环节和内容有：

（1）招标人不得向他人透露已获取招标文件、提交投标保证金的潜在投标人的名称、数量以及可能影响公平竞争的有关招标投标的其他情况。招标人设有标底的，标底必须保密。

（2）评标委员会成员的名单在中标结果确定前应当保密。

（3）招标人应当采取必要的措施，保证评标在严格保密的情况下进行。任何单位和个人不得非法干预、影响评标的过程和结果。

（4）评标委员会成员和参与评标的有关工作人员不得透露对投标文件的评审和比较、中标候选人的推荐情况以及与评标有关的其他情况。

（5）招标人在开标前开启投标文件并将有关信息泄露给其他投标人，或者授意投标人撤换、修改投标文件，招标人向投标人泄露标底、评标委员会成员等信息均属招标人与投标人串通投标。

违反保密规定应当承担的法律责任有：

（1）依法必须进行招标项目的招标人向他人透露已获取招标文件潜在投标人的名称、数量或者可能影响公平竞争有关招标投标的其他情况的，或者泄露标底的，给予警告，可以并处一定数额的罚款；对相关责任人员依法给予处分；构成犯罪的，依法追究刑事责任。

（2）评标委员会成员或者参加评标的有关工作人员向他人透露对投标文件的评审和比较、中标候选人的推荐以及与评标有关的其他情况的，给予警告，可以并处一定数额的罚款，对违法行为人员取消评委资格，构成犯罪的，依法追究刑事责任。

（3）招标代理机构违法泄露应当保密的与招标投标活动有关的情况和资料的，由有关行政监督部门处一定数额罚款，对相关责任人员处一定数额罚款；没收违法所得；情节严重的可停止其一定时期内参与相关领域的招标代理业务；构成犯罪的，由司法部门依法追究刑事责任；给他人造成损失的，依法承担赔偿责任。

6-314 房屋建筑和市政基础设施施工项目招标人确定中标人的依据是什么？国有投资占控股或者主导地位的项目中标人如何确定？

答：根据《工程建设项目施工招标投标办法》和《房屋建筑和市政基础设施工程施工招标投标管理办法》等的规定，招标人根据评标委员会提出的书面评标报告和推荐的中标候选人确定中标人。

国有投资占控股或者主导地位的工程项目，招标人应当按照中标候选人的排序确定中标人。原则上应当选择排名第一的中标候选人为中标人。

6-315 非国有投资占控股或者主导地位的工程建设项目招标，其中标人如何确定？

答：非国有投资占控股或者主导地位的项目，招标人从评标委员会推荐的中标候选人中选择中标人也不是任意的。在确定中标人时需要综合考虑中标人的投标应当符合能够最大限度地满足招标文件中规定的各项综合评价标准或能够满足招标文件的实质性要求，并且经评审的投标价格除低于成本外的投标价格最低的要求。

6-316 工程建设施工项目招标时，评标委员会评标结束，中标候选人在投标截止到中标通知书发出这一段时间出现其公司账户被法院查封或被法院列为失信被执行人或因农民工工资违规问题被行政监督部门限制投标资格等情况，招标人能否继续按评标委员会推荐结果确认其为中标人？

答：根据《招标投标法实施条例》第五十六条的规定，中标候选人的经营、财务状况发生较大变化或者存在违法行为，招标人认为可能影响其履约能力的，应当在发出中标通知书前由原评标委员会按照招标文件规定的标准和方法审查确认。

工程建设施工项目招标出现上述情况且中标通知书未发出时，招标人认为可能影响其履约能力的，可以由原评标委员会依据招标文件规定的标准和方法对中标候选人的履约能力进行审查，根据审查结果确定是否取消其中标资格。中标候选人出现可能影响履约能力的情况包括中标候选人不再满足招标文件规定的资格条件、财务状况发生重大变化、其违法行为的后果对本次项目的中标结果和合同的履行产生影响等，可能导致其丧失中标资格以及丧失履约能力两种后果，招标人认为不影响中标结果或者履约能力的，不需要启动上述程序。

如果中标结果已确定，中标通知书已发出，表明合同已经成立，应根据是否对履约有影响、能否继续履约情况，按照合同相关法律规定继续履约或解除合同。

6-317 中标候选人公示期间被暂扣安全生产许可证，能否取消其中标候选人资格？

答：中标候选人公示期间被暂扣安全生产许可证，其经营状况发生了较大变化，应当依据《招标投标法实施条例》第五十六条的规定，中标候选人的经营、财务状况发生较大变化或者存在违法行为，招标人认为可能影响其履约能力的，应在发出中标通知书前由原评标委员会按照招标文件规定的标准和方法审查确认。

6-318 在中标通知书发出后被暂扣安全生产许可证，能否取消中标资格？

答：招标人可以在招标文件中约定，如果在中标通知书发出后，被暂扣安全生产许可证，由于不具备履约资格影响合同签订、施工许可证办理的，可以取消中标资格。

6-319 房屋建筑和市政基础设施工程施工项目经理（注册建造师）变更的规定有哪些？

答：根据《注册建造师执业管理办法（试行）》（建市〔2008〕48号）的规定，注册建造师担任施工项目负责人期间原则上不得更换。如发生下列情形之一的，应当办理书面交接手续后更换施工项目负责人：

（1）发包方与注册建造师受聘企业已解除承包合同的。

（2）发包方同意更换项目负责人的。

（3）因不可抗力等特殊情况必须更换项目负责人的。

建设工程合同履行期间变更项目负责人的，企业应当于项目负责人变更5个工作日内报建设行政主管部门和有关部门及时进行网上变更。其中建设工程合同履行期间变更项目负责人的，经发包方同意，应当予以认可。企业未在5个工作日内报建设行政主管部门和有关部门及时进行网上变更的，应由项目所在地县级以上住房城乡建设主管部门按照有关规定予以纠正。

需要变更项目经理的，企业应当选派不低于原项目经理资格条件人员担任继任项目经理。采用综合评价法进行评标的招标项目，为确保项目经理变更不影响招标投标结果的公平、公正，不对招标人利益造成损害，不对其他未中标的投标人造成不公，继任项目经理涉及原招标活动评分因素的相关业绩评分等一般应不低于原项目经理。

注意：注册建造师担任施工项目负责人，在其承建的建设工程项目竣工验收或移交项目手续办结前，除上述（1）情形外，不得变更注册至另一企业。

6-320 工程建设项目施工招标最高投标限价如何确定和公布？在招标投标活动中有什么作用？招标人能否设置最低投标限价？

答：最高投标限价是招标人根据招标文件规定的招标内容、初步设计或施工图设计、投资概算、相关行业的工程造价计价规定和计价依据、工程施工所需的人材机市场要素、价格水平和合理可行的工程施工技术经济方案，按照工程计价规则和计价办法综合考虑投资、工期和质量等方面的因素合理确定。招标人设有最高投标限价的，应当在招标文件中公布最高投标限价并明确最高投标限价或者最高投标限价的计算方法。

在招标投标活动中，最高投标限价是招标人可以承受的最高价格，必须在招标文件中公布，对投标报价的有效性具有强制约束力，超过最高限价的投标应当被否决。设置最高投标限价可防止因投标人少、竞争不充分或投标串标等因素造成投标人串通抬标行为的发生。

招标人不得设置最低投标限价，不能作出低于最低限价为无效投标的规定。评标委员会可通过参考工程预算、其他投标人报价和投标人的证明材料等进行论证评审，判断投标人投标报价是否低于成本。

6-321 房屋建筑和市政基础设施工程施工招标最高投标限价的编制依据有哪些？招标时应该公布哪些内容？

答：最高投标限价编制依据有：

（1）《建设工程工程量清单计价规范》（GB 50500—2013）。

（2）国家或省级、行业建设主管部门颁发的计价定额和计价办法。

（3）建设工程设计文件及相关资料。

（4）拟定的招标文件及招标工程量清单。

（5）与建设项目相关的标准、规范、技术资料。

（6）施工现场情况、工程特点及常规施工方案。

（7）工程造价管理机构发布的工程造价信息，当工程造价信息没有发布时参照市场价。

（8）其他的相关资料。

招标人设有最高投标限价的，应当在招标文件中明确最高投标限价或者最高投标限价的计算方法，应当公布最高投标限价的总价，以及各单位工程的分部分项工程费、措施项目费、其他项目费、规费和税金。

6-322 房屋建筑和市政基础设施工程施工招标评标采用经评审的最低投标价法应如何评审？关于投标人的报价低于企业成本的判定一般在招标文件评标办法中如何规定？

答：经评审的最低投标价法，即评标委员会按照投标报价由低到高依次进行商务、报价和技术文件共三个环节评审，评审均通过的即为中标候选人。对评审均通过的投标人，按照投标报价由低到高依次推荐中标候选人。如投标人商务、报价和技术文件任一环节未通过评审，则按照投标报价由低到高依次进行递补，直至评出中标候选人。如投标报价相同的，按照评标办法的规定确定中标候选人顺序。

评标委员会发现投标人的报价明显低于其他投标报价，使得其投标报价可能低于其成本的，应当启动澄清程序，要求该投标人作出书面说明并提供相应的证明材料。投标人不能合理说明或者不能提供相应证明材料的，评标委员会应当认定该投标人以低于成本报价竞标，否决其投标。

6-323 房屋建筑和市政基础设施工程施工招标工程量清单的编制有哪些规定？对工程量清单准确性的责任如何划分？清单漏项怎么办？

答：**1. 工程量清单的编制有关规定**

（1）工程量清单是招标人依据国家标准、招标文件、设计文件以及施工现场实际情况编制的，随招标文件发布供投标报价，包括其说明和表格。全部使用国有资金投资或者以国有资金投资为主的建筑工程应当采用工程量清单计价；非国有资金投资的建筑工程，鼓励采用工程量清单计价。工程量清单应当作为招标文件的组成部分。

（2）招标工程量清单是工程量清单计价的基础，应作为编制招标控制价、投标报价、计算或调整工程量、索赔等的依据之一。招标工程量清单作为招标文件的组成部分，其准确性和完整性应由招标人负责。投标人必须按招标工程量清单填报价格，项目编码、项目名称、项目特征、计量单位、工程量必须与招标工程量清单一致，招标工程量清单与计价表中列明的所有需要填写单价和合价的项目，投标人均应填写且只允许有一个报价，未填写单价和合价的项目，可视为此项费用已包含在已标价工程量清单中其他项目的单价和合价之中。当竣工结算时，此项目不得重新组价予以调整。

2. 工程量清单准确性的责任划分

除招标文件专用合同条款另有约定外，招标人提供的工程量清单，应被认为是准确和完整的。出现下列情形之一时，招标人应予以修正，并相应调整合同价格：

（1）工程量清单存在缺项、漏项的。
（2）工程量清单偏差超出专用合同条款约定的工程量偏差范围的。
（3）未按照国家现行计量规范强制性规定计量的。

3. 工程量清单漏项的处理

施工中进行工程计量，当发现招标工程量清单中出现漏项、工程量偏差，或因工程变更引起工程量增减时，应按承包人在履行合同义务中完成的工程量计算。

6-324　房屋建筑和市政基础设施工程工程量清单的编制依据有哪些？

答：房屋建筑和市政基础设施工程工程量清单编制依据有：
（1）《建设工程工程量清单计价规范》（GB 50500—2013）和相关工程的国家计量规范。
（2）国家或省级、行业建设主管部门颁发的计价定额和办法。
（3）建设工程设计文件及相关资料。
（4）与建设工程有关的标准、规范、技术资料。
（5）拟定的招标文件。
（6）施工现场情况、地勘水文资料、工程特点及常规施工方案。
（7）其他相关资料。

6-325　房屋建筑和市政基础设施工程施工招标合同价款约定内容一般包括哪些？

答：招标人与中标人应当根据中标价订立合同。合同价款的有关事项由发承包双方约定，合同价款约定内容一般包括：预付工程款、工程进度款、工程竣工价款的支付和结算方式，以及合同价款的调整情形等。

6-326　房屋建筑和市政基础设施工程施工招标文件对合同价款的约定有哪些规定？

答：**1. 关于合同价类型的规定**

签约合同价（合同价款）是指发承包双方在工程合同中约定的工程造价，即包括了分部分项工程费、措施项目费、其他项目费、规费和税金的合同总金额。建设工程招标必须在招标文件、合同中明确计价中的风险内容及其范围，不得采用无限风险、所有风险或类似语句规定计价中的风险内容及范围。合同价可以采用以下类型：

（1）固定价。合同总价或者单价在合同约定的风险范围内不可调整。

（2）可调价。合同总价或者单价在合同实施期内，根据合同约定的办法调整。

（3）成本加酬金。成本加酬金合同是指发承包双方约定以施工工程成本再加合同约定酬金进行合同价款计算、调整和确认的建设工程施工合同。

2. 合同价款因素的考虑

发承包双方在确定合同价款时，应当考虑市场环境和生产要素价格变化对合同价款的影响。实行工程量清单计价的房屋建筑和市政基础设施工程，鼓励发承包双方采用单价方式确定合同价款。建设规模较小、技术难度较低、工期较短的房屋建筑和市政基础设施工程，发承包双方可以采用总价方式确定合同价款。紧急抢险、救灾以及施工技术特别复杂的房屋建筑和市政基础设施工程，发承包双方可以采用成本加酬金方式确定合同价款。

6-327　房屋建筑和市政基础设施工程施工招标文件对合同价款调整一般如何约定？

答：施工招标文件对合同价款调整一般约定如下内容：

（1）发承包双方应当在合同中约定，发生下列情形时合同价款的调整方法：①法律、法规、规章或者国家有关政策变化影响合同价款的；②工程造价管理机构发布价格调整信息的；③经批准变更设计的；④发包方更改经审定批准的施工组织设计造成费用增加的；⑤双方约定的其他因素。

（2）发承包双方在确定合同价时，应当考虑市场环境和生产要素价格变化对合同价的影响。合同价款调整是指在合同价款调整因素出现后，发承包双方根据合同约定，对合同价款进行变动的提出、计算和确认。建设工程招标，必须在招标文件、合同中明确计价中的风险内容及其范围，不得采用无限风险、所有风险或类似语句规定计价中的风险内容及范围。综合单价中应包括招标文件中划分的应由投标人承担的风险范围及其费用，招标文件中没有明确的，应提请招标人明确。

（3）下列事项（但不限于）发生，发承包双方应当按照合同约定调整合同价款：①法律法规变化；②工程变更；③项目特征不符；④工程量清单缺项；⑤工程量偏差；⑥计日工；⑦物价变化；⑧暂估价；⑨不可抗力；⑩提前竣工（赶工补偿）；⑪误期赔偿；⑫索赔；⑬现场签证；⑭暂列金额；⑮发承包双方约定的其他调整事项。

6-328　房屋建筑和市政基础设施工程施工招标对工程预付款、工程进度款的约定一般有哪些？

答：（1）工程预付款是指在开工前，发包人按照合同约定，预先支付给承包人用于购买合同工程施工所需的材料、工程设备，以及组织施工机械和人员进场等的款项。工程进度款是指在合同工程施工过程中，发包人按照合同约定对付款周期内承包人完成的合同价款给予支付的款项,也是合同价款期中结算支付。

(2)发承包双方应当根据国务院住房建设主管部门和省、自治区、直辖市人民政府住房建设主管部门的规定,结合工程款、建设工期等情况在合同中约定预付工程款的具体事宜。预付工程款按照合同价款或者年度工程计划额度的一定比例确定和支付,并在工程进度款中予以抵扣。承包方应当按照合同约定向发包方提交已完成工程量报告,发包方收到工程量报告后,应当按照合同约定及时核对并确认。发承包双方应当按照合同约定定期或者按照工程进度分段进行工程款结算和支付。

(3)包工包料工程的预付款的支付比例不得低于签约合同价(扣除暂列金额)的10%,不宜高于签约合同价(扣除暂列金额)的30%。发承包双方应按照合同约定的时间、程序和方法,根据工程计量结果,办理期中价款结算,支付进度款。进度款的支付比例按照合同约定,按期中结算价款总额计,不低于60%,不高于90%。进度款支付周期应与合同约定的工程计量周期一致。

6-329 房屋建筑和市政基础设施工程施工招标投标人投标报价的编制一般有哪些要求?其编制依据有哪些?

答:投标报价是投标人投标时响应招标文件要求所报出的对已标价工程量清单汇总后标明的总价。投标人必须按招标工程量清单填报价格。项目编码、项目名称、项目特征、计量单位、工程量必须与招标工程量清单一致。投标报价应当满足招标文件要求。投标报价应当依据工程量清单、工程计价有关规定、企业定额和市场价格信息等编制。投标报价不得低于工程成本,不得高于最高投标限价。投标报价低于工程成本或者高于最高投标限价的,评标委员会应当否决投标人的投标。

投标报价编制依据有:

(1)《建设工程工程量清单计价规范》(GB 50500—2013)。
(2)国家或省级、行业建设主管部门颁发的计价办法。
(3)企业定额,国家或省级、行业建设主管部门颁发的计价定额。
(4)招标文件、招标工程量清单及其补充通知、答疑纪要。
(5)建设工程设计文件及相关资料。
(6)施工现场情况、工程特点及投标时拟定的施工组织设计或施工方案。
(7)与建设项目相关的标准、规范等技术资料。
(8)市场价格信息或工程造价管理机构发布的工程造价信息。
(9)其他的相关资料。

6-330 房屋建筑或市政基础设施工程施工招标,如果招标人自行招标,应提前多少日向行政主管部门备案?

答:应在发布招标公告或发出投标邀请书的5日前备案。

6-331 应公开招标而未公开招标的，或不具备自行招标条件而自行招标的，将导致何种后果？

答：应公开招标而未公开招标的，由县级以上地方人民政府招标投标主管部门责令改正，拒不改正的，不得颁发施工许可证。招标人不具备自行办理施工招标条件而自行招标的，由县级以上地方人民政府招标投标主管部门责令改正，处1万元以下的罚款。

6-332 若需选择，招标人应如何从通过资格预审的投标申请人中选择投标人？

答：实行有限数量制，一般选择不少于7家通过资格预审的投标申请人作为投标人。

6-333 招标文件及其澄清或修改是否需要向工程所在地的招标投标主管部门备案？

答：需要备案。

6-334 评标委员会的组成不符合法律法规规定的，将导致何种后果？

答：县级以上地方人民政府招标投标主管部门将责令招标人重新组织评标委员会。招标人拒不改正的，不得对其颁发施工许可证。

6-335 招标人如何确保园林工程中所栽植物的成活率？

答：在设计中尽量减少特大苗木的使用，尤其是棕榈科植物的大苗易出现移植缢缩症；要求投标人提供假植苗或容器苗，或由招标人提供乔木；招标时考虑尽可能保证在适合种植苗木的季节进行施工栽植；延长乔木或所有苗木的养护期；对于有特大树木种植的，要求其在投标文件中提供详细的施工方法。

6-336 园林工程投标文件的劳动力计划表有何特殊要求？

答：须有养护计划，即需要什么样的人、多少人养护多久，养护时间必须满足招标文件的要求。

6-337 园林工程的施工进度有何特殊要求？

答：须体现招标文件所规定的苗木养护期。

6-338 房屋建筑工程施工招标，招标人接受未通过资格预审的单位或者个人参加投标的，应如何处理？

答：根据《招标投标法实施条例》第六十四条的规定，由有关行政监督部门责令改正，并处10万元以下的罚款。对招标人的单位直接负责的主管人员和其他直接责任人员依法给予处分。

6-339 市政基础设施工程施工招标，招标人超过法律法规的规定收取投标保证金、履约保证金的，应如何处理？

答：根据《招标投标法实施条例》第六十六条的规定，由有关行政监督部门责令改正，并处5万元以下的罚款。给他人造成损失的，应依法承担赔偿责任。

6-340 ××装饰工程在施工招标前，要求部分装饰施工企业提供了装饰设计方案和咨询意见，在该装饰工程设计施工一体化招标时，这些装饰施工企业能否参加投标？

答：根据《工程建设项目施工招标投标办法》第三十五条的规定，为招标项目的前期准备或者监理工作提供设计、咨询服务的任何法人及其任何附属机构（单位），都无资格参加该招标项目的投标。《房屋建筑和市政基础设施项目工程总承包管理办法》第十一条规定，政府投资项目的项目建议书、可行性研究报告、初步设计文件编制单位及其评估单位，一般不得成为该项目的工程总承包单位。但政府投资项目招标人公开已经完成的项目建议书、可行性研究报告、初步设计文件的，上述单位可以参与该工程总承包项目的投标，经依法评标、定标，成为工程总承包单位。如果该装饰工程符合政府投资工程，招标人已按规定公开全部装饰设计方案和各项咨询意见、成果条件的，这些提供装饰设计方案和咨询意见、成果条件的装饰企业可以参加该装饰工程设计施工一体化招标项目的投标。

6-341 ××建筑工程公司参加一污水处理厂土建施工招标被推荐为第一中标候选人，该招标文件投标人资格要求中规定投标人因违法、违约被有关行政监管部门限制投标且在限制期内的审查不予通过，否决其投标。在中标候选人公示期间，投标人向招标人提出异议，称该第一中标候选人因在外省某市弄虚作假投标，受到当地行政监督部门取消其3年内在当地参加依法必须招标项目的投标资格限制的行政处罚。要求取消该第一中标候选人中标资格，同时要求评标委员会重新进行资格审查并重新计算商务分推荐中标候选人。招标投标监督部门受理投诉后如何处理？

答：该项目招标文件投标人资格要求中规定投标人因违法、违约被有关行政监管部门限制投标且在限制期内的审查不予通过，否决其投标。如投标人受到参加依法必须招标项目的投标资格限制的行政处罚且在有效限制期内，依据招标文件约定应当否决其投标。招标投标监督部门应当区分以下两种情形进行处理。

（1）如该项目招标文件规定了在资格审查阶段由评标委员会针对投标人受到投标

资格限制等行政处罚情形的查询渠道和查询结果的认定方法，则属于评标委员会在评标阶段的评审事项，按照《招标投标法实施条例》第五十四条的规定，投标人应当在中标候选人公示期间向招标人提出异议，由招标人组织原评标委员会按照招标文件规定的标准和方法进行查询、认定，如属实则应由原评标委员会否决其投标，并根据认定结论对评标结果重新进行资格审查、重新计算商务分评审、推荐中标候选人。

（2）如招标文件对投标人受到投标资格限制的行政处罚情形的查询渠道、查询结果的认定方法等没有作出规定，招标人受理异议后，应该按异议处理程序对异议线索进行调查取证，如调查属实则应在听取被异议人陈述申辩后作出异议处理决定，由招标人取消其中标资格。该异议事项不属于评审事项，且发生在评审之后的结果公示期间，不属于评审阶段，不应再由评标委员会重新评审，而应由招标人取消被异议、投诉的第一中标候选人中标资格后，依法根据其他中标候选人是否与招标人预期差距较大，或者是否对招标人明显不利情形，依次选择其他中标候选人为中标人或重新进行招标。

6-342 某市一老旧小区改造工程评标结束后，该招标项目第一中标候选人因投标业绩存在虚假被取消中标资格，为避免选择第二中标候选人中标因投标价格差距较大而增加投资，同时因项目进度要求紧，招标人在要求第二中标候选人同意以第一中标候选人的投标价格中标的情况下不再重新招标。招标人这样处理是否正确？

答：根据《招标投标法》第四十三条的规定，在确定中标人前，招标人不得与投标人就投标价格、投标方案等实质性内容进行谈判。《招标投标法实施条例》第五十七条规定，招标人和中标人应当依照《招标投标法》和《招标投标法实施条例》的规定签订书面合同，合同的标的、价款、质量、履行期限等主要条款应当与招标文件和中标人的投标文件的内容一致。招标人和中标人不得另行订立背离合同实质性内容的其他协议。《工程建设项目施工招标投标办法》第五十九条规定，招标人不得向中标人提出压低报价、增加工作量、缩短工期或其他违背中标人意愿的要求，以此作为发出中标通知书和签订合同的条件。因此招标人要求第二中标候选人在同意以第一中标候选人的投标价格中标的情况下不再重新招标的做法违反法律、法规和规章的规定。可在对第一中标候选人依法进行处理后，因排名在后的中标候选人报价偏高，依次选择中标人对招标人明显不利时，根据项目情况选择重新进行招标。

6-343 某剧场装饰工程施工招标文件规定的评审办法中有声学方面的内容，该项目评标委员会如何组成？应该符合哪些规定？

答：根据《招标投标法实施条例》第五十七条的规定，除《招标投标法》规定的特殊招标项目外，依法必须进行招标的项目，其评标委员会的专家成员应当从评标专家库内相关专业的专家名单中以随机抽取方式确定。所称特殊招标项目，是指技术复杂、专业性强或者国家有特殊要求，采取随机抽取方式确定的专家难以保证胜任评标工作的项目。特殊项目的评标专家招标人可以直接指定，同时要求直接指定的评标专家应当遵守有关评标专家的规定。因此该项目评标委员会可以由招标人直接指定一名声学方面的专家作为评标委员会成员，其应当满足从事相关领域工作满8年，并具备高级职称或同等专业水平的条件。其余评标专家除招标人代表外应从评标专家库内相关专业的专家名单中以随机抽取方式确定，所有评标委员会成员包括招标人指定的声学专家，招标人都应当遵守《招标投标法》及《招标投标法实施条例》有关评标专家的规定。

6-344　园林绿化资质取消后，园林绿化工程招标对投标人可以提出哪些要求？

答：根据《住房城乡建设部办公厅关于做好取消城市园林绿化企业资质核准行政许可事项相关工作的通知》第二条的规定，各级住房城乡建设（园林绿化）主管部门不得以任何方式，强制要求将城市园林绿化企业资质或市政公用工程施工总承包等资质作为承包园林绿化工程施工业务的条件。因此园林绿化工程项目招标人可以要求施工企业持有效营业执照即可参加投标，但不得以营业执照记载的经营范围作为确定投标人经营资质资格的依据，不得以招标项目超出投标人营业执照记载的经营范围为由认定其投标无效，不得要求将城市园林绿化企业资质或市政公用工程施工总承包等资质作为招标资格条件。招标人可以要求施工企业项目管理班子中配备的项目负责人、技术负责人具有园林绿化相关专业技术职称，并设置与招标的园林绿化工程项目相适应的企业或项目负责人类似业绩作为资格或加分条件。

6-345　房屋建筑和市政基础设施工程施工招标中标候选人公示应当包括哪些内容？

答：根据《招标公告和公示信息发布管理办法》的规定，依法必须招标项目的中标候选人公示应当载明以下内容：

（1）中标候选人排序、名称、投标报价、质量、工期（交货期），以及评标情况。

（2）中标候选人按照招标文件要求承诺的项目负责人姓名及其相关证书名称和编号。

（3）中标候选人响应招标文件要求的资格能力条件。

（4）提出异议的渠道和方式。

（5）招标文件规定公示的其他内容。

6-346　某房屋建筑项目招标结果公示期间，投标人要求招标人除公示总分外，还应公布评标委员会评标每一小项的分数。招标人能否公示？

答：关于能否公示评标委员会评分的每一小项的分数，招投标法律法规没有统一规定，各地招标投标行政监督部门规定、做法也各不相同。可从提高招标投标活动透明度、接受社会监督的角度出发，由招标人自愿在中标候选人公示中公布相关内容，但评标委员会成员的名单应当保密。

6-347 房屋建筑和市政基础设施工程施工招标人招标投标情况的书面报告包括哪些内容？

答：依法必须进行房屋建筑和市政基础设施工程施工招标的工程，招标人应当自确定中标人之日起15日内，向工程所在地的县级以上地方人民政府招标投标监督管理部门提交施工招标投标情况的书面报告。书面报告应当包括下列内容：

（1）施工招标投标的基本情况，包括施工招标范围、施工招标方式、资格审查、开评标过程和确定中标人的方式及理由等。

（2）相关的文件资料，包括招标公告或者投标邀请书、投标报名表、资格预审文件、招标文件、评标委员会的评标报告（设有标底的，应当附标底）、中标人的投标文件。委托工程招标代理的，还应当附工程施工招标代理委托合同。

6-348 投标人和其他利害关系人对招标结果有异议或认为招标活动不符合法律法规和规章规定时，提出救济解决的方式和途径有哪些？

答：有以下解决的方式和途径：

（1）向招标人提出异议。①潜在投标人或者其他利害关系人对资格预审文件有异议的，应当在提交资格预审申请文件截止时间2日前提出；对招标文件有异议的，应当在投标截止时间10日前提出。招标人应当自收到异议之日起3日内作出答复；作出答复前，应当暂停招标投标活动。②投标人对开标有异议的，应当在开标现场提出，招标人应当当场作出答复，并制作记录。③投标人或者其他利害关系人对依法必须进行招标的项目的评标结果有异议的，应当在中标候选人公示期间提出。招标人应当自收到异议之日起3日内作出答复；作出答复前，应当暂停招标投标活动。

（2）向项目招标投标活动行政监督部门提出投诉。投标人或者其他利害关系人认为招标投标活动不符合法律、行政法规规定的，可以自知道或者应当知道之日起10日内向该招标投标项目的行政监督部门投诉。投诉应当有明确的请求和必要的证明材料。就上述异议事项投诉的，应当先向招标人提出异议，没有先行提出异议的，投诉不予受理。异议答复期间不计算在上述规定的期限内。

（3）向行政复议机关申请行政复议。当事人对行政监督部门的投诉处理决定不服或者行政监督部门逾期未做处理的，可以依法申请行政复议，当事人是指投诉人、被投诉人以及评标委员会成员等与投诉事项有关的当事人。当事人应在收到招标投标行政监督部门作出的投诉不予受理决定或投诉处理决定之日起60日内提出行政复议申请。当事人可以向该项目招标投标监督部门的本级人民政府（一般由政府司法行政机关具体办理）申请行政复议，也可以向该项目招标投标监督部门上一级主管部门申请行政复议。当事人向人民法院提起行政诉讼，人民法院已经依法受理的，不得申请行政复议。

（4）向人民法院提起行政诉讼。①投诉人、被投诉人以及评标委员会成员等与投诉事项有关的当事人对行政监督部门的投诉处理决定不服或者行政监督部门逾期未做处理的，可以依法直接向人民法院提起行政诉讼，作出决定的招标投标行政监督部门是被告，当事人应在收到招标投标行政监督部门作出的投诉不予受理决定或投诉处理决定之日起6个月内提出行政诉讼。②投诉人或被投诉人以及评标委员会成员等与投诉事项有关的当事人已申请行政复议对行政复议决定不服的，可以依法向人民法院提起行政诉讼。复议机关决定维持招标投标行政监督部门行政决定的，作出行政决定的招标投标行政监督部门和复议机关是共同被告；复议机关改变招标投标监督部门行政决定的，复议机关是被告。复议机关在法定期限内未作出复议决定，当事人起诉原行政行为的，作出原行政行为的行政机关是被告；起诉复议机关不作为的，复议机关是被告。不服复议决定的，可以在收到复议决定书之日起15日内向人民法院提起诉讼。复议机关逾期不作决定的，申请人可以在复议期满之日起15日内向人民法院提起诉讼。

（5）其他利害关系人是指投标人以外的，与招标项目或者招标活动有直接和间接利益关系的法人、其他组织和个人。

6-349 工程建设项目招标投标活动非利害关系人提出的招标投标违法行为投诉如何处理？信访、举报渠道转交的招标投标投诉事项通常如何处理？

答：除投标人和其他利害关系人外的招标投标活动非利害关系人举报招标投标活动违法行为，提供了有效线索和证明材料，符合行政处罚立案条件的，招标投标监管部门应当立案查处；实名举报的，招标投标监管部门应当按照信访要求进行答复。

信访、举报渠道提交或转交的招标投标投诉事项，招标投标监管部门应当依照工程建设招标投标有关法律、法规、规章及其他有关规定，根据事项具体情况作出处理，并书面答复转办机关和信访人。一是请求事实清楚，举报招标投标活动行为违反招标投标法律、法规、规章或者其他有关规定的，由招标投标监管部门依法立案处理；二是属于投诉事项，符合工程建设招标投标投诉受理条件的，告知举报人按投诉渠道和程序进行投诉并按投诉程序和规定办理。三是请求事由合理但缺乏法律依据或不符合投诉受理条件，但举报事项涉及中标候选人不再满足招标文件规定的资格条件、财务状况发生重大变化、其违法行为的后果对本次项目的评标结果和合同的履行产生影响的，转交招标人依据招标投标法律、法规和招标文件约定处理。请求事由缺乏法律依据或不符合投诉受理条件的其他事项，应当对信访人做好解释工作。四是请求缺乏事实根据或者不符合法律、法规、规章或者其他有关规定的，不予支持。

6-350 工程建设项目招标投标异议、投诉、行政复议、行政诉讼处理期间，招标投标活动是否应该暂停？

答：（1）招标投标异议处理期间。潜在投标人或者其他利害关系人对资格预审文件和招标文件有异议的，招标人在作出答复前，应当暂停招标投标活动；投标人对开标有异议的，招标人应当当场作出答复；投标人或者其他利害关系人对依法必须进行招标的项目的评标结果有异议的，招标人作出答复前，应当暂停招标投标活动。

（2）招标投标投诉处理期间。必要时招标投标行政监督部门可以责令暂停招标投标活动；招标人认为需要暂停招标投标活动的可以暂停招标投标活动。

（3）招标投标行政复议期间。复议期间不停止招标投标监管部门作出决定的行政行为的执行。但是，被申请人认为需要停止执行的；行政复议机关认为需要停止执行的；申请人申请停止执行，行政复议机关认为其要求合理，决定停止执行的，可以停止执行。

（4）招标投标行政诉讼期间。诉讼期间不停止招标投标监管部门或复议机关作出决定的行政行为的执行。但有下列情形之一的，裁定停止执行：一是被告认为需要停止执行的；二是原告或者利害关系人申请停止执行，人民法院认为该行政行为的执行会造成难以弥补的损失，并且停止执行不损害国家利益、社会公共利益的；三是人民法院认为该行政行为的执行会给国家利益、社会公共利益造成重大损害的；四是法律、法规规定停止执行的。

6-351 工程建设施工项目招标投标异议、投诉、行政复议、行政诉讼的证据提交和受理分别是哪一方主体？

答：（1）招标投标异议。潜在投标人或者其他利害关系人对资格预审文件和招标文件有异议的，投标人对开标有异议的，投标人或者其他利害关系人对依法必须进行招标项目的评标结果有异议的，其提出异议的依据和理由均应由潜在投标人、投标人或者其他利害关系人向招标人提交。

（2）招标投标投诉。投标人或者其他利害关系人认为招标投标活动不符合法律、行政法规规定的，投诉人应当提交明确的请求和必要的证明材料向该招标投标项目的行政监督部门投诉。

（3）招标投标行政复议。投诉人、被投诉人以及评标委员会成员等与投诉事项有关的当事人对招标投标监督部门的投诉处理决定不服或者行政监督部门逾期未做处理的，依法申请行政复议时，被申请的招标投标监督部门应当提交当初作出招标投标投诉处理决定的证据、依据和其他有关材料。在行政复议过程中，被申请的招标投标监督部门不得自行向申请人和其他有关组织或者个人收集证据。

（4）招标投标行政诉讼。作出决定的招标投标行政监督部门或复议机关单独或共同作为被告，对作出的投诉处理决定或行政复议决定负有举证责任，应当向负责案件审理的人民法院提供作出该行政决定的证据和所依据的规范性文件。被告不提供或者无正当理由逾期提供证据，视为没有相应证据。但是，被诉行政行为涉及第三人合法权益，第三人提供证据的除外。在诉讼过程中，被告及其诉讼代理人不得自行向原告、第三人和证人收集证据。原告或者第三人提出了其在行政处理程序中没有提出的理由或者证据的，经人民法院准许，被告可以补充证据。原告可以提供证明行政行为违法的证据。原告提供的证据不成立的，不免除被告的举证责任。

6-352 房屋建筑与市政基础设施项目施工招标人和中标人在签订合同时应遵守哪些规定？

答：招标人与中标人在签订合同时应遵守以下规定：

（1）中标通知书对招标人和中标人具有法律效力。中标通知书发出后，招标人改变中标结果的，或者中标人放弃中标项目的，应当依法承担法律责任。招标人不得向中标人提出压低报价、增加工作量、缩短工期或其他违背中标人意愿的要求，以此作为发出中标通知书和签订合同的条件。

（2）招标人和中标人应当自中标通知书发出之日起30日内，按照招标文件和中标人的投标文件订立书面合同。合同的标的、价款、质量、履行期限等主要条款应当与招标文件和中标人的投标文件的内容一致。招标人和中标人不得再另行订立背离合同实质性内容的其他协议。

（3）中标人不与招标人订立合同的，投标保证金不予退还并取消其中标资格，给招标人造成的损失超过投标保证金数额的，应当对超过部分予以赔偿；没有提交投标保证金的，应当对招标人的损失承担赔偿责任。招标人无正当理由不与中标人签订合同，给中标人造成损失的，招标人应当给予赔偿。

（4）招标人和中标人不按照招标文件和中标人的投标文件订立合同，合同的主要条款与招标文件、中标人的投标文件的内容不一致，或者招标人、中标人订立背离合同实质性内容的协议的，在签订合同时向招标人提出附加条件的，由有关行政监督部门责令改正，可以处中标项目金额5‰以上10‰以下的罚款。

（5）招标文件要求中标人提交履约保证金或者其他形式履约担保的，中标人应当提交。中标人不按照招标文件要求提交履约保证金的，视为放弃中标项目，取消其中标资格，投标保证金不予退还。对依法必须进行招标的项目的中标人，由有关行政监督部门责令改正，可以处中标项目金额10‰以下的罚款。招标人要求中标人提供履约保证金或其他形式履约担保的，招标人应当同时向中标人提供工程款支付担保。招标人不得擅自提高履约保证金，不得强制要求中标人垫付中标项目建设资金。招标人擅自提高履约保证金或强制要求中标人垫付中标项目建设资金的，有关行政监督部门责令改正；可以处中标项目金额5‰以上10‰以下的罚款。

6-353 中标人不履行与招标人订立的施工合同,应承担什么样的法律责任?

答:(1)中标人不履行与招标人订立的施工合同,履约保证金不予退还,给招标人造成的损失超过履约保证金数额的,还应当对超过部分予以赔偿;没有提交履约保证金的,应当对招标人的损失承担赔偿责任。因不可抗力不能履行合同的,不适用该款规定。

(2)中标人不按照与招标人订立的合同履行义务,情节严重的,有关行政监督部门取消其二至五年参加依法必须进行招标项目的投标资格并予以公告,直至由工商行政管理机关吊销营业执照。因不可抗力不能履行合同的,不适用该款规定。

6-354 建设工程施工招标人和中标人违规另行签订合同,发生的合同纠纷如何处理?

答:另行签订合同,发生合同纠纷按以下方式处理:

(1)招标人和中标人另行签订的建设工程施工合同约定的工程范围、建设工期、工程质量、工程价款等实质性内容,与中标合同不一致,一方当事人请求按照中标合同确定权利义务的,人民法院应予支持。

(2)招标人和中标人在中标合同之外就明显高于市场价格购买承建房产、无偿建设住房配套设施、让利、向建设单位捐赠财物等另行签订合同,变相降低工程价款,一方当事人以该合同背离中标合同实质性内容为由请求确认无效的,人民法院应予支持。

(3)发包人将依法不属于必须招标的建设工程进行招标后,与承包人另行订立的建设工程施工合同背离中标合同的实质性内容,当事人请求以中标合同作为结算建设工程价款依据的,人民法院应予支持,但发包人与承包人因客观情况发生了在招标投标时难以预见的变化而另行订立建设工程施工合同的除外。

(4)当事人签订的建设工程施工合同与招标文件、投标文件、中标通知书载明的工程范围、建设工期、工程质量、工程价款不一致,一方当事人请求将招标文件、投标文件、中标通知书作为结算工程价款的依据的,人民法院应予支持。

6-355 列入建筑市场主体"黑名单"的情形有哪些?被列入"黑名单"有什么后果?

答:县级以上住房城乡建设主管部门按照"谁处罚、谁列入"的原则,将存在下列情形的建筑市场各方主体,列入建筑市场主体"黑名单":

(1)利用虚假材料、以欺骗手段取得企业资质的。

(2)发生转包、出借资质,受到行政处罚的。

(3)发生重大及以上工程质量安全事故,或1年内累计发生2次及以上较大工程质量安全事故,或发生性质恶劣、危害性严重、社会影响大的较大工程质量安全事故,受到行政处罚的。

（4）经法院判决或仲裁机构裁决，认定为拖欠工程款，且拒不履行生效法律文书确定的义务的。

各级住房城乡建设主管部门应当将列入建筑市场主体"黑名单"和拖欠农民工工资"黑名单"的建筑市场各方主体作为重点监管对象，在市场准入、资质资格管理、招标投标等方面依法给予限制。各级住房城乡建设主管部门不得将列入建筑市场主体"黑名单"的建筑市场各方主体作为评优表彰、政策试点和项目扶持对象。

6-356　建筑市场信用评价包括哪些内容？评价结果如何应用？

答：建筑市场信用评价的内容主要包括企业综合实力、工程业绩、招标投标、合同履约、工程质量控制、安全生产、文明施工、建筑市场各方主体优良信用信息及不良信用信息等。

地方各级住房城乡建设主管部门可以结合本地实际，在行政许可、招标投标、工程担保与保险、日常监管、政策扶持、评优表彰等工作中应用信用评价结果。

6-357　应当采用招标方式选择工程总承包单位的房屋建筑和市政基础设施项目工程总承包项目范围是什么？

答：工程总承包项目范围内的设计、采购或者施工中，有任一项属于依法必须进行招标的项目范围且达到国家规定规模标准的，应当采用招标的方式选择工程总承包单位。关于总承包招标的规模标准，发包人依法对工程以及与工程建设有关的货物、设计等服务全部或者部分实行工程总承包发包的，工程总承包中施工、货物、服务等各部分的估算价中，只要有一项达到《必须招标的工程项目规定》第五条规定相应标准，即施工部分估算价达到400万元以上，或者货物部分达到200万元以上，或者设计等服务部分达到100万元以上，则整个总承包发包应当招标。

6-358　在工程总承包或施工总承包招标中暂估价的定义是什么？暂估价的工作内容如何发包？

答：暂估价，是指工程总承包或施工总承包招标时不能确定价格而由招标人在招标文件中暂时估定的工程、货物、服务的金额，限于因招标人需求未明确、设计深度不够或招标文件规定实行专业分包，暂时无法纳入招标的项目。暂估价项目属非竞争项目，投标人在编制投标文件时，不得对招标文件中设定的暂估价进行修改，不得进行竞争性报价。

以暂估价形式包括在总承包范围内的工程、货物、服务属于依法必须进行招标的项目范围且达到国家规定规模标准的，应当依法进行招标。工程总承包或施工总承包中暂估价项目招标是共同招标，主要有三种形式：即总承包招标人和中标人共同招标、总承包招标人招标而总承包中标人参与、总承包中标人招标而总承包招标人参与。

6-359　房屋建筑与市政基础设施项目施工招标中的暂列金额的定义是什么？与暂估价有什么不同？

答：暂列金额是指招标人在工程量清单中暂定并包括在合同价款中的一笔款项。用于施工合同签订时尚未确定或者不可预见的所需材料、设备、服务的采购，施工中可能发生的工程变更、合同约定调整因素出现时的工程价款调整以及发生的索赔、现场签证确认等的费用。投标人编制投标报价时，暂列金额应按招标工程量清单中列出的金额填写。

暂列金额属于工程量清单计价中其他项目费的组成部分，包括在合同价之内，由发包人暂定并掌握使用的一笔款项，施工过程中可能产生也可能不会产生，产生部分属承包人所有，剩余部分归发包人所有；而暂估价是包含在合同必然发生的，在工程量清单中提供的，用于支付必然发生但暂时不能确定材料单价以及专业工程的金额。发包人在招标工程量清单中暂估价属于依法必须招标的，应通过招标确定价格，并以此取代暂估价，调整合同价款；不属于依法必须招标的，应由承包人按照合同采购，经发包人确认单价后取代暂估价，调整合同价款。

6-360　房屋建筑和市政基础设施项目工程总承包招标应该在项目哪个阶段进行？有什么要求？

答：建设内容明确、技术方案成熟的项目，适宜采用工程总承包方式。建设单位应当在发包前完成项目审批、核准或者备案程序。采用工程总承包方式的企业投资项目，应当在核准或者备案后进行工程总承包项目招标；采用工程总承包方式的政府投资项目，原则上应当在初步设计审批完成后进行工程总承包项目招标。其中，按照国家有关规定简化报批文件和审批程序的政府投资项目，应当在完成相应的投资决策审批后进行工程总承包项目招标。

6-361　房屋建筑和市政基础设施工程总承包项目招标文件主要包括哪些内容？

答：建设单位应当根据招标项目的特点和需要编制工程总承包项目招标文件，主要包括以下内容：

（1）投标人须知。
（2）评标办法和标准。
（3）拟签订合同的主要条款。
（4）发包人要求，列明项目的目标、范围、设计和其他技术标准，包括对项目的内容、范围、规模、标准、功能、质量、安全、节约能源、生态环境保护、工期、验收等的明确要求。

（5）建设单位提供的资料和条件，包括发包前完成的水文地质、工程地质、地形等勘察资料，以及可行性研究报告、方案设计文件或者初步设计文件等。

（6）投标文件格式。

（7）要求投标人提交的其他材料。建设单位可以在招标文件中提出对履约担保的要求，依法要求投标文件载明拟分包的内容；对于设有最高投标限价的，应当明确最高投标限价或者最高投标限价的计算方法。

6-362 房屋建筑和市政基础设施项目工程总承包招标对投标人的资质资格设置有哪些要求？

答：工程总承包单位应当同时具有与工程规模相适应的工程设计资质和施工资质，或者由具有相应资质的设计单位和施工单位组成联合体。工程总承包单位应当具有相应的项目管理体系和项目管理能力、财务和风险承担能力，以及与发包工程相类似的设计、施工或者工程总承包业绩。设计单位和施工单位组成联合体的，应当根据项目的特点和复杂程度，合理确定由设计单位或施工单位作为牵头单位，并在联合体协议中明确联合体成员单位的责任和权利。联合体各方应当共同与建设单位签订工程总承包合同，就工程总承包项目承担连带责任。

6-363 房屋建筑和市政基础设施项目工程总承包招标对投标人有哪些特定的限制性要求？

答：1. 一般性限制

工程总承包项目招标投标人不得存在下列情形之一：

（1）为招标人不具有独立法人资格的附属机构（单位）。

（2）为工程总承包招标项目前期工作提供咨询服务的。

（3）为工程总承包招标项目的监理单位。

（4）为工程总承包招标项目的代建单位、项目管理单位。

（5）为本招标项目提供招标代理、造价咨询。

（6）被责令停业的。

（7）被暂停或取消投标资格的。

（8）财产被接管或冻结的。

（9）在最近三年内有骗取中标或严重违约或重大工程质量问题的。

（10）与本招标项目的监理单位或代建单位或招标代理单位同为一个法定代表人的。

（11）与本招标项目的监理单位或代建单位或招标代理单位相互控股或参股的。

（12）与本招标项目的监理单位或代建单位或招标代理单位相互任职或工作的。

（13）单位负责人为同一人或者存在控股、管理关系的不同单位，不得同时参加本招标项目投标。

2. 特殊性限制

政府投资项目的项目建议书、可行性研究报告、初步设计文件编制单位及其评估单位,一般不得成为该项目的工程总承包单位。但政府投资项目招标人公开已经完成的项目建议书、可行性研究报告、初步设计文件的,上述单位可以参与该工程总承包项目的投标,经依法评标、定标,成为工程总承包单位。

6-364 房屋建筑和市政基础设施项目工程总承包招标一般采用哪种评标办法?评审因素主要包括哪些因素?

答:工程总承包招标可以采用综合评估法。评审的主要因素包括工程总承包报价、项目管理组织方案、设计方案、设备采购方案、施工计划、工程业绩等。

6-365 房屋建筑和市政基础设施项目工程总承包招标合同价格采用何种方式?

答:企业投资项目的工程总承包宜采用总价合同。政府投资项目的工程总承包应当合理确定合同价格形式,可以采用总价合同或者采用成本加酬金合同。

(1)采用总价合同的,除合同约定可以调整的情形外,合同总价一般不予调整。建设单位和工程总承包单位可以在合同中约定工程总承包计量规则和计价方法。

(2)成本加酬金合同也称为成本补偿合同,工程施工的最终合同价格将按照工程实际成本再加上一定的酬金进行计算。在合同签定时,工程实际成本往往不能确定,只能确定酬金的取值比例或者计算原则,由业主向承包单位支付工程项目的实际成本,并按事先约定的某一种方式支付酬金。在工程总承包招标中成本加酬金合同常采用总承包费率招标的方式。费率招标是指招标文件中要求投标人以投标报价费率代替工程总价,评标委员会根据投标报价费率、工期和质量承诺、施工组织设计及业绩进行评审的一种招标方式。投标人根据工程的实际情况和工程造价管理部门发布的计价办法和计价依据计算工程造价,确定下浮投标费率进行报价。

6-366 房屋建筑和市政基础设施工程实行工程担保制度,工程担保有哪几种?工程担保的设置和使用都有哪些要求?

答:工程担保有投标担保、履约担保、工程质量保证担保和农民工工资支付担保四种。

工程担保的设置和使用有以下要求:

(1)推行工程保函替代保证金。加快推行银行保函制度,在有条件的地区推行工程担保公司保函和工程保证保险。对于投标保证金、履约保证金、工程质量保证金、农民工工资保证金,建筑业企业可以保函的方式缴纳。积极发展电子保函,鼓励以工程再担保体系增强对担保机构的信用管理,推进"互联网+"工程担保市场监管。

（2）大力推行投标担保。招标人到期不按规定退还投标保证金及银行同期存款利息或投标保函的，应作为不良行为记入信用记录。

（3）着力推行履约担保。招标文件要求中标人提交履约担保的，中标人应当按照招标文件的要求提交。招标人要求中标人提供履约担保的，应当同时向中标人提供工程款支付担保。对采用最低价中标的探索实行高保额履约担保。

（4）强化工程质量保证银行保函应用。以银行保函替代工程质量保证金的，银行保函金额不得超过工程价款结算总额的3%。

（5）推进农民工工资支付担保应用。农民工工资支付保函全部采用具有见索即付性质的独立保函，并实行差别化管理。对被纳入拖欠农民工工资"黑名单"的施工企业，实施失信联合惩戒。

6-367 根据《建筑工程施工发包与承包违法行为认定查处管理办法》的规定，什么是违法发包？哪些情形属于违法发包，应如何处理？

答：违法发包是指建设单位将工程发包给个人或不具有相应资质的单位、肢解发包、违反法定程序发包及其他违反法律法规规定发包的行为。

存在下列情形之一的，属于违法发包并应依法给予相应的处理：

（1）建设单位将工程发包给个人的和建设单位将工程发包给不具有相应资质的单位的，依法分别给予发承包主体责令改正、处以罚款、责令停业整顿、降低资质等级、吊销资质证书、没收违法所得直至依法追究刑事责任等处理。

（2）依法应当招标未招标或未按照法定招标程序发包的，依法责令限期改正、处以罚款、对单位直接负责的主管人员和其他直接责任人员给予处分。

（3）建设单位设置不合理的招标投标条件，限制、排斥潜在投标人或者投标人的，依法责令改正、处以罚款。

（4）建设单位将一个单位工程的施工分解成若干部分发包给不同的施工总承包或专业承包单位的，依法责令改正、处以罚款。

6-368 建筑施工企业母公司中标建筑工程后能否把中标工程项目交由子公司实施？是否属于转包？

答：根据《建筑法》第二十八条的规定，禁止承包单位将其承包的全部建筑工程转包给他人，禁止承包单位将其承包的全部建筑工程肢解以后以分包的名义分别转包给他人。《合同法》第二百七十二条规定，承包人不得将其承包的全部建设工程转包给第三人或者将其承包的全部建设工程肢解以后以分包的名义分别转包给第三人。《招标投标法》第四十八条规定，中标人不得向他人转让中标项目，也不得将中标项目肢解后分别向他人转让。中标人按照合同约定或者经招标人同意，可以将中标项目的部分非主体、非关键性工作分包给他人完成。接受分包应当具备相应的资格条件，并不得再次分包。

子公司具有独立法人资格属于前述法律规定的"他人""第三人",因此母公司中标建筑工程后将所中标工程的全部或肢解交由其子公司实施属于转包。

6-369 招标人或行政监督部门在认定投标人弄虚作假行为时需要注意哪些情况?

答:认定投标人弄虚作假行为时需要注意以下事项:

(1)投标人以骗取中标为目的进行弄虚作假,但不应该以事实上的中标作为弄虚作假的构成要件,投标人未中标也可能构成弄虚作假行为。

(2)在资格预审活动中投标人为骗取投标资格也可能发生弄虚作假。

(3)投标人与其他投标人串通进行弄虚作假造成自身废标,目的是帮助特定投标人中标。

(4)恶意在投标文件中载明与其他投标人项目管理人员相同造成他人废标。

(5)弄虚作假应区别于失误和错误。失误或错误不影响自身资格条件或竞争力,纠正这种失误或者错误也不会影响其他投标人,可按细微偏差处理,不能简单认定为弄虚作假。

6-370 哪些情形应当认定为转包?

答:存在下列情形之一的,应当认定为转包,但有证据证明属于挂靠或者其他违法行为的除外:

(1)承包单位将其承包的全部工程转给其他单位(包括母公司承接建筑工程后将所承接工程交由具有独立法人资格的子公司施工的情形)或个人施工的。

(2)承包单位将其承包的全部工程肢解以后,以分包的名义分别转给其他单位或个人施工的。

(3)施工总承包单位或专业承包单位未派驻项目负责人、技术负责人、质量管理负责人、安全管理负责人等主要管理人员,或派驻的项目负责人、技术负责人、质量管理负责人、安全管理负责人中一人及以上与施工单位没有订立劳动合同且没有建立劳动工资和社会养老保险关系,或派驻的项目负责人未对该工程的施工活动进行组织管理,又不能进行合理解释并提供相应证明的。

(4)合同约定由承包单位负责采购的主要建筑材料、构配件及工程设备或租赁的施工机械设备,由其他单位或个人采购、租赁,或施工单位不能提供有关采购、租赁合同及发票等证明,又不能进行合理解释并提供相应证明的。

(5)专业作业承包人承包的范围是承包单位承包的全部工程,专业作业承包人计取的是除上缴给承包单位"管理费"之外的全部工程价款的。

(6)承包单位通过采取合作、联营、个人承包等形式或名义,直接或变相将其承包的全部工程转给其他单位或个人施工的。

（7）专业工程的发包单位不是该工程的施工总承包或专业承包单位的，但建设单位依约作为发包单位的除外。

（8）劳务作业的发包单位不是该工程承包单位的。

（9）施工合同主体之间没有工程款收付关系，或者承包单位收到款项后又将款项转拨给其他单位和个人，又不能进行合理解释并提供材料证明的。

（10）两个以上的单位组成联合体承包工程，在联合体分工协议中约定或者在项目实际实施过程中，联合体一方不进行施工也未对施工活动进行组织管理的，并且向联合体其他方收取管理费或者其他类似费用的，视为联合体一方将承包的工程转包给联合体其他方。

6-371 什么是挂靠？哪些情形属于挂靠？依法如何处理？

答：挂靠在现行法律意义上主要是指没有资质的实际施工人借用有资质的建筑施工企业名义进行工程建设的行为。通常表现为个人或企业不具备资质而与具备资质的施工企业签订挂靠合同或以项目承包名义等形式实施工程建设行为。挂靠人一般向被挂靠人交纳一定的"管理费"，被挂靠人向挂靠人提供营业执照、组织机构代码证、税务登记证、资质证书、安全生产许可证、账户、印章等工程建设中必要的资料和文件，但不参与工程的实际施工和管理。挂靠是法律所禁止的行为，但同时也是实务中存在的行为。

房屋建筑和市政基础设施工程施工发包与承包存在下列情形之一的，属于挂靠：

（1）没有资质的单位或个人借用其他施工单位的资质承揽工程的。

（2）有资质的施工单位相互借用资质承揽工程的，包括资质等级低的借用资质等级高的，资质等级高的借用资质等级低的，相同资质等级相互借用的。

（3）其他有证据证明属于挂靠的。

对认定有挂靠行为的施工单位或个人，依据《招标投标法》第五十四条、《建筑法》第六十五条和《建设工程质量管理条例》第六十条的规定进行处罚。骗取中标的，中标无效，给招标人造成损失的，依法承担赔偿责任；构成犯罪的，依法追究刑事责任。依法必须进行招标项目的投标人有上述行为尚未构成犯罪的，处罚款、没收违法所得、取消其一至三年内依法必须招标项目投标资格、责令停业整顿、降低资质等级、吊销资质证书、吊销营业执照等处罚。

6-372 合法分包的内容有哪些？

答：房屋建筑和市政基础设施工程施工发包与承包的分包从内容上分为专业工程分包和劳务分包。专业工程分包是指建筑工程总承包单位根据总承包合同的约定或者经建设单位的允许，将承包工程中的专业性较强的专业工程发包给具有相应资质的其他建筑企业完成的活动。专业工程分包除在施工总承包合同中有约定外，必须经建设单位认可。专业分包工程承包人必须自行完成所承包的工程；劳务作业分包，是指施工总承包企业或者专业承包企业（以下简称劳务作业发包人）将其承包工程中的劳务作业发包给劳务分包企业（以下简称劳务作业承包人）完成的活动。劳务作业分包由劳务作业发包人与劳务作业承包人通过劳务合同约定。劳务作业承包人必须自行完成所承包的任务。

合法分包主要是指主体符合资质要求、专业工程经约定或认可条件下的分包，分包的内容是除主体结构施工外的部分内容，只允许一次分包且分包指向内容合法。劳务分包和工程分包最大的法律区别就是分包内容是否指向分部分项工程、是否计取工程款。劳务分包的指向对象是专业工程中剥离出来的简单劳务作业，计取的是直接费中的人工费和一定的管理费，其对价属于法律上的"劳务报酬"；工程分包的指向对象是分部分项工程，计取的是直接费、间接费、税金和利润，其对价属于法律上的"工程款"。

6-373 建筑市场中违法发包、转包、分包、挂靠等行为的行政处罚追溯期限如何规定？

答：关于建筑市场中违法发包、转包、分包、挂靠等行为的行政处罚追溯期限，应当从违法发包、转包、分包、挂靠的建筑工程竣工验收之日起计算。合同工程量未全部完成而解除或暂时终止履行合同的，为合同解除或终止之日。

6-374 房屋建筑和市政基础设施工程评定分离的基本方法是什么？

答：房屋建筑和市政基础设施工程评定分离的基本方法是指招标人科学制定评标定标方法，组建评标委员会，通过资格审查强化对投标人的信用状况和履约能力审查，围绕高质量发展要求优先考虑创新、绿色等评审因素。评标委员会对投标文件的技术、质量、安全、工期的控制能力等因素提供技术咨询建议，向招标人推荐合格的中标候选人。由招标人按照科学、民主决策原则，建立健全内部控制程序和决策约束机制，根据报价情况和技术咨询建议，择优确定中标人，实现招标投标过程的规范透明，结果的合法公正，依法依规接受监督。

第七节 公路工程招标投标

6-375 哪些情形的公路工程可以不进行招标？

答：有下列情形之一的公路工程建设项目，可以不进行招标：

（1）涉及国家安全、国家秘密、抢险救灾或者属于利用扶贫资金实行以工代赈、需要使用农民工等特殊情况。

（2）需要采用不可替代的专利或者专有技术。

（3）采购人自身具有工程施工或者提供服务的资格和能力，且符合法定要求。

（4）已通过招标方式选定的特许经营项目投资人依法能够自行施工或者提供服务。

（5）需要向原中标人采购工程或者服务，否则将影响施工或者功能配套要求。

（6）国家规定的其他特殊情形。

6-376 农村公路建设项目招标有哪些规定？

答：农村公路建设项目招标有以下规定：

（1）农村公路建设项目的勘察、设计、施工、监理等符合法定招标条件的，应当依法进行招标。

（2）农村公路建设项目按照规模、功能、技术复杂程度等因素，分为重要农村公路建设项目和一般农村公路建设项目。重要农村公路建设项目应当单独招标，一般农村公路建设项目可以多个项目一并招标。

（3）农村公路建设项目的招标由项目业主负责组织。农村公路建设项目实行项目业主责任制。项目业主应当具备建设项目相应的管理和技术能力。鼓励选择专业化机构履行项目业主职责。农村公路建设项目由项目业主依照相关法规自主决定工程监理形式。

（4）农村公路建设项目应当选择具有相应资质的单位施工。在保证工程质量的条件下，可以在专业技术人员的指导下组织当地群众参与实施一般农村公路建设项目中技术难度低的路基和附属设施。

6-377 公路工程招标一般应满足什么条件？

答：公路工程建设项目履行项目审批或者核准手续后，方可开展勘察设计招标；初步设计文件批准后，方可开展施工监理、设计施工总承包招标；施工图设计文件批准后，方可开展施工招标，有利于保证招标质量，减少后期工程变更。施工招标采用资格预审方式的，考虑到资格预审阶段不涉及工程量清单的编制问题，在初步设计文件批准后，可以进行资格预审，有利于项目推进。

6-378 公路工程施工招标的标段划分应按什么要求进行？

答：公路工程施工招标人应当合理划分标段、确定工期，提出质量、安全目标要求，并在招标文件中载明。标段的划分应当有利于项目组织和施工管理、各专业的衔接与配合，不得利用划分标段规避招标、限制或者排斥潜在投标人。招标人可以实行设计施工总承包招标、施工总承包招标或者分专业招标。

6-379　公路工程招标投标信息公开有哪些规定？

答：（1）资格预审文件和招标文件的关键内容要公开。公开内容包括项目概况、对申请人或者投标人的资格条件要求、资格审查办法、评标办法、招标人联系方式等，避免招标人以不合理的条件限制、排斥潜在投标人或者投标人，进一步规范招标人的招标行为。

（2）中标候选人在投标文件中的关键信息要公示。除中标候选人排序、名称、投标报价等常规公示信息外，中标候选人在投标文件中承诺的主要人员姓名、个人业绩、相关证书编号，中标候选人在投标文件中填报的项目业绩等也纳入公示的范围，增强投标单位之间的互相监督，进一步规范投标人的投标行为。

（3）评标信息要公示。在中标候选人公示过程中，同时公示被否决投标的投标人名称、否决依据和原因，实行资格预审的招标项目，要向未通过资格预审的申请人告知其未通过资格预审的依据和原因，进一步规范评标专家的评标行为。

（4）公路工程招标投标监管部门的投诉处理决定要公告。包括投诉的事由、调查结果、处理决定、处罚依据以及处罚意见等内容，加强公路工程招标投标监管部门依法行政的透明性。

（5）招标投标当事人的不良行为信息要公告。对于招标人、招标代理机构、投标人以及评标委员会成员等当事人在公路工程建设项目招标投标活动中出现的违法违规或者恶意投诉等行为，公路工程招标投标监管部门应当依法公告处理决定并将其作为不良行为信息记入相应当事人的信用档案。

6-380　公路工程建设项目的招标、开标、评标活动"三记录"制度是什么？

答：（1）明确要求招标人要对资格审查、开标以及评标全过程录音录像，加强对招标人代表、评标专家、评标监督人员的行为约束，防止参加资格审查或评标的人员发布倾向性言论，同时使得"强化事中事后监管"制度做到有据可循。

（2）强调招标人应当对评标专家在评标活动中的职责履行情况予以记录，并在招标投标情况的书面报告中载明，这样既有利于增强评标专家"客观、公正、独立、审慎"的责任意识，又便于公路工程招标投标监管部门及时了解评标专家行为，对评标专家进行信用管理。

（3）强调评标委员会对参与评标工作其他人员的间接监督作用，如评标监督人员或者招标人代表干预正常评标活动，或者有其他不正当言行，评标委员会应当在评标报告中如实记录，以此加强对评标监督人员、招标人代表的行为约束。

6-381　公路工程施工招标文件对投标人的资格条件设置有何要求？哪些行为属于以不合理的条件限制、排斥潜在投标人或者投标人？

答：公路工程施工招标人应结合招标项目的具体特点和实际需要，设定潜在投标人或者投标人的资质、业绩、主要人员、财务能力、履约信誉等资格条件，不得以不合理的条件限制、排斥潜在投标人或者投标人。

招标人有下列行为之一的，属于以不合理的条件限制、排斥潜在投标人或者投标人：

（1）就同一招标项目向潜在投标人或者投标人提供有差别的项目信息。

（2）设定的资质、业绩、主要人员、财务能力、履约信誉等资格、技术、商务条件与招标项目的具体特点和实际需要不相适应或者与合同履行无关。

（3）依法必须进行招标的项目以特定行政区域或者特定行业的业绩、奖项作为加分条件或者中标条件。

（4）对潜在投标人或者投标人采取不同的资格审查或者评标标准。

（5）限定或者指定特定的专利、商标、品牌、原产地或者供应商。

（6）依法必须进行招标的项目非法限定潜在投标人或者投标人的所有制形式或者组织形式。

（7）强制要求潜在投标人或者投标人的法定代表人、企业负责人、技术负责人等特定人员亲自购买资格预审文件、招标文件或者参与开标活动。

（8）通过设置备案、登记、注册、设立分支机构等无法律、行政法规依据的不合理条件，限制潜在投标人或者投标人进入项目所在地进行投标。

6-382 公路工程施工招标关于投标施工项目经理有无"在建工程"的相关规定是什么？

答：相关规定有：

（1）注册建造师不得同时在两个及两个以上的建设工程项目上担任施工单位项目负责人。

（2）注册建造师不得同时担任两个及以上建设工程施工项目负责人。发生下列情形之一的除外：①同一工程相邻分段发包或分期施工的；②合同约定的工程验收合格的；③因非承包方原因致使工程项目停工超过120天（含），经建设单位同意的。

（3）要严格执行项目经理管理规定的要求，一个项目经理（建造师）只宜担任一个施工项目的管理工作，当其负责管理的施工项目临近竣工，并已经向发包人提出竣工验收申请后，方可参加其他工程项目的投标。

（4）如项目经理或项目总工程师目前仍在其他项目上任职，则投标人应提供由该项目发包人出具的、承诺上述人员能够从该项目撤离的书面证明材料原件。

6-383 公路工程施工招标投标人不得存在哪些不良状况或不良信用记录？

答：投标人（包括联合体各成员）不得存在下列不良状况或不良信用记录：

（1）被省级及以上交通运输主管部门取消招标项目所在地的投标资格且处于有效

期内。

（2）被责令停业，暂扣或吊销执照，或吊销资质证书。

（3）进入清算程序，或被宣告破产，或其他丧失履约能力的情形。

（4）在国家企业信用信息公示系统中被列入严重违法失信企业名单。

（5）在"信用中国"网站中被列入失信被执行人名单。

（6）投标人或其法定代表人、拟委任的项目经理在近三年内有行贿犯罪行为的。

（7）法律法规或招标文件投标人须知规定的其他情形。

6-384　公路工程施工招标投标人不得存在哪些关联关系？

答：公路工程施工招标投标人（包括联合体各成员）不得与本标段相关单位存在下列关联关系：

（1）为招标人不具有独立法人资格的附属机构（单位）。

（2）与招标人存在利害关系且可能影响招标公正性。

（3）与本标段的其他投标人同为一个单位负责人。

（4）与本标段的其他投标人存在控股、管理关系。

（5）为本标段前期准备提供设计或咨询服务的法人或其任何附属机构（单位）。

（6）为本标段的监理人。

（7）为本标段的代建人。

（8）为本标段的招标代理机构。

（9）与本标段的监理人或代建人或招标代理机构同为一个法定代表人。

（10）与本标段的监理人或代建人或招标代理机构存在控股或参股关系。

（11）法律法规或招标文件投标人须知规定的其他情形。

6-385　公路工程施工招标关于投标人信息在交通运输部"全国公路建设市场信用信息管理系统"填报发布和评标查询应用的信息内容有哪些？

答：（1）投标人在投标文件中填报的资质、业绩、主要人员资历和目前在岗情况、信用等级等信息，应与其在交通运输主管部门"公路建设市场信用信息管理系统"上填报并发布的相关信息一致。

（2）投标人（包括联合体各成员）应进入交通运输部"全国公路建设市场信用信息管理系统"中的公路工程施工资质企业名录，且投标人名称和资质与该名录中的相应企业名称和资质完全一致。投标人不满足本项规定条件的，将被否决投标。

（3）"近年完成的类似项目"应是已列入交通运输主管部门"公路建设市场信用信息管理系统"并公开的主包已建业绩或分包已建业绩，具体时间要求见招标文件投标人须知。无法查询的可在省级交通运输主管部门"公路建设市场信用信息管理系统"中查询。如投标人未提供相关项目网页截图复印件或相关项目网页截图中的信息无法证实投标人满足招标文件规定的资格审查条件（业绩最低要求），则该项目业绩不予认定。

（4）"拟委任的项目经理和项目总工程师资历表"还应附交通运输部"全国公路建设市场信用信息管理系统"中载明的、能够证明项目经理和项目总工程师具有相关业绩的网页截图复印件。无法查询的可在省级交通运输主管部门"公路建设市场信用信息管理系统"中查询。除网页截图复印件外，投标人无须再提供任何业绩证明材料。如投标人未提供相关业绩网页截图复印件或相关业绩网页截图中的信息无法证实投标人满足招标文件规定的资格审查条件（项目经理和项目总工程师最低要求），则该业绩不予认定。

6-386　公路工程施工招标，对于投标文件偏差有何规定？

答：（1）公路工程施工招标投标文件偏离招标文件某些要求，视为投标文件存在偏差。偏差包括重大偏差和细微偏差。

（2）投标文件应对招标文件的实质性要求和条件作出满足性或更有利于招标人的响应，否则视为投标文件存在重大偏差，投标人的投标将被否决。招标文件"评标办法"中所列任一否决投标情形的，均属于存在重大偏差。

（3）投标文件中的下列偏差为细微偏差：①"评标办法"规定对投标价进行算术性错误修正及其他错误修正后，最终投标报价未超过最高投标限价（如有）的情况下，出现"评标办法"规定的算术性错误和投标报价的其他错误；②施工组织设计（含关键工程技术方案）和项目管理机构不够完善；③投标文件页码不连续、采用活页夹装订、个别文字有遗漏错误等不影响投标文件实质性内容的偏差。

（4）评标委员会对投标文件中的细微偏差按如下规定处理：①按照"评标办法"的规定予以修正并要求投标人进行澄清；②如果采用合理低价法或经评审的最低投标价法评标，应要求投标人对细微偏差进行澄清，只有投标人的澄清文件被评标委员会接受，投标人才能参加评标价的最终评比。如果采用技术评分最低标价法或综合评分法评标，可在相关评分因素的评分中酌情扣分。

6-387　公路工程施工招标对投标人项目管理人员的资格和数量有哪些要求？

答：招标人应当根据国家有关规定，结合招标项目的具体特点和实际需要，合理确定对投标人项目经理和项目总工程师等项目管理和技术负责人以及其他管理和技术人员的数量和资格要求。投标人拟投入的项目经理和项目总工程师等项目管理和技术负责人应当在投标文件中进行填报，其他管理和技术人员的具体人选由招标人和中标人在合同谈判阶段确定。对于特别复杂的特大桥梁和特长隧道项目主体工程和其他有特殊要求的工程，招标人可以要求投标人在投标文件中填报其他管理和技术人员。

6-388 公路工程施工招标，对工程计量计价、最高投标限价和投标报价的编制有哪些规定？

答：公路工程建设项目实行招标的，应当在招标文件中载明工程计量计价事项。设有标底或者最高投标限价的，标底或者最高投标限价应当根据公路工程造价计价依据并结合市场因素进行编制，并不得超出经批准的设计概算或者施工图预算对应部分。招标人应当进行标底或者最高投标限价与设计概算或者施工图预算的对比分析，合理控制建设项目造价。投标报价由投标人根据市场及企业经营状况编制，不得低于工程成本。

6-389 公路工程项目施工招标暂估价在招标时如何处理？

答：暂估价是指总承包招标时不能确定价格而由招标人在招标文件中暂时估定的工程、货物、服务的金额。限于因招标人需求未明确、设计深度不够或招标文件规定实行专业分包，暂时无法纳入招标的项目。

以暂估价形式包括在总承包范围内的工程、货物、服务属于依法必须进行招标的项目范围且达到国家规定规模标准的，应当依法进行招标。总承包中暂估价项目招标是共同招标，主要有三种形式即总承包招标人和中标人共同招标、总承包招标人招标而总承包中标人参与、总承包中标人招标而总承包招标人参与。公路工程施工招标项目的合同条款中应当约定负责实施暂估价项目招标的主体以及相应的招标程序。

6-390 公路工程施工招标对价格调整条款的设置有什么要求？

答：招标人应当在招标文件中合理划分双方风险，不得设置将应由招标人承担的风险转嫁给勘察设计、施工、监理等投标人的不合理条款。招标文件应当设置合理的价格调整条款，明确约定合同价款支付期限、利息计付标准和日期，确保双方主体地位平等。

6-391 公路工程施工招标文件对分包有什么要求？

答：（1）鼓励公路工程施工进行专业化分包，但必须依法进行。禁止承包人以劳务合作的名义进行施工分包。招标人应当按照国家有关法律法规规定，在招标文件中明确允许分包的或者不得分包的工程和服务，分包人应当满足的资格条件以及对分包实施的管理要求。承包人可以将适合专业化队伍施工的专项工程分包给具有相应资格的单位。不得分包的专项工程，发包人应当在招标文件中予以明确。分包人不得将承接的分包工程再进行分包。

（2）承包人对拟分包的专项工程及规模，应当在投标文件中予以明确。未列入投标文件的专项工程，承包人不得分包。但因工程变更增加了有特殊性技术要求、特殊工艺或者涉及专利保护等的专项工程，且按规定无须再进行招标的，由承包人提出书面申请，经发包人书面同意，可以分包。

（3）发包人应当在招标文件中明确统一采购的主要材料及构、配件等的采购主体及方式。承包人授权分包人进行相关采购时，必须经发包人书面同意。

6-392 对于政府投资的国家高速公路项目施工招标，投标人为国有控股或参股企业的，招标人对此投标人中标后应提出什么要求？

答：对于政府投资的国家高速公路项目施工招标，投标人为国有控股或参股企业的，招标人对此投标人中标后应提出在项目现场设立基层党组织。不满足上述情形的，应创造条件使党员能够参加党组织生活并接受相应管理。在项目现场设立基层党组织的，应明确党组织机构设置、党组织负责人及党务工作人员配备情况，编制党务工作开展预案，并按照预案要求在项目实施过程中同步开展党务工作，充分发挥基层党组织作用。

6-393 公路工程施工招标对投标人投标保证金是如何规定的？

答：（1）招标人应在招标文件中载明保证金收取的形式、金额以及返还时间。招标人不得以任何名义增设或者变相增设保证金或者随意更改招标文件载明的保证金收取形式、金额以及返还时间。招标人不得在资格预审期间收取任何形式的保证金。

（2）招标人在招标文件中要求投标人提交投标保证金的，投标保证金不得超过招标标段估算价的2%，但最高不超过80万元人民币，招标人应据此测算出具体金额。在具体操作中招标人应当依据招标项目估算价或投标控制价计算确定绝对金额，该金额是投标人提交金额的下限。

（3）依法必须进行招标的公路工程建设项目的投标人，以现金或者支票形式提交投标保证金的，应当从其基本账户转出。投标保证金提交形式有银行保函、银行电子保函，专业担保公司的保证担保，现金、保兑支票、银行汇票或现金支票等。

（4）投标人应当按照招标文件要求的方式和金额，将投标保证金随投标文件提交给招标人。投标保证金应当严格按招标文件的规定在投标截止时间之前提交，投标保证金有效期应当与投标有效期一致。招标人最迟应当在书面合同签订后5日内向中标人和未中标的投标人退还投标保证金及银行同期存款利息。

（5）联合体投标的，应当以联合体各方或者联合体中牵头人的名义提交投标保证金。

6-394 公路工程施工招标对投标文件的装订和密封形式有什么要求？

答：（1）投标人应当按照招标文件要求装订、密封投标文件，并按照招标文件规定的时间、地点和方式将投标文件送达招标人。

（2）公路工程施工招标，招标人采用资格预审方式进行招标且评标方法为技术评分最低标价法的，或者采用资格后审方式进行招标的，投标文件应当以双信封形式密封，第一信封内为商务文件和技术文件，第二信封内为报价文件。

（3）投标文件按照要求送达后，在招标文件规定的投标截止时间前，投标人修改或者撤回投标文件的，应当以书面函件形式通知招标人。修改投标文件的函件是投标文件的组成部分，其编制形式、密封方式、送达时间等，适用对投标文件的规定。

6-395　公路工程施工招标关于资格审查有什么规定？

答：（1）公路工程建设项目采用公开招标方式的，原则上采用资格后审办法对投标人进行资格审查。

（2）资格预审审查办法原则上采用合格制。资格预审审查办法采用合格制的，符合资格预审文件规定审查标准的申请人均应当通过资格预审。

（3）采用资格预审方式进行招标且评标方法为技术评分最低标价法的，或者采用资格后审方式进行招标的，投标文件应当以双信封形式密封，第一信封内为商务文件和技术文件，第二信封内为报价文件。

6-396　公路工程施工招标评标办法有哪些？一般如何选用？

答：公路工程施工招标，评标采用综合评估法或者经评审的最低投标价法。

（1）综合评估法包括合理低价法、技术评分最低标价法和综合评分法。合理低价法，是指对通过初步评审的投标人，不再对其施工组织设计、项目管理机构、技术能力等因素进行评分，仅依据评标基准价对评标价进行评分，按照得分由高到低排序，推荐中标候选人的评标方法。技术评分最低标价法，是指对通过初步评审的投标人的施工组织设计、项目管理机构、技术能力等因素进行评分，按照得分由高到低排序，对排名在招标文件规定数量以内的投标人的报价文件进行评审，按照评标价由低到高的顺序推荐中标候选人的评标方法。招标人在招标文件中规定的参与报价文件评审的投标人数量不得少于3个。综合评分法，是指对通过初步评审的投标人的评标价、施工组织设计、项目管理机构、技术能力等因素进行评分，按照综合得分由高到低排序，推荐中标候选人的评标方法。其中评标价的评分权重不得低于50%。

（2）经评审的最低投标价法，是指对通过初步评审的投标人，按照评标价由低到高排序，推荐中标候选人的评标方法。

公路工程施工招标评标，一般采用合理低价法或者技术评分最低标价法。技术特别复杂的特大桥梁和特长隧道项目主体工程，可以采用综合评分法。工程规模较小、技术含量较低的工程，可以采用经评审的最低投标价法。

6-397　公路工程施工项目招标文件针对评标委员会评审有哪些要求？

答：（1）评标委员会成员应当依据评标办法规定的评审顺序和内容逐项完成评标工作，对本人提出的评审意见以及评分的公正性、客观性、准确性负责。除评标价和履约信誉评分项外，评标委员会成员对投标人商务和技术各项因素的评分一般不得低于招标文件规定该因素满分值的60%；评分低于满分值60%的，评标委员会成员应当在评标报告中作出说明。

（2）评标委员会应当查询交通运输主管部门的公路建设市场信用信息管理系统，对投标人的资质、业绩、主要人员资历和目前在岗情况、信用等级等信息进行核实。若投标文件载明的信息与公路建设市场信用信息管理系统发布的信息不符，使得投标人的资格条件不符合招标文件规定的，评标委员会应当否决其投标。

（3）评标委员会发现投标人的投标报价明显低于其他投标人报价或者在设有标底时明显低于标底的，应当要求该投标人对相应投标报价作出书面说明，并提供相关证明材料。投标人不能证明可以按照其报价以及招标文件规定的质量标准和履行期限完成招标项目的，评标委员会应当认定该投标人以低于成本价竞标，并否决其投标。

（4）评标委员会应当依法对在评标过程中发现的投标人与投标人之间、投标人与招标人之间存在的串通投标的情形进行评审和认定。

6-398　公路工程建设招标评标委员会组建有什么规定？

答：（1）评标委员会由评标专家和招标人代表共同组成，人数为五人以上单数。其中，评标专家人数不得少于成员总数的三分之二。评标专家由招标人按照交通运输部有关规定从评标专家库相关专业中随机抽取。对于技术复杂、专业性强或者国家有特殊要求，采取随机抽取方式确定的评标专家难以保证胜任评标工作的特殊招标项目，招标人可以直接确定相应专业领域的评标专家。投标文件采用双信封形式密封的，招标人不得组建两个评标委员会分别负责第一信封（商务文件和技术文件）和第二信封（报价文件）的评标工作。

（2）招标人协助评标委员会评标的，应当选派熟悉招标工作、政治素质高的人员，具体数量由招标人视工作量确定。评标委员会成员和招标人选派的协助评标人员应当实行回避制度。

属于下列情况之一的人员，不得进入评标委员会或者协助评标：①负责招标项目监督管理的交通运输主管部门的工作人员；②与投标人法定代表人或者授权参与投标的代理人有近亲属关系的人员；③投标人的工作人员或者退休人员；④与投标人有其他利害关系，可能影响评标活动公正性的人员；⑤在与招标投标有关的活动中有过违法违规行为、曾受过行政处罚或者刑事处罚的人员。招标人及其子公司、招标人的上级主管部门或者控股公司、招标代理机构的工作人员或者退休人员不得以专家身份参与本单位招标或者招标代理项目的评标。

6-399　公路工程建设招标招标人协助评标包括哪些内容和要求？

答：（1）协助评标工作应当以招标文件规定的评标标准和方法为依据，主要内容包括：①编制评标使用的相应表格；②对投标报价进行算术性校核；③列出投标文件相对于招标文件的所有偏差，并进行归类汇总；④查询公路建设市场信用信息管理系统，对投标人的资质、业绩、主要人员资历和目前在岗情况、信用等级进行核实；⑤通过相关网站对各类注册资格证书、安全生产考核合格证等证件进行查询核实；⑥在评标过程中，对评标委员会各成员的评分表进行复核、统计汇总，对评标过程资料进行整理。

（2）招标人协助评标工作应当客观、准确，如实反映投标文件对招标文件规定的响应情况；不得故意遗漏或者片面摘录；不得对投标文件作出任何评价；不得在评标委员会对所有偏差定性之前透露存有偏差的投标人名称；不得明示或者暗示其倾向或者排斥特定投标人。

（3）招标人协助评标的，评标委员会应当根据招标文件规定，对投标文件相对于招标文件的所有偏差依法逐类进行定性，对招标人提供的评标工作用表和评标内容进行认真核对，对与招标文件不一致、存在错误或者遗漏的内容要进行修正。评标委员会应当对全部投标文件进行认真审查，招标人提供的协助评标工作内容及信息仅作为评标的参考。评标委员会不得以招标人在协助评标过程中未发现投标文件存有偏差或者招标人协助评标工作存在疏忽为由规避评标责任。

6-400 在招标投标工作实践中，很多招标投标争议是因评标专家评审而造成的。公路工程评标专家评标应该遵循的原则和依据是什么？

答：（1）评标委员会应当按照招标文件规定的评标标准和方法，对投标文件进行评审和比较。招标文件没有规定的评标标准和方法不得作为评标的依据。对于招标文件规定的评标标准和方法，评标委员会认为其违反法律、行政法规的强制性规定，违反公开、公平、公正和诚实信用原则，影响潜在投标人投标的，评标委员会有权停止评标工作并向招标人书面说明情况，招标人应当修改招标文件后重新招标。评标委员会发现招标文件规定的评标标准和方法存在明显文字错误，且修改后不会影响评标结果的，评标委员会可以对其进行修改，并在评标报告说明修改的内容和修改原因。除此之外，评标委员会不得以任何理由修改评标标准和方法。

（2）对于投标文件存在的偏差，评标委员会应当根据招标文件规定的评标标准和方法进行评审，依法判定其属于重大偏差还是细微偏差。凡属于招标文件评标标准和方法中规定的重大偏差，或者招标文件评标标准和方法中未做强制性规定，但出现了法律、行政法规规定的否决投标情形的，评标委员会应当否决投标人的投标文件。由于评标标准和方法前后内容不一致或者部分条款存在易引起歧义、模糊的文字，导致难以界定投标文件偏差的性质，评标委员会应当按照有利于投标人的原则进行处理。

6-401 在招标投标工作中，投标文件澄清是投标人应评标委员会要求作出的，那么公路工程招标评标过程中关于投标文件澄清说明的要求有哪些？

答：评标过程中，投标文件中存在下列情形之一且评标委员会认为需要投标人作出必要澄清、说明的，应当书面通知该投标人进行澄清或者说明：

（1）投标文件中有含义不明确的内容或者明显文字错误。

（2）投标报价有算术性错误。

（3）投标报价可能低于成本价。

（4）招标文件规定的细微偏差。

评标委员会应当给予投标人合理的澄清、说明时间。投标人的澄清、说明应当采用书面形式，按照招标文件规定的格式签署盖章，且不得超出投标文件的范围或者改变投标文件的实质性内容。投标人的澄清或者说明内容将视为投标文件的组成部分。投标标的、投标函文字报价、质量标准、履行期限均视为投标文件的实质性内容，评标委员会不得要求投标人进行澄清。评标委员会不得暗示或者诱导投标人作出澄清、说明，不得接受投标人主动提出的澄清、说明。

投标报价有算术性错误的，评标委员会应当按照招标文件规定的原则对投标报价进行修正。对算术性修正结果，评标委员会应当按照公路工程建设项目评标工作细则规定程序要求投标人进行书面澄清。投标人对修正结果进行书面确认的，修正结果对投标人具有约束力，其投标文件可继续参加评审。投标人对算术性修正结果存有不同意见或者未做书面确认的，评标委员会应当重新复核修正结果。如果确认修正结果无误且投标人拒不按照要求对修正结果进行确认的，应当否决该投标人的投标；如果发现修正结果存在差错，应当及时作出调整并重新进行书面澄清。

评标委员会发现投标人的投标报价明显低于其他投标人报价或者在设有标底时明显低于标底的，应当按照公路工程建设项目评标工作细则规定的程序要求该投标人对相应投标报价作出书面说明，并提供相关证明材料。如果投标人不能提供相关证明材料，或者提交的相关材料无法证明投标人可以按照其报价以及招标文件规定的质量标准和履行期限完成招标项目的，评标委员会应当认定该投标人以低于成本价竞标，并否决其投标。

6-402 公路工程设计施工总承包招标文件标准有哪些规定？

答：公路工程设计施工总承包招标文件的编制应当使用交通运输部统一制定的标准招标文件。在总承包招标文件中，应当对招标内容、投标人的资格条件、报价组成、合同工期、分包的相关要求、勘察设计与施工技术要求、质量等级、缺陷责任期工程修复要求、保险要求、费用支付办法等作出明确规定。总承包招标应当向投标人提供初步设计文件和相应的勘察资料，以及项目有关批复文件和前期咨询意见。

6-403 公路工程实行设计施工总承包招标，其评标办法应如何设定？

答：实行设计施工总承包招标的，招标人应当根据工程地质条件、技术特点和施工难度确定评标办法。设计施工总承包招标评标采用综合评分法的，评分因素包括评标价、项目管理机构、技术能力、设计文件的优化建议、设计施工总承包管理方案、施工组织设计等，评标价的评分权重不得低于50%。

6-404 公路工程总承包招标合同价格采用何种方式？合同价格构成包括哪些？项目法人和总承包单位风险分担如何约定？

答：公路工程总承包采用总价合同，除应当由项目法人承担的风险费用外，总承包合同总价一般不予调整。

总承包费用或者投标报价应当包括相应工程的施工图勘察设计费、建筑安装工程费、设备购置费、缺陷责任期维修费、保险费等。项目法人应当在初步设计批准概算范围内确定最高投标限价。

公路工程总承包招标应当在招标文件或者合同中约定总承包风险的合理分担。项目法人承担的风险一般包括：

（1）项目法人提出的工期调整、重大或者较大设计变更、建设标准或者工程规模的调整。

（2）因国家税收等政策调整引起的税费变化。

（3）钢材、水泥、沥青、燃油等主要工程材料价格与招标时基价相比，波动幅度超过合同约定幅度的部分。

（4）施工图勘察设计时发现的在初步设计阶段难以预见的滑坡、泥石流、突泥、涌水、溶洞、采空区、有毒气体等重大地质变化，其损失与处治费用除保险公司赔付外，可以约定由总承包单位承担，或者约定项目法人与总承包单位的分担比例。因总承包单位施工组织、措施不当造成的上述问题，其损失与处治费用由总承包单位承担。

（5）其他不可抗力所造成的工程费用的增加，除项目法人承担的风险外，其他风险可以约定由总承包单位承担。

6-405 公路工程招标中标候选人公示内容有哪些？

答：依法必须进行招标的公路工程建设项目，招标人应当自收到评标报告之日起3日内，在对该项目的交通运输主管部门政府网站或者公路工程招标投标监管部门指定的网站上公示中标候选人，公示期不得少于3日。公示应当载明以下内容：

（1）中标候选人排序、名称、投标报价、质量、工期（交货期），以及评标情况。

（2）中标候选人按照招标文件要求承诺的项目负责人姓名、个人业绩及其相关证书名称和编号。

（3）中标候选人响应招标文件要求的资格能力条件、中标候选人在投标文件中填报的项目业绩。

（4）被否决投标的投标人名称、否决依据和原因。

（5）提出异议的渠道和方式。

（6）招标文件规定公示的其他内容。

6-406 公路工程招标投标人在一些环节有异议，应如何处理？

答：（1）资格预审申请人对资格预审审查结果有异议的，应当自收到资格预审结果通知书后3日内提出。招标人应当自收到异议之日起3日内作出答复；作出答复前，应当暂停招标投标活动。招标人未收到异议或者收到异议并已作出答复的，应当及时向通过资格预审的申请人发出投标邀请书。未通过资格预审的申请人不具有投标资格。

（2）潜在投标人或者其他利害关系人可以按照国家有关规定对资格预审文件或者招标文件提出异议。招标人应当对异议作出书面答复。未在规定时间内作出书面答复的，应当顺延提交资格预审申请文件截止时间或者投标截止时间。招标人书面答复内容涉及影响资格预审申请文件或者投标文件编制的，应当按照有关澄清或者修改的规定，调整提交资格预审申请文件截止时间或者投标截止时间，并以书面形式通知所有获取资格预审文件或者招标文件的潜在投标人。

（3）投标人对开标有异议的，应当在开标现场提出，招标人应当当场作出答复，并制作记录。未参加开标的投标人，视为对开标过程无异议。

（4）投标人或者其他利害关系人对依法必须进行招标的公路工程建设项目的评标结果有异议的，应当在中标候选人公示期间提出。招标人应当自收到异议之日起3日内作出答复；作出答复前，应当暂停招标投标活动。

6-407 公路工程招标投诉及处理主要有哪些规定？

答：（1）投标人或者其他利害关系人认为招标投标活动不符合法律、行政法规规定的，可以自知道或者应当知道之日起10日内向公路工程招标投标监管部门投诉。对按规定应先提出异议的事项进行投诉的，应当先向招标人提出异议，异议答复期间不计算在前款规定的期限内。投标人或者其他利害关系人投诉时应提交已提出异议的证明文件。未按规定提出异议或者未提交已提出异议证明文件的投诉，公路工程招标投标监管部门可以不予受理。

（2）投诉人投诉时，应当提交投诉书。投诉书应当包括：投诉人和被投诉人的名称、地址及有效联系方式；投诉事项的基本事实；异议的提出及招标人答复情况；相关请求及主张；有效线索和相关证明材料。

（3）公路工程招标投标监管部门应当自收到投诉之日起3个工作日内决定是否受理投诉，并自受理投诉之日起30个工作日内作出书面处理决定；需要检验、检测、鉴定、专家评审的，所需时间不计算在内。

（4）公路工程招标投标监管部门对投诉事项作出的处理决定，应当在该项目招标投标监管部门网站上进行公告，包括投诉的事由、调查结果、处理决定、处罚依据以及处罚意见等内容。

6-408　关于公路工程建设项目重新招标有什么规定？重新招标后投标人仍少于3个的，招标人如何处理？

答：依法必须进行招标的公路工程建设项目，有下列情形之一的，招标人应当在分析招标失败的原因并采取相应措施后重新招标：

（1）通过资格预审的申请人少于3个的。
（2）投标人少于3个的。
（3）所有投标均被否决的。
（4）中标候选人均未与招标人订立书面合同的。

重新招标的，资格预审文件、招标文件和招标投标情况的书面报告应当按照规定重新报公路工程招标投标监管部门备案。

重新招标后投标人仍少于3个的，属于按照国家有关规定需要履行项目审批、核准手续的依法必须进行招标的公路工程建设项目，报经项目审批、核准部门批准后可以不再进行招标；其他项目可由招标人自行决定不再进行招标。不再进行招标的，招标人可以邀请已提交资格预审申请文件的申请人或者已提交投标文件的投标人进行谈判，确定项目承担单位，并将谈判报告报对该项目具有招标监督职责的公路工程招标投标监管部门备案。

6-409　公路工程施工招标，招标人招标投标情况的书面报告包括哪些内容？

答：书面报告至少应当包括下列内容：
（1）招标项目基本情况。
（2）招标过程简述。
（3）评标情况说明。
（4）中标候选人公示情况。
（5）中标结果。
（6）附件，包括评标报告、评标委员会成员履职情况说明等。有资格预审情况说明、异议及投诉处理情况和资格审查报告的，也应当包括在书面报告中。

6-410 公路工程施工招标，对于在招标投标活动中投标人的围标串标、弄虚作假等违法行为，应采取哪些措施？

答：（1）公路工程建设项目原则上采用资格后审方式进行招标。采用资格预审方式进行招标的，原则上采用合格制而不是有限数量制进行资格审查；采用资格后审方式进行招标的，无论采用何种评标方法，投标文件必须采用双信封形式密封，这样规定既有效避免了投标人与招标人的串通投标行为，使得招标人无法通过采用有限数量制的资格预审圈定参与投标的投标人名单，又在很大程度上防止了投标人之间的相互串通行为，使得投标人无法确定能够通过投标文件第一信封"商务文件和技术文件"的名单，无法再形成围"评标基准价"的利益团体。

（2）在评标环节对围标串标行为进行重点评审。要求评标委员会对在评标过程中发现的投标人与投标人之间、投标人与招标人之间存在的串通投标的情形进行评审和认定，切实发挥评标专家在打击围标串标活动中的作用。

（3）充分利用电子化信息和社会监督手段遏制投标人的弄虚作假行为。投标人在投标文件中填报的资质、业绩、主要人员资历和目前在岗情况、信用等级等信息，可以通过交通运输主管部门建立的公路建设市场信用信息管理系统进行核实，如发布的相关信息存在不一致，使得投标人的资格条件不符合招标文件规定的，评标委员会应当否决其投标；通过公示中标候选人在投标文件中的关键信息，充分利用社会公众的力量进行监督。

（4）在法律责任中增加了对投标人围标串标、弄虚作假等违法行为的处罚条款，除依照有关法律、法规进行处罚外，省级交通运输主管部门还可以扣减其年度信用评价分数或者降低年度信用评价等级，提高了处罚措施的可操作性。同时，交通运输主管部门应当对投标人不良行为的行政处理决定进行公告并记入其信用档案。交通运输主管部门采取倍数递增的处罚措施；对于屡教不改、执意碰触招标投标道德底线的投标人，坚决将其清除出公路建设市场；通过对投标人不良信息的公告，营造出"一处失信、处处受限"的市场氛围，促使投标人回归到正常的竞争轨道。

6-411 什么情形是公路工程施工转包？哪些属于公路工程施工违法分包？

答：承包人未在施工现场设立项目管理机构和派驻相应人员对分包工程的施工活动实施有效管理，并且有下列情形之一的，属于转包：

（1）承包人将承包的全部工程发包给他人的。

（2）承包人将承包的全部工程肢解后以分包的名义分别发包给他人的。

（3）法律、法规规定的其他转包行为。

有下列情形之一的，属于违法分包：

（1）承包人未在施工现场设立项目管理机构和派驻相应人员对分包工程的施工活动实施有效管理的。

（2）承包人将工程分包给不具备相应资格的企业或者个人的。

（3）分包人以他人名义承揽分包工程的。

（4）承包人将合同文件中明确不得分包的专项工程进行分包的。

（5）承包人未与分包人依法签订分包合同或者分包合同未遵循承包合同的各项原则，不满足承包合同中相应要求的。

（6）分包合同未报发包人备案的。

（7）分包人将分包工程再进行分包的。

（8）法律、法规规定的其他违法分包行为。

6-412 公路养护工程的内容是什么？有哪些分类？

答：公路养护工程是指在一段时间内集中实施并按照项目进行管理的公路养护作业，不包括日常养护和公路改扩建工作。

公路养护工程按照养护目的和养护对象，分为预防养护、修复养护、专项养护和应急养护。预防养护是指公路整体性能良好但有轻微病害，为延缓性能过快衰减、延长使用寿命而预先采取的主动防护工程；修复养护是指公路出现明显病害或部分丧失服务功能，为恢复技术状况而进行的功能性、结构性修复或定期更换，包括大修、中修、小修；专项养护是指为恢复、保持或提升公路服务功能而集中实施的完善增设、加固改造、拆除重建、灾后恢复等工程；应急养护是指在突发情况下造成公路损毁、中断、产生重大安全隐患等，为较快恢复公路安全通行能力而实施的应急性抢通、保通、抢修。

6-413 公路养护作业单位资质有哪些？公路养护工程招标如何简化招标投标流程和证明材料？

答：交通运输主管部门负责公路养护作业单位资质的许可和管理工作。公路养护作业单位资质分为路基路面、桥梁、隧道、交通安全设施养护四个序列。路基路面、桥梁、隧道养护资质下设甲、乙两个等级，交通安全设施养护资质不分等级。

公路养护工程招标原则上不在招标前对投标人进行资格审查，可以采用资格后审。要合理缩短招标投标周期，便利投标人投标，对于施工技术方案简单、工期较短且季节性较强的公路养护工程项目，可进一步缩短投标截止期限。要简化投标文件的格式和形式要求，不得因装订、纸张、非关键内容的文字错误等否决投标人投标。对营业执照、资质证书等可通过国家企业信用信息公示系统等政府网站进行查询的事项，不得另行要求投标人提供相关证明材料。

6-414 公路养护工程招标如何合理划分标段？

答：公路养护工程招标应合理划分标段。根据公路养护工程项目特点，可采取按整条路线或片、区域捆绑的方式划分标段，也可按年度周期、路段里程和工程类别划分标段。公路养护工程项目可以实行设计施工总承包招标。鼓励开展公路技术状况评定、设计咨询、养护施工及质量控制一体化招标，增强市场竞争力度，提高养护资金使用效率。

6-415　公路养护工程招标投标信息公开有什么要求？

答：招标人根据公路养护工程项目的具体性质和预算安排，通过发布招标公告的法定媒介和招标监督管理机构网站，一是按照年度或分阶段或逐个项目提前公布招标计划，并根据项目进展情况进行动态更新，供潜在投标人知悉和进行投标准备；二是逐个项目发布的招标计划，要包括拟招标项目概况、标段划分、预计招标时间、项目预计投资等内容，并于招标公告发布至少10日前公布；三是增加招标投标活动透明度，全面公开招标文件的关键内容（投标人资格条件全文和评标办法全文）、中标候选人关键信息、否决投标信息、投诉处理决定、招标投标当事人不良行为等信息，对于投标符合招标文件要求但未中标的投标人，要书面告知未中标原因。

全面披露合同履约信息。地方各级交通运输主管部门要督促招标人在合同签订后10日内，在交通运输主管部门网站、发布招标公告的法定媒介或招标监督管理机构的网站，公开合同的关键性内容（包括项目名称、合同双方名称、合同价款、签约时间、合同期限），并定期通过招标监督管理机构网站，及时公开包括项目重大变动、合同重大变更、主要人员变更、合同中止和解除、重大违约行为处理结果、交竣工验收、价款结算等在内的履约信息。涉及国家秘密、商业秘密的内容除外。

6-416　公路工程施工企业信用评价内容及其评价程序有哪些？评价人分别是谁？

答：公路工程施工企业信用评价内容及其评价程序包括：
（1）投标行为评价。招标人完成每次招标工作后，应对存在不良投标行为的公路施工企业进行投标行为评价。联合体有不良投标行为的，其各方均按相应标准扣分。
（2）履约行为评价。结合日常建设管理情况，项目法人对参与项目建设的公路施工企业当年度的履约行为实时记录并进行评价。对当年组织交工验收的工程项目，项目法人应在交工验收时完成有关公路施工企业本年度的履约行为评价。联合体有不良履约行为的，其各方均按相应标准扣分。
（3）其他行为评价。负责项目监管的相应地方人民政府交通运输主管部门对公路施工企业其他行为进行评价。

公路施工企业投标行为由招标人负责评价，履约行为由项目法人负责评价，其他行为由负责项目监管的相应地方人民政府公路工程招标投标监管部门负责评价。

6-417　公路工程招标时信用评价结果和信用信息在招标投标中如何运用？

答：全国公路建设市场信用信息管理系统发布的从业单位基本信息是由国务院

交通运输主管部门负责审查、审批资质和企业进入公路建设市场的基础资料，企业参与公路工程资格审查和投标时，可不再提交有关业绩、主要人员资历证明材料的复印件，可查阅全国公路建设市场信用信息管理系统中的相关信息。未记录在全国公路建设市场信用信息管理系统中的从业单位、业绩和主要工程技术人员，参与公路建设项目投标时可不予认定。上述具体要求由招标人在招标文件中规定。

招标人应当将交通运输主管部门的信用评价结果应用于公路工程建设项目招标，鼓励和支持招标人优先选择信用等级高的从业企业。对于信用等级高的单位，可以给予增加参与投标的标段数量，减免投标保证金，减少履约保证金、质量保证金等优惠措施；可以将信用评价结果作为资格审查或者评标中履约信誉项的评分因素，对信用等级低和不良行为较多的从业单位要重点监管，根据不同情节提出限制条件。

6-418 公路工程投标人围标串标、弄虚作假等违法行为和投标人不良行为按规定如何处理？

答：投标人在投标过程中存在弄虚作假、与招标人或者其他投标人串通投标、以行贿谋取中标、无正当理由放弃中标以及进行恶意投诉等投标不良行为的，除依照有关法律、法规进行处罚外，省级交通运输主管部门还可以扣减其年度信用评价分数或者降低年度信用评价等级。

公路工程招标投标监管部门应当依法公告对公路工程建设项目招标投标活动中招标人、招标代理机构、投标人以及评标委员会成员等的违法违规或者恶意投诉等行为的行政处理决定，并将其作为招标投标不良行为信息记入相应当事人的信用档案。

6-419 公路工程建设施工招标评标因素中有关平安工地建设是指什么？

答：平安工地是指项目从业单位以落实安全生产主体责任为核心，施工过程以风险防控无死角、事故隐患零容忍、安全防护全方位为目标，推进施工现场安全文明与施工作业规范有序的有机统一，是不断深化平安交通发展的重要载体。平安工地建设管理主要包括工程开工前的安全生产条件审核，施工过程中的平安工地建设、考核评价等。

第八节 水运工程招标投标

6-420 水运工程建设项目包括哪些内容？

答：水运工程建设项目是指水运工程以及与水运工程建设有关的货物、服务。水运工程包括港口工程、航道整治、航道疏浚、航运枢纽、过船建筑物、修造船水工建筑物等及其附属建筑物和设施的新建、改建、扩建及其相关的装修、拆除、修缮等工程；货物是指构成水运工程不可分割的组成部分，且为实现工程基本功能所必需的设备、材料等；服务是指为完成水运工程所需的勘察、设计、监理等服务。

6-421　水运工程建设项目施工招标应该具备什么条件？

答：按照国家有关规定需要履行项目立项审批、核准手续的水运工程建设项目，在取得批准后方可开展勘察、设计招标。水运工程建设项目通过初步设计审批后，方可开展监理、施工、设备、材料等招标。

6-422　哪些情形的水运工程建设项目可以实行邀请招标？

答：国有资金占控股或者主导地位的水运工程建设项目应当公开招标。但有下列情形之一的，可以进行邀请招标：

（1）技术复杂、有特殊要求或者受自然环境限制，只有少量潜在投标人可供选择。

（2）采用公开招标方式的费用占项目合同金额的比例过大。

6-423　哪些情形的水运工程建设项目可以不进行招标？

答：有下列情形之一的水运工程建设项目，可以不进行招标：

（1）涉及国家安全、国家秘密、抢险救灾或者属于利用扶贫资金实行以工代赈、需要使用农民工等特殊情况，不适宜进行招标的。

（2）需要采用不可替代的专利或者专有技术的。

（3）采购人自身具有工程建设、货物生产或者服务提供的资格和能力，且符合法定要求的。

（4）已通过招标方式选定的特许经营项目投资人依法能够自行建设、生产或者提供的。

（5）需要向原中标人采购工程、货物或者服务，否则将影响施工或者功能配套要求的。

（6）国家规定的其他特殊情形。

6-424　水运工程资格预审文件、招标文件的编制和资格审查条件、评标标准方法的设定有哪些要求？

答：（1）招标人编制的资格预审文件、招标文件的内容违反法律、行政法规的强制性规定，违反公开、公平、公正和诚实信用原则，影响资格预审结果或者潜在投标人投标的，依法必须进行招标的项目的招标人应当在修改资格预审文件或者招标文件后重新招标。

（2）依法必须进行招标的水运工程建设项目的资格预审文件和招标文件的编制，应当使用国务院发展改革部门会同有关行政监督部门制定的标准文本以及交通运输部发布的行业标准文本。

（3）招标人在制定资格审查条件、评标标准和方法时，应利用水运工程建设市场信用信息成果以及招标投标违法行为记录公告平台发布的信息，对潜在投标人或投标人进行综合评价。

6-425　水运工程资格预审公告和招标公告的发布有哪些要求？

答：（1）资格预审公告和招标公告除按照规定在指定的媒体发布外，招标人可以同时在交通运输行业主流媒体或者建设等相关单位的门户网站发布。

（2）资格预审公告和招标公告的发布应当充分公开，任何单位和个人不得非法干涉、限制发布地点、发布范围或发布方式。

（3）在网络上发布的资格预审公告和招标公告，至少应当持续到资格预审文件和招标文件发售截止时间为止。

6-426　水运工程招标资格预审审查方法有什么规定？

答：水运工程招标资格预审审查方法分为合格制和有限数量制。一般情况下应当采用合格制，凡符合资格预审文件规定资格条件的资格预审申请人，均通过资格预审。潜在投标人过多的，可采用有限数量制，但该数额不得少于7个；符合资格条件的申请人不足该数额的，均视为通过资格预审。

通过资格预审的申请人少于3个的，应当重新招标。

资格预审应当按照资格预审文件载明的标准和方法进行。资格预审文件未载明的标准和方法，不得作为资格审查的依据。

6-427　水运工程施工招标对投标人投标保证金是如何规定的？

答：招标人在招标文件中要求投标人提交投标保证金的，投标保证金不得超过招标项目估算价的2%，投标保证金有效期应当与投标有效期一致。投标保证金的额度和支付形式应当在招标文件中确定。境内投标单位如果采用现金或者支票形式提交投标保证金的，应当从投标人的基本账户转出。投标保证金不得挪用。

6-428　水运工程施工招标踏勘现场有哪些规定？

答：招标人组织踏勘项目现场的，应通知所有潜在投标人参与，不得组织单个或者部分潜在投标人踏勘项目现场。潜在投标人因自身原因不参与踏勘现场的，不得提出异议。

6-429　水运工程招标人终止招标应承担哪些义务？

答：水运工程招标人在发布资格预审公告、招标公告、发出投标邀请书或者售出资格预审文件、招标文件后，无正当理由不得随意终止招标。招标人因特殊原因需要终止招标的，应当及时发布公告，或者以书面形式通知被邀请的或者已经获取资格预审文件、招标文件的潜在投标人。已经发售资格预审文件、招标文件或者已经收取投标保证金的，招标人应当及时退还所收取的购买资格预审文件、招标文件的费用，以及所收取的投标保证金及银行同期存款利息。利息的计算方法应当在招标文件中载明。

6-430　水运工程招标人哪些行为属于以不合理条件限制、排斥潜在的投标人或投标人？

答：水运工程招标人不得以不合理的条件限制、排斥潜在投标人或者投标人。招标人有下列行为之一的，属于以不合理条件限制、排斥潜在投标人或者投标人：

（1）就同一招标项目向潜在投标人或者投标人提供有差别的项目信息。

（2）设定的资格、技术、商务条件与招标项目的具体特点和实际需要不相适应或者与合同履行无关。

（3）依法必须进行招标的项目以特定行政区域或者特定行业的业绩、奖项作为加分条件或者中标条件。

（4）对潜在投标人或者投标人采取不同的资格审查或者评标标准。

（5）限定或者指定特定的专利、商标、品牌、原产地或者供应商。

（6）依法必须进行招标的项目非法限定潜在投标人或者投标人的所有制形式或者组织形式。

（7）以其他不合理条件限制、排斥潜在投标人或者投标人。

6-431　水运工程投标人与招标人存在利害关系投标无效的规定有哪些？

答：水运工程投标人与招标人存在利害关系可能影响招标公正性的法人、其他组织或者个人，不得参加投标。单位负责人为同一人或者存在控股、管理关系的不同单位，不得参加同一标段投标或者未划分标段的同一招标项目投标。施工投标人与本标段的设计人、监理人、代建人或招标代理机构不得为同一个法定代表人、存在相互控股或参股或法定代表人相互任职、工作。违反上述规定的，相关投标均无效。

6-432　水运工程招标关于联合体投标有哪些规定？

答：（1）投标人可以按照招标文件的要求由两个以上法人或者其他组织组成一个联合体，以一个投标人的身份共同投标。国家有关规定或者招标文件对投标人资格条件有规定的，联合体各方均应当具备规定的相应资格条件，资格条件考核以联合体协议书中约定的分工为依据。由同一专业的单位组成的联合体，按照资质等级较低的单位确定资质等级。

（2）联合体成员间应签订共同投标协议，明确牵头人以及各方的责任、权利和义务，并将协议连同资格预审申请文件、投标文件一并提交招标人。联合体各方签署联合体协议后，不得再以自己名义单独或者参加其他联合体在同一招标项目中投标。联合体中标的，联合体各方应当共同与招标人签订合同，就中标项目向招标人承担连带责任。

（3）招标人不得强制投标人组成联合体共同投标。

6-433　水运工程施工招标投标人及投标文件有哪些情形时评标委员会应当否决其投标？

答：水运工程施工招标投标人及投标文件有下列情形之一的，评标委员会应当否决其投标：

（1）投标文件未按招标文件要求盖章并由法定代表人或其书面授权的代理人签字的。

（2）投标联合体没有提交共同投标协议的。

（3）未按照招标文件要求提交投标保证金的。

（4）投标函未按照招标文件规定的格式填写，内容不全或者关键字迹模糊无法辨认的。

（5）投标人不符合国家或者招标文件规定的资格条件的。

（6）投标人名称或者组织结构与资格预审时不一致且未提供有效证明的。

（7）投标人提交两份或者多份内容不同的投标文件，或者在同一份投标文件中对同一招标项目有两个或者多个报价，且未声明哪一个为最终报价，但按招标文件要求提交备选投标的除外。

（8）串通投标、以行贿手段谋取中标、以他人名义或者其他弄虚作假方式投标的。

（9）报价明显低于成本或者高于招标文件中设定的最高限价的。

（10）无正当理由不按照评标委员会的要求对投标文件进行澄清或说明的。

（11）没有对招标文件提出的实质性要求和条件作出响应的。

（12）招标文件明确规定废标的其他情形。

6-434　水运工程招标对评标委员会评审有哪些要求？

答：水运工程招标对评标委员会评审有以下要求：

（1）评标委员会应当遵循公平、公正、科学、择优的原则，按照招标文件规定的标准和方法，对投标文件进行评审和比较。招标文件没有规定的评标标准和方法，不得作为评标的依据。

（2）投标文件在实质上响应招标文件要求，但存在含义不明确的内容、明显文字或者计算错误，评标委员会不得随意否决投标，评标委员会认为需要投标人作出必要澄清、说明的，应当书面通知该投标人。投标人的澄清、说明应当采用书面形式，并不得超出投标文件的范围或者改变投标文件的实质性内容。评标委员会不得暗示或者诱导投标人作出澄清、说明，不得接受投标人主动提出的澄清、说明。

（3）评标委员会经评审，认为所有投标都不符合招标文件要求的，或者否决不合格投标后，因有效投标不足3个使得投标明显缺乏竞争的，可以否决全部投标。

6-435 水运工程招标人提交招标投标情况的书面报告包括哪些内容？

答：招标人应当自确定中标人之日起15日内，向具体负责本项目招标活动监督管理的主管部门提交招标投标情况的书面报告。招标投标情况书面报告主要内容包括：招标项目基本情况、投标人开标签到表、开标记录、监督人员名单、评标标准和方法、评标委员会评分表和汇总表、评标委员会推荐的中标候选人名单、中标人、经评标委员会签字的评标报告、评标结果公示、投诉处理情况等。

6-436 水运工程两次招标失败如何处理？

答：对两次资格预审或招标失败的项目，招标人不再进行资格预审或招标，经书面报告水运工程招标投标主管部门后，可以通过与已提交资格预审申请文件或投标文件的潜在投标人进行谈判确定中标人，并将谈判情况的书面报告报水运工程招标投标主管部门备案。

6-437 水运工程招标中标人如何确定？

答：公示期间没有异议、异议不成立、没有投诉或者投诉处理后没有发现问题的，招标人应当从评标委员会推荐的中标候选人中确定中标人。异议成立或者投诉发现问题的，应当及时更正。

国有资金占控股或者主导地位的水运工程建设项目，招标人应当确定排名第一的中标候选人为中标人。排名第一的中标候选人放弃中标、因不可抗力不能履行合同、不按照招标文件要求提交履约保证金，或者被查实存在影响中标结果的违法行为等情形，不符合中标条件的，招标人可以按照评标委员会提出的中标候选人名单排序依次确定其他中标候选人为中标人，也可以重新招标。

6-438 水运工程招标异议与处理有哪些规定？

答：（1）潜在投标人或者其他利害关系人对资格预审文件有异议的，应当在提交资格预审申请文件截止时间2日前提出。招标人应当自收到异议之日起3日内作出答复；作出答复前，应当暂停招标投标活动。对异议作出的答复如果实质性影响资格预审申请文件的编制，则相应顺延提交资格预审申请文件的截止时间。

（2）潜在投标人或者其他利害关系人对招标文件有异议的，应当在提交投标文件截止时间10日前提出；招标人应当自收到异议之日起3日内作出答复；作出答复前，应当暂停招标投标活动。对异议作出的答复如果实质性影响投标文件的编制，则相应顺延提交投标文件截止时间。

（3）投标人对开标有异议的，应当在开标现场提出，招标人或招标代理机构应当场作出答复，并制作记录。投标人未参加开标的，视为承认开标记录，事后对开标结果提出的任何异议无效。

（4）投标人或者其他利害关系人对评标结果有异议的，应当在中标候选人公示期间提出。招标人应当自收到异议之日起3日内作出答复；作出答复前，应当暂停招标投标活动。

6-439　水运工程招标投诉与处理有哪些规定？

答：（1）投标人或者其他利害关系人认为招标投标活动不符合法律、行政法规规定的，可以自知道或者应当知道之日起10日内向水运工程招标投标主管部门投诉。投诉应当有明确的请求和必要的证明材料。

（2）对规定应当提出异议的事项投诉的，应当先向招标人提出异议，异议答复期间不计算在前款规定的期限内。

（3）水运工程招标投标主管部门应当自收到投诉之日起3个工作日内决定是否受理投诉，并自受理投诉之日起30个工作日内作出书面处理决定；需要检验、检测、鉴定、专家评审的，所需时间不计算在内。投诉人捏造事实、伪造材料或者以非法手段取得证明材料进行投诉的，水运工程招标投标主管部门应当予以驳回。水运工程招标投标主管部门处理投诉，有权查阅、复制有关文件、资料，调查有关情况，相关单位和人员应当予以配合。必要时，水运工程招标投标主管部门可责令暂停该项目的招标投标活动。

6-440　水运工程分包有哪些要求？

答：中标人应当按照合同约定履行义务完成中标项目。中标人不得向他人转让中标项目，也不得将中标项目肢解后分别向他人转让。中标人按照合同约定或者经招标人同意，可以将中标项目的部分非主体、非关键性工作分包给他人完成。接受分包的人应当具备相应的资格条件，并不得再次分包。中标人应当就分包项目向招标人负责，接受分包的人就分包项目承担连带责任。

第九节 水利工程招标投标

6-441 哪些水利工程建设项目经批准后可采用邀请招标？

答：依法必须招标的项目中，国家重点水利项目、地方重点水利项目及全部使用国有资金投资或者国有资金投资占控股或者主导地位的项目应当公开招标，但有下列情况之一的，招标人必须履行批准手续经批准后可采用邀请招标：

（1）项目总投资额在3000万元人民币以上，但分标施工项目单项合同估算价低于400万元的。

（2）项目技术复杂，有特殊要求或涉及专利权保护，受自然资源或环境限制，新技术或技术规格事先难以确定的项目。

（3）应急度汛项目。

（4）其他特殊项目。

6-442 哪些水利工程项目经项目主管部门批准可不进行招标？

答：下列水利工程项目可不进行招标，但须经项目主管部门批准：

（1）涉及国家安全、国家秘密的项目。

（2）应急防汛、抗旱、抢险、救灾等项目。

（3）项目中经批准使用农民投工、投劳施工的部分（不包括该部分中勘察、设计、监理和重要设备、材料采购）。

（4）不具备招标条件的公益性水利工程建设项目的项目建议书和可行性研究报告。

（5）采用特定专利技术或特有技术的。

（6）对技术要求不高、村民能够自行建设，依法不需招标的农村小型水利工程、水土保持工程可直接由实施主体组织建设。

（7）其他特殊项目。

6-443 水利工程项目施工招标应当具备的条件是什么？

答：水利工程项目施工招标应当具备的条件：

（1）初步设计已经批准。

（2）建设资金来源已落实，年度投资计划已经安排。

（3）监理单位已确定。

（4）具有能满足招标要求的设计文件，已与设计单位签订适应施工进度要求的图纸交付合同或协议。

（5）有关建设项目永久征地、临时征地和移民搬迁的实施、安置工作已经落实或已有明确安排。

6-444　水利工程项目招标有关规范市场准入的政策要求有哪些？

答：（1）规范市场准入条件。凡取得国家水利工程建设相应类别资质资格许可的各类市场主体均可依法在全国范围内参与相应水利工程建设，任何部门和单位不得设置法律法规之外的市场准入门槛，不得抬高或降低招标工程对应的资质资格等级，不得自行设置或变相设置从业人员资格。

（2）消除地区保护。严禁违法违规设置市场壁垒，打破区域限制，消除地方保护。各级水行政主管部门不得以备案、登记、注册等形式排斥、限制外地注册企业进入本地区承揽水利建设业务，不得将在本地区注册设立独立子公司或分公司、参加本地区培训等作为外地注册企业进入本地区水利建设市场的准入条件。不得要求企业注册所在地水行政主管部门出具企业无不良行为记录、无重特大质量安全事故等证明，不得强制要求市场主体法定代表人现场办理相关业务等。

6-445　水利工程建设项目招标，有关促进市场公平竞争规范招标投标行为的政策要求有哪些？

答：（1）防范规避招标行为。严格按照国家法律法规和项目审批、核准确定的招标方式组织招标工作，依法必须招标的水利建设工程不得直接发包。对技术要求不高、村民能够自行建设，依法不需招标的农村小型水利工程、水土保持工程，可直接由实施主体组织建设。

（2）保障招标人权益。招标人有权自行选择招标代理机构，各级水行政主管部门不得强制要求招标人以摇号、抽签等方式选择招标代理机构。严格执行国家法律法规规定的工程建设项目招标范围和规模标准，对达不到必须招标标准的水利建设项目，不得强制要求招标。

（3）依法订立工程合同。项目法人应按照国家发布的招标文件标准文本编制招标文件，严禁增加影响市场公平竞争的不合理条款；按照招标文件和中标的投标文件订立承包合同，不得强行增加附加条款，不得另行订立背离合同实质性内容的其他协议。

6-446　水利工程项目招标公告的发布有哪些规定？

答：水利工程建设项目采用公开招标方式的，招标人应当在国家发展改革委员会指定的媒介发布招标公告，依法必须招标项目的招标公告和公示信息应当在"中国招标投标公共服务平台"或者项目所在地省级电子招标投标公共服务平台发布。其中大型水利工程建设项目以及国家重点项目、中央项目、地方重点项目同时还应当在《中国水利报》发布招标公告，公告正式媒介发布至发售资格预审文件（或招标文件）的时间间隔一般不少于10日。招标人应当对招标公告的真实性负责。招标公告不得限制潜在投标人的数量。

6-447　水利工程施工招标对投标人投标保证金是如何要求的？

答：水利工程施工招标对投标保证金有以下要求：

（1）招标文件中应当明确投标保证金金额，一般可按以下标准控制：①合同估算价10000万元人民币以上，投标保证金金额不超过合同估算价的千分之五；②合同估算价3000万元至10000万元人民币之间，投标保证金金额不超过合同估算价的千分之六；③合同估算价3000万元人民币以下，投标保证金金额不超过合同估算价的千分之七，但最低不得少于1万元人民币。

（2）由于招标人自身原因致使招标工作失败（包括未能如期签订合同），招标人应当按投标保证金双倍的金额赔偿投标人，同时退还投标保证金。

（3）投标保证金提交形式有银行保函、银行电子保函，专业担保公司的保证担保，现金、保兑支票、银行汇票或现金支票等。依法必须进行招标的项目的境内投标单位，以现金或者支票形式提交的投标保证金应当从其基本账户转出。

（4）投标人应当按照招标文件要求的方式和金额，将投标保证金随投标文件提交给招标人。投标保证金应当严格按招标文件的规定在投标截止时间之前提交，投标保证金有效期应当与投标有效期一致。招标人最迟应当在书面合同签订后5日内向中标人和未中标的投标人退还投标保证金及银行同期存款利息。

6-448　水利工程施工招标资格审查要审查的资料有哪些？

答：水利工程施工招标资格审查要审查的资料包括：

（1）投标人资质条件、组织机构、财务能力、业绩要求、信誉、项目经理资格等资料。

（2）"近3年财务状况"，应附流动资金来源证明及经会计师事务所或审计机构审计的财务会计报表，包括资产负债表、现金流量表、利润表和财务情况说明书的复印件。

（3）"近5年完成的类似项目情况表"，应附中标通知书、合同协议书以及合同工程完工证书（工程竣工证书副本）的复印件。每张表格只填写一个项目，并标明序号。

（4）"近3年发生的诉讼及仲裁情况表"，应说明相关情况，并附法院或仲裁机构作出的判决、裁决等有关法律文书复印件。

6-449 水利工程施工招标评标标准一般包括哪些内容？

答：水利工程施工招标评标标准包括：
（1）施工方案（或施工组织设计）与工期。
（2）投标价格和评标价格。
（3）施工项目经理及技术负责人的经历。
（4）组织机构及主要管理人员。
（5）主要施工设备。
（6）质量标准、质量和安全管理措施。
（7）投标人的业绩、类似工程经历和资信。
（8）财务状况。

6-450 水利工程施工招标评标办法有哪些？

答：水利工程施工招标评标办法可采用综合评分法、综合最低评标价法、合理最低投标价法、综合评议法及两阶段评标法。应科学确定评标办法，结合水利建设项目实际，以择优竞争的原则科学确定评标办法。对技术复杂、专业性强的水利工程推行综合评标法，统筹考虑投标人的综合实力、信用状况、技术方案和工程报价等因素；对技术简单、具有通用技术性能标准的水利工程，可采用合理低价中标法确定中标人（低于成本价的除外）。

6-451 水利工程施工招标评标专家的选择有哪些要求？

答：根据水利部令第14号的规定，水利工程施工招标评标专家的选择有以下要求：
（1）评标工作由评标委员会负责。评标委员会由招标人的代表和有关技术、经济、合同管理等方面的专家组成，成员人数为七人以上单数，其中专家（不含招标人代表人数）不得少于成员总数的三分之二。
（2）公益性水利工程建设项目中，中央项目的评标专家应当从水利部或流域管理机构组建的评标专家库中抽取；地方项目的评标专家应当从省、自治区、直辖市人民政府主管部门组建的综合评标专家库中抽取，也可从水利部或流域管理机构组建的评标专家库中抽取。
（3）评标专家的选择应当采取随机的方式抽取。根据工程特殊专业技术需要，经水利工程招标投标行政监督部门批准，招标人可以指定部分评标专家，但不得超过专家人数的三分之一。
（4）评标委员会成员不得与投标人有利害关系。所指利害关系包括：是投标人或其代理人的近亲属；在5年内与投标人曾有工作关系；或有其他社会关系或经济利益关系。评标委员会成员名单在招标结果确定前应当保密。

6-452　水利工程施工招标评标工作一般按什么程序进行？

答：根据水利部令第14号的规定，水利建设工程评标工作一般按以下程序进行：

（1）招标人宣布评标委员会成员名单并确定主任委员。

（2）招标人宣布有关评标纪律。

（3）在主任委员主持下，根据需要讨论通过成立有关专业组和工作组。

（4）听取招标人介绍招标文件。

（5）组织评标人员学习评标标准和方法。

（6）经评标委员会讨论，并经二分之一以上委员同意，提出需投标人澄清的问题，以书面形式送达投标人。

（7）对需要文字澄清的问题，投标人应当以书面形式送达评标委员会。

（8）评标委员会按招标文件确定的评标标准和方法，对投标文件进行评审，确定中标候选人推荐顺序。

（9）在评标委员会三分之二以上委员同意并签字的情况下，通过评标委员会工作报告，并报招标人。评标委员会工作报告附件包括有关评标的往来澄清函、有关评标资料及推荐意见等。

6-453　对水利工程施工招标投标文件招标人可以拒绝或按无效标处理的情况有哪些？

答：根据水利部令第14号等相关规定，水利工程施工招标，招标人对有下列情况之一的投标文件，可以拒绝或按无效标处理：

（1）投标文件密封不符合招标文件要求的。

（2）逾期送达的。

（3）投标人法定代表人或授权代表人未按招标文件要求参加开标会议的。

（4）未按招标文件规定加盖单位公章和法定代表人（或其授权人）的签字（或印鉴）的。

（5）招标文件规定不得标明投标人名称，但投标文件上标明投标人名称或有任何可能透露投标人名称标记的。

（6）未按招标文件要求编写或字迹模糊导致无法确认关键技术方案、关键工期、关键工程质量保证措施、投标价格的。

（7）未按规定缴纳投标保证金的。

（8）超出招标文件规定，违反国家有关规定的。

（9）投标人提供虚假资料的。

6-454　水利工程施工招标关于重新招标和不再招标是如何规定的？

答：（1）重新招标。水利工程施工招标有下列情形之一的，招标人将重新招标：

①投标截止时间止，投标人少于3个的；②经评标委员会评审后否决所有投标的；③评标委员会否决不合格投标或者界定为废标后因有效投标不足3个使得投标明显缺乏竞争，评标委员会决定否决全部投标的；④同意延长投标有效期的投标人少于3个的；⑤中标候选人均未与招标人签订合同的。

（2）不再招标。水利工程施工招标重新招标后，仍出现前述重新招标规定情形之一的，属于必须审批的水利工程建设项目，经行政监督部门批准后不再进行招标。

6-455　水利工程施工招标属于以他人名义投标的行为有哪些？

答：水利工程施工招标有下列行为的均属以他人名义投标：

（1）投标人挂靠其他施工单位。

（2）投标人从其他施工单位通过转让或租借的方式获取资格或资质证书。

（3）由其他单位及法定代表人在自己编制的投标文件上加盖印章或签字的行为。

6-456　水利工程施工招标视为允许他人以本单位名义承揽工程的行为有哪些？

答：水利工程施工招标存在下列行为之一的，视为允许他人以本单位名义承揽工程：

（1）投标人法定代表人的委托代理人不是投标人本单位人员。

（2）投标人拟在施工现场所设项目管理机构的项目经理、技术负责人、财务负责人、质量管理人员、安全管理人员（专职安全生产管理人员）不是本单位人员。

注意：投标人是本单位人员，必须同时满足以下条件：

（1）聘任合同必须由投标人单位与之签订。

（2）与投标人单位有合法的工资关系。

（3）投标人单位为其办理社会保险关系，或具有其他有效证明其为本单位人员身份的文件。

6-457　水利工程施工招标属于投标人串通投标报价的行为有哪些？

答：水利工程施工招标存在下列行为之一的均属投标人串通投标报价：

（1）投标人之间相互约定抬高或压低投标报价。

（2）投标人之间相互约定，在招标项目中分别以高、中、低价位报价。

（3）投标人之间先进行内部竞价，内定中标人，然后再参加投标。

（4）投标人之间其他串通投标报价的行为。

6-458　水利工程施工项目可认定为转包的情形有哪些？

答：根据《水利工程施工转包违法分包等违法行为认定查处管理暂行办法》的规

定，水利工程施工项目具有下列情形之一的，认定为转包：

（1）承包人将其承包的全部工程转给其他单位或个人施工的。

（2）承包人将其承包的全部工程肢解以后以分包的名义转给其他单位或个人施工的。

（3）承包人将其承包的全部工程以内部承包合同等形式交由分公司施工，但分公司成立未履行合法手续的。

（4）采取联营合作等形式的承包人，其中一方将应由其实施的全部工程交由联营合作方施工的。

（5）全部工程由劳务作业分包单位实施，劳务作业分包单位计取报酬是除上缴给承包人管理费之外全部工程价款的。

（6）承包人未设立现场管理机构的。

（7）承包人未派驻项目负责人、技术负责人、财务负责人、质量管理负责人、安全管理负责人等主要管理人员或者派驻的上述人员中全部不是本单位人员的。本单位人员，是指在本单位工作，并与本单位签订劳动合同，由本单位支付劳动报酬、缴纳社会保险的人员。

（8）承包人不履行管理义务，只向实际施工单位收取管理费的。

（9）法律法规规定的其他转包行为。

6-459　水利工程施工项目什么情况下可认定为"视同转包"行为？

答：由于分包工程发包人应当设立项目管理机构，组织管理所承包工程的施工活动。项目管理机构应当具有与承包工程的规模、技术复杂程度相适应的技术、经济管理人员。其中，项目负责人、技术负责人、项目核算负责人、质量管理人员、安全管理人员必须是本单位的人员。本单位人员的认定标准是指与本单位有合法的人事或劳动合同、工资以及社会保险关系。分包工程发包人应当在施工现场设立项目管理机构、派驻相应管理人员对工程的施工活动进行组织管理。因此，不符合上述规定则认定为"视同转包"行为。

6-460　水利工程施工招标时有关分包有什么管理要求？

答：（1）根据《水利建设工程施工分包管理规定》和《水利水电工程标准施工招标文件》等的规定，水利工程施工分包有以下要求：水利建设工程施工分包，是指施工企业将其所承包的水利工程中的部分工程发包给其他施工企业，或者将劳务作业发包给其他企业或组织完成的活动，但仍需履行并承担与项目法人所签合同确定的责任和义务。水利工程施工分包按分包性质分为工程分包和劳务作业分包。工程分包，是指承包人将其所承包工程中的部分工程发包给具有与分包工程相应资质的其他施工企业完成的活动。劳务作业分包，是指承包人将其承包工程中的劳务作业发包给其他企业或组织完成的活动。

（2）水利建设工程的主要建筑物的主体结构不得进行工程分包。主要建筑物是指失事以后将造成下游灾害或严重影响工程功能和效益的建筑物，如堤坝、泄洪建筑物、输水建筑物、电站厂房和泵站等。主要建筑物的主体结构，由项目法人要求设计单位在设计文件或招标文件中明确。工程分包应在施工承包合同中约定，或经项目法人书面认可。劳务作业分包由承包人与分包人通过劳务合同约定。

（3）投标人应在投标文件中明确是否在中标后将中标项目的部分非主体、非关键性工作进行分包。投标人拟分包时，分包人应具备与分包工程的标准和规模相适应的资质和业绩，在人力、设备、资金等方面具有承担分包工程施工的能力。投标人应在投标文件中提供分包协议，分包人的资质证书及营业执照复印件，人员、设备和业绩资料表，分包的工程项目和工程量。

6-461 水利工程施工项目招标或在实施过程的保证金设置有哪些规定？

答：根据《水利部关于促进市场公平竞争维护水利建设市场正常秩序的实施意见》（水建管〔2017〕123号）之规定，水利工程施工项目招标或在实施过程的保证金设置，不得以市场准入要求违规设定收费项目或变相实施收费、有偿服务，除投标保证金、履约保证金、工程质量保证金、农民工工资保证金外，不得收取其他费用或保证金。对保留的各项保证金，市场主体可以以银行保函缴纳，并严格按规定及时返还。建设单位不得在收取履约保证金的同时，预留工程质量保证金。不得强制扣押企业和人员相关证照证件。

6-462 水利工程施工项目可认定为违法分包的情形有哪些？

答：水利工程施工项目具有下列情形之一的，认定为违法分包：
（1）承包人将工程分包给不具备相应资质或安全生产许可的单位或个人施工的。
（2）施工合同中没有约定，又未经项目法人书面同意，承包人将其承包的部分工程分包给其他单位施工的。
（3）承包人将主要建筑物的主体结构工程分包的。
（4）工程分包单位将其承包的工程中非劳务作业部分再分包的。
（5）劳务作业分包单位将其承包的劳务作业再分包的。
（6）劳务作业分包单位除计取劳务作业费用外，还计取主要建筑材料款和大中型机械设备费用的。
（7）承包人未与分包人签订分包合同，或分包合同未遵循承包合同的各项原则，不满足承包合同中相应要求的。
（8）法律法规规定的其他违法分包行为。

6-463 水利工程施工项目可认定为出借借用资质的情形有哪些？

答：水利建设工程具有下列情形之一的，认定为出借借用资质：

（1）单位或个人借用其他单位的资质承揽工程的。

（2）投标人法定代表人的授权代表人不是投标人本单位人员的。

（3）实际施工单位使用承包人资质中标后，以承包人分公司、项目部等名义组织实施，但两者无实质产权、人事、财务关系的。

（4）工程分包的发包单位不是该工程的承包人的，但项目法人依约作为发包单位的除外。

（5）劳务作业分包的发包单位不是该工程的承包人或工程分包单位的。

（6）承包人派驻施工现场的项目负责人、技术负责人、财务负责人、质量管理负责人、安全管理负责人中部分人员不是本单位人员的。

（7）承包人与项目法人之间没有工程款收付关系，或者工程款支付凭证上载明的单位与施工合同中载明的承包单位不一致的。

（8）合同约定由承包人负责采购、租赁的主要建筑材料、工程设备等，由其他单位或个人采购、租赁，或者承包人不能提供有关采购、租赁合同及发票等证明，又不能进行合理解释并提供材料证明的。

（9）法律法规规定的其他出借借用资质行为。

6-464 水利工程施工项目发现转包、违法分包、出借借用资质等违法行为如何处理？

答：项目法人及监理单位发现施工单位有转包、违法分包、出借借用资质等违法行为的，应立即制止、责令改正、督促履行合同并及时向相关水行政主管部门报告。承包人发现分包单位有转包、违法分包、出借借用资质等违法行为，应立即制止、责令改正、督促履行合同并及时向项目法人和相关水行政主管部门报告。任何单位和个人发现转包、违法分包、出借借用资质等违法行为的，均可向相关水行政主管部门或水利工程招标投标监督部门进行举报并提供有效证据或线索。

各级水行政主管部门应加大执法力度，对在实施水利建设市场监督管理等工作中发现的转包、违法分包、出借借用资质等违法行为，应当依法进行调查，按照水利工程相关认定办法进行认定，并依据《招标投标法》《合同法》《建设工程质量管理条例》《招标投标法实施条例》等法律法规进行处罚。接到转包、违法分包、出借借用资质等违法行为举报的水行政主管部门或水利工程招标投标监督部门，应当依法受理、调查、认定和处理，除无法告知举报人的情况外，应当将查处结果告知举报人。

各省级人民政府水行政主管部门对转包、违法分包、出借借用资质等违法行为作出的行政处罚决定应于20个工作日内报水利部；市、县级人民政府水行政主管部门或水利工程招标投标监督部门对转包、违法分包、出借借用资质等违法行为作出的行政处罚应于20个工作日内报上一级水行政主管部门，并同时抄送水利部。水利部将处罚记录记入单位或个人信用档案，列入失信黑名单，在全国水利建设市场信用信息平台向社会公示。

6-465　水利工程施工企业信用评价包括哪些内容？

答：根据《水利建设市场主体信用信息管理办法》的规定，水利工程施工企业信用评价包括行为记录、重点关注名单、黑名单等内容。

1. 行为记录

行为记录分为良好行为记录和不良行为记录。

（1）良好行为记录信息，是指对水利建设市场主体信用状况判断产生积极影响的信息。主要指水利建设市场主体模范遵守有关法律、法规、规章或强制性标准、行为规范，业绩突出，受到县级以上人民政府、各级行政监管等部门，以及有关社会团体的奖励和表彰等。

（2）不良行为记录信息，是指对水利建设市场主体信用状况判断产生负面影响的信息。主要指水利建设市场主体违反有关法律、法规、规章、政策、合同等相关规定，受到县级以上人民政府、各级行政监管部门的责任追究、行政处罚和司法判决等。

2. 重点关注名单

"重点关注名单"，是指存在较重不良行为并符合以下情形之一的水利建设市场主体。

（1）一年内不良行为记录累计扣分达到10分的。

（2）依据《水利建设市场主体信用评价管理办法》信用评价等级为C级的。

（3）存在危害人民群众身体健康、生命安全和工程质量，以及比较严重违规行为之一的。一是发生一般、较大质量或安全事故，并负有直接责任的；二是对危及工程结构、运行安全等严重隐患未采取措施或措施不当的；三是隐瞒质量、安全生产、合同问题的；四是经调查举报问题属实且为严重质量管理违规行为、严重安全管理违规行为、严重质量缺陷或严重合同问题的；五是对监督检查单位发现的问题拒不整改的。

（4）存在破坏市场公平竞争秩序和社会正常秩序行为。一是违反相关执业资格管理规定存在挂证行为的；二是克扣、无故拖欠农民工工资报酬，但数额未达到认定拒不支付劳动报酬罪数额标准的。

3. 黑名单

"黑名单"，是指存在严重不良行为并符合以下情形之一的水利建设市场主体。

（1）一年内不良行为记录累计扣分达到20分的。

（2）"重点关注名单"公开期满后仍不整改的。

（3）发生重大、特大质量或安全事故，并负有直接责任的。

（4）在单位公开信息、工程相关技术成果和工程建设过程中隐瞒真实情况、弄虚作假，提供虚假材料，谋取不正当利益的。

（5）违反有关法律、法规、规章、政策、技术标准、设计文件、合同等有关规定开展工作造成的工程质量问题，经处理后仍影响工程正常使用或减少工程使用寿命的。

（6）违反规定施工，造成生态环境严重破坏且拒不修复的，被证实恶意制造工程质量缺陷或质量隐患的。

（7）不按合同约定，恶意拖欠承包人项目款的。

（8）隐瞒有关情况或者提供虚假材料申请资质的，在全国水利建设市场监管服务平台公开虚假信息的，以欺骗、贿赂等不正当手段取得资质等级证书的。

（9）出借、借用资质证书，允许他人以本单位名义或借用他人名义等弄虚作假方式承揽业务的。

（10）未取得相应资质或超越资质证书核定范围、营业范围承揽业务的。

（11）操纵招标过程，谋取不正当利益的。

（12）与招标人或投标人串通投标的。

（13）以向招标人或评标委员会成员行贿的手段谋取中标的。

（14）中标后，无正当理由不签订合同的。

（15）转包或违法分包所承揽业务的。

（16）弄虚作假，以欺诈手段降低工程或设备质量的。

（17）单位行贿、受贿，受到刑事处罚的。

（18）逃税骗税、恶意逃废债务的。

（19）参与非法集资，受到刑事处罚的。

（20）在签订、履行合同过程中，存在合同欺诈行为，受到刑事处罚的。

（21）虚构工程项目，套取资金的。

（22）克扣、无故拖欠农民工工资报酬，数额达到认定拒不支付劳动报酬罪数额标准的。

（23）发生社会公共事件，影响较大，并负有直接责任的。

（24）发生事故拒绝接受调查或拒绝提供有关资料的。

（25）拒不执行生效的行政处罚决定的，拒不执行仲裁、法院判决结果的。

（26）其他违反法律法规，造成严重后果或社会危害较大的。

6-466　水利工程招标时信用评价结果如何运用？

答：所有水利建设市场主体应在全国水利建设市场主体信用信息平台建立信用档案，并及时更新相关信息。市场主体对信用信息的真实性、完整性、及时性负责。对在公开信息中隐瞒真实情况、弄虚作假的，作为严重失信行为列入黑名单。

按照守信激励和失信惩戒的原则，建立健全信用奖惩机制，在市场准入、招标投标中积极应用信用信息。建立市场监管与市场主体信用信息的关联管理，将市场主体信用信息、信用评价等级和不良行为记录作为评标要素纳入评标办法。对信用状况良好且连续3年无不良行为记录的水利建设市场主体，在招标过程中，可在评分标准中予以加分鼓励，可给予降低保证金比例、提高工程预付款比例等优惠；对列入"重点关注名单"的水利建设市场主体，公开期限内在市场准入中进行重点审查，在招标过程中，可提高保证金比例、降低工程预付款比例等；对列入"黑名单"的水利建设市场主体，公开期限内依法限制参与水利建设市场生产经营、招标投标活动，以及各级水行政主管部门政府采购等活动，依法限制或禁止参与水利基础设施特许经营。对列入"黑名单"的水利建设市场主体，在公开期限内按照联合惩戒备忘录的惩戒措施，实施失信联合惩戒。

第十节　通信工程招标投标

6-467　通信工程建设项目内容是什么？

答：通信工程建设项目，是指通信工程以及与通信工程建设有关的货物、服务。其中，通信工程包括通信设施或者通信网络的新建、改建、扩建、拆除等施工；与通信工程建设有关的货物，是指构成通信工程不可分割的组成部分，且为实现通信工程基本功能所必需的设备、材料等；与通信工程建设有关的服务，是指为完成通信工程所需的勘察、设计、监理等服务。依法必须进行招标的通信工程建设项目的具体范围和规模标准，依据国家有关规定确定。

6-468　通信工程建设项目招标信息化管理平台有哪些功能？

答：根据《通信工程建设项目招标投标管理办法》的规定，通信工程建设项目招标信息化管理平台有以下功能：

（1）通信工程建设项目招标投标活动实行信息化管理，要求招标人选取评标专家、自行招标备案、发布资格预审公告和招标公告、公示中标候选人、报送项目实施情况应当通过"通信工程建设招标投标信息化管理平台"（以下简称"管理平台"）进行，实行对招标投标活动的信息化管理。

（2）依法必须进行招标的通信工程建设项目的招标人自行办理招标事宜的，应当自发布招标公告或者发出投标邀请书之日起2日内通过"管理平台"向通信行政监督部门提交《通信工程建设项目自行招标备案表》。

（3）依法必须进行招标的通信工程建设项目的资格预审公告和招标公告，除在国家发展和改革委员会依法指定的媒介发布外，还应当在"管理平台"发布。在不同媒介发布的同一招标项目的资格预审公告或者招标公告的内容应当一致。

（4）依法必须进行招标的通信工程建设项目的招标人应当通过"管理平台"抽取评标委员会的专家成员，通信行政监督部门可以对抽取过程进行远程监督或者现场监督。

（5）依法必须进行招标的通信工程建设项目的招标人应当自收到评标报告之日起3日内通过"管理平台"公示中标候选人，公示期不得少于3日。

（6）依法必须进行招标的通信工程建设项目的招标人应当自确定中标人之日起15日内，通过"管理平台"向通信行政监督部门提交《通信工程建设项目招标投标情况报告表》。

（7）招标人进行集中招标的，应当在所有项目实施完成之日起30日内通过"管理平台"向通信行政监督部门报告项目实施情况。

6-469　哪些通信工程建设项目可以邀请招标？

答：国有资金占控股或者主导地位的依法必须进行招标的通信工程建设项目，应当公开招标；但技术复杂、有特殊要求或者受自然环境限制，只有少量潜在投标人可供选择的和采用公开招标方式的费用占项目合同金额的比例超过1.5%，且采用邀请招标方式的费用明显低于公开招标方式费用的可以邀请招标。技术复杂、有特殊要求或者受自然环境限制，只有少量潜在投标人可供选择的项目，招标人邀请招标时应当向其知道或者应当知道的全部潜在投标人发出投标邀请书。

6-470　哪些通信工程建设项目可以不进行招标？

答：下列情形的通信工程项目，可以不进行招标。

（1）涉及国家安全、国家秘密、抢险救灾或者属于利用扶贫资金实行以工代赈、需要使用农民工等特殊情况，不适宜进行招标的项目。

（2）需要采用不可替代的专利或者专有技术，采购人依法能够自行建设、生产或者提供，已通过招标方式选定的特许经营项目投资人依法能够自行建设、生产或者提供，需要向原中标人采购工程、货物或者服务否则将影响施工或者功能配套要求。

（3）潜在投标人少于3个的。

6-471　通信工程建设项目招标如何发布资格预审公告或招标公告？

答：（1）公开招标的项目，招标人采用资格预审办法对潜在投标人进行资格审查的，应当发布资格预审公告、编制资格预审文件。招标人发布资格预审公告后，可不再发布招标公告。

（2）依法必须进行招标的通信工程建设项目的资格预审公告和招标公告，除按国家发展和改革委员会依法指定的媒介规定在"中国招标投标公共服务平台"或者项目所在地省级电子招标投标公共服务平台发布外，还应当在"通信工程建设项目招标投标管理信息平台"发布。在不同媒介发布的同一招标项目的资格预审公告或者招标公告的内容应当一致。

6-472 通信工程建设项目招标资格预审公告、招标公告或者投标邀请书应当载明的内容有哪些？

答：通信工程建设项目资格预审公告、招标公告或者投标邀请书应当载明下列内容：
（1）招标人的名称和地址。
（2）招标项目的性质、内容、规模、技术要求和资金来源。
（3）招标项目的实施或者交货时间和地点要求。
（4）获取招标文件或者资格预审文件的时间、地点和方法。
（5）对招标文件或者资格预审文件收取的费用。
（6）提交资格预审申请文件或者投标文件的地点和截止时间。招标人对投标人的资格要求，应当在资格预审公告、招标公告或者投标邀请书中载明。

6-473 通信工程建设项目招标文件一般包括哪些内容？招标文件中对评标标准、方法和条件以及实质性要求、条件的标注有什么要求？

答：招标人应当根据招标项目的特点和需要编制招标文件。招标文件一般包括下列内容：
（1）招标公告或者投标邀请书。
（2）投标人须知。
（3）投标文件格式。
（4）项目的技术要求。
（5）投标报价要求。
（6）评标标准、方法和条件。
（7）网络与信息安全有关要求。
（8）合同主要条款。

招标文件应当载明所有评标标准、方法和条件，并能够指导评标工作，在评标过程中不得作任何改变。招标人应当在招标文件中以显著的方式标明实质性要求、条件以及不满足实质性要求和条件的投标将被否决的提示；对于非实质性要求和条件，应当规定允许偏差的最大范围、最高项数和调整偏差的方法。

6-474 通信工程建设项目施工招标和货物招标的评标标准一般包括哪些内容?

答:(1)通信工程建设项目施工招标项目的评标标准一般包括下列内容:

1)投标人的资质、业绩、财务状况和履约表现。
2)项目负责人的资格和业绩。
3)专职安全生产管理人员。
4)主要施工设备及施工安全防护设施。
5)质量和安全管理措施。
6)投标价格。
7)施工组织设计及安全生产应急预案。

(2)与通信工程建设有关的货物招标项目的评标标准一般包括下列内容:

1)投标人的资质、业绩、财务状况和履约表现。
2)投标价格。
3)技术标准及质量标准。
4)组织供货计划。
5)售后服务。

6-475 通信工程建设项目施工招标评标方法有哪些?

答:通信工程建设项目施工招标评标方法包括综合评估法、经评审的最低投标价法或者法律、行政法规允许的其他评标方法。鼓励通信工程建设项目使用综合评估法进行评标。

6-476 通信工程集中招标有哪些要求?

答:根据《通信工程建设项目招标投标管理办法》的规定,通信工程集中招标有以下要求:

(1)通信工程建设项目已确定投资计划并落实资金来源。招标人进行集中招标的,应当遵守《招标投标法》《招标投标法实施条例》和《通信工程建设项目招标投标管理办法》有关依法必须进行招标的项目的规定。

(2)招标人进行集中招标的,应当在招标文件中载明工程或者有关货物、服务的类型、预估招标规模、中标人数量及每个中标人对应的中标份额等;对与工程或者有关服务进行集中招标的,还应当载明每个中标人对应的实施地域。

(3)招标人可以对多个同类通信工程建设项目的潜在投标人进行集中资格预审。招标人进行集中资格预审的,应当发布资格预审公告,明确集中资格预审的适用范围和有效期限,并且应当预估项目规模,合理设定资格、技术和商务条件,不得限制、排斥潜在投标人。

（4）招标人进行集中资格预审，应当遵守国家有关勘察、设计、施工、监理等资质管理的规定。集中资格预审后，通信工程建设项目的招标人应当继续完成招标程序，不得直接发包工程；直接发包工程的，属于《招标投标法》第四条规定的规避招标。

6-477 通信工程建设项目招标出现什么情况应当重新招标？

答：通信工程招标出现以下情况应当重新招标：

（1）通信工程建设项目投标人少于3个的，不得开标，招标人在分析招标失败的原因并采取相应措施后，应当依法重新招标。

（2）划分标段的通信工程建设项目某一标段的投标人少于3个的，该标段不得开标，招标人在分析招标失败的原因并采取相应措施后，应当依法对该标段重新招标。

（3）依法必须进行招标的通信工程建设项目，评标委员会否决全部投标的，招标人应当重新招标。

6-478 通信工程建设项目评标委员会的专家成员应当具备什么条件？

答：通信工程建设项目评标委员会的专家成员应当具备下列条件：

（1）从事通信相关领域工作满8年并具有高级职称或者同等专业水平。掌握通信新技术的特殊人才经工作单位推荐，可以视为具备本项规定的条件。

（2）熟悉国家和通信行业有关招标投标以及通信建设管理的法律、行政法规和规章，并具有与招标项目有关的实践经验。

（3）能够认真、公正、诚实、廉洁地履行职责。

（4）未因违法、违纪被取消评标资格或者未因在招标、评标以及其他与招标投标有关活动中从事违法行为而受过行政处罚或者刑事处罚。

（5）身体健康，能够承担评标工作。

6-479 依法必须进行招标的通信工程建设项目，评标委员会的专家如何抽取和组成？

答：依法必须进行招标的通信工程建设项目，评标委员会的专家应当从通信工程建设项目评标专家库内相关专业的专家名单中采取随机抽取方式确定；个别技术复杂、专业性强或者国家有特殊要求，采取随机抽取方式确定的专家难以保证胜任评标工作的招标项目，可以由招标人从通信工程建设项目评标专家库内相关专业的专家名单中直接确定。

依法必须进行招标的通信工程建设项目技术复杂、评审工作量大，其评标委员会需要分组评审的，每组成员人数应为5人以上，且每组每个成员应对所有投标文件进行评审。评标委员会的分组方案应当经全体成员同意。评标委员会设负责人的，其负责人由评标委员会成员推举产生或者由招标人确定。

6-480　通信工程招标人确定中标人有哪些规定？

答：（1）招标人应当根据《招标投标法》及其实施条例的有关规定确定中标人。

（2）招标人进行集中招标的，应当依次确定排名靠前的中标候选人为中标人，且中标人数量及每个中标人对应的中标份额等应当与招标文件载明的内容一致。招标人与中标人订立的合同中应当明确中标价格、预估合同份额等主要条款。

（3）中标人不能履行合同的，招标人可以按照评标委员会提出的中标候选人名单排序依次确定其他中标候选人为中标人，也可以对中标人的中标份额进行调整，但应当在招标文件中载明调整规则。

（4）在确定中标人之前，招标人不得与投标人就投标价格、投标方案等实质性内容进行谈判。招标人不得向中标人提出压低报价、增加工作量、增加配件、增加售后服务量、缩短工期或其他违背中标人的投标文件实质性内容的要求。

6-481　通信工程建设项目招标档案应当包括哪些内容？

答：招标档案应当包括下列内容：
（1）招标文件。
（2）中标人的投标文件。
（3）评标报告。
（4）中标通知书。
（5）招标人与中标人签订的书面合同。
（6）向通信行政监督部门提交的《通信工程建设项目自行招标备案表》和《通信工程建设项目招标投标情况报告表》。
（7）其他需要存档的内容。

6-482　通信工程招标在哪些情形下招标人应当重新招标或者评标？

答：通信工程招标出现下列情形之一，对中标结果造成实质性影响，且不能采取补救措施予以纠正的，招标人应当重新招标或者评标：

（1）编制的资格预审文件、招标文件中未载明所有资格审查或者评标的标准和方法。

（2）招标文件中含有要求投标人多轮次报价、投标人保证报价不高于历史价格等违法条款。

（3）不按规定组建资格审查委员会。

（4）投标人数量不符合法定要求时未重新招标而直接发包。

（5）开标过程、开标记录不符合《招标投标法》《招标投标法实施条例》和《通信工程建设项目招标投标管理办法》的规定。

（6）违反《招标投标法实施条例》的规定以不合理的条件限制、排斥潜在投标人或者投标人。

（7）以任何方式要求评标委员会成员以其指定的投标人作为中标候选人、以招标文件未规定的评标标准和方法作为评标依据，或者以其他方式非法干涉评标活动，影响评标结果。

第十一节　民航专业工程招标投标

6-483　民航专业工程主要包括哪些内容？

答：民航专业工程包括：机场场道工程，民航空管工程，机场目视助航工程，航站楼、货运站的工艺流程及民航专业弱电系统工程和航空供油工程。

6-484　民航专业工程施工招标应该具备什么条件？

答：民航专业工程施工招标应当具备下列条件：
（1）招标人已经依法成立。
（2）取得项目审批、核准部门审批、核准的文件。
（3）工程建设项目初步设计按照有关规定要求已获批准。
（4）有相应资金或者资金来源已经落实。
（5）能够提出招标技术要求，施工项目有招标所需的设计图纸及技术资料。

6-485　民航专业工程招标文件的编制依据是什么？

答：民航专业工程施工招标文件和施工招标资格预审文件的编制应当按照《民航专业工程标准施工招标资格预审文件》和《民航专业工程标准施工招标文件》要求编制。设备、材料、勘察、设计、监理招标文件的编制应当按照《标准设备采购招标文件》《标准材料采购招标文件》《标准勘察招标文件》《标准设计招标文件》《标准监理招标文件》要求编制。

6-486　民航专业工程施工招标的交易场所如何确定？

答：招标人应当在民航地区管理局认定的省级或市级地方交易市场进行资格审查、开标、评标。民航地区管理局认定的地方交易市场应当管理制度健全、管理规范、收费合理，且具备资格审查、开标、评标过程现场监视、录音录像并存档备查等条件，能够保证资格审查、开标、评标过程保密、封闭、有序地进行，并接受民航行政管理部门的监督管理。

6-487　民航专业工程招标备案有哪些要求？

答：根据《民航专业工程建设项目招标投标管理办法》的规定，民航专业工程招标备案有以下要求：

（1）依法必须招标的民航专业工程建设项目，在发布资格预审公告、招标公告或发出投标邀请书前，招标人应当将招标方案报民航地区管理局备案。

（2）招标方案备案材料应当包括：①项目批准（或核准）文件、按规定获得的初步设计批准文件，初步设计批准文件由民航管理部门以外的部门或单位批准的，需附民航行业审查意见；②《民航专业工程建设项目招标方案备案表》；③资格预审公告、招标公告或投标邀请书；④招标文件或资格预审文件；⑤招标代理委托书或委托合同复印件；⑥其他有必要说明的事项。

（3）民航地区管理局自收到招标方案备案材料后，材料齐备的，应当在7个工作日内予以备案。

6-488　民航专业工程施工招标投标保证金有何要求？

答：根据《民航专业工程建设项目招标投标管理办法》的规定，民航专业工程施工招标投标保证金有以下要求：

（1）招标人在招标文件中要求投标人提交投标保证金的，投标保证金不得超过招标项目估算价的2%，最高不得超过80万元。境内投标单位以现金或者支票形式提交的投标保证金应当从其基本账户转出。

（2）投标保证金必须选择下列任一种形式：电汇（或转账、支票）、银行保函或招标人规定的其他形式。若采用电汇（或转账、支票），投标人应在投标人须知前附表规定的投标保证金递交截止时间之前，将投标保证金由投标人基本账户一次性汇入招标人指定账户，否则视为投标保证金无效。

（3）投标保证金鼓励采用银行保函形式收取。若采用银行保函，银行保函可参照招标文件提供的格式，且应在投标有效期满后30天内保持有效。投标保证金有效期应当与投标有效期一致。招标人如果按照规定延长了投标有效期，则投标保证金的有效期也相应延长。

6-489　注册建造师在民航专业工程建设项目中担任施工项目负责人有哪些规定？

答：注册建造师在民航专业工程建设项目中担任施工项目负责人有以下规定：

（1）同一工程相邻分段发包或分期施工的，可由同一注册建造师分别担任两个及以上建设工程施工项目负责人。招标人应当在招标时合理确定各标段的工程规模，避免同一建造师负责多个建设项目时的总工程建设规模过大，或者对是否允许同一建造师担任两个及以上项目负责人提出明确要求，更好保证工程质量。

（2）同一地点、同一类型工程，可由同一注册建造师分别担任两个及以上建设工程施工项目负责人。同一地点指同一场区，而非同一城市或者地区。工程类型是指机场场道工程、民航空管工程、机场弱电系统工程、机场目视助航工程、航空供油工程。

（3）工程整体未竣工，但中标单位合同约定的工程已完工并验收合格的，同一注册建造师可担任其他建设工程的施工项目负责人。验收合格是指招标人组织的竣工验收合格。

（4）因非承包方原因致使工程项目停工超过120天（含）的，中标单位经建设单位同意后，同一注册建造师可担任其他建设工程的施工项目负责人。

（5）投标人使用同一注册建造师担任施工项目负责人，参加两个及以上工程项目投标时，若先期已中标一个工程项目，投标人应当及时更换符合招标要求的注册建造师进行其他后续项目的投标，没有及时更换注册建造师的可视为投标人放弃投标，符合（1）（2）条情况的除外。

6-490　民航专业工程施工招标投标人不得存在哪些情形？

答：投标人不得存在下列情形之一：为招标人不具有独立法人资格的附属机构（单位）；为本标段前期准备提供设计或咨询服务的，但设计施工总承包的除外；为本标段的监理人；为本标段的代建人；为本标段提供招标代理服务的；与本标段的监理人或代建人或招标代理机构同为一个法定代表人的；与本标段的监理人或代建人或招标代理机构相互控股或参股的；与本标段的监理人或代建人或招标代理机构相互任职或工作的；被责令停业的；被暂停或取消投标资格的；财产被接管或冻结的；在最近三年内有骗取中标或严重违约或重大工程质量问题的。

6-491　民航专业工程施工招标失败的，如何处理？

答：民航专业工程施工招标失败的，一般采取重新招标或不再招标。

1. 重新招标

招标失败的，招标人应当在分析原因并采取相应措施后重新进行招标。对招标文件中的招标范围、资格要求、评标办法等重点内容进行修改的，应当重新报民航地区管理局备案审核。有下列情形之一的，招标人将重新招标：

（1）投标截止时间止，投标人少于3个的。

（2）经评标委员会评审后否决所有投标的。

（3）中标候选人均未与招标人签订合同的。

（4）符合《招标投标法》第五章"法律责任"中规定情形，导致中标无效，并且应当重新招标的。

2. 不再招标

重新招标后投标人仍少于3个或者所有投标被否决的，属于必须审批或核准的工程建设项目，经原审批或核准部门批准后不再进行招标。

6-492　民航专业工程施工招标，招标人终止招标，招标人应承担哪些义务？

答：招标人终止招标的，应当及时发布公告，或者以书面形式通知被邀请的或者已经获取资格预审文件、招标文件的潜在投标人。已经发售资格预审文件、招标文件或者已经收取投标保证金的，招标人应当及时退还所收取的资格预审文件、招标文件的费用，以及所收取的投标保证金及银行同期存款利息。

6-493　申请成为民航专业工程评标专家应当具备什么基本条件？如何申请？

答：申请成为民航专业工程评标专家时，申请人应当具备的基本条件是：熟悉国家和民航有关招标投标的法律、法规和规章要求；能够认真、公正、诚实、廉洁地履行职责；身体健康，能够承担项目评标工作，年龄不超过65周岁；过往无违纪违法、无信用不良记录等行为；从事民航专业工程建设项目相关工作满8年，具有高级职称；从事民航专业工程建设项目相关工作满8年，具有中级职称，并具有与工程建设相关的注册执业资格。

申请为民航专业工程评标专家的程序为：申请人应当注册并登录"民航专业工程建设项目招标投标管理系统—评标专家信息管理系统"，在线如实填写"民航专业工程建设项目评标专家申请表"，下载填报好的申请表由所在单位确认，并上传相关证明资料，推荐单位应当对申请人填报信息的真实性、准确性进行审核；民航地区管理局通过评标专家信息管理系统，对申请人申报材料进行线上初审；民航局质监总站通过评标专家信息管理系统，对申请人申报材料进行线上复审；复审通过的申请人，通过评标专家信息管理系统在线进行培训、考试；考试合格的由质监总站建立评标专家档案，并颁发电子版"民航专业工程建设项目评标专家证书"，评标专家每届任期为5年，届满时会暂停其评标资格。评标专家应当提前半年通过评标专家信息管理系统，进行线上培训，避免其评标资格被暂停。

6-494　民航专业工程施工招标评标委员会如何组成？确定评标专家有哪些要求？

答：评标由招标人依法组建的评标委员会负责。评标委员会由招标人或其委托的招标代理机构熟悉相关业务的代表，以及有关技术、经济等方面的专家组成。评标委员会成员有下列情形之一的，应当回避：招标人或投标人的主要负责人的近亲属；项目主管部门或者行政监督部门的人员；与投标人有经济利益关系，可能影响对投标公正评审的；曾因在招标、评标以及其他与招标投标有关活动中从事违法行为而受过行政处罚或刑事处罚的；退休或者离职前为投标人职工，并且退休或者离职不满3年的；

属于失信被执行人的。

评标委员会的专家成员应当从民航专业工程专家库内相关专业的专家名单中以随机抽取的方式确定。任何单位和个人不得以明示、暗示等任何方式指定或者变相指定参加评标委员会的专家成员。当招标项目需要民航以外专业的专家参与评标时，经民航地区管理局批准，可采取在其他专业省部级或国家级评标专家库抽取的方式选择部分专家共同组成评标委员会。对于技术特别复杂、专业性要求特别高或者国家有特殊要求的招标项目，采取随机抽取方式确定的专家难以胜任时，可以经民航地区管理局特别批准后由招标人在民航专业工程专家库中直接选择确定。

6-495　民航专业工程施工招标评标专家如何抽取？

答：根据《民航专业工程建设项目评标专家和专家库管理办法》的规定，民航专业工程施工招标评标专家按以下规定抽取：招标人或者其委托的招标代理机构应当通过民航专业工程建设项目招标投标管理系统向民航地区管理局提出评标专家抽取申请，并在线填写抽取信息。经民航地区管理局审核通过后，民航局质监总站进行复核，并通过民航专业工程建设项目招标投标管理系统从评标专家库随机抽取评标专家。评标专家抽取工作通常应当在评标前４４小时内进行（法定公休日、法定节假日除外）。抽取完成的评标专家名单，应当在评标开始前３０分钟通过民航专业工程建设项目招标投标管理系统发送至地区管理局认定的驻场服务单位、工作人员或评标现场服务器。

6-496　民航专业工程施工招标资格审查的资料有哪些？

答：根据《民航专业工程标准施工资格预审文件》和《民航专业工程标准施工招标文件》的要求，民航专业工程施工招标资格审查包括以下资料：

（１）"投标人基本情况表"，应附投标人营业执照副本及其年检合格的证明材料、资质证书副本和安全生产许可证等材料的复印件。

（２）"近年财务状况表"，应附经会计师事务所或审计机构审计的财务会计报表，包括资产负债表、现金流量表、利润表和财务情况说明书的复印件。

（３）"近年完成的类似项目情况表"，应附中标通知书和（或）合同协议书、工程接收证书（工程竣工验收证书）的复印件，具体年份要求见投标人须知前附表。

（４）"正在施工和新承接的项目情况表"，应附中标通知书和（或）合同协议书复印件。

（５）"近年发生的诉讼及仲裁情况"，应说明相关情况，并附法院或仲裁机构作出的判决、裁决等有关法律文书复印件，接受联合体投标的，资料应包括联合体各方相关情况。

（６）"拟任项目部主要管理及技术人员汇总表"，应附所有相关人员在本单位参加社保的证明材料复印件或招标人认可的其他材料复印件。

（7）"拟任项目部主要管理及技术人员资历表"，附身份证、职称证、毕业证、建造师注册证书（仅限项目经理）、业绩证明材料（仅限项目经理及技术负责人）等其他材料复印件。

（8）"拟投入本标段的主要施工机械表"及"拟配备的本标段主要材料试验、测量、质检仪器设备表"，应附有设备自有、租赁等相关证明材料复印件。

6-497 民航专业工程施工招标评标委员会评审计分有什么要求？民航专业工程施工招标评标报告包括哪些内容？评标专家如何签署？

答：根据《民航专业工程建设项目招标投标管理办法》的规定，民航专业工程施工招标有以下要求：

（1）评审计分要求。评标委员会成员评审计分工作实行实名制。每位评委的评分应当予以记录。采用综合评分法时，应当将所有评委评分在去掉一个最高分和一个最低分之后的算术平均值作为评委算术平均分。对于评委的打分超出评委算术平均分±30%时（技术部分总评分和商务部分总评分应当分别计算），该评委应当就打分情况向评标委员会提供书面说明，并将该书面说明附在评标报告中。

（2）评标报告内容。评标报告应当包括以下内容：基本情况和数据表；评标委员会成员名单；开标记录；符合要求的投标一览表；否决投标情况说明；评标标准、评标方法或者评标因素一览表；经评审的价格或者评分比较一览表；经评审的投标人排序；推荐的中标候选人名单与签订合同前要处理的事宜；澄清、说明、补正事项纪要。

（3）评标专家的签署。评标报告由评标委员会全体成员签字。对评标结论持有异议的评标委员会成员可以书面方式阐述其不同意见和理由。评标委员会成员拒绝在评标报告上签字且不陈述其不同意见和理由的，视为同意评标结论。评标委员会应当对此作出书面说明并记录在案。评标结论以评标委员会全体成员三分之二以上人数签署同意意见，方为有效。

6-498 民航专业工程施工招标对失信被执行人的处理有哪些要求？

答：根据《民航专业工程建设项目招标投标管理办法》的规定，民航专业工程施工招标对失信被执行人的处理有以下要求：

（1）招标人应当在资格预审公告、招标公告、投标邀请书及资格预审文件、招标文件中明确规定对失信被执行人的处理方法和评标标准，对其投标活动依法予以限制。招标人接受联合体投标的，联合体中有一个或一个以上成员属于失信被执行人的，联合体视为失信被执行人。

（2）招标人、招标代理机构、有关单位应当通过"信用中国"网站或各级信用信息共享平台查询相关主体是否为失信被执行人，并采取必要措施做好失信被执行人信息查询记录和证据留存。投标人可通过"信用中国"网站查询相关主体是否为失信被执行人。

6-499 民航专业工程施工招标评分办法如何选定？

答：依法公开招标的民航专业工程施工项目均应采用《民航专业工程标准施工招标文件（2010年版）》及其修订案中规定的综合评估法进行评标。综合评估法中各评审因素的评审标准、分值和权重应符合该修订案的要求。招标人应当在招标文件中按照《民航专业工程标准施工招标文件（2010年版）》及其修订案规定将评标办法和相关事项予以载明，评标办法应当合理，不得含有倾向或者排斥潜在投标人的内容，不得妨碍或者限制投标人之间的竞争。

6-500 民航专业工程施工招标，招标人发现评标委员会成员未按照招标文件规定的评标标准和方法评标时应该怎么办？民航专业工程施工招标对评标结果备案有哪些规定？

答：招标人发现评标委员会成员未按照招标文件规定的评标标准和方法评标的，应当将相关情况报民航地区管理局。情况属实的，民航地区管理局应当责令评标委员会进行改正，并对评标专家提出处理意见。评标报告存在的问题对中标结果造成实质性影响，且不能采取补救措施予以纠正的，招标、投标、中标无效，应当依法重新招标或者评标。

招标人应当自公示期满及确定中标人之日起3个工作日内，向民航地区管理局提交评标报告、民航专业工程建设项目评标结果备案表和中标通知书。民航地区管理局在收到评标报告后应当进行备案审核，对符合规定要求且中标候选人公示期间无异议的，应当在5个工作日内对民航专业工程建设项目评标结果备案表予以备案，并对中标通知书进行确认；对不符合规定要求的，应当在5个工作日内书面通知招标人责令其重新评标或重新招标；对受理了投诉人投诉的，应当在5个工作日内书面告知招标人，必要时可以责令暂停招标投标活动。招标人在获得民航地区管理局对评标结果的备案后方可发布中标通知书，并以书面形式通知其他未中标的投标人。

6-501 "民航专业工程建设项目招标投标管理系统"的功能和作用有哪些？

答：民航局机场司组织开发"民航专业工程建设项目招标投标管理系统"，所有依法必须招标的民航专业工程建设项目的招标投标活动均应通过系统开展，包括用户注册、投标登记、项目登记、发布公告、标室预定、专家抽取、结果公示、结果备案、人员变更和竣工验收等功能；对因招标投标违法行为受到处理的当事人，其招标投标违法行为记录或处理决定书通过系统"违规公示"模块进行公告；系统对关键人员进行锁定和解锁，对工程业绩予以自动生成，公布企业和个人相关业绩，对确需变更的施工项目负责人和总监理工程师通过系统予以变更，对变更后的人员进行锁定，并解锁变更前的关键人员。

6-502　民航专业工程招标后评价包括哪些内容?

答：民航专业工程招标后评价，是指民航各级招标投标监管部门对已完成招标投标工作的民航专业工程建设项目进行的评价。内容主要包括评价评标委员会及其成员的评标行为、招标人和招标代理机构的招标行为、驻场服务单位的驻场服务行为、投标人的投标行为等是否符合相关法律法规和规范性文件的规定，并针对评价中发现的问题提出意见和建议。

第七章　机电产品国际招标投标

第一节　机电产品国际招标

7-1　什么是机电产品国际招标投标活动？

答：机电产品国际招标投标活动，是指中华人民共和国境内的招标人根据采购机电产品的条件和要求，在全球范围内以招标方式邀请潜在投标人参加投标，并按照规定程序从投标人中确定中标人的一种采购行为。

7-2　机电产品国际招标投标中的机电产品指的是什么？

答：机电产品国际招标投标中机电产品，是指机械设备、电气设备、交通运输工具、电子产品、电器产品、仪器仪表、金属制品等及其零部件、元器件。

7-3　机电产品国际招标投标中的机电产品具体范围是什么？

答：机电产品范围包括：
（1）金属制品。
（2）机械及设备。
（3）电器及电子产品。
（4）运输工具。
（5）仪器仪表。
（6）其他（含磨削工具用磨具、玻壳、钟表及其零件、电子乐器、运动枪支、飞机及车辆用坐具、医用家具、办公室用金属家具、各种灯具及照明装置、儿童带轮玩具、带动力装置的玩具及模型、健身器械及游艺设备、打火机等）。

7-4　机电产品国际招标投标活动遵循的原则是什么？

答：机电产品国际招标投标活动应当遵循公开、公平、公正、诚实信用和择优原则。机电产品国际招标投标活动不受地区或者部门的限制。

7-5　机电产品国际招标投标活动的行政监督由哪个部门负责？

答：行政监督分层级管理。由国家商务部负责监督管理全国机电产品国际招标代理机构（以下简称招标机构）；负责利用国际组织和外国政府贷款、援助资金（以下简称国外贷款、援助资金）项目机电产品国际招标投标活动的行政监督。

各省、自治区、直辖市、计划单列市、新疆生产建设兵团、沿海开放城市及经济特区商务主管部门、国务院有关部门机电产品进出口管理机构负责本地区、本部门的机电产品国际招标投标活动的行政监督和协调；负责本地区、本部门所属招标机构的监督和管理。

7-6　机电产品国际招标有专门的评标专家库吗？由哪个部门负责组建和管理？

答：机电产品国际招标有专门的评标专家库。实行分层级管理，国家商务部负责组建和管理机电产品国际招标评标专家库；各省、自治区、直辖市、计划单列市、新疆生产建设兵团、沿海开放城市及经济特区商务主管部门、国务院有关部门机电产品进出口管理机构负责本地区、本部门机电产品国际招标评标专家的日常管理。

7-7　有专门的机电产品国际招标投标电子公共服务和行政监督平台吗？

答：有，商务部负责建设和管理机电产品国际招标投标电子公共服务和行政监督平台，委托专门网站为机电产品国际招标投标活动提供公共服务和行政监督的平台简称招标网。

7-8　机电产品国际招标投标活动的相关程序要在哪里进行？

答：机电产品国际招标投标，应当在招标网上完成招标项目建档、招标过程文件存档和备案、资格预审公告发布、招标公告发布、评审专家抽取、评标结果公示、异议投诉、中标结果公告等招标投标活动的相关程序，但涉及国家秘密的招标项目除外。

7-9　招标网承办单位可以收费吗？

答：招标网承办单位应当在商务部委托的范围内提供网络服务，不得利用委托范围内事项向有关当事人收取费用。

7-10　必须进行国际招标的情形有哪些？

答：通过招标方式采购原产地为中国关境外的机电产品，属于下列情形的必须进行国际招标：

（1）关系社会公共利益、公众安全的基础设施、公用事业等项目中进行国际采购的机电产品。

（2）全部或者部分使用国有资金投资项目中进行国际采购的机电产品。

（3）全部或者部分使用国家融资项目中进行国际采购的机电产品。

（4）使用国外贷款、援助资金项目中进行国际采购的机电产品。

（5）政府采购项目中进行国际采购的机电产品。
（6）其他依照法律、行政法规的规定需要国际招标采购的机电产品。

已经明确采购产品的原产地在中国关境内的，可以不进行国际招标。必须通过国际招标方式采购的，任何单位和个人不得将上述项目化整为零或者以国内招标等其他任何方式规避国际招标。

7-11 关系社会公共利益、公众安全的基础设施、公用事业等项目包含主要产品的国际招标范围，由哪个部门负责制定？

答：商务部制定、调整并公布关系社会公共利益、公众安全的基础设施、公用事业等项目中进行国际采购的机电产品的国际招标范围。

7-12 可以不进行国际招标的情形有哪些？

答：有下列情形之一的，可以不进行国际招标：
（1）国（境）外赠送或无偿援助的机电产品。
（2）采购供生产企业及科研机构研究开发用的样品样机。
（3）单项合同估算价在国务院规定的必须进行招标的标准以下的。
（4）采购旧机电产品。
（5）采购供生产配套、维修用零件、部件。
（6）采购供生产企业生产需要的专用模具。
（7）根据法律、行政法规的规定，其他不适宜进行国际招标采购的机电产品。

7-13 招标人开展国际招标活动应当具备哪些条件？

答：招标人应当在所招标项目确立、资金到位或资金来源落实并具备招标所需的技术资料和其他条件后开展国际招标活动。

按照国家有关规定需要履行项目审批、核准手续的依法必须进行招标的项目，其招标范围、招标方式、招标组织形式应当先获得项目审批、核准部门的审批、核准。

7-14 什么情形机电产品国际招标的项目可以邀请招标？又由哪些部门认定？

答：机电产品国际招标的项目有下列情形之一的，可以邀请招标：
（1）技术复杂、有特殊要求或者受自然环境限制，只有少量潜在投标人可供选择。
（2）采用公开招标方式的费用占项目合同金额的比例过大。

有上述第（2）项所列情形，属于按照国家有关规定需要履行项目审批、核准手续的依法必须进行招标的项目，招标人应当在招标前向相应的主管部门提交项目审批、核准部门审批、核准邀请招标方式的文件；其他项目采用邀请招标方式应当由招标人申请相应的主管部门作出认定。

7-15 机电产品国际招标的项目,招标人自行办理招标事宜的,应当具有哪些条件?

答:机电产品国际招标的项目,招标人自行办理招标事宜的,应当具有与招标项目规模和复杂程度相适应的技术、经济等方面专业人员,具备编制国际招标文件(中、英文)和组织评标的能力。依法必须进行招标的项目,招标人自行办理招标事宜的,应当向相应主管部门备案。

7-16 招标人采用委托招标时应注意哪些事项?

答:招标人委托招标时应当与被委托的招标机构签订书面委托合同,载明委托事项和代理权限,合同约定的收费标准应当符合国家有关规定。招标人向招标机构提出违法的委托内容和要求的招标机构不得接受。

7-17 机电产品国际招标的招标机构应当具备哪些条件?

答:机电产品国际招标的招标机构应当具备从事招标代理业务的营业场所和相应资金;具备能够编制招标文件(中、英文)和组织评标的相应专业力量;拥有一定数量的取得招标职业资格的专业人员。

招标机构从事机电产品国际招标代理业务,应当在招标网免费注册,注册时应当在招标网在线填写机电产品国际招标机构登记表。

7-18 机电产品国际招标,对招标机构的人员、开展业务区域的要求有哪些?

答:招标机构从事机电产品国际招标业务的人员应当为与本机构依法存在劳动合同关系的员工。招标机构可以依法跨区域开展业务,任何地区和部门不得以登记备案等方式加以限制。

7-19 机电产品国际招标,对招标机构权利、义务和禁止的要求有哪些?

答:招标机构应当在招标人委托的范围内开展招标代理业务,任何单位和个人不得非法干涉。招标机构代理招标业务,应当遵守《招标投标法》《招标投标法实施条例》和《机电产品国际招标投标实施办法(试行)》关于招标人的规定;在招标活动中,不得弄虚作假,损害国家利益、社会公共利益和招标人、投标人的合法权益。招标机构不得接受招标人违法的委托内容和要求,不得在所代理的招标项目中投标或者代理投标,也不得为所代理的招标项目的投标人提供咨询。

7-20 机电产品国际招标须什么时间、在哪里进行建档?

答:机电产品国际招标,在发布资格预审公告、招标公告或发出投标邀请书前,招标人或招标机构应当在招标网上进行项目建档。

7-21　对机电产品国际招标进行项目建档，建档内容包括哪些？

答：机电产品国际招标进行项目建档，建档内容包括项目名称、招标人名称及性质、招标方式、招标组织形式、招标机构名称、资金来源及性质、委托招标金额、项目审批或核准部门、主管部门等。

7-22　机电产品国际招标的资格预审公告、招标公告或投标邀请书应当载明哪些内容？

答：机电产品国际招标的资格预审公告、招标公告或者投标邀请书应当载明下列内容：

（1）招标项目名称、资金到位或资金来源落实情况。
（2）招标人或招标机构名称、地址和联系方式。
（3）招标产品名称、数量、简要技术规格。
（4）获取资格预审文件或者招标文件的地点、时间、方式和费用。
（5）提交资格预审申请文件或者投标文件的地点和截止时间。
（6）开标地点和时间。
（7）对资格预审申请人或者投标人的资格要求。

7-23　机电产品国际招标有标准文本吗？什么项目应当使用标准文本？

答：机电产品国际招标，有标准文本。依法必须进行机电产品国际招标的项目，编制资格预审文件和招标文件，应当使用机电产品国际招标标准文本。

7-24　机电产品国际招标的招标文件包括哪些内容？

答：招标人根据所采购机电产品的特点和需要编制招标文件。招标文件主要包括下列内容：招标公告或投标邀请书；投标人须知及投标资料表；招标产品的名称、数量、技术要求及其他要求；评标方法和标准；合同条款；合同格式；投标文件格式及其他材料要求（投标书、开标一览表、投标分项报价表、产品说明一览表、技术规格响应/偏离表、商务条款响应/偏离表、投标保证金银行保函、单位负责人授权书、资格证明文件、履约保证金银行保函、预付款银行保函、信用证样本、要求投标人提供的其他材料）。

7-25　机电产品国际招标的评标方法和标准的规定有哪些？

答：机电产品国际招标的招标文件中应当明确评标方法和标准。机电产品国际招标的评标一般采用最低评标价法。技术含量高、工艺或技术方案复杂的大型或成套设备招标项目可采用综合评价法进行评标。所有评标方法和标准应当作为招标文件不可分割的一部分并对潜在投标人公开。招标文件中没有规定的评标方法和标准不得作为评标依据。

7-26　什么是机电产品国际招标的最低评标价法？

答：机电产品国际招标的最低评标价法，是指在投标满足招标文件商务、技术等实质性要求的前提下，按照招标文件中规定的价格评价因素和方法进行评价，确定各投标人的评标价格，并按投标人评标价格由低到高的顺序确定中标候选人的评标方法。

7-27　什么是机电产品国际招标的综合评价法？

答：机电产品国际招标的综合评价法，是指在投标满足招标文件实质性要求的前提下，按照招标文件中规定的各项评价因素和方法对投标进行综合评价后，按投标人综合评价的结果由优到劣的顺序确定中标候选人的评标方法。

7-28　机电产品国际招标的综合评价法的评价组成和要求有哪些？

答：综合评价法应当由评价内容、评价标准、评价程序及推荐中标候选人原则等组成。综合评价法应当根据招标项目的具体需求，设定商务、技术、价格、服务及其他评价内容的标准，并对每一项评价内容赋予相应的权重。

7-29　机电产品国际招标的招标文件，对其编制内容有哪些要求？

答：机电产品国际招标的招标文件，技术、商务等条款应当清晰、明确、无歧义，不得设立歧视性条款或不合理的要求排斥潜在投标人。招标文件编制内容原则上应当满足3个以上潜在投标人能够参与竞争。

7-30　机电产品国际招标文件的编制中重要条款（参数）和一般条款（参数）构成投标被否决的规定有哪些？

答：机电产品国际招标文件的编制中，对招标文件中的重要条款（参数）应当加注星号（"*"），并注明如不满足任一带星号（"*"）的条款（参数）将被视为不满足招标文件实质性要求，并导致投标被否决。构成投标被否决的评标依据除重要条款（参数）不满足外，还可以包括超过一般条款（参数）中允许偏离的最大范围、最多项数。

7-31　机电产品国际招标文件中，采用最低评标价法评标的，规定评标依据中，价格调整的计算方法包括的内容有哪些？

答：机电产品国际招标文件中，采用最低评标价法评标的，评标依据中应当包括：一般商务和技术条款（参数）在允许偏离范围和条款数内进行评标价格调整的计算方法，每个一般技术条款（参数）的偏离加价一般为该设备投标价格的0.5%，最高不得超过该设备投标价格的1%，投标文件中没有单独列出该设备分项报价的，评标价格调整时按投标总价计算；交货期、付款条件等商务条款的偏离加价计算方法在招标文件中可以另行规定。

7-32 机电产品国际招标文件中，采用综合评价法时，对重要条款（参数）列明有什么要求？

答：机电产品国际招标文件中，采用综合评价法的，应当集中列明招标文件中所有加注星号（"*"）的重要条款（参数）。

7-33 机电产品国际招标文件中，投标文件分项报价允许缺漏项的最大范围或比重有什么规定？

答：机电产品国际招标文件中，应当明确规定在实质性响应招标文件要求的前提下投标文件分项报价允许缺漏项的最大范围或比重，并注明如缺漏项超过允许的最大范围或比重，该投标将被视为实质性不满足招标文件要求，并将导致投标被否决。

7-34 机电产品国际招标文件中，对投标文件中投标人小签的要求有哪些？

答：机电产品国际招标中，招标文件应当明确规定投标文件中投标人应当小签的相应内容，其中投标文件的报价部分、重要商务和技术条款（参数）响应等相应内容应当逐页小签。

7-35 机电产品国际招标中，对投标货币和报价方式的要求有哪些规定？

答：机电产品国际招标中，招标文件应当明确规定允许的投标货币和报价方式，并注明该条款是否为重要商务条款。招标文件应当明确规定不接受选择性报价或者附加条件的报价。

7-36 机电产品国际招标中，对资质、评标依据以及对投标人的业绩等商务条款和技术参数要求的规定有哪些内容？

答：机电产品国际招标中，招标文件对投标人资质提出要求的，应当列明所要求资质的名称及其认定机构和提交证明文件的形式，并要求相应资质在规定的期限内真实有效。招标文件应当明确规定评标依据以及对投标人的业绩、财务、资信等商务条款和技术参数要求，不得使用模糊的、无明确界定的术语或指标作为重要商务或技术条款（参数）或以此作为价格调整的依据。

7-37 机电产品国际招标中，对信用信息使用有什么规定？

答：机电产品国际招标中，招标人可以在招标文件中将有关行政监督部门公布的信用信息作为对投标人的资格要求的依据。

7-38　机电产品国际招标中，对招标文件内容的合法性规定有哪些？

答：机电产品国际招标中，招标文件内容应当符合国家有关安全、卫生、环保、质量、能耗、标准、社会责任等法律法规的规定。

7-39　机电产品国际招标中，对联合体的规定有哪些内容？

答：机电产品国际招标中，招标文件允许联合体投标的，应当明确规定对联合体牵头人和联合体各成员的资格条件及其他相应要求。

7-40　机电产品国际招标中，对备选方案的规定有哪些？

答：机电产品国际招标中，招标文件允许投标人提供备选方案的，应当明确规定投标人在投标文件中只能提供一个备选方案并注明主选方案，且备选方案的投标价格不得高于主选方案。

7-41　机电产品国际招标中，对评标总价的规定有哪些内容？

答：机电产品国际招标中，招标文件应当明确计算评标总价时关境内、外产品的计算方法，并应当明确指定到货地点。除国外贷款、援助资金项目外，评标总价应当包含货物到达招标人指定到货地点之前的所有成本及费用。其中：

关境外产品为：CIF价＋进口环节税＋国内运输、保险费等（采用CIP、DDP等其他报价方式的，参照此方法计算评标总价）；其中投标截止时间前已经进口的产品为：销售价（含进口环节税、销售环节增值税）＋国内运输、保险费等。

关境内制造的产品为：出厂价（含增值税）＋消费税（如适用）＋国内运输、保险费等。有价格调整的，计算评标总价时，应当包含偏离加价。

7-42　机电产品国际招标中，对投标文件的描述不一致的处理规定有哪些？

答：机电产品国际招标中，招标文件应当明确投标文件的大写金额和小写金额不一致的，以大写金额为准；投标总价金额与按分项报价汇总金额不一致的，以分项报价金额计算结果为准；分项报价金额小数点有明显错位的，应以投标总价为准，并修改分项报价；应当明确招标文件、投标文件和评标报告使用语言的种类；使用两种以上语言的，应当明确当出现表述内容不一致时以何种语言文本为准。

7-43　机电产品国际招标中，对投标保证金有哪些规定？

答：机电产品国际招标中，招标人在招标文件中要求投标人提交投标保证金的，投标保证金不得超过招标项目估算价的2%。投标保证金有效期应当与投标有效期一致。

依法必须进行招标的项目的境内投标单位，以现金或者支票形式提交的投标保证金应当从其基本账户转出。

投标保证金可以是银行出具的银行保函或不可撤销信用证、转账支票、银行即期汇票，也可以是招标文件要求的其他合法担保形式。

联合体投标的，应当以联合体共同投标协议中约定的投标保证金缴纳方式予以提交，可以是联合体中的一方或者共同提交投标保证金，以一方名义提交投标保证金的，对联合体各方均具有约束力。

7-44 机电产品国际招标中，招标文件发售稿存档应怎样做？

答：机电产品国际招标中，招标人或招标机构应当在资格预审文件或招标文件开始发售之日前将资格预审文件或招标文件发售稿上传招标网存档。

第二节 机电产品国际投标

7-45 机电产品国际招标中，限制投标人参与投标的规定有哪些？

答：与招标人存在利害关系可能影响招标公正性的法人或其他组织不得参加投标；接受委托参与项目前期咨询和招标文件编制的法人或其他组织不得参加受托项目的投标，也不得为该项目的投标人编制投标文件或者提供咨询。

单位负责人为同一人或者存在控股、管理关系的不同单位，不得参加同一招标项目包投标，共同组成联合体投标的除外。

违反以上规定的，相关投标均无效。

7-46 机电产品国际招标中，对投标人编制投标文件的要求规定有哪些？

答：投标人应当根据招标文件要求编制投标文件，并根据自己的商务能力、技术水平对招标文件提出的要求和条件在投标文件中作出真实的响应。投标文件的所有内容在投标有效期内应当有效。

7-47 机电产品国际招标中，对投标人提供技术支持资料、视为无效技术支持资料的有哪些规定？

答：投标人对加注星号（"*"）的重要技术条款（参数）应当在投标文件中提供技术支持资料。

技术支持资料以制造商公开发布的印刷资料、检测机构出具的检测报告或招标文件中允许的其他形式为准，凡不符合上述要求的，应当视为无效技术支持资料。

7-48 机电产品国际招标中，对投标人提供银行资信证明有什么规定？

答：投标人应当提供在开标日前3个月内由其开立基本账户的银行开具的银行资信证明的原件或复印件。

7-49 机电产品国际招标中，潜在投标人对招标文件有异议的要遵循哪些程序？

答：潜在投标人或者其他利害关系人对资格预审文件有异议的，应当在提交资格预审申请文件截止时间2日前向招标人或招标机构提出，并将异议内容上传招标网；对招标文件有异议的，应当在投标截止时间10日前向招标人或招标机构提出，并将异议内容上传招标网。招标人或招标机构应当自收到异议之日起3日内作出答复，并将答复内容上传招标网；作出答复前，应当暂停招标投标活动。

7-50 机电产品国际招标中，投标人想参加招标投标活动，需要履行哪些程序？

答：投标人在招标文件要求的投标截止时间前，应当在招标网免费注册，注册时应当在招标网在线填写招标投标注册登记表，并将由投标人加盖公章的招标投标注册登记表及工商营业执照（复印件）提交至招标网；境外投标人提交所在地登记证明材料（复印件），投标人无印章的，提交由单位负责人签字的招标投标注册登记表。投标截止时间前，投标人未在招标网完成注册的不得参加投标，有特殊原因的除外。

7-51 机电产品国际招标中，投标人如需要提交价格变更，应当怎样做？

答：投标人可以在规定的投标截止时间前书面通知招标人，对已提交的投标文件进行补充、修改或撤回。补充、修改的内容应当作为投标文件的组成部分。投标人不得在投标截止时间后对投标文件进行补充、修改。

7-52 投标人撤回、撤销投标文件，拒绝延长投标有效期，投标保证金如何处理？

答：投标人在投标截止时间前撤回已提交的投标文件，招标人或招标机构已收取投标保证金的，应当自收到投标人书面撤回通知之日起5日内退还。

投标截止后投标人撤销投标文件的，招标人可以不退还投标保证金。招标人主动要求延长投标有效期但投标人拒绝的，招标人应当退还投标保证金。

7-53 投标人情况发生重大变化时应当怎样做？

答：投标人发生合并、分立、破产等重大变化的，应当及时书面告知招标人。投标人不再具备资格预审文件、招标文件规定的资格条件或者其投标影响招标公正性的，其投标无效。

7-54 机电产品国际招标中，投标人少于3个的，在不同时段、不同资金来源的情况下应怎样处理？

答：开标时投标人少于3个的，不得开标，招标人应当依照《机电产品国际招标投标实施办法（试行）》重新招标；开标后认定投标人少于3个的应当停止评标，招标人应当依照《机电产品国际招标投标实施办法（试行）》重新招标。重新招标后投标人仍少于3个的，可以进入两家或一家开标评标；按国家有关规定需要履行审批、核准手续的依法必须进行招标的项目，报项目审批、核准部门审批、核准后可以不再进行招标。

对于国外贷款、援助资金项目，资金提供方规定当投标截止时间到达时，投标人少于3个可直接进入开标程序的，可以适用其规定。

7-55 机电产品国际招标中，开标后认定投标人数量的标准是什么？

答：开标后认定投标人数量时，两家以上投标人的投标产品为同一家制造商或集成商生产的，按一家投标人认定。对两家以上集成商或代理商使用相同制造商产品作为其项目包的一部分，且相同产品的价格总和均超过该项目包各自投标总价60%的，按一家投标人认定。

7-56 机电产品国际招标中，投标人的价格及声明没有唱出，评标时怎么处理？

答：投标人的开标一览表、投标声明（价格变更或其他声明）都应当在开标时一并唱出，否则在评标时不予认可。

7-57 机电产品国际招标中，投标总价不应包含的价格是哪些？

答：投标总价中不应当包含招标文件要求以外的产品或服务的价格。

7-58 机电产品国际招标中，对开标记录的存档有什么规定？

答：招标人或招标机构应当在开标时制作开标记录，并在开标后3个工作日内上传招标网存档。

7-59 机电产品国际招标中，评标专家产生的程序和规定有哪些？

答：依法必须进行招标的机电产品国际招标项目，评标所需专家原则上由招标人或招标机构在招标网上从国家、地方两级专家库内相关专业类别中采用随机抽取的方式产生。

技术复杂、专业性强或者国家有特殊要求，采取随机抽取方式确定的专家难以保证其胜任评标工作的特殊招标项目，报相应主管部门后，可以由招标人直接确定评标专家。

7-60 机电产品国际招标中，评标专家抽取时间及其他要求的规定是什么？

答：依法必须进行招标的项目，抽取评标所需的评标专家的时间不得早于开标时间3个工作日；同一项目包评标中，来自同一法人单位的评标专家不得超过评标委员会总人数的1/3。

7-61 机电产品国际招标中，对评标专家抽取数量的规定有哪些？

答：依法必须进行招标的项目，随机抽取专家人数为实际所需专家人数。一次招标金额在1000万美元以上的国际招标项目包，所需专家的1/2以上应当从国家级专家库中抽取。

7-62 机电产品国际招标中，对专家的抽取、通知和废弃的规定是什么？

答：依法必须进行招标的项目，评标专家抽取工作应当使用招标网评标专家随机抽取自动通知系统。除专家不能参加和应当回避的情形外，不得废弃随机抽取的专家。

7-63 机电产品国际招标中，关于评委评标的时间有哪些规定？

答：招标人应当根据项目规模和技术复杂程度等因素合理确定评标时间。超过1/3的评标委员会成员认为评标时间不够的，招标人应当适当延长。

7-64 机电产品国际招标中，开标后如因特殊情况当天不能评标的，应如何处理？

答：评标委员会应当在开标当日开始进行评标。有特殊原因当天不能评标的，应当将投标文件封存，并在开标后48小时内开始进行评标。

7-65 机电产品国际招标中，在商务评议过程中否决投标的规定有哪些？

答：在商务评议过程中，有下列情形之一者，应予否决投标：
（1）投标人或其制造商与招标人有利害关系可能影响招标公正性的。
（2）投标人参与项目前期咨询或招标文件编制的。
（3）不同投标人单位负责人为同一人或者存在控股、管理关系的。
（4）投标文件未按招标文件的要求签署的。
（5）投标联合体没有提交共同投标协议的。
（6）投标人的投标书、资格证明材料未提供，或不符合国家规定或者招标文件要求的。
（7）同一投标人提交两个以上不同的投标方案或者投标报价的，但招标文件要求提交备选方案的除外。

（8）投标人未按招标文件要求提交投标保证金或保证金金额不足、保函有效期不足、投标保证金形式或出具投标保函的银行不符合招标文件要求的。

（9）投标文件不满足招标文件加注星号（"*"）的重要商务条款要求的。

（10）投标报价高于招标文件设定的最高投标限价的。

（11）投标有效期不足的。

（12）投标人有串通投标、弄虚作假、行贿等违法行为的。

（13）存在招标文件中规定的否决投标的其他商务条款的。

以上所列材料在开标后不得澄清、后补；招标文件要求提供原件的，应当提供原件，否则将否决其投标。

7-66　机电产品国际招标中，在技术评议过程中否决投标的规定有哪些？

答：技术评议过程中，有下列情形之一者，应予否决投标：

（1）投标文件不满足招标文件技术规格中加注星号（"*"）的重要条款（参数）要求，或加注星号（"*"）的重要条款（参数）无符合招标文件要求的技术资料支持的。

（2）投标文件技术规格中一般参数超出允许偏离的最大范围或最多项数的。

（3）投标文件技术规格中的响应与事实不符或虚假投标的。

（4）投标人复制招标文件的技术规格相关部分内容作为其投标文件中一部分的。

（5）存在招标文件中规定的否决投标的其他技术条款的。

7-67　机电产品国际招标中，采用最低评标价法评标的，价格评议的原则有哪些？

答：采用最低评标价法评标的，价格评议按下列原则进行：

（1）按招标文件中的评标依据进行评标。计算评标价格时，对需要进行价格调整的部分，要依据招标文件和投标文件的内容加以调整并说明。投标总价中包含的招标文件要求以外的产品或服务，在评标时不予核减。

（2）除国外贷款、援助资金项目外，计算评标总价时，以货物到达招标人指定到货地点为依据。

（3）招标文件允许以多种货币投标的，在进行价格评标时，应当以开标当日中国银行总行首次发布的外币对人民币的现汇卖出价进行投标货币对评标货币的转换以计算评标价格。

7-68　机电产品国际招标中，采用综合评价法评标的，评议的原则有哪些？

答：采用综合评价法评标时，按下列原则进行：

（1）评标办法应当充分考虑每个评价指标所有可能的投标响应，且每一种可能的投标响应应当对应一个明确的评价值，不得对应多个评价值或评价值区间，采用两步评价方法的除外。

对于总体设计、总体方案等难以量化比较的评价内容，可以采取两步评价方法：第一步，评标委员会成员独立确定投标人该项评价内容的优劣等级，根据优劣等级对应的评价值算术平均后确定该投标人该项评价内容的平均等级；第二步，评标委员会成员根据投标人的平均等级，在对应的分值区间内给出评价值。

（2）价格评价应当符合低价优先、经济节约的原则，并明确规定评议价格最低的有效投标人将获得价格评价的最高评价值，价格评价的最大可能评价值和最小可能评价值应当分别为价格最高评价值和零评价值。

（3）评标委员会应当根据综合评价值对各投标人进行排名。综合评价值相同的，依照价格、技术、商务、服务及其他评价内容的优先次序，根据分项评价值进行排名。

7-69　机电产品国际招标中，备选方案评审的规定是什么？

答：招标文件允许备选方案的，评标委员会对有备选方案的投标人进行评审时，应当以主选方案为准进行评标。备选方案应当实质性响应招标文件要求。凡提供两个以上备选方案或者未按要求注明主选方案的，该投标应当被否决。凡备选方案的投标价格高于主选方案的，该备选方案将不予采纳。

7-70　机电产品国际招标中，评标时对投标人投标产品清单、报价、缺漏项的处理有什么规定？

答：投标人应当根据招标文件要求和产品技术要求列出供货产品清单和分项报价。投标人投标报价缺漏项超出招标文件允许的范围或比重的，为实质性偏离招标文件要求，评标委员会应当否决其投标。缺漏项在招标文件允许的范围或比重内的，评标时应当要求投标人确认缺漏项是否包含在投标价中，确认包含的，将其他有效投标中该项的最高价计入其评标总价，并依据此评标总价对其一般商务和技术条款（参数）偏离进行价格调整；确认不包含的，评标委员会应当否决其投标；签订合同时以投标价为准。

7-71　机电产品国际招标中，评标委员会不得要求投标人澄清或后补的规定是什么？

答：投标人的投标文件不响应招标文件加注星号（"*"）的重要商务和技术条款（参数），或加注星号（"*"）的重要技术条款（参数）未提供符合招标文件要求的技术支持资料的，评标委员会不得要求其进行澄清或后补。

7-72　机电产品国际招标中，评标完成后对评标委员会的工作的规定有哪些？

答：评标完成后，评标委员会应当向招标人提交书面评标报告和中标候选人名单。中标候选人应当不超过3个，并标明排序。

评标委员会的每位成员应当分别填写评标委员会成员评标意见表，评标意见表是评标报告必不可少的一部分。评标报告应当由评标委员会全体成员签字。对评标结果有不同意见的评标委员会成员应当以书面形式说明其不同意见和理由，评标报告应当注明该不同意见。评标委员会成员拒绝在评标报告上签字又不说明其不同意见和理由的，视为同意评标结果。

第三部分
政府采购及科技项目招标投标

第八章 政府采购

第一节 政府采购概述

8-1 什么是政府采购？

答：政府采购是指各级国家机关、事业单位和团体组织，使用财政性资金采购依法制定的集中采购目录以内的或者采购限额标准以上的货物、工程和服务的行为。

8-2 政府采购财政性资金是指什么？

答：财政性资金是指纳入预算管理的资金。以财政性资金作为还款来源的借贷资金，视同财政性资金。国家机关、事业单位和团体组织的采购项目既使用财政性资金又使用非财政性资金的，使用财政性资金采购的部分，适用《政府采购法》及《政府采购法实施条例》；财政性资金与非财政性资金无法分割采购的，统一适用《政府采购法》及《政府采购法实施条例》。

8-3 什么是集中采购？

答：集中采购是指采购人将列入集中采购目录内的项目委托集中采购机构代理采购或者进行部门集中采购的行为。

8-4 什么是分散采购？

答：分散采购是指采购人采购集中采购目录以外、限额标准以上的货物、服务和工程的行为。

8-5 政府采购的当事人有哪些？

答：政府采购当事人是指在政府采购活动中享有权利和承担义务的各类主体，包括采购人、供应商和采购代理机构等。

8-6 采购人包括哪些？

答：采购人是指依法进行政府采购的国家机关、事业单位、团体组织。

8-7　何为集中采购机构?

答：集中采购机构为采购代理机构。设区的市、自治州以上人民政府根据本级政府采购项目组织集中采购的需要设立集中采购机构。集中采购机构是非营利事业法人，根据采购人的委托办理采购事宜。

8-8　政府采购有几种组织形式?

答：政府采购实行集中采购和分散采购相结合的组织形式。

8-9　采购人主体责任是什么?

答：《政府采购法实施条例》《党政机关厉行节约反对浪费条例》《政府信息公开条例》明确了采购人在采购需求制定、履约情况验收、内控机制建设、政策功能落实、采购信息公开五个方面的主体责任。

8-10　分散采购的组织形式有哪些?

答：分散采购的组织形式有：采购人可以依法自行采购；也可以委托采购代理机构在委托的范围内代理采购。

8-11　采购代理机构包括哪些?

答：《政府采购法》所称采购代理机构，是指集中采购机构和集中采购机构以外的采购代理机构。集中采购机构是设区的市级以上人民政府依法设立的非营利事业法人，是代理集中采购项目的执行机构。集中采购机构以外的采购代理机构，是从事采购代理业务的社会中介机构。

8-12　政府采购有哪些采购方式?

答：目前政府采购方式主要有公开招标、邀请招标、询价、竞争性谈判、单一来源、竞争性磋商。

8-13　委托政府采购是否要交费?

答：由财政部门统一委托的政府采购项目，采购人不需要缴纳任何费用。

8-14　哪些项目需要编制政府采购预算?

答：凡是集中采购目录以内或者采购限额标准以上的货物、工程、服务项目，应当全部列入政府采购预算，并细化到具体采购品目。

8-15　哪些项目需要执行意向公开？

答：需要执行意向公开的单位，除协议供货、定点采购、网上商城采购，以及因不可预见的原因急需开展的采购项目外，政府采购项目应当全部公开采购意向。

第二节　政府采购的准备

8-16　什么是采购需求管理？

答：采购需求管理是指采购人组织确定采购需求和编制采购实施计划，并实施相关风险控制的管理。

8-17　什么是采购需求，包含哪些内容？

答：采购需求是指采购人为实现项目目标，拟采购的标的及其需要满足的技术、商务要求。其中：技术要求是指对采购标的的功能和质量要求，包括性能、材料、结构、外观、安全，或者服务内容和标准等。商务要求是指取得采购标的的时间、地点、财务和服务要求，包括交付（实施）的时间（期限）和地点（范围）、付款条件（进度和方式）、包装和运输、售后服务、保险等。

8-18　采购需求的主体是谁？

答：采购人负责采购需求编制、论证等工作，采购人对采购需求管理负有主体责任。也可引入第三方，委托采购代理机构组织实施，但委托实施的不能免除采购人应当承担的主体责任。

8-19　采购需求变动如何办理？

答：采购代理机构根据采购人提供的采购需求编制采购文件，采购文件公开发布后，潜在供应商提出的符合相关法律法规规定、证据理由充分、有助于项目依法实施的意见和建议，采购人、采购代理机构应当采纳，并对采购需求文件作出调整。对采购需求调整或者修改的内容，应当发布更正公告。

8-20　采购需求制定有哪些原则？

答：政府采购预算批复后，采购活动开始前，采购人应当科学合理编制采购需求。采购需求制定应遵循以下原则：

（1）合理性原则。采购需求应当切合实际，能够以合理的商业条件获取，符合相关法律法规，有助于实现政府采购"物有所值"和质量效益的目标。

（2）明确性原则。采购需求应当充分反映采购标的种类、技术标准、关键参数以及要求供应商响应的其他具体条件，力求内容详尽、目标明确、配套资料完整。

（3）竞争性原则。除有特殊要求的专用产品外，采购需求应当突出普及性、通用性，尽可能扩大潜在供应商范围，以达到充分竞争。

（4）厉行节约原则。采购需求应当突出经济性、实用性，以满足采购人基本使用要求或者达到基本功能，需求适度超前，以延长使用周期，减少重复购置，杜绝奢侈采购、天价采购。

（5）政策导向原则。采购需求应当充分体现政策导向性，通过政府采购市场的示范引导和政策扶持，推进节能环保产业发展，鼓励购买本国产品，支持国内中小企业做大做强，实现国家经济和社会发展政策目标。

8-21 哪些项目需要开展需求调查？

答：需要开展需求调查的项目有：
（1）1000万元以上的货物、服务采购项目，3000万元以上的工程采购项目。
（2）涉及公共利益、社会关注度较高的采购项目，包括政府向社会公众提供的公共服务项目等。
（3）技术复杂、专业性较强的项目，包括需定制开发的信息化建设项目、采购进口产品的项目等。
（4）主管预算单位或者采购人认为需要开展需求调查的其他采购项目。

编制采购需求前一年内，采购人已就相关采购标的开展过需求调查的可以不再重复开展。按照法律法规的规定，对采购项目开展可行性研究等前期工作，已包含《政府采购需求管理办法》规定的需求调查内容的，可以不再重复调查；对在可行性研究等前期工作中未涉及的部分，应当按照相关规定开展需求调查。

8-22 开展需求调查的方式有哪些？

答：开展需求调查的方式有咨询、论证、问卷等。调查的主要内容是了解相关产业发展、市场供给、同类采购项目历史成交信息、可能涉及的运行维护、升级更新、备品备件、耗材等后续采购，以及其他相关情况。

8-23 什么是采购实施计划？

答：采购实施计划是指采购人围绕实现采购需求，对合同的订立和管理所做的安排。采购实施计划根据法律法规、政府采购政策和国家有关规定，结合采购需求的特点确定。

8-24　采购实施计划的内容是什么？

答：采购实施计划有以下内容：

（1）合同订立安排，包括采购项目预（概）算、最高限价，开展采购活动的时间安排，采购组织形式和委托代理安排，采购包划分与合同分包，供应商资格条件，采购方式、竞争范围和评审规则等。

（2）合同管理安排，包括合同类型、定价方式、合同文本的主要条款、履约验收方案、风险管控措施等。

8-25　哪些产品属于进口产品？

答：进口产品是指通过中国海关报关验放进入中国境内且产自关境外的产品。

8-26　政府采购项目采购需求的产品技术参数的设定是否必须满足国家标准或行业标准？是否可以高于国家标准或行业标准？无国家标准或行业标准的产品是否可以按照采购人的需求设定？是否可以要求供应商提供检测报告？

答：采购人应根据法律制度规定和采购项目实际情况，自行提出技术要求和技术标准。采购人提出的技术要求和技术标准必须符合国家强制性标准，可以高于国家标准或行业标准，必要时可以要求供应商提供检测机构出具的检测报告。

8-27　采购需求是否需要论证？

答：采购人应当通过采购需求论证，保证采购需求符合法律法规及政府采购政策要求，科学合理、厉行节约、符合实际，避免豪华采购、重复采购等行为发生。

8-28　采购需求论证的内容是什么？

答：采购需求论证有以下内容：
（1）是否符合政府采购法律法规。
（2）是否属于政府采购政策扶持范围，包括是否体现鼓励使用本国产品，实现节约能源、保护环境，扶持不发达地区和少数民族地区，促进中小企业、监狱企业发展等目标。
（3）采购需求是否完整、明确，体现公平竞争的原则。
（4）采购数量、采购标的功能标准、性能标准、材质标准、安全标准、服务标准以及是否有法律法规规定的强制性标准。
（5）通用办公设备家具是否符合配置标准。

8-29 采购人通过招标入围的供应商,服务期三年,服务期内有项目从中使用,是否属于三库清理范围?

答:除小额零星采购使用的协议供货、定点采购外,对于政府采购限额标准以上或集中采购目录以内的采购项目,通过入围方式设置的、作为参加政府采购活动资格条件的各类备选库、名录库、资格库等供应商库属于《关于开展政府采购备选库、名录库、资格库专项清理的通知》(财办库〔2021〕14号)的清理范围。

8-30 政府采购强制节能产品能否在政府采购品目录清单外购买?

答:按照《财政部、发展改革委、生态环境部、市场监管总局关于调整优化节能产品、环境标志产品政府采购执行机制的通知》(财库〔2019〕9号)的规定,采购人拟采购的产品属于政府强制采购节能产品范围的,应当强制采购节能产品。如节能产品政府采购品目清单中确无对应细化的产品或者产品不能满足工作需要的,可以在政府采购品目清单外购买。

第三节 政府采购的执行

8-31 邀请招标的适用范围是什么?

答:邀请招标的适用范围如下:
(1)具有特殊性,只能从有限范围的供应商处采购的。
(2)采用公开招标方式的费用占政府采购项目总价值的比例过大的。

8-32 邀请招标如何产生符合资格条件的供应商?

答:采用邀请招标方式的,采购人或者采购代理机构应当通过以下方式产生符合资格条件的供应商名单,并从中随机抽取3家以上供应商向其发出投标邀请书:
(1)发布资格预审公告征集。
(2)从省级以上人民政府财政部门建立的供应商库中选取。
(3)采购人书面推荐。

采用第(1)项方式产生符合资格条件供应商名单的,采购人或者采购代理机构应当按照资格预审文件载明的标准和方法,对潜在投标人进行资格预审。

采用第(2)项或者第(3)项方式产生符合资格条件供应商名单的,备选的符合资格条件的供应商总数不得少于拟随机抽取供应商总数的两倍。

8-33 竞争性谈判的适用范围是什么？

答：竞争性谈判的适用范围如下：
（1）招标后没有供应商投标或者没有合格标的或者重新招标未能成立的。
（2）技术复杂或者性质特殊，不能确定详细规格或者具体要求的。
（3）采用招标所需时间不能满足用户紧急需要的。
（4）不能事先计算出价格总额的。

8-34 单一来源的适用范围是什么？

答：单一来源的适用范围如下：
（1）只能从唯一供应商处采购的。
（2）发生了不可预见的紧急情况不能从其他供应商处采购的。
（3）必须保证原有采购项目一致性或者服务配套的要求，需要继续从原供应商处添购，且添购资金总额不超过原合同采购金额百分之十的。

8-35 询价的适用范围是什么？

答：询价适用于采购的货物规格、标准统一，现货货源充足且价格变化幅度小的政府采购项目。

8-36 竞争性磋商的适用范围是什么？

答：竞争性磋商的适用范围如下：
（1）政府购买服务项目。
（2）技术复杂或者性质特殊，不能确定详细规格或者具体要求的。
（3）因艺术品采购、专利、专有技术或者服务的时间、数量事先不能确定等原因不能事先计算出价格总额的。
（4）市场竞争不充分的科研项目，以及需要扶持的科技成果转化项目。
（5）按照《招标投标法》及《招标投标法实施条例》必须进行招标的工程建设项目以外的工程建设项目。

8-37 单一来源采购方式是否需要财政部门审批？须提供什么材料？

答：达到公开招标数额标准的政府采购项目拟采用单一来源采购方式进行采购的，应当在采购活动开始前，由主管预算单位向财政监管部门提出书面申请，经财政监管部门审批后进行。申请单一来源采购方式的，需要提供以下材料：
（1）主管预算单位的申请公文。
（2）预算单位内部会商意见。
（3）专业人员论证意见。

（4）财政指定媒体公示5个工作日无异议。

未达到公开招标数额标准的政府采购项目拟采用单一来源采购方式进行采购的，应当在财政指定媒体公示5个工作日无异议，不需要报主管部门审批。

8-38 招标方式的周期一般是多长时间？

答：招标各环节时间见表8-1。

表8-1　招标各环节时间

采购方式	公告时间	开标时间	澄清时间	其他
招标类（公开招标、邀请招标）	不少于5个工作日	自招标文件开始发出之日起至供应商提交投标文件截止之日止，不得少于20日	澄清或者修改内容可能影响投标文件编制的，应当在投标截止时间至少15日前，书面通知所有获取招标文件的潜在投标人	延长开标时间：在投标截止时间至少3日前，将变更时间书面通知所有获取招标文件的潜在投标人

8-39 竞争性谈判的采购周期一般是多长时间？

答：竞争性谈判各环节时间见表8-2。

表8-2　竞争性谈判各环节时间

采购方式	公告时间	竞争性谈判时间	澄清时间
竞争性谈判	3个工作日	自发出竞争性谈判公告到提交首次响应文件截止之日止，不得少于3个工作日	澄清或者修改内容可能影响应文件编制的，应当在提交首次响应文件截止时间3个工作日前，书面通知所有获取竞争性谈判文件的供应商

8-40 竞争性磋商的采购周期一般是多长时间？

答：竞争性磋商各环节时间见表8-3。

表8-3　竞争性磋商各环节时间

采购方式	公告时间	竞争性磋商时间	澄清时间
竞争性磋商	5个工作日	自发出竞争性磋商公告到提交首次响应文件截止之日止，不得少于10日	澄清或者修改内容可能影响应文件编制的，应当在提交首次响应文件截止时间5日前，书面通知所有获取竞争性磋商文件的供应商

8-41 询价采购的周期一般是多长时间？

答：询价采购各环节时间见表8-4。

表8-4　询价采购各环节时间

采购方式	公告时间	询价时间	澄清时间
询价	3个工作日	自发出询价公告到提交首次响应文件截止之日止，不得少于3个工作日	澄清或者修改内容可能影响应文件编制的，应当在提交首次响应文件截止时间3个工作日前，书面通知所有获取询价文件的供应商

8-42 什么是最低评标价法？适用于什么情况？

答：最低评标价法是指投标文件满足招标文件全部实质性要求，且投标报价最低的投标人为中标候选人的评标方法。

技术、服务等标准统一的货物服务项目，应当采用最低评标价法。采用最低评标价法评标时，除了算术修正和落实政府采购政策需进行的价格扣除外，不能对投标人的投标价格进行任何调整。

8-43 什么是综合评分法？适用于什么情况？

答：综合评分法是指投标文件满足招标文件全部实质性要求，且按照评审因素的量化指标评审得分最高的投标人为中标候选人的评标方法。

评审因素的设定应当与投标人所提供货物、服务的质量相关，包括投标报价、技术或者服务水平、履约能力、售后服务等。资格条件不得作为评审因素。评审因素应当在招标文件中规定。

对于一些较为复杂的非标准定制商品和非通用服务项目，适用综合评分法。通过打分来对根据品质划分等级的项目进行量化处理，可用来进行定性排序问题的综合评价。

8-44 综合评分法的价格分设置有何要求？

答：综合评分法的价格分设置有如下要求：

（1）公开招标项目综合评分法规定，货物类项目的价格分值占总分值的比重不得低于30%，服务类项目的价格分值占总分值的比重不得低于10%。

（2）竞争性磋商项目综合评分法规定，货物类项目的价格分值占总分值的比重为30%~60%，服务类项目的价格分值占总分值的比重为10%~30%。

注意：执行国家统一定价标准和采用固定价格采购的项目，其价格不列为评审因素。

8-45 参加竞争性谈判、竞争性磋商有几轮报价？

答：响应文件为第一轮报价。参加竞争性谈判、竞争性磋商需进行两轮或多轮报价。

8-46 政府采购活动中能否指定品牌？

答：不得指定货物品牌。

8-47 供应商资格设置的原则是什么？

答：供应商资格要求应本着既符合专业要求，又能保证充分竞争的原则。采购人可以根据采购项目的特殊要求，规定供应商的特定条件，但不得以不合理的条件对供应商实行差别待遇或者歧视待遇。采购人、采购代理机构不得将投标人的注册资本、资产总额、营业收入、从业人员、利润、纳税额等规模条件作为资格要求或者评审因素，也不得通过将除进口货物以外的生产厂家授权、承诺、证明、背书等作为资格要求，对投标人实行差别待遇或者歧视待遇。

8-48　需要购买进口设备如何办理相关手续？

答：使用财政性资金购买进口产品的，必须履行以下手续：
（1）采购人组织专家进行进口产品论证。
（2）报主管预算单位批准。
（3）报财政主管部门审批。

8-49　中标或者成交供应商拒绝与采购人签订合同的，如何从中标候选供应商中确定中标供应商？

答：中标或者成交供应商拒绝与采购人签订政府采购合同的，采购人可以按照评审报告推荐的中标或者成交候选人名单排序，确定下一候选人为中标或者成交供应商，也可以重新开展政府采购活动。

8-50　政府采购项目档案保存多长时间？

答：采购人、采购代理机构对政府采购项目每项采购活动的采购文件应当妥善保存，不得伪造、变造、隐匿或者销毁。采购文件的保存期限为从采购结束之日起至少保存15年。

8-51　采购人能否委托采购代理机构代表与供应商签订政府采购合同？

答：采购人可以委托采购代理机构代表与供应商签订政府采购合同。由采购代理机构以采购人名义签订合同的，应当提交采购人的授权委托书，作为合同附件。

8-52　政府采购中什么情况属于以"化整为零"方式规避公开招标？

答：在一个财政年度内，采购人将一个预算项目下的同一品目或者类别的货物、服务采用公开招标以外的方式多次采购，累计资金数额超过公开招标数额标准的，属于以"化整为零"方式规避公开招标，但项目预算调整或者经批准采用公开招标以外方式采购的除外。

8-53　在评审中如何认定"质量和服务相等"？

答："质量和服务相等"是指供应商提供的产品质量和服务均能满足采购文件规

定的实质性要求。

8-54 集中采购机构能否转委托？

答：集中采购机构应当根据采购人委托制定集中采购项目的实施方案，明确采购规程，组织政府采购活动，不得将集中采购项目转委托。

8-55 如何认定"对供应商实行差别待遇或者歧视待遇"？

答：采购人或者采购代理机构有下列情形之一的，属于以不合理的条件对供应商实行差别待遇或者歧视待遇：

（1）就同一采购项目向供应商提供有差别的项目信息。

（2）设定的资格、技术、商务条件与采购项目的具体特点和实际需要不相适应或者与合同履行无关。

（3）采购需求中的技术、服务等要求指向特定供应商、特定产品。

（4）以特定行政区域或者特定行业的业绩、奖项作为加分条件或者中标、成交条件。

（5）对供应商采取不同的资格审查或者评审标准。

（6）限定或者指定特定的专利、商标、品牌或者供应商。

（7）非法限定供应商的所有制形式、组织形式或者所在地。

（8）以其他不合理条件限制或者排斥潜在供应商。

8-56 什么项目采购需求需要公开征求意见？

答：政府向社会公众提供的服务项目。

8-57 政府采购项目信息公开包括什么内容？

答：除涉及国家秘密、供应商的商业秘密，以及法律、行政法规规定应予保密的政府采购信息以外，下列政府采购信息必须公开：

（1）有关政府采购的法律、法规、规章和其他规范性文件。

（2）省级以上人民政府公布的集中采购目录、政府采购限额标准和公开招标数额标准。

（3）政府采购招标业务代理机构名录。

（4）招标投标信息，包括公开招标公告、邀请招标资格预审公告、中标公告、成交结果及其更正事项等。

（5）财政部门受理政府采购投诉的联系方式及投诉处理决定。

（6）财政部门对集中采购机构的考核结果。

（7）采购代理机构、供应商不良行为记录名单。

（8）法律、法规和规章规定应当公告的其他政府采购信息。

8-58 什么是联合体投标？

答：两个以上的自然人、法人或者其他组织可以组成一个联合体，以一个供应商的身份共同参加政府采购。以联合体形式进行政府采购的，参加联合体的供应商均应当具备《政府采购法》第二十二条规定的条件，并应当向采购人提交联合协议，载明联合体各方承担的工作和义务。

8-59 联合体投标中标后应当各方共同与采购人签订采购合同，对不对？

答：对。联合体各方应当共同与采购人签订采购合同，就采购合同约定的事项对采购人承担连带责任。

8-60 采购文件中未注明是否接受联合体投标时怎么办？

答：采购人或者采购代理机构应当根据采购项目的实施要求，在招标公告、资格预审公告或者投标邀请书中载明是否接受联合体投标。如未载明，不得拒绝联合体投标。

8-61 使用国际组织和外国政府贷款如何进行政府采购？

答：贷款方、资金提供方与中方达成的协议对采购具体条件另有规定的，可以适用其规定，但不得损害国家利益和社会公共利益。

8-62 属于集中采购目录内品目在金额标准以下的采购项目是否必须执行政府采购？

答：集中采购目录文件包括：集中采购目录（含品目名称、金额标准）、限额标准、公开招标数额标准等内容。

品目名称在集中采购目录内、采购预算金额在金额标准上的，集中采购；品目名称在集中采购目录外、采购预算金额在限额标准上的，分散采购；品目名称在集中采购目录内、采购预算金额在金额标准下以及品目名称在集中采购目录外、采购预算金额在限额标准下的，自行采购；基建类项目、招标投标环节适用于《招标投标法》，代理机构代理招标，进入当地市级公共资源交易中心交易，由项目所在地公共资源交易监督管理部门监管。

8-63 公开招标项目采购人拟采用非招标方式（非单一来源），如何办理手续？

答：达到公开招标数额标准的采购项目，采购人需要采用公开招标以外采购方式的，应当在采购活动开始前，由主管预算单位向财政主管部门提交申请报告和单位内部会商意见，申报变更政府采购方式。

8-64 外省级采购人驻某省直辖市，其政府采购限额执行什么标准？

答：应为所在省级标准。

8-65 服务类项目采购服务限期最长几年？

答：采购需求具有相对固定性、延续性且价格变化幅度小的服务项目，在年度预算能保障的前提下，采购人可以签订不超过三年履行期限的政府采购合同。

8-66 如何续签物业采购合同？

答：采购人可以签订不超过三年履行期限的物业政府采购合同。采购人通过财政一体化信息管理系统申报采购计划，并书面向主管部门提出申请并出具原采购文件及合同，主管部门审核后，采购人可直接续签第二年、第三年物业采购合同。

8-67 服务类项目续签合同是否要公告？

答：要。服务类项目续签合同后，预算单位要进行合同公告。

8-68 如何发挥政府采购的政策功能？

答：采购人和财政部门应当根据国家的经济和社会发展政策，通过制定采购需求标准、预留采购份额、价格评审优惠、优先采购等措施，实现节约能源、保护环境、扶持不发达地区和少数民族地区、促进中小企业发展等目标。

8-69 省属高校科研院所采购进口科研仪器设备如何办理？

答：省属高校科研院所进口科研仪器设备实行备案制，应按规定做好专家论证工作，参与论证的专家可自行选定，专家论证意见随采购文件存档备查。定期将进口科研仪器设备情况向采购处进行备案。

8-70 省属高校科研院所科研仪器设备变更采购方式审批须提供什么材料？

答：省属高校科研院所科研仪器设备变更采购方式审批须提供主管预算单位的申请公文，可不再提供单位内部会商意见，其单位内部会商意见随采购文件存档备查。

8-71 省属高校科研院所仪器设备采购项目专家如何选取？

答：省属高校科研院所科研仪器设备采购，可在政府采购评审专家库外自行选择评审专家，自行选择评审专家与供应商有利害关系的应回避，中标或成交公告中应对自行选择评审专家进行标注。

8-72 什么是涉密项目？

答：涉密项目是指采购人使用财政性资金采购集中采购目录以内或采购限额标准以上的货物、工程和服务项目等。因采购对象、渠道、用途等涉及国家秘密，需要在采购过程中控制国家秘密的知悉范围，并采取保密措施的采购活动。

8-73 涉密项目如何认定？

答：采购人在定密权限内，报本单位保密委员会审核同意。采购人没有定密权的，报请有相关定密权限的上级机关、单位确定；没有上级机关、单位的，提请有相关定密权限的业务主管部门或保密行政管理部门。

8-74 涉密项目能否委托社会代理机构采购？

答：不能。

8-75 含有涉密内容的政府采购项目如何采购？

答：采购代理机构在执行采购前，发现项目有涉密内容的，应及时告知采购人实行分包采购，对于涉密内容的部分，在采购前应获得采购主管部门批准，由采购人按照保密规定委托具有保密资质的采购代理机构或自行组织采购，其他部分按正常政府采购程序进行。

8-76 政府采购活动中关于"样品"有何规定？

答：采购人、采购代理机构一般不得要求投标人提供样品，仅凭书面方式不能准确描述采购需求或者需要对样品进行主观判断以确认是否满足采购需求等特殊情况除外。

要求投标人提供样品的，应当在招标文件中明确规定样品制作的标准和要求、是否需要随样品提交相关检测报告、样品的评审方法以及评审标准。需要随样品提交检测报告的，还应当规定检测机构的要求、检测内容等。采购活动结束后，对于未中标人提供的样品，应当及时退还或者经未中标人同意后自行处理；对于中标人提供的样品，应当按照招标文件的规定进行保管、封存，并作为履约验收的参考。

8-77 在货物采购项目中，供应商提供的货物既有小微企业制造货物，也有中型企业制造货物的，是否享受小微企业扶持政策？

答：在货物采购项目中，供应商提供的货物既有中型企业制造，也有小微企业制造的，不享受《政府采购促进中小企业发展管理办法》规定的小微企业扶持政策。

8-78 对于200万元以下的货物和服务采购项目、400万元以下的工程采购项目，适宜由中小企业提供的，联合体是否享受对中小企业的预留份额政策？

答：联合体参与政府采购项目的，联合体各方所提供货物、工程、服务均为中小企业制造、承建、承接的，联合体视同中小企业，享受对中小企业的预留份额政策；联合体各方提供货物、工程、服务均为小微企业制造、承建、承接的，联合体视同小微企业，享受对小微企业的预留份额政策。

8-79 在未预留份额专门面向中小企业的货物采购项目中，小微供应商提供的货物既有中型企业制造的，也有小微企业制造的，是否予以6%~10%的价格扣除？如扣除，那么是整体报价予以扣除，还是针对小微企业制造货物的报价部分予以扣除？

答：如果问题中所述货物采购项目含有多个采购标的，只有当供应商提供的每个标的均由小微企业制造，才能享受6%~10%的价格扣除政策。如果小微供应商提供的货物既有中型企业制造的，也有小微企业制造的，不享受价格扣除相关政策。

8-80 专门面向中小企业采购的采购项目或者采购包，是否还需执行价格评审优惠的扶持政策？如需的话，中型企业是否享受价格扣除？

答：专门面向中小企业采购的项目或者采购包，不再执行价格评审优惠的扶持政策。

8-81 是否只要供应商出具《中小企业声明函》，即可在政府采购活动中享受《政府采购促进中小企业发展管理办法》规定的中小企业扶持政策？

答：符合《政府采购促进中小企业发展管理办法》规定条件的供应商只要出具《中小企业声明函》，即可在政府采购活动中享受相关扶持政策，任何单位和个人不得要求供应商提供声明函之外的中小企业身份证明文件。

8-82 对于既有货物又有服务的采购项目，应当如何判断供应商是否属于中小企业？

答：采购人应当根据政府采购有关规定和采购项目的实际情况，确定拟采购项目是货物、工程还是服务项目。享受中小企业扶持政策的供应商应当满足下列条件：在货物采购项目中，货物应当由中小企业制造，不对其中涉及的服务的承接商作出要求；在工程采购项目中，工程应当由中小企业承建，不对其中涉及的货物的制造商和服务的承接商作出要求；在服务采购项目中，服务的承接商应当为中小企业，不对其中涉及的货物的制造商作出要求。

8-83 残疾人福利性单位参与政府采购活动如何享受《政府采购促进中小企业发展管理办法》规定的相关扶持政策？

答：关于残疾人福利性单位享受政府采购支持中小企业有关措施的问题，财政部正在研究完善与《政府采购促进中小企业发展管理办法》的衔接措施，在相关文件印发前，仍按照《关于促进残疾人就业政府采购政策的通知》（财库〔2017〕141号）有关规定执行。

8-84 符合中小企业划分标准的个体工商户、事业单位、社会组织等非企业单位是否符合中小企业的认定？

答：符合中小企业划分标准的个体工商户，在政府采购活动中视同中小企业，享受中小企业相关扶持政策。事业单位、社会组织等非企业单位不享受中小企业相关扶持政策。

8-85 采用招标方式采购的货物和服务，采购人拟派的纪检监督人员是否可以作为采购人代表进入评标现场？

答：采用招标方式采购的政府采购货物服务项目，除采购人代表、评标现场组织人员外，采购人的其他工作人员以及与评标工作无关的人员不得进入评标现场。

8-86 能否将项目设置成专门面向小微企业采购？

答：可以。

8-87 同品牌多家代理在评标中如何认定？

答：采用最低评标价法的采购项目，提供相同品牌产品的不同投标人参加同一合同项下投标的，以其中通过资格审查、符合性审查且报价最低的参加评标；报价相同的，由采购人或者采购人委托评标委员会按照招标文件规定的方式确定一个参加评标的投标人，招标文件未规定的，采取随机抽取方式确定，其他投标无效。

使用综合评分法的采购项目，提供相同品牌产品且通过资格审查、符合性审查的不同投标人参加同一合同项下投标的，按一家投标人计算，评审后得分最高的同品牌供应商获得中标候选人推荐资格；评审得分相同的，由采购人或者采购人委托评标委员会按照招标文件规定的方式确定一个投标人获得中标人推荐资格，招标文件未规定的采取随机抽取方式确定，其他同品牌投标人不作为中标候选人。

非单一产品采购项目，采购人应当根据采购项目技术构成、产品价格比重等合理确定核心产品，并在招标文件中载明。多家投标人提供的核心产品品牌相同的，按前两款规定处理。

8-88　公开招标项目投标人不到三家时如何处理？

答：公开招标数额标准以上的采购项目，投标截止后投标人不足3家或者通过资格审查或符合性审查的投标人不足3家的，除采购任务取消情形外，按照以下方式处理：

招标文件存在不合理条款或者招标程序不符合规定的，采购人、采购代理机构改正后依法重新招标。

招标文件没有不合理条款、招标程序符合规定，需要采用其他采购方式采购的，采购人应当依法报采购处批准。

8-89　竞争性谈判采购方式如何变更为单一来源？

答：单一来源只能是从唯一供应商处购得的。公开招标标准下的非招标方式的选择是由采购人自行确定的，即：询价、竞争性谈判、竞争性磋商、单一来源等采购方式都是由单位自行确定的，只不过单一来源需要提前办理相关手续。

8-90　工程量清单中出现漏项需要走哪些流程进行变更？

答：只能增加10%。应向主管部门去函申请，说明原因，申请不超过原合同金额10%的补充合同。前提是：该任务书未办结而且其剩余资金大于等于补充合同金额。

8-91　分散采购项目，如果事先在招标文件中约定的话，能否在服务期满后考核合格的情况下续签一年合同？

答：服务类项目可以，服务期限累计最长不超过3年。

8-92　单位采购进口仪器报批手续如何办理？

答：科研设备进口审批是备案，一般设备需要主管部门审批，需要采购人提供内部会商、专家论证意见等资料。

8-93　采购单位招标完成签订合同后，又与对方再签补充协议，这个做法有无问题？

答：不能违反采购文件要求和投标承诺。

8-94　服务类合同想增加保安数量，不超过合同总价的10%，是否可行？

答：续签合同除政策性调整外，内容、金额不能变化。续签后可以根据实际情况再申请补充，调整合同内容。

8-95　补充采购合同的金额上限是多少？

答：10%

8-96 政府采购合同及补充采购合同应采用何种形式？

答：书面形式。

8-97 竞争性磋商采购操作中，一个项目分多个包别，可以约定一个供应商可以投多个包，但只能中一个包吗？

答：可以。

8-98 非政府采购项目采购公告可以在自己单位发吗？

答：可以。

8-99 竞争性谈判中谈判文件若需要且有实质性变动时，应如何处理？

答：应及早通知所有的供应商使它们有平等的机会进行最后的报价。

8-100 成交供应商无正当理由不与采购人签订合同或拒绝履行合同义务，将导致什么后果？

答：成交供应商将被责令限期改正，情节严重的，列入不良行为记录名单，在1~3年内禁止参加政府采购活动，并予以通报。

8-101 中标（成交）结果何时公告？

答：自中标（成交）供应商确定之日起2个工作日内，在指定媒体公告中标（成交）结果，采购文件应当随中标（成交）结果同时公告，公告期限为1个工作日。

8-102 中标（成交）结果公告内容包括哪些？

答：中标（成交）结果公告内容应当包括采购人及其委托的采购代理机构的名称、地址、联系方式，项目名称和项目编号，中标（成交）供应商名称、地址和中标金额，主要中标标的的名称、规格型号、数量、单价、服务要求，中标公告期限以及评审专家名单。

8-103 何时向中标供应商发放中标（成交）通知书？

答：在公告中标（成交）结果的同时，采购代理机构向中标（成交）供应商发出中标（成交）通知书。

8-104 评标结束后什么时候可以领取中标（成交）供应商的投标文件？

答：中标（成交）结果公告发布后，采购代理机构向采购人办理资料移交，移交资料包括：采购文件、评标报告、中标（成交）供应商的投标文件（纸质或电子版)、采购结果联系函。

8-105 采购代理机构应在评标（或评审）结束后几个工作日内将评标（或评审）报告送达采购人？

答：2个工作日内。

8-106 采购人何时应当与中标（成交）供应商签订政府采购合同？

答：采购人应当自中标（成交）通知书发出之日起30日内，按照采购文件和中标（成交）供应商投标文件的规定，与中标（成交）供应商签订书面合同。

8-107 什么情形下采购人可与中标候选供应商而不是和中标供应商签订政府采购合同？

答：中标供应商因不可抗力或自身原因不能履行政府采购合同的，采购人可与排位在中标供应商之后第一位的中标候选供应商签订政府采购合同，以此类推。

8-108 签订合同有无具体要求？

答：所签订的合同不得对招标文件确定的事项和中标（成交）供应商投标文件作实质性修改。采购人不得向中标（成交）供应商提出任何不合理的要求作为签订合同的条件。采购人与中标（成交）供应商应按采购文件规定签订合同，中标金额、设备清单、付款方式、质保期等实质性内容应和采购文件、中标（成交）供应商的投标文件的内容相一致。

8-109 政府采购合同包括哪些内容？

答：政府采购合同应当包括采购人与中标（成交）供应商的名称和住所、标的、数量、质量、价款或者报酬、履行期限及地点和方式、验收要求、违约责任、解决争议的方法等内容。

8-110 评标报告如何审签？

答：采购代理机构应当在评标结束后2个工作日内将评标报告送采购人。

采购人应当自收到评标报告之日起5个工作日内，在评标报告确定的中标候选人名单中按顺序确定中标人。中标候选人并列的，由采购人或者采购人委托评标委员会按照招标文件规定的方式确定中标人；招标文件未规定的，采取随机抽取的方式确定。

采购人自行组织招标的，应当在评标结束后5个工作日内确定中标人。

8-111 采购人在收到评标报告5个工作日内未按评标报告推荐的中标候选人顺序确定中标人，如何处理？

答：采购人在收到评标报告5个工作日内未按评标报告推荐的中标候选人顺序确定中标人，又不能说明合法理由的，视同按评标报告推荐的顺序确定排名第一的中标候选人为中标人。

8-112 政府采购项目采用非招标方式，是不是都需要财政部门审批？

答：如果达到公开招标数额标准的货物、服务采购项目，拟采用非招标采购方式的，采购人应当在采购活动开始前，报经主管预算单位同意后，向设区的市、自治州以上人民政府财政部门申请批准。

8-113 磋商小组中的采购人代表不同意评审结果，不签字怎么办？

答：对评审报告有异议的磋商小组成员，应当在报告上签署不同意见并说明理由，由磋商小组书面记录相关情况。磋商小组成员拒绝在报告上签字又不书面说明其不同意见和理由的，视为同意评审报告。

8-114 货物采购可以签订履行期限不超过三年的政府采购合同吗？

答：不可以。对于"一次采购，三年沿用"的操作方式，只针对内容相对固定、连续性强、经费来源稳定、价格变化幅度小的政府购买服务项目，对于这类项目，在年度预算能保障的前提下，采购人可以签订履行期限不超过三年的政府购买服务合同。

8-115 工会的采购事项属于政府采购吗？

答：工会属于人民团体，是"团体组织"的一种，其所有资金也按照"收支两条线"纳入预算管理，属于财政性资金，如果采购标的在集中采购目录内或者采购预算达到限额标准以上，就应当适用《政府采购法》及其实施条例，不符合则应该按照内控制度采购。

8-116 服务项目中，相关人员的学历证书可以作为加分项吗？

答：可以，但设定的前提是应当与投标人所提供服务质量相关，例如服务水平、履约能力等。如果与合同的履约没有关系，那么就不能设定。

8-117 公开招标项目开标前一天能否对招标文件进行修改？

答：可以。修改后应当在原公告发布媒体上发布澄清公告，同时修改的内容可能影响投标文件编制的，采购人或者采购代理机构应当以书面形式通知所有获取招标文件的潜在投标人，并顺延提交投标文件的截止时间15日以上。需要注意的是，修改的内容不得改变采购标的和资格条件，如需修改上述内容，则不能通过澄清或更正方式进行操作，应当重新组织采购活动。

8-118　所采购设备的配件为进口产品，还需要做进口产品论证吗？

答：是否做进口产品论证与配件无直接关系，要看采购的产品是否属于进口产品，如果是采购通过中国海关报关验放进入中国境内且产自关境外的产品，那么就应当进行进口产品论证，如果仅仅是配件属于进口产品，而设备不属于，那么不需要做进口产品论证。

8-119　供应商可以对质疑答复内容提出质疑吗？

答：不可以。如果是质疑供应商的话，当对采购人、采购代理机构的答复不满意，可以在答复期满后15个工作日内依法向财政部门提起投诉。如果是参与项目的其他供应商，法定质疑的内容为使自己的权益受到损害的采购文件、采购过程、中标或者成交结果，不包含代理机构的质疑答复。如果非质疑供应商不认可采购人、采购代理机构的质疑答复内容，可以依法对该采购流程提出质疑。

8-120　如何理解最高限价？最高限价是高于预算，还是低于预算？

答：最高限价是在预算金额之内设定一个价格，是低于预算金额的。

8-121　在工作日下午发布招标公告算不算一个工作日？

答：不算。应该从次日开始算起，如次日不属于工作日，那么应该顺延至最近的工作日开始计算。

8-122　招标文件中能否把"需获得生产厂家授权"设定为实质性条款？

答：虽然《政府采购货物和服务招标投标管理办法》（财政部令第87号）中只是规定不得将除进口货物以外的生产厂家授权设定为资格要求，但将生产厂家的授权作为实质性条款，与作为资格要求并无太大差别，因为供应商投标文件不符合实质性条款的，其投标依然无效。因此，除进口货物以外的生产厂商授权不能作为招标文件的实质性要求。

8-123　所有采购方式都可以组织资格预审吗？

答：实践中，很多人认为资格预审只适用于邀请招标，这是一种误解。《政府采购法实施条例》明确了所有采购方式都可以组织资格预审。

8-124　评标委员会成员对评审报告有异议怎么办？

答：对评审报告有异议，评标委员会成员应当在评审报告上签署不同意见，并说明理由。

8-125　招标文件中要求采购进口设备，但某供应商投标的是国产设备，该投标有效吗？

答：有效。财政部《关于政府采购进口产品管理有关问题的通知》（财办库〔2008〕248号）中明确，财政部门审核同意购买进口产品的，应当在采购文件中明确规定可以采购进口产品，但如果因信息不对称等原因，仍有满足需求的国内产品要求参与采购竞争的，采购人及其委托的采购代理机构不得对其加以限制，应当按照公平竞争原则实施采购。

8-126　询价项目能采用综合评分法进行评审吗？

答：询价项目是从质量和服务均能满足采购文件实质性响应要求的供应商中，按照报价由低到高的顺序确定成交供应商，符合条件的供应商之间对比的是价格，最低价中标，所以不适用综合评分法。

8-127　供应商没有重大违法记录需要哪个部门出具证明？

答：供应商参加政府采购活动不需要开具无重大违法记录的证明，只需要提交没有重大违法记录的书面声明即可。

8-128　单一来源采购项目，还需要公开采购意向吗？

答：单一来源采购项目也需要公开采购意向。除以协议供货、定点采购方式实施的小额零星采购和由集中采购机构统一组织的批量集中采购外，按项目实施的集中采购目录以内或者采购限额标准以上的货物、工程、服务采购均应当公开采购意向。

8-129　竞争性磋商项目中一定要设置磋商环节吗？能否规定第一轮磋商报价就是最终环节？

答：不可以，竞争性磋商必须有磋商这道程序。首先，《政府采购竞争性磋商采购方式管理暂行办法》（财库〔2014〕214号）明确，磋商小组所有成员应当集中与单一供应商分别进行磋商，并给予所有参加磋商的供应商平等的磋商机会。其次，适用于竞争性磋商方式的五种项目情形都较为特殊，大部分都是需要多轮磋商讨论后才能确认最为合适的供应商。

8-130　政府采购项目中，录音录像资料应保存多长时间？

答：音像资料应作为采购文件一并存档，所以应当由采购人、采购代理机构进行保存，保存期限为从采购结束之日起至少保存15年。

8-131 未中标供应商有权查看自己的扣分明细吗？

答：未中标供应商无权查看自己的扣分明细。首先，在《政府采购货物和服务招标投标管理办法》（财政部令第87号）第六十九条中明确，通过招标方式采用综合评分法评审的货物或服务项目，应当告知未中标人本人的评审得分与排序；其次，根据财政部发布的政府采购信息公告（第一千三百三十五号）中，投诉供应商提出的其中一个投诉事项"代理机构未告知其评审总得分及分项得分"并没有经财政部全部通过，财政部判定的结果为"部分成立"，要求告知未中标人本人的评审得分与排序，没有要求提供分项得分。

8-132 进口产品论证专家组中的产品技术专家，应具备哪些条件？

答：专家组中的产品技术专家应当非常熟悉需采购的进口产品，且不属于采购人单位。要注意的是，参与论证的专家组成员不得作为采购人代表参与采购该进口产品的评审。

8-133 评标过程中评审专家可以打电话吗？

答：在评审工作开始前，评审委员会成员应当将手机等通信工具或相关电子设备交由采购人或采购代理机构统一保管，一般在评审纪律中都会明确评审过程中不能随意通信，但如果确有急事，可以根据现场评审纪律中规定的要求进行操作。

8-134 哪些政府采购项目的验收结果必须公告？

答：现行政府采购法律中，有四处提到验收结果应当公告的政府采购项目类型，全部都是政府向社会公众提供的公共服务项目，所以目前只有政府向社会公众提供的公共服务项目的验收结果应当于验收结束之日起2个工作日内向社会公告。其他项目可以根据采购人的需求进行公告。

8-135 服务类项目一定要收取履约保证金吗？

答：不是必需的，如果需要采购人或采购代理机构应在采购文件中明确提交方式和金额，如果不需要也是可以的。

8-136 询价采购项目中，可以要求供应商提供样品吗？

答：询价采购不宜让供应商提供样品。因为询价采购的适用条件是，货物规格标准统一，现货货源充足，且价格变化幅度小的政府采购项目，再让供应商提供样品，从情理上说不过去。

8-137　采购需求中设定业绩作为加分项，对数量有要求吗？

答：业绩作为评审项的话，是没有数量要求的；但如果作为资格条件的话，要求供应商提供的同类业务合同一般不超过2个，并明确同类业务的具体范围。要注意的是，提出的要求要与采购标的的功能、质量和供应商履约能力直接相关，且属于履行合同必需的条件，不能以特定行政区域、特定行业或特定合同金额业绩作为资格条件。

8-138　常见格式文本中有"除不可抗力因素外"，不可抗力指的是什么？

答：根据《民法典》第一百八十条，因不可抗力不能履行民事义务的，不承担民事责任。法律另有规定的，依照其规定。不可抗力是不能预见、不能避免且不能克服的客观情况。

8-139　谈判环节是竞争性谈判项目的必需环节吗？

答：是的。法律依据为《政府采购非招标采购方式管理办法》（财政部令第74号）第三十一条，谈判小组所有成员应当集中与单一供应商分别进行谈判，并给予所有参加谈判的供应商平等的谈判机会。

8-140　采购人认为所有采购需求都不允许偏离，能否不标注核心产品，或者全部设定为核心产品？

答：只要是非单一产品的货物或服务采购项目，必须标明核心产品，核心产品不建议设置过多，一两个就好，设置过多很容易导致满足条件的供应商不足三家而废标（因为大概率会出现相同品牌的情形）。

8-141　竞争性谈判项目可以采用综合评分法吗？

答：不可以。在采用竞争性谈判方式采购的项目中，谈判小组应当从质量和服务均能满足采购文件实质性响应要求的供应商中，按照最后报价由低到高的顺序提出3名以上成交候选人，并编写评审报告。

8-142　中标公告和发放中标通知书的时间必须一致吗？

答：中标公告和中标通知书发放应是同一时间。

8-143　采购单位对招标结果不满意，可以废标吗？

答：不可以。《政府采购法实施条例》第四十三条第一款规定，采购代理机构应当自评审结束之日起2个工作日内将评审报告送交采购人。采购人应当自收到评审报告之日起5个工作日内在评审报告推荐的中标或者成交候选人中按顺序确定中标或者成交供应商。也就是说，采购人只能按顺序确定中标或成交供应商，不能通过自己的意愿自由选择，不能想废标就废标。

8-144 联合体投标，资格预审通过后联合体还可以变更吗？

答：根据《政府采购法实施条例》第二十二条的规定，以联合体形式参加政府采购活动的，联合体各方不得再单独参加或者与其他供应商另外组成联合体参加同一合同项下的政府采购活动。资格预审通过后，联合体已正式参加了政府采购活动，因此，联合体不可以变更了。

8-145 投标供应商可以质疑自己吗？

答：不可以，质疑的目的是维护自身正当权益不受侵害。2018年11月27日，财政部发布第687号政府采购投诉处理决定，驳回了一家供应商的投诉，该供应商在质疑环节质疑的对象是自己，说自己的投标文件不响应实质要求。由此可见监管部门并不支持自爆式质疑。

8-146 联合体中的某一个成员在参加政府采购活动前三年内，在经营活动中有重大违法记录，该联合体能否参加投标？

答：不可以。以联合体形式进行政府采购的，参加联合体的供应商在参加政府采购活动前三年内，在经营活动中均应当没有重大违法记录，如果其中某一成员有此事项，该联合体不能参加政府采购项目。

8-147 没有达到采购限额标准的工程类或服务类项目可以采用询价方式采购吗？

答：不可以，询价方式只适用于货物项目，不适用于工程和服务项目。

8-148 公开招标项目可以在非工作日开标吗？

答：可以。现行法规中并无规定不允许将开标或提交投标文件的时间安排在非工作日，因此，采购人根据项目的具体特点和实际需要，将投标截止时间或提交投标文件的截止时间安排在国家法定节假日也是可以的。

8-149 采购人、采购代理机构需要保存未中标供应商的投标文件吗？

答：需要，未中标供应商的投标文件也属于采购文件的一部分，应当由采购人、采购代理机构进行保存，保存期限为从采购结束之日起至少保存15年。

8-150 项目的整体设计和监理可以由同一个供应商提供吗？

答：同一供应商可以同时承担项目的整体设计、规范编制和项目管理、监理、检测等服务。

8-151 公开招标项目中，供应商取得专利的数量能否设定为实质性条款？

答：不可以。采购文件中的实质性条款有"一票否决权"，虽然专利的数量从一定程度上可以反映出该供应商的综合实力，但不能直接证明其完成采购需求的必然性，如此设定涉嫌对供应商实行差别待遇或歧视待遇。

8-152 供应商可以通过电话形式询问吗？代理机构是否必须答复？

答：在实际操作中，询问及答复既可以采取信函、电子邮件、传真等书面形式，也可以采取电话、面谈等口头方式。

采购人或者采购代理机构应当在3个工作日内对供应商依法提出的询问作出答复。这里要注意的是，并不是供应商的任何询问，采购人或采购代理机构都必须作出答复。例如，如果供应商询问的是评标委员会成员的具体评分情况等依法应当保密的内容，或者是其他投标人投标文件中的商业秘密等内容，采购人或采购代理机构就应依法不予答复。当然，即使供应商询问的是不合理甚至不合法问题，采购人或采购代理机构也应当在三个工作日内耐心、细致地说明不予答复的理由和依据。

8-153 应急抢险维修工程项目可以不走政府采购程序吗？

答：如果是紧急情况下实施的应急抢险维修工程项目，可以不按《政府采购法》规定的采购程序进行；如果还未出现险情，只是为防患于未然，且是使用财政性资金、在采购限额标准以上的应急维修工程项目，就须按照《政府采购法》规定的采购程序实施采购。

8-154 采购文件中能否要求供应商的报价不得低于市场平均价？

答：不可以。这种要求相当于给采购项目设定了最低限价，属于违法行为。

8-155 供应商发起了投诉程序，采购活动需要暂停吗？

答：要看政府采购监督管理部门是否要求该采购项目暂停。如无要求，采购活动则不需要暂停。

8-156 涉及内容制作和相关服务的政府采购项目，如何确定项目属性？

答：先按《政府采购品目分类目录》来确定，如果无法确定，按照有利于采购项目实施的原则确定。

8-157 对采购需求进行论证的专家，可以由采购人自行选定吗？

答：对采购需求进行专家论证不是强制性规定，必要时可以由采购人自行选定。

8-158　投标文件中报价部分大小写不一致时，如何进行认定？

答：按照《政府采购货物和服务招标投标管理办法》（财政部令第87号）第五十九条的规定，投标文件报价出现前后不一致的，除招标文件另有规定外，按照下列规定修正：

（1）投标文件中开标一览表（报价表）内容与投标文件中相应内容不一致的，以开标一览表（报价表）为准。

（2）大写金额和小写金额不一致的，以大写金额为准。

（3）单价金额小数点或者百分比有明显错位的，以开标一览表的总价为准，并修改单价。

（4）总价金额与按单价汇总金额不一致的，以单价金额计算结果为准。同时出现两种以上不一致的，按照上述规定的顺序修正。

修正后的报价按照《政府采购货物和服务招标投标管理办法》（财政部令第87号）第五十一条第二款的规定经投标人确认后产生约束力，投标人不确认的，其投标无效。

8-159　磋商小组中的采购人代表不同意评审结果，不签字怎么办？

答：对评审报告有异议的磋商小组成员，应当在报告上签署不同意见并说明理由，由磋商小组书面记录相关情况。磋商小组成员拒绝在报告上签字又不书面说明其不同意见和理由的，视为同意评审报告。

8-160　投标产品的市场占有率可以作为评审因素吗？

答：市场占有率与供应商的营业收入等规模条件有密切关系，因此不能作为评审因素。

8-161　哪些供应商库需要被清理？

答：可以根据《关于开展政府采购备选库、名录库、资格库专项清理的通知》（财办库〔2021〕14号）中规定的清理范围进行判定：除小额零星采购适用的协议供货、定点采购外，对于政府采购限额标准以上或集中采购目录以内的采购项目，通过入围等方式设置的、作为参加政府采购活动资格条件的各类备选库、名录库、资格库等供应商库。

8-162　政府采购进口产品可以指定品牌吗？

答：不可以，政府采购项目均不可以指定品牌。

第四节 质疑和投诉

8-163 政府采购的质疑何时提出与答复？

答：供应商认为采购文件、采购过程、中标或者成交结果使自己的权益受到损害的，在知道或者应知其权益受到损害之日起7个工作日内，以书面形式向采购人、采购代理机构提出质疑。

采购人、采购代理机构不得拒收质疑供应商在法定质疑期内发出的质疑函，应当在收到质疑函后7个工作日内作出答复，并以书面形式通知质疑供应商和其他有关供应商。

8-164 某采购项目A供应商在前期对采购文件提出质疑，采购人答复质疑不成立，开标当天发现这家供应商在网上报名了，开标环节未参与，评审结束后A供应商对中标供应商提出质疑，A供应商质疑符合财政部令第94号第十一条的要求吗？代理机构应该受理质疑吗？

答：根据《政府采购质疑和投诉办法》（财政部令第94号）第十条、第十一条的规定，对采购结果提出质疑的，供应商应当参与所质疑项目的采购活动。A供应商开标环节未参与，视为未参与该项目投标活动，不具备对采购结果进行质疑投诉的资格。代理机构不应受理A供应商质疑。

8-165 采购人、采购代理机构认为供应商质疑不成立，或者成立但对中标、成交结果不构成影响的，如何处理？

答：继续开展采购活动。

8-166 采购人、采购代理机构认为供应商质疑成立且影响或者可能影响中标、成交结果的，如何处理？

答：（1）对采购文件提出的质疑，依法通过澄清或者修改可以继续开展采购活动的，澄清或者修改采购文件后继续开展采购活动；否则应当修改采购文件后重新开展采购活动。

（2）对采购过程、中标或者成交结果提出的质疑，合格供应商符合法定数量时，可以从合格的中标或者成交候选人中另行确定中标、成交供应商的，应当依法另行确定中标、成交供应商；否则应当重新开展采购活动。

8-167 质疑答复导致中标、成交结果改变的，采购人或者采购代理机构如何处理？

答：应当将有关情况书面报告本级财政部门。

8-168 政府采购投诉由谁提出，又由谁答复？

答：（1）政府采购投诉的提出：质疑供应商对采购人、采购代理机构的答复不满意，或者采购人、采购代理机构未在规定时间内作出答复的，可以在答复期满后15个工作日内向财政部门提起投诉。以联合体形式参加政府采购活动的，其投诉应当由组成联合体的所有供应商共同提出。

（2）政府采购投诉的答复：供应商投诉按照采购人所属预算级次，由本级财政部门处理。跨区域联合采购项目的投诉，采购人所属预算级次相同的，由采购文件事先约定的财政部门负责处理，事先未约定的，由最先收到投诉的财政部门负责处理；采购人所属预算级次不同的，由预算级次最高的财政部门负责处理。

财政部门应当自收到投诉之日起30个工作日内，对投诉事项作出处理决定。

8-169 财政部门受理投诉后几个工作日内向被投诉人和其他与投诉事项有关的当事人发出投诉答复通知书及投诉书副本？

答：财政部门受理投诉后8个工作日内向被投诉人和其他与投诉事项有关的当事人发出投诉答复通知书及投诉书副本。

8-170 被投诉人和其他与投诉事项有关的当事人在收到投诉答复通知书及投诉书副本后如何处理？

答：被投诉人和其他与投诉事项有关的当事人在收到投诉答复通知书及投诉书副本之日起5个工作日内，以书面形式向财政部门作出说明，并提交相关证据、依据和其他有关材料。被投诉人未按照投诉答复通知书要求提交相关证据的，视同其放弃说明权利，依法承担不利后果。

8-171 应当由投诉人承担举证责任的投诉事项，投诉人未提供相关证据的，如何处理？

答：视为该投诉事项不成立。

8-172 经认定成立的投诉事项不影响采购结果的，如何处理？

答：继续开展采购活动。

8-173 经认定成立的投诉事项影响或者可能影响采购结果的，财政部门如何处理？

答：（1）未确定中标或者成交供应商的，责令重新开展采购活动。

（2）已确定中标或者成交供应商但尚未签订政府采购合同的，认定中标或者成交结果无效，责令重新开展采购活动。

（3）政府采购合同已经签订但尚未履行的，撤销合同，责令重新开展采购活动。

（4）政府采购合同已经履行，给他人造成损失的，相关当事人可依法提起诉讼，由责任人承担赔偿责任。

8-174　投诉人有哪些行为将由财政部门列入不良行为记录名单，禁止参加政府采购活动？

答：投诉人有下列行为之一的，属于虚假、恶意投诉，由财政部门列入不良行为记录名单，禁止其1~3年内参加政府采购活动：

（1）捏造事实。

（2）提供虚假材料。

（3）以非法手段取得证明材料。证据来源的合法性存在明显疑问，投诉人无法证明其取得方式合法的，视为以非法手段取得证明材料。

8-175　财政部门处理投诉是否收费？

答：财政部门处理投诉不得向投诉人和被投诉人收取任何费用。但因处理投诉发生的第三方检验、检测、鉴定等费用，由提出申请的供应商先行垫付。投诉处理决定明确双方责任后，按照"谁过错谁负担"的原则由承担责任的一方负担；双方都有责任的，由双方合理分担。

8-176　质疑供应商对采购人、采购代理机构的答复不满意如何处理？

答：质疑供应商可以在答复期满后15个工作日内向同级政府采购监督管理部门投诉。

8-177　投诉供应商对财政部门的答复不满意如何处理？

答：投诉人对政府采购监督管理部门的投诉处理决定不服或者政府采购监督管理部门逾期未作处理的，可以依法申请行政复议或者向人民法院提起行政诉讼。

8-178　政府采购监督管理部门收到投诉后如何处理？

答：政府采购监督管理部门应当在收到投诉后30个工作日内，对投诉事项作出处理决定，并以书面形式通知投诉人和与投诉事项有关的当事人。政府采购监督管理部门在处理投诉事项期间，可以视具体情况书面通知采购人暂停采购活动。

第五节 合同签订

8-179 采购人在中标、成交通知书发出后多少日内与中标、成交供应商签订政府采购合同?

答:采购人与中标、成交供应商应当在中标、成交通知书发出之日起30日内,按照采购文件确定的事项签订政府采购合同。

8-180 采购合同是否要公告?

答:采购人应当自政府采购合同签订之日起2个工作日内,将政府采购合同在指定媒体上公告,但政府采购合同中涉及国家秘密、商业秘密的内容除外。

8-181 采购合同需要包含哪些内容?

答:合同文本应当包含法定必备条款和采购需求的所有内容,包括但不限于标的名称,采购标的质量、数量(规模)、履行时间(期限)、地点和方式,包装方式,价款或者报酬、付款进度安排、资金支付方式、验收、交付标准和方法,质量保修范围和保修期,违约责任与解决争议的方法等。

8-182 服务类项目续签合同能签多长时间?

答:采购文件约定续签合同的,总服务期不超过3年。

8-183 服务类项目续签合同金额如何确定?

答:续签合同金额原则上不超过上年合同金额,不得超过本年采购预算。如因政策性调整造成合同金额增加的,应提供相关政策性调整文件进行说明。

8-184 服务类项目续签合同是否要公告?

答:服务类项目续签合同后,采购人应在规定时间内在指定媒体进行合同公告。

8-185 政府采购变更合同有何规定?

答:政府采购合同履行中,采购人需追加与合同标的相同的货物、工程或者服务的,在不改变合同其他条款的前提下,在原项目资金有结余的情况下,可以与供应商协商签订补充合同,但补充合同金额不得超过原合同金额的百分之十。变更合同造成合同金额增加的,增加的合同金额须录入监管平台,变更合同造成合同金额减少的,减少的合同金额不需录入监管平台。采购人支付合同款后,在财政一体化平台标记合同完成，合同剩余资金收回财政或申请继续使用。

第六节　履约、验收、付款

8-186　履约验收方案需要包含哪些内容？

答：履约验收方案需要包含的内容为履约验收的主体、时间、方式、程序、内容和验收标准等事项。

8-187　履约验收能否委托第三方执行？

答：采购人、采购代理机构可以邀请参加本项目的其他供应商或者第三方专业机构及专家参与验收，相关验收意见作为验收的参考资料。

8-188　采购人在中标或成交供应商提请验收申请多少日内组织验收工作？

答：7个工作日内。

8-189　财政部门对政府采购项目履约验收工作的监督检查有哪些内容？

答：监督检查的内容主要包括：验收方是否制定了政府采购项目履约验收内部控制管理制度；验收方是否开展了采购项目履约验收工作；验收方验收工作是否符合规定程序和要求；验收方对于验收过程中发现的问题是否进行了报告和处理等。

8-190　货物和服务类政府采购项目验收程序是什么？

答：货物和服务类政府采购项目验收程序如下：
（1）成立验收小组，验收人员应由采购人代表和技术专家组成。
（2）验收前要按照合同编制验收程序和验收表格。
（3）验收时双方要按照规定的条件逐项验收。
（4）验收方出具验收报告。
（5）复杂设备的验收还要包括出厂检验、到货检验、安装和调试、最终验收、培训等伴随服务的验收。

8-191　工程类政府采购项目验收程序是什么？

答：工程类政府采购项目验收程序如下：
（1）施工单位向建设单位提交工程竣工报告，申请工程竣工验收。实行监理的工程，工程竣工报告须经总监理工程师签署意见。

（2）建设单位收到工程竣工报告后，对符合竣工验收要求的工程，组织勘察、设计、施工、监理等单位和其他有关方面的专家组成验收组，制定验收方案。

（3）建设单位在工程竣工验收7个工作日前将验收的时间、地点及验收组名单书面通知负责监督该工程的工程质量监督机构。

（4）建设单位组织工程竣工验收并出具验收报告。

8-192　公共服务项目是否需要服务对象参与验收？

答：政府向社会公众提供的公共服务项目，验收时应当邀请服务对象参与并出具意见，验收结果应当向社会公告。

第七节　违规处理

8-193　中标（成交）供应商投标中提供虚假材料如何处理？

答：供应商提供虚假材料谋取中标、成交的，中标（成交）后无正当理由拒不与采购人签订政府采购合同的，将按照《政府采购法》第七十七条第一款规定追究法律责任。

8-194　采购人在履约过程中擅自变更、中止或者终止政府采购合同行为如何处理？

答：采购人在履约过程中有擅自变更、中止或者终止政府采购合同行为的，按照《政府采购法实施条例》第六十七条的规定，由财政部门责令限期改正，给予警告，对直接负责的主管人员和其他直接责任人员依法给予处分，并予以通报。

8-195　采购人隐匿、销毁应当保存的采购文件或者伪造、变造采购文件的，如何处理？

答：由政府采购监督管理部门处以2万元以上10万元以下的罚款，对其直接负责的主管人员和其他直接责任人员依法给予处分；构成犯罪的，依法追究刑事责任。

8-196　采购人对应当实行集中采购的政府采购项目，不委托集中采购机构实行集中采购的，如何处理？

答：由政府采购监督管理部门责令改正；拒不改正的，停止按预算向其支付资金，由其上级行政主管部门或者有关机关依法给予其直接负责的主管人员和其他直接责任人员处分。

第八节　框架协议采购与营商环境

8-197　什么是框架协议采购？和其他采购方式有什么区别？

答：框架协议采购是指集中采购机构或者主管预算单位对技术、服务等标准明确、统一，需要多次重复采购的货物和服务，通过公开征集程序，确定第一阶段入围供应商并订立框架协议，采购人或者服务对象按照框架协议约定规则，在入围供应商范围内确定第二阶段成交供应商并订立采购合同的采购方式。

框架协议采购是《政府采购框架协议采购方式管理暂行办法》（财政部令第110号）确立的第七种采购方式，与过去的六种采购方式（公开招标、邀请招标、竞争性磋商、竞争性谈判、询价、单一来源）相比，框架协议采购具有明显两阶段特征，第一阶段：公开征集程序确定一到多家入围供应商并订立框架协议；第二阶段：在入围供应商范围内确定成交供应商并订立采购合同。其采购标的的特点是技术、服务等标准明确、统一，需要多次重复采购。

8-198　框架协议采购和传统的协议供货、定点采购有什么区别？

答：根据《政府采购框架协议采购方式管理暂行办法》（财政部令第110号）的规定，自2022年3月1日后，框架协议采购作为第七种采购方式正式实施，传统的协议供货、定点采购实现方式将被框架协议采购方式所替代。

协议供货、定点采购是集中采购的实现方式，并不是采购方式，在国家、国务院财政部门层面缺乏法律依据。实践中，协议供货、定点采购的第一阶段（入围阶段）多采用类似征集资格入库的方式确定入围供应商；第二阶段（合同授予阶段）也缺乏明确的程序和规范，多由采购人和供应商对接，大多数供应商得不到合同和真实购买，少数供应商为了获得合同甚至不得不对采购人进行二次"公关"，由此造成市场分割，竞争性不足，异化为供应商资格库，影响公平竞争；有的搞政府采购专供产品，导致采购价格虚高，采购价格远超市场价；还有的在设备采购中以本机低价入围，后续耗材价格却远超市场价格。

8-199　框架协议采购在程序和规范上有哪些特点？

答：框架协议采购在程序和规范上有以下特点：

"两阶段"。框架协议采购分为框架协议订立和合同授予两个阶段。

"两种类别"。框架协议采购分为封闭式框架协议采购和开放式框架协议采购，并分别规定了两种类别的适用情形和程序。封闭式框架协议采购占据主导地位。

"两种评审方法"。确立了封闭式框架协议采购公开征集程序的两种评审方法：

价格优先法和质量优先法。价格优先法是封闭式框架协议采购选择入围供应商的主要方法。

8-200 框架协议采购具体适用情形有哪些？

答：框架协议采购适用情形有：

（1）集中采购目录以内品目，以及与之配套的必要耗材、配件等，采购人需要多频次采购，单笔采购金额没有达到政府采购限额标准的。既包括集中采购机构采购项目中的小额零星采购，也包括纳入部门集中采购范围的本部门、本系统有特殊要求的小额零星采购。

（2）集中采购目录以外、采购限额标准以上，本部门、本系统所需的法律、评估、会计、审计等鉴证咨询服务，采购人需要多频次采购，单笔采购金额没有达到政府采购限额标准的。从前期财政部清理违规设置备选库、名录库、资格库的情况看，采购人在法律、评估、会计、审计等鉴证咨询服务领域订立框架协议的需求比较突出，因此专门将这类服务中的小额零星采购纳入了适用范围。

这属于自采自用的目录外鉴证咨询服务，也要限制框架协议采购方式的适用，主管预算单位能够归集需求形成单一项目采购，通过签订时间、地点、数量不确定的采购合同满足需求的，不能采用框架协议采购方式。

（3）集中采购目录以外、采购限额标准以上，为本部门、本系统以外的服务对象提供服务的政府购买服务项目，为了方便服务对象选择，需要确定多家供应商的。

这属于自采他用的项目。例如，实践中的凭单制政府购买服务，就属于开放式框架协议采购。

（4）国务院财政部门规定的其他情形。今后随着实践的发展，财政部还可以规定其他适用框架协议采购方式的情形。

8-201 框架协议采购和电子商城、电子卖场有什么区别？

答：框架协议采购实行电子化采购，但与电子商城、电子卖场不可混为一谈。实际中，电子商城、电子卖场多没有实际项目需求，采用类似公开招标征集入围供应商或者承诺+审核招揽供应商入驻，形成供应商资格库。而框架协议采购必须先明确具体采购标的，再围绕采购标的进行价格和质量竞争。

8-202 封闭式框架协议采购和开放式框架协议采购有何区别？

答：封闭式框架协议和开放式框架协议都要通过公开征集程序订立，二者的主要区别在于：

一是入围阶段有无竞争。在封闭式框架协议采购中，确定入围供应商必须有竞争和淘汰，淘汰比例一般不低于20%，而且至少要淘汰一家供应商；而在开放式框架协议采购中,供应商提出加入申请后,征集人会对申请文件进行审核,如果供应商符合资格条件,并对征集公告中的框架协议内容和付费标准进行了响应,就可以入围,不存在竞争和淘汰。

二是能否自由加入和退出。在封闭式框架协议有效期内,不能随意增加协议供应商,入围供应商无正当理由不允许退出;而在开放式框架协议有效期内,供应商可以随时申请加入和退出。

8-203 封闭式框架协议采购选择入围供应商的评审规则有哪些?

答:封闭式框架协议采购的入围评审规则是根据框架协议采购的竞争特点来设置的,包括价格优先法和质量优先法。

价格优先法是封闭式框架协议采购选择入围供应商的主要方法。如果产品的质量和服务标准明确、统一,就可以在满足这些要求的基础上,只围绕价格开展竞争,这是国际通行的竞争方法,也是最直接、最公平、使用最普遍的方法,有利于推动明确产品的需求标准。

质量优先法的适用范围是严格限制的,仅适用于两类项目:一是有政府定价或者政府指导价,无法竞价的;二是对功能、性能等质量有特别要求的仪器设备,例如,一些检测、实验设备,主要是为了满足科研需要,鼓励高新技术产品应用,可以在一定限度内减少对价格因素的考虑。使用质量优先法应当在需求调查的基础上,结合需求标准科学确定最高限制单价和质量竞争因素。在第二阶段确定成交供应商时,可以不再竞争价格。

8-204 确定第二阶段成交供应商的方式有几种?

答:确定第二阶段成交供应商的方式有直接选定、二次竞价、顺序轮候三种。以直接选定为主要方式。

直接选定:采购人或者服务对象依据入围产品价格、质量以及服务便利性、用户评价等因素,从第一阶段入围供应商中直接选定。是确定成交供应商的主要方式。

二次竞价:以框架协议约定的入围产品、合同文本等为依据,以协议价格为最高限价,采购明确第二阶段竞价需求,从入围供应商中选择所有符合竞价需求的供应商参与二次竞价,确定报价最低的为成交供应商的方式。进行二次竞价应当给予供应商必要的响应时间。二次竞价一般适用于采用价格优先法的采购项目。

顺序轮候:根据征集文件中确定的轮候顺序规则,对所有入围供应商依次授予采购合同的方式。每个入围供应商在一个顺序轮候期内,只有一次获得合同授予的机会。合同授予顺序确定后,应当书面告知所有入围供应商。除清退入围供应商和补充征集外,框架协议有效期内不得调整合同授予顺序。顺序轮候一般适用于服务项目。

8-205　什么情形下，可以向框架协议之外的供应商采购？

答：符合下列情形可以向框架协议之外的供应商采购：

（1）实质要件：采购人证明能够以更低价格向非入围供应商采购相同货物，且入围供应商不同意将价格降至非入围供应商以下的。

（2）形式要件：征集人应当在征集文件中载明并在框架协议中约定。

8-206　框架协议采购如何根治以往协议供货、定点采购中存在的质次价高顽疾？

答：框架协议采购解决以往协议供货、定点采购中存在的质次价高问题，应注意以下几点：

（1）集中采购机构、主管预算单位要尽可能确保采购需求标准与最高限制单价相匹配。

（2）对封闭式框架协议供应商入围设置不同淘汰率，一般不得低于20%。

（3）要求供应商响应的货物原则上是市场上已有销售的规格型号，不能采用专供政府采购的产品，避免同一货物因使用专供政府采购的型号导致价格不可比。

（4）要求货物项目的每个采购包只能用一个产品响应，避免多产品响应形成报价组合，干扰价格竞争。

（5）对耗材使用量大的复印、打印等仪器设备，引入全生命周期成本理念，要求供应商同时对3年以上约定期限内的专用耗材进行报价，并在评审时考虑专用耗材使用成本。

（6）引入外部竞争机制，当采购人证明能够以更低价格向非入围供应商采购相同货物，而入围供应商又不同意将价格降至非入围供应商报价以下的，可将合同授予该非入围供应商。

8-207　营商环境是什么？

答：营商环境是指市场主体在准入、生产经营、退出等过程中涉及的政务环境、市场环境、法治环境、人文环境等有关外部因素和条件的总和。

8-208　《优化营商环境条例》的主要内容有哪些？

答：《优化营商环境条例》是为持续优化营商环境，不断解放和发展社会生产力，加快建设现代化经济体系，推动高质量发展制定，由国务院于2019年10月22日发布，自2020年1月1日起施行。主要内容包括以下六个方面：

（1）明确优化营商环境的原则和方向。《优化营商环境条例》将营商环境界定为市场主体在市场经济活动中所涉及的体制机制性因素和条件，明确优化营商环境工作应当坚持市场化、法治化、国际化原则，以市场主体需求为导向，以深刻转变政府职能为核心、创新体制机制、强化协同联动、完善法治保障，为各类市场主体投资兴业营造稳定、公平、透明、可预期的良好环境。

（2）加强市场主体保护。《优化营商环境条例》明确规定国家平等保护各类市场主体，保障各类市场主体依法平等使用各类生产要素和依法平等享受支持政策，保护市场主体经营自主权、财产权和其他合法权益，推动建立全国统一的市场主体维权服务平台等。

（3）优化市场环境。《优化营商环境条例》对压减企业开办时间、保障平等市场准入、维护公平竞争市场秩序、落实减税降费政策、规范涉企收费、解决融资难融资贵、简化企业注销流程等作了规定。

（4）提升政务服务能力和水平。《优化营商环境条例》对推进全国一体化在线政务服务平台建设、精简行政许可和优化审批服务、优化工程建设项目审批流程、规范行政审批中介服务、减证便民、促进跨境贸易便利化、建立政企沟通机制等作了规定。

（5）规范和创新监管执法。《优化营商环境条例》对健全监管规则和标准，推行信用监管、"双随机、一公开"监管、包容审慎监管、"互联网+监管"，落实行政执法公示、行政执法全过程记录和重大行政执法决定法制审核制度等作了规定。

（6）加强法治保障。《优化营商环境条例》对法律法规的立改废和调整实施，制定法规政策听取市场主体意见，为市场主体设置政策适应调整期，完善多元化纠纷解决机制、加强法治宣传教育、推进公共法律服务体系建设等作了规定。

8-209 政府采购领域促进营商环境的改善，重点清理和纠正哪些问题？

答：《关于促进政府采购公平竞争优化营商环境的通知》（财库〔2019〕38号）中明确规定了全面清理政府采购领域妨碍公平竞争的规定和做法，重点清理和纠正以下问题：

（1）以供应商的所有制形式、组织形式或者股权结构，对供应商实施差别待遇或者歧视待遇，对民营企业设置不平等条款，对内资企业和外资企业在中国境内生产的产品、提供的服务区别对待。

（2）除小额零星采购适用的协议供货、定点采购以及财政部另有规定的情形外，通过入围方式设置备选库、名录库、资格库作为参与政府采购活动的资格条件，妨碍供应商进入政府采购市场。

（3）要求供应商在政府采购活动前进行不必要的登记、注册，或者要求设立分支机构，设置或者变相设置进入政府采购市场的障碍。

（4）设置或者变相设置供应商规模、成立年限等门槛，限制供应商参与政府采购活动。

（5）要求供应商购买指定软件，作为参加电子化政府采购活动的条件。

（6）不依法及时、有效、完整发布或者提供采购项目信息，妨碍供应商参与政府采购活动。

（7）强制要求采购人采用抓阄、摇号等随机方式或者比选方式选择采购代理机构，干预采购人自主选择采购代理机构。

（8）设置没有法律法规依据的审批、备案、监管、处罚、收费等事项。

（9）除《政府采购货物和服务招标投标管理办法》第六十八条规定的情形外，要求采购人采用随机方式确定中标、成交供应商。

（10）违反法律法规相关规定的其他妨碍公平竞争的情形。

8-210 工程项目招标投标领域营商环境的改善，重点要解决哪些问题？

答：关于印发《工程项目招投标领域营商环境专项整治工作方案》的通知（发改办法规〔2019〕862号）规定：

根据《招标投标法》《招标投标法实施条例》等有关规定，清理、排查、纠正在招标投标法规政策文件、招标公告、投标邀请书、资格预审公告、资格预审文件、招标文件以及招标投标实践操作中，对不同所有制企业设置的各类不合理限制和壁垒。重点解决以下问题：

（1）违法设置的限制、排斥不同所有制企业参与招标投标的规定，以及虽然没有直接限制、排斥，但实质上起到变相限制、排斥效果的规定。

（2）违法限定潜在投标人或者投标人的所有制形式或者组织形式，对不同所有制投标人采取不同的资格审查标准。

（3）设定企业股东背景、年平均承接项目数量或者金额、从业人员、纳税额、营业场所面积等规模条件；设置超过项目实际需要的企业注册资本、资产总额、净资产规模、营业收入、利润、授信额度等财务指标。

（4）设定明显超出招标项目具体特点和实际需要的过高的资质资格、技术、商务条件或者业绩、奖项要求。

（5）将国家已经明令取消的资质资格作为投标条件、加分条件、中标条件；在国家已经明令取消资质资格的领域，将其他资质资格作为投标条件、加分条件、中标条件。

（6）将特定行政区域、特定行业的业绩、奖项作为投标条件、加分条件、中标条件；将政府部门、行业协会商会或者其他机构对投标人作出的荣誉奖励和慈善公益证明等作为投标条件、中标条件。

（7）限定或者指定特定的专利、商标、品牌、原产地、供应商或者检验检测认证机构（法律法规有明确要求的除外）。

（8）要求投标人在本地注册设立子公司、分公司、分支机构，在本地拥有一定办公面积，在本地缴纳社会保险等。

（9）没有法律法规依据设定投标报名、招标文件审查等事前审批或者审核环节。

（10）对仅需提供有关资质证明文件、证照、证件复印件的，要求必须提供原件；对按规定可以采用"多证合一"电子证照的，要求必须提供纸质证照。

（11）在开标环节要求投标人的法定代表人必到场，不接受经授权委托的投标人代表到场。

（12）评标专家对不同所有制投标人打分畸高或畸低，且无法说明正当理由。

（13）明示或暗示评标专家对不同所有制投标人采取不同的评标标准、实施不客观公正评价。

（14）采用抽签、摇号等方式直接确定中标候选人。

（15）限定投标保证金、履约保证金只能以现金形式提交，或者不按规定或者合同约定返还保证金。

（16）简单以注册人员、业绩数量等规模条件或者特定行政区域的业绩奖项评价企业的信用等级，或者设置对不同所有制企业构成歧视的信用评价指标。

（17）不落实《必须招标的工程项目规定》《必须招标的基础设施和公用事业项目范围规定》，违法干涉社会投资的房屋建筑等工程建设单位发包自主权。

（18）其他对不同所有制企业设置的不合理限制和壁垒。

第九章　科技项目、国家科研计划课题评估及其招标投标

第一节　科技项目招标投标

9-1　什么是科技项目？

答：科技项目是指以科学研究和技术开发为内容而单独立项的项目，其目的在于解决经济和社会发展中出现的科学技术问题。

9-2　科技项目有哪些类型？

答：按照科技项目研究所产生的成果来分类，科技项目可分为以下类型：

（1）基础研究项目：是指为获得关于现象和可观察事实的基本原理及新知识而进行实验性和理论性工作的项目，这类项目一般不以任何专门或特定的应用或使用为目的。

（2）应用研究项目：是指为获得新知识而进行的创造性研究的项目，这类项目主要是针对某一特定的实际目的或目标。

（3）实验发展类项目：是指利用从基础研究、应用研究和实际经验中所获得的现有知识，为产生新的产品、材料和装置，建立新的工艺、系统和服务，以及对已产生和建立的上述各项做实质性的改进而实施的项目。

9-3　科技项目申报有哪些流程？

答：科技项目申报流程如下：
（1）获得项目申报信息。
（2）确定申报项目。
（3）准备申报材料。
（4）递交材料送审。
（5）等待立项通知。
（6）进行课题开题会。
（7）发表课题研究成果。

9-4　什么是科技项目招标投标？

答：科技项目招标投标是指招标人对拟招标的科技项目预先公布指标和要求，众多投标人参加竞争，招标人按规定程序选择中标人。

9-5　科技项目招标的宗旨是什么？

答：优化科技资源配置，提高科技经费的使用效率，促进公平竞争，保障当事人的合法权益。

9-6　科技项目招标的范围是什么？

答：涉及以政府财政拨款投入为主的技术研究开发、技术转让推广和技术咨询服务等，其目标内容明确、有明确的完成时限、能确定评审标准的科技项目，应当招标。

9-7　科技项目招标的原则是什么？

答：科技项目招标的原则是公平、公开、公正、择优和信用。

9-8　科技项目招标有哪些方式？

答：科技项目招标方式有公开招标和邀请招标。

9-9　科技项目不招标的条件是什么？

答：有下列条件之一的科技项目可以不招标：目标不确定性较大（项目指标不易量化），难以确定评审标准；涉及国家安全和国家秘密；只有两家以下（含两家）潜在投标人可供选择；没有引起有效竞争或对招标文件未做实质性响应，或发生其他情形而导致废除所有投标；法律法规规定的其他情况。

9-10　什么情形下可以对科技项目自行组织招标？

答：以政府财政拨款为主的特别重大的科技项目可以由相应科技行政主管部门自行组织招标。

9-11　什么是科技项目的分段招标？

答：科技项目分段招标即第一段招标主要是取得各投标人对招标项目的技术经济指标、技术方案和标底的建议，以便完善招标文件，等第二段招标时才确定中标人。

9-12　科技项目的招标公告或投标邀请书包括哪些内容？

答：科技项目的招标公告或投标邀请书的内容应包括招标人的名称和地址；招标项目的性质；招标项目的主要目标；获取招标文件的办法、地点和时间；对招标文件的收费。

9-13 科技项目的招标公告或投标邀请书至少需要提前多少日发布或发出？

答：从招标公告发布或投标邀请书发出日到提交投标文件截止日，不得少于30日。

9-14 科技项目的招标文件包括哪些内容？

答：科技项目的招标文件包括以下内容：投标须知；科技项目名称；项目的主要内容与要求；目标与考核指标的构成；成果形式及数量要求；进度与时间要求；财政拨款的支付方式；投标报价的构成细目及定价原则；投标文件的编制要求；投标人应提供的有关资格和资信证明文件；提交投标文件的方式、地点和截止日期；开标、评标与定标的日程安排；综合评标标准和方法。

9-15 科技项目招标文件售出后，招标人如对其修改、补充或澄清，应提前多少日发出通知？

答：应至少在投标截止日期15日前以书面形式通知所有购买者，并作为招标文件的组成部分；对招标文件有重大修改的，应适当延长投标截止时间。

9-16 招标人要求投标人提供的证明文件有哪些？

答：招标人要求投标人提供的证明文件包括业绩、研究人员的素质和技术能力、研究所需技术设施和设备条件、资信证明、近两年财务状况资料、匹配资金（如需）的筹措情况及证明、相关的行业资质证明、国家规定的其他资格证明。

9-17 若通过资格审查的投标人数量不足三人，应如何处理？

答：应修改并再次发布招标公告或再次发出投标邀请书，直至不少于三个投标人通过为止。

9-18 招标人应如何组织开标？

答：应按招标文件规定的时间、地点和方式公开进行。开标由招标人主持，邀请有关单位代表和投标人参加。开标时，投标人或其推选的代表检查投标文件的密封情况，也可由招标人委托的公证机构检查并公证；确认无误后，由工作人员当众开启并宣读投标人名称、投标报价、技术目标及其他主要内容。开标过程应记录在案，招标人和投标人的代表在开标记录上签字或盖章。

9-19 什么情形下可以终止科技项目的招标？

答：发生不可抗力，作为技术开发项目标的的技术已由他人公开，或发生废标。

9-20　招标人应在开标之日后多少日内完成定标工作？

答：应在开标之日后10日内完成定标工作，特殊情况可延长至15日。

9-21　所有投标被否决后应如何处理？

答：对于依法必须进行招标的项目，则应重新招标。

9-22　科技项目的投标人应具备什么条件？

答：与招标文件要求相适应的研究人员、设备和经费；招标文件要求的资格和相应的科研经验与业绩；资信情况良好；法律法规规定的其他条件。

9-23　投标文件除公章之外是否需要加盖法定代表人的印章？

答：需要加盖法定代表人的印章或签字。

9-24　科技项目的投标文件包括哪些内容？

答：科技项目投标文件包括以下内容：投标函；投标人概况：近两年的经营发展和科研状况；技术方案及说明（包括方案的可行性、先进性、创新性，技术、经济、质量指标，风险分析等）；计划进度；投标报价及构成细目；成果的提供方式及规模；承担项目的能力说明（包括与招标项目有关的科技成果或产品的开发情况，承担项目主要负责人的资历及业绩情况，相关专业的科技队伍情况及管理水平，所具备的科研设施、仪器情况，为完成项目所筹措的资金情况及证明等）；项目实施组织形式和管理措施；有关技术秘密的申明；招标文件要求具备的其他内容。

9-25　以联合体形式投标时，投标人应提供什么材料？

答：应提交联合体各方共同签订的投标协议，该协议明确约定各自所承担的工作和责任。

9-26　已通过资格审查的投标人是否可以再组成联合体进行投标？

答：不可以。

9-27　若联合体中标，联合体各方应承担什么责任？

答：就中标项目向招标人承担连带责任。

9-28　投标人应在何时送达投标文件或对已提交的投标文件进行修改和补充？

答：在招标文件要求提交投标文件的截止日期前送达招标人。

9-29 投标人在澄清或答辩时是否可以向评标委员会提供新的材料？

答：未经允许不得向评标委员会提供新的材料。

9-30 投标人若提供虚假材料或串通投标的，应承担什么责任？

答：由相应科技行政主管部门责令改正；已被选定为中标者的，中标无效；给招标人造成损失的，应承担赔偿责任；情节严重，构成犯罪的，依法追究刑事责任。

9-31 科技项目的评标委员会如何组成？

答：科技项目的评标委员会由招标人和受聘的技术、经济、管理等方面的专家组成，总人数为7人以上的单数，其中受聘的专家不得少于三分之二。

9-32 科技项目招标评审主要考虑哪些因素？

答：科技项目招标评审涉及技术路线的可行性、先进性和承担单位的开发条件、人员素质、资信等级与管理能力等因素，经费使用的合理性，尤其是项目的创新性和目标的可实现性。

9-33 科技项目的评标报告包括哪些内容？

答：对投标人的技术方案评价，技术、经济风险分析；对投标人的承担能力与工作基础的评价；对投标人进行综合排名并推荐中标候选人；需进一步协商的问题及协商应达到的指标和要求。

9-34 科技项目的评标一般确定几个中标（候选）人？

答：一般确定一个中标人，特殊情况下也可根据需要确定一个以上的中标人。

9-35 科技项目投标无效的情形有哪些？

答：有下列情形之一的，其投标无效：投标文件未加盖投标人公章或法定代表人未签字或盖章；投标文件印刷不清、字迹模糊；投标文件与招标文件规定的实质性要求不符；设有标底的，投标报价远低于完成项目必需的实际成本；投标文件没有满足招标文件规定的招标人认为重要的其他条件。

9-36 什么是科技评估？有哪几种类型？

答：科技评估是指由科技评估机构根据委托方明确的目的，遵循一定的原则、程序和标准，运用科学、可行的方法对科技政策、科技计划、科技项目、科技成果、科技发展领域、科技机构、科技人员及与科技活动有关的行为所进行的专业化咨询和评判活动。一般可分为以下四种类型：

（1）事先评估：是指在科技活动实施前对实施该项活动的必要性和可行性所进行的评估。

（2）事中评估：是指在科技活动实施过程中对该活动是否按照预定的目标、计划执行，并对未来的发展态势所进行的评估。评估的目的在于发现问题，调整或修正目标与策略。

（3）事后评估：是指在科技活动完成后对其目标实现情况及水平、效果和影响所进行的评估。

（4）跟踪评估：是指在科技活动完成一段时间后的后效评估，重点评估其整体效果，以及政策执行、目标制定、计划管理等的综合影响和经验，从而为后期的科技活动决策提供参考。

9-37　科技评估的原则是什么？

答：科技评估的原则：独立、客观、公正和科学。

9-38　科技评估的对象和范围是什么？

答：科技政策的研究、制定和效果；科技计划的执行与运营；科技项目的前期立项、中期实施与后期效果；科技机构的综合实力和运营绩效；科技成果的技术水平与经济效益；区域或产业科技进步与运营绩效；企业和其他社会组织的科技投资行为及运营绩效；科技人才资源；其他与科技工作有关的活动。

9-39　科技项目的评估人员应具备什么条件？

答：熟悉科技评估的基本业务，掌握科技评估的基本原理、方法和技巧；具备大学本科以上学历，具有一定的科技专业知识；熟悉相关经济、科技方面的法律法规和政策，以及国家或地方的科技发展战略与发展态势；掌握财会、技术经济、科技管理等相关知识；具有较丰富的科技工作实践经验和较强的分析与综合判断能力；须经过中华人民共和国科学技术部认可的科技评估专业培训，并通过专业考核或考试。

9-40　科技项目的评估程序和评估报告的内容有哪些？

答：科技项目评估的基本程序包括：评估需求分析和方案设计；签订评估协议或合同；采集评估信息并综合分析；撰写评估报告。

科技项目的评估报告包括正文和附件。

正文包括：评估机构的名称；委托方的名称；评估目的、范围和简要说明；评估原则；评估报告的适用时间及范围；评估所依据的法律法规和政策性文件；评估方法的采用；评估说明；评估结论；重大事项声明；评估机构负责人与评估项目负责人签名并加盖单位公章。

附件包括：评估机构资格证明的复印件及其他与评估有关的文件资料。

第二节　国家科研计划课题招标投标

9-41　什么是课题制?

答：课题制是指按公平竞争、择优支持的原则确立科学研究课题，并以课题为中心、以课题组为基本活动单位进行课题组织、管理和研究活动的一种科研管理制度。

9-42　实施课题制管理的主要内容有哪些?

答：（1）建立专家评议和政府决策相结合的课题立项审批机制。充分发挥专家和社会中介机构的作用，确保课题立项的科学性。

（2）建立与科研活动规律相适应的预算管理机制。按照国家财政预算管理改革的总体要求，对课题实行全额预算管理，细化预算编制，并实行课题预算评估评审制度。

（3）建立、健全监督机制。建立计划管理与经费管理、课题立项与课题预算之间既分工协作，又相互制约的监督管理机制，公开办事程序和审批决策程序，接受社会监督。

9-43　课题制的适用范围是什么?

答：适用于以国家财政拨款资助为主的各类科研计划的课题及相关的管理活动。

9-44　什么是课题责任人负责制?

答：课题责任人负责制是指课题责任人在批准的计划任务和预算范围内享有充分的自主权。一个课题只能确定一个课题责任人。课题责任人为自然人或法人。法人课题责任人必须指定所承担课题的课题组长，并在合同或任务书中明确课题组长的责任与权利，且不得随意变更。

9-45　什么是国家科研计划课题的招标投标?

答：国家科研计划课题的招标投标是指招标人对拟招标的课题预先公布指标和要求，众多投标人参加竞争，招标人按规定选择中标人。

9-46　国家科研计划课题招标的宗旨是什么?

答：优化科技资源配置，提高科技经费的使用效益，促进公平竞争，保障当事人的合法权益。

9-47　国家科研计划课题招标的范围是什么?

答：研究目标和研究内容明确，完成时限和评审标准确定的国家科研计划课题。

9-48　国家科研计划课题招标有几种方式?

答：国家科研计划课题招标有公开招标和邀请招标两种方式。

9-49　国家科研计划课题不招标的条件是什么?

答：涉及国家安全和国家秘密的，只有两家以下（含两家）潜在投标人可供选择的或法律法规规定的其他情况可以不招标。

9-50　什么是国家科研计划课题的两阶段招标?

答：即第一阶段招标主要是取得各投标人对招标课题的技术经济指标、技术方案和标底建议，以便完善招标文件，等第二阶段招标时才确定中标人。

9-51　什么是国家科研计划课题的招标人?

答：提出招标课题并进行招标活动的归口部门。

9-52　国家科研计划课题的招标文件包括哪些内容?

答：国家科研计划课题招标文件包括以下内容：投标须知；课题名称；课题主要内容要求；目标与考核指标的构成；成果形式及数量要求；进度与时间要求；国家财政拨款的支付方式；投标报价的构成细目及制订原则；投标文件的编制要求；投标人应提供的有关资格和资信证明文件；提交投标文件的方式、地点和截止日期；开标、评标与定标的日程安排；综合评标标准和方法；课题经费使用绩效考评的内容、程序和方法。

9-53　国家科研计划课题的招标人在制订综合评标标准时，应考虑哪些因素?

答：应考虑技术路线的可行性、先进性，以及承担单位的开发条件、人员素质、资信等级、管理能力等因素，还要考虑经费使用的合理性，并着重考虑课题的创新性和目标的可实现性。

9-54　国家科研计划课题招标文件售出后，招标人如对其修改、补充或澄清，应提前多少日发出通知?

答：应至少在投标截止日期15日前以书面形式通知所有购买者，并作为招标文件的组成部分。

9-55 国家科研计划课题的招标人应如何组织开标?

答：按招标文件规定提交投标文件截止时间的同一时间及预先确定的地点公开进行。开标由招标人主持，邀请有关单位代表和所有投标人参加。开标时，投标人或其推选的代表检查投标文件的密封情况，也可由招标人委托的公证机构进行检查并公证。确认无误后，由工作人员当众开启并宣读投标人名称、投标报价、技术目标及其他主要内容。开标过程应记录在案，招标人和投标人的代表在开标记录上签字或盖章。

9-56 国家科研计划课题的投标人应具备哪些条件?

答：与招标文件要求相适应的研究人员、设备和经费；招标文件要求的资格和相应的科研经验与业绩；资信情况良好；法律法规规定的其他条件。

9-57 国家科研计划课题的投标文件包括哪些内容?

答：国家科研计划课题的投标文件包括以下内容：投标函；投标人概况；近两年的经营发展和科研状况；技术方案及说明（含方案的可行性、先进性、创新性，技术、经济、质量指标，风险分析等）；计划进度；投标报价及构成细目；成果提供方式及规模；承担课题的能力说明；课题实施的组织形式和管理措施；有关技术秘密的申明；招标文件要求具备的其他内容。

9-58 国家科研计划课题的投标文件除公章外是否需要加盖法定代表人的印章?

答：须加盖法定代表人的印章或签字。

9-59 国家科研计划课题招标投标中，以联合体形式投标时，其投标人应提供什么材料?

答：应提交联合体各方共同签订的投标协议，该协议明确约定各自所承担的工作和责任。

9-60 国家科研计划课题招标投标中，若联合体中标，联合体各方应承担什么责任?

答：就中标项目向招标人承担连带责任。

9-61 国家科研计划课题的投标人应在何时送达投标文件?

答：在招标文件要求提交投标文件的截止日期前将投标文件密封送达指定地点。

9-62 国家科研计划课题的投标人应在何时对已提交的投标文件进行修改和补充？应采取何种形式?

答：在招标文件要求提交投标文件的截止日期前送达招标人。应采取书面形式。

9-63 国家科研计划课题的投标人在澄清或答辩时是否可以向评标委员会提供新的材料?

答：进行澄清或答辩时，不得超过投标文件的范围，不得改变投标文件的实质性内容，未经允许不得向评标委员会提供新的材料。

9-64 国家科研计划课题的投标人在投标中应注意哪些问题?

答：除了在形式、内容上响应招标文件的要求外，应针对评审因素做相应的阐述，并可利用标题突出。

9-65 国家科研计划课题的招标人违法违规将受到何种处罚?

答：由国家招标投标主管部门责令改正。已选定中标者的，中标无效；给投标人造成损失的，应承担赔偿责任；情节严重，构成犯罪的，依法追究刑事责任。

9-66 国家科研计划课题的投标人若提供虚假材料或串通投标的，应承担何种责任?

答：由归口部门责令改正。已被选定为中标者的，中标无效；给招标人造成损失的，应承担赔偿责任；情节严重、构成犯罪的，依法追究刑事责任。

9-67 国家科研计划课题的招标人应在什么时间内完成评标定标工作?

答：招标人应在招标文件规定的投标有效期结束日30个工作日前完成评标和定标工作。

9-68 国家科研计划课题的评标委员会如何组成?

答：评标委员会由招标人和受聘的技术、经济、管理等方面的专家组成，总人数为5人以上的单数，其中受聘的专家不得少于成员总数的三分之二。

9-69 国家科研计划课题的评标报告包括哪些内容?

答：对投标人的技术方案评价，技术、经济风险分析；对投标人的承担能力与工作基础的评价；推荐满足综合评标标准的中标候选人；需进一步协商的问题及协商应达到的指标和要求；对投标人进行综合排名。

9-70 国家科研计划课题的评标一般确定几个中标（候选）人?

答：一般确定一个中标人，特殊情况下也可根据需要确定两个中标人，此时不同的中标人应采用不同的技术方案独立完成中标课题。

9-71　国家科研计划课题的投标人的最低报价是否可以作为中标的唯一理由？

答：由于采用综合评标标准和方法进行评审，故投标人的最低报价不能作为中标的唯一理由。

9-72　国家科研计划课题招标在什么情形下为无效投标？

答：有下列情形之一的均为无效投标：投标文件未加盖投标人公章或法定代表人未签字或盖章；投标文件印刷不清、字迹模糊；投标文件与招标文件规定的实质性要求不符；投标文件没有满足招标文件规定的招标人认为重要的其他条件。

9-73　什么是课题评估？有哪几种类型？

答：课题评估是指归口部门按照公开、公平和竞争的原则，择优遴选具有科技评估能力的评估机构，按照规范的程序和公允的标准对课题进行专业化咨询和评判。包括以下两种类型：

（1）课题立项评估评审，是指对课题立项的必要性、研究目标及技术路线的可行性、科技成果的应用或产业化前景、课题实施的人员、设备及组织管理等条件的评估评审。

（2）课题预算评估评审，是指对课题研究目标的相关性、与国家政策的相符性和经济合理性的评估评审。

9-74　课题评估的原则是什么？

答：课题评估的原则：独立、客观、公正。

9-75　什么是课题评审？

答：课题评审是指归口部门组织专家，按照规范的程序和公允的标准对课题进行的咨询和评判活动。

9-76　国家科研计划课题的评审专家应具备什么条件？

答：从事被评审课题所属领域或行业专业技术工作满8年，并具有高级以上专业技术职务或具有同等专业技术水平；具有良好的科学道德，能够独立、客观、公正、实事求是地提出评审意见；熟悉被评审课题所属领域或行业的最新科技、经济发展状况，了解本领域或行业的科技活动特点与规律；归口部门规定的其他条件。

9-77　国家科研计划课题的评估报告的内容有哪些？

答：国家科研计划课题的评估报告的主要内容是评估结论，此外应对评估活动的目的、范围、原则、依据、标准与方法等进行说明。

第四部分

产权及土地交易

第十章 企业国有资产交易和国有建设用地使用权出让

第一节 企业国有资产交易概述

10-1 企业国有资产指的是什么？

答：企业国有资产是指国家对企业各种形式的出资所形成的权益。

10-2 企业国有资产交易包含哪些类别？

答：企业国有资产交易包含企业产权转让、企业增资、企业资产转让、企业资产租赁等类别。

10-3 企业产权转让行为指的是什么？

答：企业产权转让行为是指履行出资人职责的机构、国有及国有控股企业、国有实际控制企业转让其对企业各种形式出资所形成权益的行为。

10-4 企业增资行为指的是什么？

答：企业增资行为是指国有及国有控股企业、国有实际控制企业增加资本的行为，政府以增加资本金方式对国家出资企业的投入除外。

10-5 企业资产转让行为指的是什么？

答：企业资产转让行为是指国有及国有控股企业、国有实际控制企业的重大资产转让行为。

10-6 企业资产租赁指的是什么？

答：企业资产租赁是指国有及国有控股企业、国有实际控制企业的重大资产租赁行为。

10-7 哪些企业属于国有及国有控股企业、国有实际控制企业？

答：属于国有及国有控股企业、国有实际控制企业的有：

（1）政府部门、机构、事业单位出资设立的国有独资企业（公司），以及上述单位、企业直接或间接合计持股为100%的国有全资企业。

（2）第（1）款所列单位、企业单独或共同出资，合计拥有产（股）权比例超过50%，且其中之一为最大股东的企业。

（3）第（1）（2）款所列企业对外出资，拥有产权比例超过50%的各级子企业。

（4）政府部门、机构、事业单位、单一国有及国有控股企业直接或间接持股比例未超过50%，但为第一大股东，并且通过股东协议、公司章程、董事会决议或者其他协议安排能够对其实际支配的企业。

10-8 企业国有资产交易的监督管理权限如何区分？

答：国有资产监督管理机构负责所监管企业的国有资产交易监督管理；国家出资企业负责其各级子企业国有资产交易的管理，定期向同级国资监管机构报告本企业的国有资产交易情况。

10-9 企业国有资产交易应通过什么机构进行？

答：企业国有资产交易原则上通过产权交易机构公开进行。行政事业单位国有资产交易程序可比照企业资产交易程序在产权交易机构公开进行。

10-10 国有建设用地使用权指的是什么？

答：国有建设用地使用权是指依法使用国家建设用地的权利。

第二节 企业产权转让

10-11 企业产权转让的审批流程是什么？

答：国有资产监管机构负责审核国家出资企业的产权转让事项。其中，因产权转让致使国家不再拥有所出资企业控股权的，须由国有资产监管机构报本级人民政府批准。

国家出资企业应当制定其子企业产权转让管理制度，确定审批管理权限。其中，对主业处于关系国家安全、国民经济命脉的重要行业和关键领域，主要承担重大专项任务子企业的产权转让，须由国家出资企业报同级国有资产监管机构批准。

10-12　企业产权转让中，如果企业无法形成同意股权转让的股东会决议，还能进行交易吗？

答：根据《中华人民共和国公司法》（以下简称《公司法》）的规定，有限责任公司股东向股东以外的机构和个人转让公司产权，须经其他股东过半数同意；股份有限公司股东可自由转让其所持股份，公司章程另有规定的除外。

转让方证明已将转让产权事项告知其他股东，即已履行征询意见义务，其他股东接到通知之日起30日未答复即视为同意，转让方可进行交易。如标的企业公司章程有特殊约定，从其约定。

10-13　企业产权转让的信息披露方式有哪些？

答：转让方可以根据企业实际情况和工作进度安排，采取信息预披露和正式披露相结合的方式，通过产权交易机构网站分阶段对外披露产权转让信息，公开征集受让方。

10-14　企业产权转让是否需要进行审计？

答：企业产权转让事项经批准后，由转让方委托会计师事务所对转让标的企业进行审计。涉及参股权转让不宜单独进行专项审计的，转让方应当取得转让标的企业最近一期年度审计报告。

10-15　企业产权转让过程中，职工安置工作有哪些注意事项？

答：企业产权转让涉及职工安置的，转让方应按照法律法规相关规定及实际情况，制定职工安置方案，包括经济补偿及补助、是否签订新的劳动合同、职工各项社会保险关系续接等。职工安置方案制定过程中应充分听取股东、公司管理层、工会、职工等多方意见和建议。职工安置方案应向全体职工进行宣讲，并经职工代表大会或职工大会表决通过后方可实施。

10-16　企业产权转让能否设置资格条件？

答：企业产权转让原则上不得针对受让方设置资格条件，确需设置的，不得有明确指向性或违反公平竞争原则，所设资格条件相关内容应当在信息披露前报同级国有资产监管机构备案，国有资产监管机构在5个工作日内未反馈意见的视为同意。

10-17　企业产权转让项目信息披露期满未征集到意向受让方的，应该如何处理？

答：信息披露期满未征集到意向受让方的，可以延期或在降低转让底价、变更受让条件后重新进行信息披露。

10-18 在信息披露阶段，企业产权转让标的信息发生变化，能否变更公告中公布的内容？

答：在正式披露信息期间，转让方不得变更产权转让公告中公布的内容，由于非转让方原因或其他不可抗力因素导致可能对转让标的价值判断造成影响的，转让方应当及时调整补充披露信息内容，并相应延长信息披露时间。

10-19 对于意向受让方是否符合受让条件，产权交易机构与转让方意见不一致的情况下，应该如何处理？

答：产权交易机构负责意向受让方的登记工作，对意向受让方是否符合受让条件提出意见并反馈转让方。产权交易机构与转让方意见不一致的，由转让行为批准单位决定意向受让方是否符合受让条件。

10-20 企业产权转让可以采取哪些竞价方式？

答：企业产权转让信息披露期满、产生符合条件的意向受让方的，按照披露的竞价方式组织竞价。竞价可以采取拍卖、招标投标、网络竞价以及其他竞价方式，且不得违反国家法律法规的规定。

10-21 企业产权交易双方能否通过自行协商的方式调整已达成的交易价格及其他约定？

答：受让方确定后，转让方与受让方应当签订产权交易合同，交易双方不得以交易期间企业经营性损益等理由对已达成的交易条件和交易价格进行调整。

10-22 企业产权交易价款应当如何结算？

答：企业产权交易价款应当以人民币计价，通过产权交易机构以货币进行结算。因特殊情况不能通过产权交易机构结算的，转让方应当向产权交易机构提供转让行为批准单位的书面意见以及受让方付款凭证。

10-23 企业产权转让价格是依据何种标准确定的？

答：对按照有关法律法规要求必须进行资产评估的产权转让事项，转让方应当委托具有相应资质的评估机构对转让标的进行资产评估，产权转让价格应以经核准或备案的评估结果为基础确定。

10-24 企业产权交易价款支付方式能否采用分期付款的方式？

答：企业产权交易价款原则上应当自合同生效之日起5个工作日内一次付清。金额较大、一次付清确有困难的，可以采取分期付款方式。

10-25　企业产权交易价款支付采用分期付款方式的，有哪些注意事项？

答：企业产权交易价款采用分期付款方式的，首期付款不得低于总价款的30%，并在合同生效之日起5个工作日内支付。其余款项应当提供转让方认可的合法有效担保，并按同期银行贷款利率支付延期付款期间的利息，付款期限不得超过1年。

10-26　哪些特殊类型的企业产权转让可以采取非公开协议转让？

答：（1）涉及主业处于关系国家安全、国民经济命脉的重要行业和关键领域企业的重组整合，对受让方有特殊要求，企业产权需要在国有及国有控股企业之间转让的，经国有资产监管机构批准，可以采取非公开协议转让方式。

（2）同一国家出资企业及其各级控股企业或实际控制企业之间因实施内部重组整合进行产权转让的，经该国家出资企业审议决策，可以采取非公开协议转让方式。

10-27　采取非公开协议方式的企业产权转让行为的，监管部门需审核哪些材料？

答：国有资产监管机构批准、国家出资企业审议决策采取非公开协议方式的企业产权转让行为时，应当审核下列材料：

（1）企业产权转让的有关决议文件。
（2）企业产权转让方案。
（3）采取非公开协议方式转让企业产权的必要性以及受让方情况。
（4）转让标的企业审计报告、资产评估报告及其核准或备案文件。同一国家出资企业、同一国有控股企业或国有实际控制企业内部实施重组整合，可以仅提供企业审计报告。
（5）企业产权转让协议。
（6）转让方、受让方和转让标的企业的国家出资企业产权登记表（证）。
（7）企业产权转让行为的法律意见书。
（8）其他必要的材料。

10-28　企业产权转让项目首次公开转让的底价是否可以低于评估价？

答：企业产权转让项目首次正式信息披露的转让底价，不得低于经核准或备案的转让标的评估结果。

10-29　企业产权转让项目超过一年没有征集到受让方，如何处理？

答：企业产权转让项目自首次正式披露信息之日起超过一年未征集到合格受让方

的，应当重新履行审计、资产评估以及信息披露等产权转让工作程序。

10-30 企业产权转让方为多家国有股东共同持股企业的情形下，如何履行审批程序？

答：转让方为多家国有股东共同持股的企业，由其中持股比例最大的国有股东负责履行相关批准程序；各国有股东持股比例相同的，由相关股东协商后确定其中一家股东负责履行相关批准程序。

10-31 企业产权交易转让方披露的信息主要包括哪些内容？

答：转让方披露信息包括但不限于以下内容：
（1）转让标的基本情况。
（2）转让标的企业的股东结构。
（3）企业产权转让行为的决策及批准情况。
（4）转让标的企业最近一个年度审计报告和最近一期财务报表中的主要财务指标数据，包括但不限于资产总额、负债总额、所有者权益、营业收入、净利润等（转让参股权的，披露最近一个年度审计报告中的相应数据）。
（5）受让方资格条件（适用于对受让方有特殊要求的情形）。
（6）交易条件、转让底价。
（7）企业管理层是否参与受让，有限责任公司原股东是否放弃优先受让权。
（8）竞价方式，受让方选择的相关评判标准。
（9）其他需要披露的事项。
其中信息预披露应当包括但不限于以上（1）~（5）款内容。

10-32 企业产权交易受让方为境外投资者的，需要符合哪些条件？

答：受让方为境外投资者的，应当符合外商投资产业指导目录和负面清单管理要求，以及外商投资安全审查有关规定。

10-33 什么情况下须进行企业产权转让信息预披露？

答：因产权转让导致转让标的企业的实际控制权发生转移的，转让方应当在转让行为获批后10个工作日内，通过产权交易机构进行信息预披露，时间不得少于20个工作日。

10-34 国有企业产权转让项目降低转让底价再次进行信息披露时需要注意哪些？

答：企业产权转让项目降低转让底价或变更受让条件后重新披露信息的，披露时间不得少于20个工作日。新的转让底价低于评估结果的90%时，应当经转让行为批准单位书面同意。

第三节　企业增资

10-35　国家出资企业的增资行为须经哪个机构审核、批准？

答：国有资产监管机构负责审核国家出资企业的增资行为。其中，因增资致使国家不再拥有所出资企业控股权的，须由国有资产监管机构报本级人民政府批准。

国家出资企业决定其子企业的增资行为。其中，对主业处于关系国家安全、国民经济命脉的重要行业和关键领域，主要承担重大专项任务的子企业的增资行为，须由国家出资企业报同级国有资产监管机构批准。

10-36　企业增资在完成决策批准程序后，是否需要开展审计和资产评估？

答：应当由增资企业委托具有相应资质的中介机构开展审核和资产评估。以下情形按照《公司法》、企业章程履行决策程序后，可以依据评估报告或最近一期审计报告确定企业资本及股权比例：

（1）增资企业原股东同比例增资的。
（2）履行出资人职责的机构对国家出资企业增资的。
（3）国有控股或国有实际控制企业对其独资子企业增资的。
（4）增资企业和投资方均为国有独资或国有全资企业的。

10-37　企业增资的投资方能否以非货币资产出资？

答：可以。投资方以非货币资产出资的，应当经增资企业董事会或股东会审议同意，并委托具有相应资质的评估机构进行评估，确认投资方的出资金额。

10-38　企业增资对外披露信息的时间有什么要求？

答：企业增资通过产权交易机构网站对外披露信息公开征集投资方，时间不得少于40个工作日。

10-39　企业公开增资的披露信息包括哪些？

答：企业公开增资的信息披露内容包括但不限于：
（1）企业的基本情况。
（2）企业目前的股权结构。
（3）企业增资行为的决策及批准情况。
（4）近三年企业审计报告中的主要财务指标。
（5）企业拟募集资金金额和增资后的企业股权结构。

（6）募集资金用途。
（7）投资方的资格条件，以及投资金额和持股比例要求等。
（8）投资方的遴选方式。
（9）增资终止的条件。
（10）其他需要披露的事项。

10-40 企业非公开协议方式增资都包括哪些情形？

答：以下情形经同级国有资产监管机构批准，可以采取非公开协议方式进行增资：

（1）因国有资本布局结构调整需要，由特定的国有及国有控股企业或国有实际控制企业参与增资。

（2）因国家出资企业与特定投资方建立战略合作伙伴或利益共同体需要，由该投资方参与国家出资企业或其子企业增资。

以下情形经国家出资企业审议决策，可以采取非公开协议方式进行增资：

（1）国家出资企业直接或指定其控股、实际控制的其他子企业参与增资。
（2）企业债权转为产权。
（3）企业原股东增资。

10-41 采取非公开协议方式的企业增资项目，监管部门需审核哪些材料？

答：国有资产监管机构批准、国家出资企业审议决策采取非公开协议方式的企业增资行为时，应当审核下列材料：

（1）增资的有关决议文件。
（2）增资方案。
（3）采取非公开协议方式增资的必要性以及投资方情况。
（4）增资企业审计报告、资产评估报告及其核准或备案文件。
（5）增资协议。
（6）增资企业的国家出资企业产权登记表（证）。
（7）增资行为的法律意见书。
（8）其他必要的材料。

10-42 企业增资的遴选方式有哪些？

答：企业增资可以采用竞价、竞争性谈判、综合评议等多种方式进行遴选。产权交易机构负责统一接收意向投资方的投标和报价文件，协助企业开展投资方遴选有关工作。企业董事会或股东会以资产评估结果为基础，结合意向投资方的条件和报价等因素审议选定投资方。

第四节　企业资产转让

10-43　企业资产包含哪些?

答：企业资产包含企业生产设备、房产、在建工程以及土地使用权、债权、知识产权等。

10-44　企业资产转让价款能否采用分期付款的方式?

答：企业资产转让价款尽可能不采用分期付款方式，原则上一次性付清。

10-45　企业资产转让项目的公告期是多长时间?

答：转让底价高于100万元、低于1000万元的资产转让项目，信息公告期应不少于10个工作日。转让底价高于1000万元的资产转让项目，信息公告期应不少于20个工作日。

10-46　设定抵押权的不动产是否可以转让?

答：自2021年1月1日开始，新颁布的《中华人民共和国民法典》规定：不动产抵押期间，抵押人可转让抵押财产，当事人另行约定的按约定履行；抵押人转让抵押财产，应及时通知抵押权人；抵押权人如能证明抵押财产转让可能损害抵押权，可请求抵押人将转让所得价款向抵押权人提前清偿债务或提存。

10-47　企业资产转让的具体工作流程如何执行?

答：企业资产转让的具体工作流程参照企业产权转让的规定执行。

10-48　企业资产转让能否设置资格条件?

答：除国家法律法规或相关规定另有要求的外，资产转让不得对受让方设置资格条件。

第五节　企业资产租赁

10-49　哪些企业资产租赁需要公开交易?

答：目前国家层面无强制要求，各企业应按照其主管部门要求和企业内部管理制度执行。

第六节　国有建设用地使用权出让

10-50　国有建设用地使用权的出让方式有哪些？

答：可以采用招标、拍卖或挂牌等出让方式。

10-51　国有建设用地使用权出让的实施主体是什么？

答：国有建设用地使用权出让的实施主体为市、县自然资源和规划部门。

10-52　国有建设用地使用权的招标、拍卖、挂牌出让文件应当包括哪些内容？

答：国有建设用地使用权招标、拍卖、挂牌的出让文件应当包括：出让公告、投标或者竞买须知、土地使用条件、标书或者竞买申请书、报价单、中标通知书或者成交确认书、国有建设用地使用权出让合同文本。

10-53　国有建设用地使用权出让人在投标、拍卖或者挂牌开始日前是否需要发布相关公告？公告时间有什么要求？

答：应当至少在投标、拍卖或者挂牌开始日前20日，在土地有形市场或者指定的场所、媒介发布招标、拍卖或者挂牌公告，公布招标拍卖挂牌出让宗地的基本情况和招标拍卖挂牌的时间、地点。

10-54　国有建设用地使用权招标、拍卖、挂牌的公告应当包括哪些内容？

答：国有建设用地使用权招标、拍卖、挂牌的公告应当包括以下内容：
（1）出让人的名称和地址。
（2）出让宗地的面积、界址、空间范围、现状、使用年期、用途、规划指标要求。
（3）投标人、竞买人的资格要求以及申请取得投标、竞买资格的办法。
（4）索取招标拍卖挂牌的出让文件的时间、地点和方式。
（5）招标、拍卖、挂牌的时间、地点、投标挂牌期限、投标和竞价方式等。
（6）确定中标人、竞得人的标准和方法。
（7）投标、竞买保证金。
（8）其他需要公告的事项。

10-55 公告期间，出让公告内容发生变化的，应当如何处理？

答：公告期间，出让公告内容发生变化的，市、县自然资源和规划部门应当按原公告发布渠道及时发布补充公告。涉及用地使用条件变更等影响用地价格的重大变动，补充公告发布时间距招标、拍卖、挂牌活动开始时间少于20日的，招标、拍卖、挂牌活动相应顺延。

10-56 国有建设用地使用权招标、拍卖、挂牌的标底或者底价如何确定？有什么要求？

答：市、县自然资源和规划部门应当根据土地估价结果和政府产业政策综合确定标底或者底价。标底或者底价不得低于国家规定的最低价标准。确定招标标底，拍卖和挂牌的起叫价、起始价、底价，投标、竞买保证金，应当实行集体决策。招标标底和拍卖、挂牌的底价，在招标开标前和拍卖、挂牌出让活动结束之前应当保密。

10-57 哪些主体可以申请参加国有建设用地使用权招标、拍卖、挂牌出让活动？

答：中华人民共和国境内外的自然人、法人和其他组织，除法律、法规另有规定外，均可申请参加国有建设用地使用权招标、拍卖、挂牌出让活动。

10-58 国有建设用地使用权出让人在招标、拍卖、挂牌出让公告中是否可以设置条件？

答：可以，但不得设定影响公平、公正竞争的限制条件。

10-59 国有建设用地使用权出让方式采用招标的，对于投标人数量是否有要求？如何确定中标人？

答：投标人少于3人的，出让人应当终止招标活动。
对能够最大限度地满足招标文件中规定的各项综合评价标准，或者能够满足招标文件的实质性要求且价格最高的投标人，应当确定为中标人。

10-60 国有建设用地使用权出让采用拍卖方式的，如何确定成交人？

答：最高应价或者报价者为竞得人。竞买人的最高应价或者报价未达到底价时，应当终止拍卖。

10-61 国有建设用地使用权出让方式采用挂牌的，如何确定成交人？

答：出让方式采用挂牌的，可按以下方式确定成交人：
（1）在挂牌期限内只有1个竞买人报价，且报价不低于底价，并符合其他条件的，挂牌成交。

（2）在挂牌期限内有2个或者2个以上的竞买人报价的，出价最高者为竞得人；报价相同的，先提交报价单者为竞得人，但报价低于底价者除外。

（3）在挂牌期限内无应价者或者竞买人的报价均低于底价或者均不符合其他条件的，挂牌不成交。

参考文献

[1] 国家发展和改革委员会法规司，国务院法制办公室财金司，监察部执法监察司. 中华人民共和国招标投标法实施条例释义[M]. 北京：中国计划出版社，2012.

[2] 联合国欧洲经济委员会. 提升公私合作伙伴关系有效管理指南[M]. 蒋玉红，王荣松，余亚林，等译. 北京：中国财政经济出版社，2017.

[3] 刘海桑. 政府采购、工程招标、投标与评标1200问[M]. 3版. 北京：机械工业出版社，2021.

[4] 黄欣. 安徽省建设工程招标投标指南[M]. 合肥：合肥工业大学出版社，2011.

[5] 标准文件编制组. 中华人民共和国标准施工招标文件（2007年版）[M]. 北京：中国计划出版社，2007.

[6] 安连发，王莉. 工程招标代理行业现状调查及发展战略研究报告[M]. 北京：中国商业出版社，2015.

[7] 安连发，曹立斌. 互联网思维[M]. 北京：中国商业出版社，2016.

[8] 薛军. 政府和社会资本合作模式（PPP）政策法规集成[M]. 北京：中国法制出版社，2015.

[9] 福昭. 工程量清单计价编制与实例详解[M]. 北京：中国建材工业出版社，2004.

[10] 建设工程专业技术人员继续教育教材编写组. 建设工程专业技术人员继续教育教材[M]. 合肥：安徽科学技术出版社，2020.

[11] 二级建造师继续教育教材编委会. 二级建造师继续教育教材：建筑工程[M]. 北京：机械工业出版社，2020.

[12] 二级建造师继续教育教材编委会. 二级建造师继续教育教材：市政公用工程[M]. 北京：机械工业出版社，2020.

[13] 二级建造师继续教育教材编委会. 二级建造师继续教育教材：机电工程[M]. 北京：机械工业出版社，2020.